Heinz-Günther Stobbe
Hermeneutik – ein ökumenisches Problem

ÖKUMENISCHE THEOLOGIE

Herausgegeben von
Eberhard Jüngel, Walter Kasper, Hans Küng, Jürgen Moltmann

Band 8

Heinz Günther Stobbe

Hermeneutik – ein ökumenisches Problem

Eine Kritik der katholischen Gadamer-Rezeption

Benziger Verlag
Gütersloher Verlagshaus Gerd Mohn

Alle Rechte vorbehalten
© Copyright 1981 by Benziger Verlag Zürich-Köln
    und Gütersloher Verlagshaus Gerd Mohn, Gütersloh

Hergestellt im Graphischen Betrieb Benziger, Einsiedeln

ISBN 3 545 24208 0 (Benziger)
ISBN 3 579 00163 9 (Gütersloher Verlagshaus)

INHALT

Abkürzungen X
Vorwort XI

Einleitung

1. Die Aktualität der Hermeneutik als hermeneutisches Problem . . . 1
2. Philosophische Hermeneutik gegen «teuer bezahlte Vernunft»
   (Landmann) 4
3. Katholische Ungleichzeitigkeit 14
4. Zielsetzung, Methode und Aufbau der Untersuchung 19

Teil I:

Philosophische Hermeneutik gegen hermeneutische Methodologie

Analysen zur inneren Widersprüchlichkeit der Argumentation
Gadamers 23

I. Verstehen als Handlung und/oder Geschehen?

Überlegungen zur Frage nach dem logischen Status der Hermeneutik . 25

1. Textmaterial 25
2. Einführende Analyse des Begriffs «Vorurteil» 26
3. Zum Problem des Schutzes vor Mißverständnissen 30
4. Der Geschehenscharakter des Verstehens 32
5. Die Rolle des Interpreten und der Handlungscharakter des
   Verstehens 34
6. Das transzendentalphilosophische Selbstverständnis der Hermeneutik 35

Zwischenbilanz:

Das Verhältnis zwischen methodologischer, transzendentaler und
hermeneutischer Reflexion 37

II. Objektivität des Verstehens oder hermeneutischer Nihilismus?

Überlegungen zum Gegenstandsproblem in der philosophischen Hermeneutik 41

1. «Textsinn» als Gegenstand des Verstehens und Hermeneutik als
   Methodologie des Verstehens 41
2. Die gegenstandskonstituierende Funktion der Vorurteile und die
   «Gegenstands»-losigkeit des Verstehens 44
3. Verlust des «Gegenstandes» und hermeneutischer Nihilismus . . . 47

Zwischenbilanz:

Die Problematik der Selbstinterpretation Gadamers angesichts der
Spannungen innerhalb seiner Argumentation 50

III. Endlichkeit des Menschen und Unendlichkeit des Gesprächs

Überlegungen zu den Konsequenzen der sprachontologischen Wendung
der Hermeneutik 56
1. Kontextgebundenheit der Forschung und geisteswissenschaftlicher
   Objektivismus 56
2. Vorurteilsstruktur des Verstehens und Endlichkeit des Menschen . . 59
3. Die Überwindung der neuzeitlichen Erkenntnistheorie durch die
   sprachontologische Wendung der Hermeneutik 63
4. Die Identität von Sprache und Sein als Grund der Sachlichkeit der
   Sprache und der Spielstruktur des Gesprächs 65
5. Die Unbewußtheit der Sprache als Grund des Scheiterns der
   Subjektivitätsphilosophie 70
6. Die sprachliche Verankerung der Vorurteile und das Scheitern der
   Idee absoluter Selbstbegründung 76
7. Die Zeitlichkeit der Sprache als Grenze wissenschaftlicher Methodik 81

IV. Verstehen, Einverständnis und Vernunft

Überlegungen zum Wesen der Hermeneutik als praktischer Philosophie 88
1. Der technische Charakter der Wissenschaft als Grund für den
   Orientierungsverlust des modernen Menschen 88
2. Der Monologismus der Wissenschaft im Verhältnis zur dialogisch
   konstituierten Lebenswelt 93
3. Das Verhältnis von Methode, Dialektik, Dialog und praktischer
   Vernunft 98

4. Die Geisteswissenschaften und die wirkungsgeschichtliche
   Bestimmtheit des geschichtlichen Seins 105
5. Zum Verhältnis von Wirkungsgeschichte, Horizontverschmelzung,
   Applikation, Reflexion und Vernunft 113

Schlußerörterung:

Der Widerspruch von hermeneutischer Methodologie und
philosophischer Hermeneutik und die Gleichsetzung von Vernehmen
und Vernunft als Charakteristika einer sprachontologisch fundierten
Hermeneutik 124

Teil II:

Philosophische Hermeneutik und Interkonfessionelle Verständigung

Untersuchungen zur Frage nach der Bedeutung der katholischen
Gadamer-Rezeption im Kontext der Ökumene 147

I. Konfessionelle und allgemeine Hermeneutik

Zwei Vorstudien zur Verhältnisbestimmung von theologischer und
philosophischer Hermeneutik 149
1. Katholische Hermeneutik und Gegenreformation. Kurze Erinnerung
   an die geschichtliche Funktion der hermeneutischen Reflexion in der
   katholischen Theologie und die Struktur einer katholischen
   Hermeneutik 149
2. Philosophische Hermeneutik und Schriftprinzip. Die exemplarische
   Bedeutung der protestantischen Hermeneutik in der Sicht Gadamers 156

II. Konfessionelle Apologetik und «Produktives Mißverstehen»

Kritische Fallstudien zur Rezeption der philosophischen Hermeneutik
in der katholischen Theologie 170
1. Exegese und Glaubenstradition. Die hermeneutische Rechtfertigung
   der konfessionellen Differenzen bei Rudolf Schnackenburg 170

2. Verkündigung, Exegese und Glaubenstradition.
   Die Entdifferenzierung der hermeneutischen Problematik durch das
   Prinzip der Wirkungsgeschichte bei Franz Mußner 177
3. Theologisches Verstehen und Dogmatik als quasilehramtliche
   Interpretationsinstanz. Die philosophisch-hermeneutisch begründete
   Rückkehr zur gegenreformatorischen Position des Vatikanum I
   bei Leo Scheffczyk 187

III. Abschließende und weiterführende Thesen 214

Exkurs I:

Über die Beziehung zwischen Hermeneutik und Ästhetik 215

Exkurs II:

Zwei Beispiele protestantischer Gadamer-Rezeption
(Ebeling/Stuhlmacher) 219

Anhang 223

Anmerkungen 225

Literaturverzeichnis 263

Personenregister 275

VIII

«Mit solchen Selbstwidersprüchen ist es eine eigene Sache.»

Hans-Georg Gadamer

«Es ist schwer, einen Anhänger der Apriori-Methode dadurch zu überzeugen, daß man Tatsachen anführt; aber zeige ihm, daß eine Meinung, die er verteidigt, nicht mit dem übereinstimmt, was er anderswo niedergeschrieben hat, und er wird sie mit aller Wahrscheinlichkeit zurückziehen.»
«Als die Methode der Autorität vorherrschte, bedeutete Wahrheit wenig mehr als den katholischen Glauben.»

Charles Sanders Peirce

Abkürzungen

GS I-VIII = Dilthey, Gesammelte Schriften
KS I-IV   = Gadamer, Kleine Schriften
VZW   = Gadamer, Vernunft im Zeitalter der Wissenschaft
WuM   = Gadamer, Wahrheit und Methode

VORWORT

Stanislaw Lem, geist- und einfallsreicher Autor weltbekannter Zukunftsromane, hat in der Einführung zu seinem Buch «Imaginäre Größe» kritisch vermerkt, es sei, in Anbetracht der «Epoche der Ökumenisierung», längst an der Zeit, der «Kunst, Vorworte zu schreiben», Unabhängigkeit zu verleihen und durch die Verselbständigung des Vorwortes zu einer eigenen literarischen Gattung, «die Vorwortschreiberei aus dem Zwinger der Unfreiheit, aus der Tretmühle des Frondienstes herauszuführen.» Nun hat leider nicht jeder das Zeug, um sich mit Erfolg in den «Kampf um die Befreiung der Vorworte» einzumischen und, wie Lem selbst es mit «Imaginäre Größe» getan hat, vielleicht sogar ein Buch zu schreiben, das ausschließlich aus Vorworten zu nie geschriebenen Werken besteht. Wem es also an solcher gedanklichen und sprachlichen Brillanz mangelt, der tut sicherlich gut daran, von der «Introduktionistik» die Finger zu lassen und sich trotz der Not der Stunde auf das mehr Handwerkliche zu beschränken. – In diesem Sinn ist zunächst darauf hinzuweisen, daß es sich bei der vorliegenden Arbeit um die gekürzte und teilweise überarbeitete Fassung einer bereits 1977 unter dem Titel «Hermeneutik als ökumenisches Problem. Kritische Auseinandersetzung mit der philosophischen Hermeneutik Hans-Georg Gadamers und ausgewählten Beispielen der katholischen Gadamer-Rezeption als Beitrag zu einer neu verstandenen ökumenischen Theologie» beim Fachbereich Katholische Theologie der Westfälischen Wilhelms-Universität Münster eingereichten Dissertation handelt. Die Kürzungen betrafen neben der früheren Einleitung vor allem Abschnitte über Diltheys Verständnis der Hermeneutik sowie den im Original wesentlich ausführlicheren Anmerkungsteil. Gekürzt und überarbeitet wurde das problemgeschichtliche Einführungskapitel, dessen Grundgedanken sich, mit neuen Akzenten versehen, in der jetzigen Einleitung finden.

Niederschrift wie Veröffentlichung dieser Arbeit waren mit einer Reihe von Schwierigkeiten persönlicher Art verbunden, die auch nur zu erwähnen ich mir allein deshalb erlaube, weil ich sie ohne Hilfe von verschiedenen Seiten wohl kaum hätte überwinden können, für die ich an dieser Stelle nachdrücklich Dank sagen möchte. Dies gilt in erster Linie im Blick auf meinen Doktorvater, Prof. Dr. P. Lengsfeld, dessen Geduld und Vertrauen ich notgedrungen arg strapazieren mußte; es gilt sodann in bezug auf den Zweitgutachter, Prof. DDr. J. B. Metz, der sich durch die gegen Ende des Promotionsverfahrens gebotene Eile weder in seiner Urteilsfindung noch in seiner Freundlichkeit beirren ließ. Zu danken habe ich auch dem Herausgeberkreis der Reihe «Ökumenische Theologie», insbesondere den Herren Prof. Dr. E. Jüngel und Prof. DDr. H. Küng, auf deren Fürsprache hin das Buch in die neue Reihe aufgenommen wurde; des weiteren dem Benziger Verlag für die rasche Drucklegung, sowie schließlich der Universität Münster für die Gewährung eines ansehnlichen Druckkostenzuschusses.

Es läßt sich – um abschließend noch einmal auf Lems Anregung zurückzukommen – schlecht leugnen, daß derlei Dankesworten stets mehr oder minder aufdringlich der Geruch des rein pflichtmäßig Abgeleisteten anhaftet, und nichts liegt deshalb näher, als im Interesse der Emanzipation dieser «an der Kandare gehaltenen Gattung» die Vorworte zuallererst von ihnen zu befreien. Doch mitunter kollidieren Pflicht und freie Neigung keineswegs, sondern verbünden sich – und in einem solchen Fall darf der Verfasser eines Vorwortes sicherlich auf Nachsicht hoffen, wenn er mit seinem Dank die revolutionäre Entwicklung der Vorwort-Literatur einen Augenblick lang verzögert hat.   H.-G. Stobbe

XII

EINLEITUNG

1. Die Aktualität der Hermeneutik als hermeneutisches Problem

Wissenschaftstheoretische Untersuchungen stehen derzeit ganz allgemein hoch im Kurs, doch scheint der «Kurswert» (Bubner), der dabei insbesondere der Hermeneutik zugebilligt wird, unübertroffen hoch zu sein –, zumindest gilt sie «heute als gängige Münze in wissenschaftstheoretischen Abhandlungen und Kontroversen»[1]. Eine Folge dieses gesteigerten Interesses stellt die ungeheure Flut einschlägiger Literatur dar, die sich kaum noch überblicken, geschweige denn kritisch verarbeiten läßt. Bereits die im Jahr 1968 veröffentlichte Bibliographie von N. Henrichs, welche die Publikationen zur «Hermeneutik und ihre(n) Anwendungsbereiche(n) seit Schleiermacher» zu erfassen suchte[2], zählte mehr als 700 Titel, und es darf mit Sicherheit davon ausgegangen werden, daß sich diese Zahl seither ganz beträchtlich erhöht hat[3]. Freilich ist es keineswegs die quantitative Fülle des Schrifttums allein, die selbst auf einen nur oberflächlichen Betrachter entmutigend wirken muß, sondern ebensosehr die verwirrende Vielfalt der darin verwendeten Terminologien, angesichts derer sich fast zwangsläufig die skeptische Frage aufdrängt, wie unter solchen Umständen eine Verständigung überhaupt noch möglich sein soll. Nicht nur «der Gebrauch des Terminus ‹Wissenschaftstheorie›» hat «geradezu inflatorische Ausmaße angenommen»[4], auch im Blick auf den Begriff der Hermeneutik selbst «zeigt die gegenwärtige philosophische Diskussion, daß von ‹der› Hermeneutik nur noch bedingt gesprochen werden kann: Ihr Begriff hat sich mittlerweile so differenziert, daß man faktisch zwischen sehr verschiedenen Ausprägungen unterscheiden muß. Dieses Spektrum reicht von einer ‹Kunstlehre des Verstehens› bis zu einer ideologiekritisch orientierten ‹Tiefenhermeneutik›, von einer spekulativen Hermeneutik, die die Sprache als Voraussetzung des Verstehens nicht ausdrücklich thematisiert, bis zu einer philosophischen Hermeneutik ‹am Leitfaden der Sprache›»[5]. Von da her dürfte es tatsächlich im vorliegenden Fall «noch weniger als sonst fruchtbar sein, um den wahren Sinn und die richtige Bedeutung eines Wortes zu streiten»[6], um so notwendiger allerdings erscheint eine unmißverständliche Kennzeichnung des jeweils an Ort und Stelle mit dem Begriff «Hermeneutik» Gemeinten.

Die folgende Arbeit nun beschäftigt sich ausschließlich mit jener, eben als «philosophische Hermeneutik ‹am Leitfaden der Sprache›» kurz charakterisierten Position, die ihren ursprünglichsten und bislang unbestreitbar auch prägnantesten Ausdruck im Lebenswerk des Heidelberger Philosophen Hans-Georg Gadamer gefunden hat. Die rigorose Konzentration gerade auf diese Spielart hermeneutischen Denkens liegt nicht nur darin begründet, daß sie selbst eine Breitenwirkung erreicht hat, wie sie in einem vergleichbaren Maße kaum einer anderen Konzeption innerhalb der zeitgenössischen Philosophie beschieden war, sondern sie stützt sich ebensosehr auf die Tatsache, daß die eingangs erwähnte Wertschätzung der Hermeneutik in einem allgemeinen Sinne sich vor allem der Leistung Gadamers verdankt. Wenn vor kurzem festgestellt werden konnte, die Hermeneutik sei «während zweier Jahrzehnte zu einem Schwerpunkt der wissenschaftlichen Diskussion geworden»[7], dann spielt diese Feststellung mit Recht auf den überragenden Einfluß an, den Gadamers Buch «Wahrheit und Methode. Grundzüge einer philosophischen Hermeneutik» ausgeübt hat, das im Jahr 1960 erstmals erschien und in erstaunlich kurzer Zeit «als das klassische Grundbuch der modernen Hermeneutik»[8] anerkannt wurde. Gleichgültig, ob man, wie der marxistische Wissenschaftstheoretiker Hans Jörg Sandkühler, hervorheben zu müssen glaubt, die Hermeneutik spiele in keinem anderen Land «eine so unbestritten maßgebliche Rolle wie in der Bundesrepublik»[9], oder ob man es lieber mit dem polnischen Marxisten Marek J. Siemek hält, für den «außer Zweifel» steht, daß innerhalb «des Denkens der zweiten Hälfte unseres Jahrhunderts das Phänomen der Hermeneutik oder die hermeneutische Philosophie einen erstrangigen Platz einnimmt»[10], die außergewöhnliche Bedeutung der Hermeneutik als solche steht außer Frage. Zwar mag es etwas übertrieben sein, «Hermeneutik» gar als ein «Schlüsselwort der Zeit» zu bezeichnen[11], doch allein die Tatsache, daß eine solche Aussage heute überhaupt gewagt werden kann, während es, wie Gadamer berichtet hat[12], noch bei der Publikation von «Wahrheit und Methode» angezeigt erschien, den Begriff «philosophische Hermeneutik» «in den Untertitel zu verbannen»[13], weil nicht einmal der Verleger sich darunter etwas vorzustellen vermochte, verdeutlicht sehr gut nicht nur den Wandel der Situation, der sich seither vollzogen hat, sondern veranschaulicht zugleich noch einmal das besondere Gewicht der Hermeneutik Gadamers.

Der durchschlagende Erfolg von «Wahrheit und Methode» kam offenbar nicht zuletzt für Gadamer selbst ziemlich überraschend. Rück-

2

blickend erinnert er sich, bei Erscheinen des Buches, an dem er nahezu zehn Jahre lang gearbeitet hatte, durchaus unsicher darüber gewesen zu sein, «ob es nicht zu spät kam und eigentlich überflüssig
war», denn man habe damals bereits ahnen können, «daß eine neue
Generation heranrückte, die teils technologischen Erwartungen, teils
ideologiekritischen Affekten verfallen war»[14]. – Wie aber läßt sich
dann die tatsächliche Entwicklung erklären? Woran lag es, daß Gadamers Skepsis sich als völlig unbegründet erwies? Die vielleicht provo-
zierendste Antwort auf diese Fragen hat Hans Jörg Sandkühler gegeben. In seinen Augen stellt sich «Wahrheit und Methode» als «ein
Dokument der ‹Deutschen Ideologie› im 20. Jahrhundert» dar, dessen
Inhalt «dem Bedürfnis der bürgerlichen Klasse» entspricht, «sich mit
der Vergangenheit der Vorurteile dieser Klasse zu identifizieren und
ihre Geltung philosophisch, d. h. ideologisch, zu sichern», wobei der
Universalitätsanspruch der philosophischen Hermeneutik dazu dient,
die «Spezifik ihrer Parteilichkeit» zu verschleiern[15].
Nun kann sicherlich in diesem Zusammenhang dahingestellt bleiben,
ob sich die Funktionseliten, die in der modernen Gesellschaft das allgemeine Bewußtsein prägen, noch als «Klasse» im Sinne einer ökono-
mischen Analyse begreifen lassen, die als solche das Bedürfnis haben
müßte, die «klassische bürgerliche – vormals revolutionäre – Fiktion
der Allgemeingültigkeit und Durchsetzungskraft der ‹Vernunft›»[16]
aufrechtzuerhalten, fest steht jedenfalls – und darauf bezog sich ja
auch Gadamers Unsicherheit –, daß sie sich in der Tat immer noch
den Idealen der Aufklärung verpflichtet wissen und sich ihre wirkliche oder vermeintliche Aufgeklärtheit zugute halten[17]. Gerade deshalb jedoch erscheint Sandkühlers ideologiekritische Deutung als völlig widersinnig. Denn wie sollte ausgerechnet «Gadamers Aufklärung
über Geschichte», die doch, Sandkühlers eigenem Urteil zufolge, «mit
der Geschichte der Aufklärung nichts mehr gemein» hat[18], dazu tau-
gen, die Identifikation mit einem Bürgertum zu erleichtern, das sich
einmal als das bevorzugte Subjekt von Aufklärung verstand? Es trifft
zweifelsohne zu, daß die philosophische Hermeneutik eine sehr
grundsätzliche Kritik am Selbstverständnis der Aufklärung beabsichtigt und ihr gegenüber Tradition und Vorurteil wieder zu philosophischen Ehren bringen will. Doch wenn die Anziehungskraft, die dieser
Versuch einer «Ehrenrettung der ‹schlechten Unendlichkeit›»[19] ausgeübt hat und noch ausübt, nicht einfach rätselhaft bleiben soll, dann
wird man, in genauer Umkehrung von Sandkühlers These, von der
Annahme ausgehen müssen, daß Gadamers Philosophie sehr wohl

3

mit der Geschichte der Aufklärung zu tun hat und deshalb das von ihr ausgelöste Echo ohne Rücksicht auf diesen Zusammenhang nicht zu verstehen ist. Das heißt, um mit Gadamers Worten zu sprechen: «Das Interesse an der Hermeneutik, das in unserer Zeit eingesetzt hat, bedarf selber einer hermeneutischen Erklärung, und dazu gehört zweifellos eine geschichtliche Orientierung.»[20]

2. Philosophische Hermeneutik gegen «teuer bezahlte Vernunft» (Landmann)

Es hieße den fundamentalen Rang des hier infragestehenden Problems verkennen, würde man den Vorgang der Hermeneutik-Rezeption mit seinem so widersprüchlich anmutenden Neben- und Ineinander von «Aufklärungsbetriebsamkeit» (von Hentig) und radikaler Aufklärungskritik als bloßen philosophischen Richtungsstreit betrachten. In Wahrheit spiegelt sich in dieser Gleichzeitigkeit gegenläufiger Tendenzen der Stand einer noch unentschiedenen Auseinandersetzung, die alle Anzeichen eines epochalen Umbruchs aufweist. Das Empfinden, «Zwischen den Zeiten» bzw. an einer «Zeitwende» – so etwa der bezeichnende Titel zweier Zeitschriften –, vor dem «Untergang des Abendlandes» (Spengler) oder dem «Ende der Neuzeit» (Guardini) zu stehen, ist seit dem Beginn des 20. Jahrhunderts im philosophischen und theologischen Denken ständig, wenngleich mit wechselnder, vor allem durch die Weltkriege beeinflußter Intensität, gegenwärtig gewesen und hat zu einer ganzen Reihe von Versuchen geführt, die jeweilige Gegenwart weltgeschichtlich zu verorten, um daraus Entscheidungshilfen für eine als ebenso unumgänglich wie notwendig verstandene Neuorientierung zu gewinnen[21]. Der Protest gegen die entmenschlichenden Wirkungen und zerstörerischen Folgen einer hemmungslos vorangetriebenen und sich verselbständigenden Technisierung aller Lebensbereiche, der sich seit einigen Jahren in allen westlichen Industriegesellschaften nicht nur artikuliert, sondern auch – in der sogenannten Ökologie-Bewegung – politisch formiert, kann auf eine Vorgeschichte zurückblicken, die ansonsten völlig unterschiedliche, ja gegensätzliche Denker, wie etwa Heidegger auf der einen und Adorno/Horkheimer auf der anderen Seite[22] – in sich vereinigte – und zwar auf dem Boden des gemeinsamen Bestrebens, sich in je spezifischer Art und Weise der Einsicht zu stellen, daß zunehmend «der klassische Begriff der Vernunft und des Vernünftigen sich

4

verdunkelt und nur noch per Dekret, im Institutionellen aufrechtzuerhalten ist».[23].

Mithin war in dem Augenblick, da der hermeneutische Angriff auf zentrale Ideen und Motive der Aufklärungsphilosophie erfolgte, das Verhältnis zu diesen weithin längst kein ungebrochenes mehr, und es entsprach sehr genau der inneren Logik und Struktur der Problemsituation, wie sie sich allgemein darbot, daß er sich direkt und unmittelbar auf jene Größe konzentrierte, die noch bis zur Jahrhundertwende als *der* Garant menschlichen Fortschritts im Sinne der Aufklärung galt, nämlich die neuzeitliche Wissenschaft. Bereits Husserl hatte in der Einleitung zu seiner Untersuchung über «Formale und transzendentale Logik» bemerkt, wissenschaftstheoretische Probleme seien «ein Hauptthema unserer Epoche»[24] und wenige Jahre später, in seiner letzten großen Abhandlung, der «Krisis»-Schrift, diesen Sachverhalt entschlossen in den umfassenderen Kontext der «allgemeinen Klagen über die Krisis unserer Kultur und ... der dabei den Wissenschaften zugeschriebenen Rolle» gestellt[25]. Husserl zufolge nahm die damals laut gewordene «ernstliche(n) und sehr notwendige(n) Kritik» ihren Ausgang

«von einer an der Wende des letzten Jahrhunderts hinsichtlich der Wissenschaften eingetretenen Umwendung der allgemeinen Bewertung. Sie betrifft nicht ihre Wissenschaftlichkeit, sondern das, was sie, was Wissenschaft überhaupt dem menschlichen Dasein bedeutet hatte und bedeuten kann»[26].

Was zu solcher Besinnung nötigte, war also von Anfang mehr als nur eine Grundlagenkrise einzelner Wissenschaften, wie sie etwa 1929 von Karl Bühler am Beispielfall der Psychologie beschrieben worden war[27] und in der modernen Wissenschaftstheorie seit der bahnbrechenden Untersuchung Thomas Kuhns über «Die Struktur wissenschaftlicher Revolutionen» unter den Begriff des Paradigma-Wechsels gefaßt wird[28]. Es ging um einen Vertrauensverlust, der die Wissenschaft als solche betraf, um eine «Krise der Wissenschaft überhaupt» (Jaspers), und diese Krise hatte ihren Ursprung in dem Verdacht oder der Überzeugung, eben diese Wissenschaft oder ihr falsches Selbstverständnis trage die Schuld für jene von Wilhelm Dilthey, dem ersten Theoretiker der Krise[29], gegen Ende seines Lebens nüchtern, aber doch mit unüberhörbarem Bangen[30] konstatierte «Dissonanz der Souveränität des wissenschaftlichen Denkens und der Ratlosigkeit des Geistes über sich selbst und seine Bedeutung im Universum»[31], erfahrbar in der «Anarchie der Überzeugungen»[32] und einer «schrankenlose(n) Freiheit der Annahmen»[33] in bezug «auf immer mehr Voraussetzungen unseres Denkens und Handelns»[34] einerseits und einem Gefühl der «Leere des Bewußtseins» und dem «Schmerz seiner Inhaltslosigkeit»[35] andererseits.

Wie bedrohlich zumindest eine bestimmte Art von Wissenschaftlichkeit wirkte, bezeugt eindringlich die zum Teil äußerst heftige Polemik gegen den Historismus[36]. Droysen etwa sah sich veranlaßt, in Erinnerung des berühmten Ranke-Wortes, es sei die vornehmste Aufgabe der Geschichtswissenschaft, zu erforschen, «wie es eigentlich gewesen», der Ranke-Schule «eunuchische Objektivität» vorzuwerfen[37], während Walter Benjamin den Historismus gar als «Bordell», d. h. als Arbeitsplatz der «Hure ‹Es war einmal›» bezeichnete[38]. Und Nietzsche, um ein letztes Beispiel zu nennen, sprach in seiner Abhandlung «Vom Nutzen und Nachteil der Historie für das Leben» von einer «objektiv sich gebärdenden Gleichgültigkeit», nannte sie die «historische Krankheit», welche die «plastische Kraft des Lebens angegriffen» habe und empfahl schließlich, der Wissenschaft eine «Gesundheitslehre des Lebens» beiseitezustellen[39].

Der Grund für derlei Ausfälle lag in der historistischen Absage gegenüber jeder Form materialer Geschichtsphilosophie[40] und der damit verbundenen Weigerung, der historisch-wissenschaftlichen Erkenntnis der Geschichte verbindliche Maßstäbe für das menschliche Handeln entnehmen zu wollen[41].

Beides lähmte nicht nur den Willen zu entschiedener politischer Parteinahme, wie sie zum Beispiel seitens der liberalen Schule gefordert wurde[42], sondern es verschärfte sich dadurch zwangsläufig auch die allgemeine Orientierungskrise, zumal die Verfechter der historischen Betrachtungsweise sich durch keinerlei religiöse und philosophische Absolutheitsansprüche beirren ließen und sie auf sämtliche Phänomene des menschlichen Geisteslebens, einschließlich der Vernunft-Philosophie abendländisch-neuzeitlicher Prägung, ausdehnten, um deren vielfältige Bedingtheit und Relativität herauszuarbeiten. Doch wie sehr man solche Konsequenzen auch beklagen mochte, es gab für die Geschichtswissenschaft kein Zurück mehr. Denn indem sie sich in Gestalt des Historismus von aller philosophischen Bevormundung zu befreien suchte, holte sie lediglich eine Entwicklung nach, an der im Bereich der Naturwissenschaften niemand mehr ernsthaft Anstoß zu nehmen wagte, weil dort der traurige Zustand einer zum Dilettantismus verurteilten Naturphilosophie offen zutagelag[43].

Mit und durch den Historismus zerbrach endgültig die von Hegel in

6

der «Enzyklopädie» konzipierte Einheit von Logik, Natur- und Geist-philosophie, «Hegels gesammeltes Reich» wurde, nach einem Wort von Karl Löwith, «in Provinzen zerteilt»[44]. Das «System», bereits von Kierkegaard um der Wahrheit der Subjektivität willen massiv ange-feindet[45], verlor nunmehr seinen Charakter als Wissenschaftskrite-rium[46]; «Spekulation», einst idealistischer Inbegriff höchster denkeri-scher Anstrengung, sank ab zur verächtlichen Vokabel für eine in sich leerlaufende, kognitiv bedeutungslose Beschäftigung mit bloßen Scheinproblemen[47]; und nicht mehr Deduktion aus Begriffen oder höchsten Prinzipien oder Konstruktion von einem archimedischen Punkt absoluter Gewißheit aus kennzeichneten fortan wissenschaftli-che Erkenntnis, sondern Induktion, Empirie, das Beharren auf kon-kreter Erfahrung[48].

Was angesichts dessen der Philosophie noch blieb, ließ sich nach empiristischer Auffassung auf einen recht einfachen Nenner bringen: «keine Sätze, keine Theorie, kein System, sondern nur eine Methode, nämlich die der logischen Analyse» – so Rudolf Carnap in einem pro-grammatischen Aufsatz aus dem Jahr 1931[49], oder, noch knapper: «Erläuterungen» zum Zwecke des «Klarwerden(s) von Sätzen» – so Ludwig Wittgenstein in seinem «Tractatus»[50]. Alles übrige, die Ethik eingeschlossen, traf entweder das «Urteil der Sinnlosigkeit», oder es erwies sich als «Ausdruck eines Lebensgefühls»[51], der sich als solcher zwar wissenschaftlicher Kritik entzog, aber durch Wissenschaft auch nicht zu begründen und also prinzipiell nicht wahrheitsfähig war[52].

Das philosophische Denken, derart in den Bereich der Innerlichkeit zurückgedrängt, erlitt einen totalen Realitätsverlust, über den auf Dauer auch das Pathos des existenzphilosophischen Entscheidungsru-fes nicht hinwegtäuschen konnte. Denn dieses entsprach wiederum nur zu genau der Situation eines welt- und geschichtslosen Subjekts, das in einer ihrer Vernunft beraubten Wirklichkeit die Wahrheit sei-ner Existenz nur noch mit den Mitteln der Ironie, des Humors oder schließlich des wortlosen Opfers zur Geltung zu bringen vermochte[53]. Die nach dem Zusammenbruch des Hegelschen Systems einsetzende hektische «Suche nach dem verlorenen Subjekt der Vernunft», dieser «Gespenstertanz der Weltgeschichte»[54], endete so mit der ernüchtern-den Einsicht, daß sich hinter den wechselnden Masken in Wahrheit überhaupt nichts verbarg: die Vernunft oder, genauer gesagt, das, was neuzeitlich als Vernunft gedacht worden war, «hat kein Subjekt.»[55] – Der Begriff der Vernunft, bis dahin ein substantielles Vermögen des autonomen Subjekts bezeichnend, änderte infolgedessen zwangsläufig

7

seine Bedeutung und wurde zur «Vernünftigkeit», die «Ratio» zur «Rationalität», und das aus diesem Substantiv abgeleitete Prädikat «vernünftig» bzw. «rational» diente nunmehr zur Charakterisierung eines bestimmten, ethisch normierten Problemlösungsverhaltens[56]. Damit jedoch kam jetzt die empiristische Sinnkritik unmittelbar innerhalb der für die gesamte neuzeitliche Philosophie zentralen Problematik einer Selbstbegründung der Vernunft zum Tragen. Indem nämlich der Empirismus jede Möglichkeit ausschloß, die nach der Umdeutung des Vernunft-Begriffes als unumgänglich zu betrachtende Entscheidung zugunsten eines vernünftigen Verhaltens aufgrund ihrer ethischen Natur als allgemein verbindliche Forderung zu rechtfertigen, blieb diese Entscheidung allem Anschein nach dem subjektiven Belieben anheimgestellt. Rationalität als verhaltenssteuernde Einstellung erschien somit als Resultat einer individuellen Wertsetzung, als Ergebnis eines Entschlusses, der sich grundsätzlich weder durch wissenschaftliche noch durch philosophische Argumente begründen läßt und folglich durch irgendwelche undurchschauten Motive und Interessen bestimmt oder einfach dogmatisch oder dezisionistisch gefaßt wird, auf jeden Fall aber auf irrationale Weise zustande kommt[57]. – Mit anderen Worten: Die neuzeitliche Leitidee einer «Vernünftigkeit» der Vernunft» (Pannenberg) erwies sich, so sah es zumindest aus, am Ende als eine Art hölzernes Eisen.

Wer sich mit diesem Dilemma nicht abfinden mochte, der kam nun allerdings nicht mehr an der Aufgabe vorbei, sich mit dem Selbstverständnis der Wissenschaft auseinanderzusetzen – und zwar in einer Form, die sowohl ihren unbestreitbaren Erfolgen, wie auch ihren durchaus fragwürdigen Konsequenzen Rechnung trug und beides verständlich machte.

Die – von ihren Kritikern so genannte – «szientistische» Antwort auf diese Herausforderung lief darauf hinaus, kurzerhand Rationalität und Wissenschaftlichkeit gleichzusetzen, und sie beruhte im wesentlichen auf der Überzeugung, die menschliche Geschichte zeige hinreichend deutlich, daß, soweit sie einen Fortschritt erkennen lasse, dieser durch Verhaltens- und Verfahrensweisen erreicht worden sei, die dem in der Wissenschaft üblichen und für sie kennzeichnenden strukturell glichen. Die Menschheit werde – inhaltlich gesprochen – wenn überhaupt, dann nur durch Versuch und Irrtum klug, und die Besonderheit der Wissenschaft bestehe eigentlich nur darin, dieser elementaren, anthropologisch fundierten Lernstruktur entsprechend Lernvorgänge methodisch diszipliniert und gezielt zu provozieren. –

8

Wissenschaftliches Denken und Handeln als paradigmatische Verwirklichung vernünftigen Denkens und Handelns, das hieß folglich: Mut zu Kritik und Selbstkritik, Offenheit des Geistes in einer «offenen Gesellschaft» (Popper), und da sich diese Beschreibung offenkundig mit dem deckte, was seit der Aufklärung billigerweise von einem Menschen erwartet werden durfte, der sich für «vernünftig» und «aufgeklärt» hielt, fühlten sich die Vertreter des «Szientismus» als deren wahre Erben[58].

Nach dem Urteil seiner Gegner freilich hatte der «Szientismus» mehr oder minder stillschweigend grundlegende Einsichten der neuzeitlichen Philosophie preisgegeben. Nicht nur den Unterschied zwischen theoretischer und praktischer Vernunft ignorierend, sondern überdies Vernunft und Verstand verwechselnd, unterschlug er in ihren Augen die eigentlich kritische Frage nach dem Rechtsgrund des seitens der Wissenschaften geltend gemachten Erkenntnisanspruchs und gab sich damit zufrieden, ihnen die höhere Weihe der «Vernunft» zu erteilen. Das dialektische Umschlagen einer um ihre Selbstbegründung ringenden Vernunft in eine auf irrationalen Entscheidungen aufruhende Rationalität durch die Gleichschaltung von Vernunft und Wissenschaft verhindern zu wollen, kam unter solchen Umständen dem Versuch gleich, Teufel mit Beelzebub auszutreiben. Mehr noch: Eine «szientistisch» verkürzte oder «positivistisch halbierte» Vernunft (Habermas) trieb die durch eine sich auf sich selbst versteifende Wissenschaft heraufbeschworene Aporie unabdingbar auf die Spitze, weil sie jeder im Namen der Vernunft argumentierenden Kritik an der Wissenschaft den Boden entzog[59].

Nun ließ sich andererseits nicht leugnen, daß das übersteigerte Selbstbewußtsein der modernen Wissenschaften seine Wurzeln in einer an sich berechtigten Frontstellung gegenüber ihrerseits «idealistisch» überzogenen Ansprüchen der neuzeitlichen Vernunftphilosophie hatte, und insofern verbot sich eine unvermittelte Rückkehr zu deren Ausgangspositionen. Angesichts der veränderten Situation konnte es sich also allein darum handeln, ihre ursprünglichen Intentionen aufzunehmen und diese unter Berücksichtigung des mittlerweile erreichten wissenschaftstheoretischen Problemstandes weiterzuverfolgen. Eine den «Szientismus» wirklich überwindende, weil sein berechtigtes Anliegen in sich aufhebende Alternative mußte deshalb auf eine umfassende philosophische Theorie des Wissens zielen, die es erlaubte, jenseits einer bloß abstrakten Verneinung oder Relativierung den von den Wissenschaften erhobenen Anspruch zu begründen und zugleich damit zu begrenzen. In methodischer Hinsicht beinhaltete dies die Notwendigkeit einer Reflexion auf die im Vergleich mit möglichen anderen Wissensformen dem wissenschaftlichen Erkennen eigentümlichen Konstitutionsbedingungen – und zwar sowohl im Blick auf die Wissenschaft als solche, wie auch bezüglich einzelner Wissenschaften bzw. Klassen von Wissenschaften. – Kurz gefaßt: Im Unterschied zum «Szientismus» lautete die Losung im Lager seiner Kritiker: «Transformation des Kantschen Ansatzes der klassischen Transzendentalphilosophie»[60] im Sinne einer Wiederbelebung der von Kant eingeschärften Frage quid iuris als der Grund-frage eines Denkens, das als einziges mit Recht sich «kritisch» nennen darf[61].

So betrachtet verliert die ungeheure Anziehungskraft der philosophischen Hermeneutik einiges von ihrer Rätselhaftigkeit. Denn indem Gadamer die Bedingungen der Möglichkeit, den Ort, Rang und die Grenzen der Wissenschaft im Ganzen menschlicher Welterfahrung und menschlichen Daseinsvollzuges zu bestimmen sucht, um den Nachweis zu erbringen, daß sich die Vielfalt von Erfahrungsweisen nicht ungestraft über den einen Leisten wissenschaftlicher Rationalität schlagen läßt, betreibt er «Kritik» in des Wortes klassischer Bedeutung und also auch Aufklärungsarbeit. Gleichwohl beansprucht Gadamer nicht, das Werk der Aufklärung fortzusetzen, hält er sich heraus aus den schon Ende des 18. Jahrhunderts einsetzenden Auseinandersetzungen um die «wahre Aufklärung»[62], die auch den «Szientismus» und seine Gegner wie feindliche Brüder aneinanderbinden kraft der ihnen gemeinsamen Überzeugung, das Erbe lohne einen solchen Streit[63]. Ihr stellt Gadamer die These entgegen, eine wahrhaft kritische Besinnung auf die Eigenart der modernen Wissenschaft nötige dazu, radikal mit der Aufklärung, ja mit der neuzeitlichen Philosophie insgesamt zu brechen – und dies nicht trotz, sondern gerade wegen der nach dem Zusammenbruch des Hegelschen Systems vollzogenen Trennung von Wissenschaft und Philosophie. Sie nämlich offenbart die Wirksamkeit eines Prinzips, dem sich das neuzeitliche Denken als solches ursprünglich verdankt und das dessen Geschichte untergründig zu einer inneren, durch die Emanzipation der Wissenschaft unberührten Einheit zusammenschließt.

Vernunft – davon ist auszugehen –, das heißt zu Beginn der Neuzeit zunächst und vor allem theologisch, genauerhin nominalistisch provozierte Abkehr von der Theologie. In einem Akt der Notwehr gleichsam gegenüber der Willkür eines in seiner Verborgenheit unzugänglichen Gottes zerstört die Vernunft durch den methodischen Zweifel jede trügerische Gewißheit, um schließlich in der Selbstgewißheit des denkenden Subjekts den Punkt zu erreichen, an dem sich weiteres Zweifeln ad absurdum führen würde[64]. Die auf sich selbst zurückgeworfene Vernunft gewinnt ihre Autonomie, indem sie sich auf nichts anderes als eben sich selbst gründet und folglich jeden Wahrheitsanspruch als heteronome Zumutung abweist, dessen Berechtigung sie nicht sicher aus der Gewißheit ihres Selbstvollzuges abzuleiten vermag. Mit anderen Worten: Die um ihrer Selbsterhaltung willen notwendige «Theologiefreiheit» findet die Vernunft «im Voraussetzungslosen»[65], weil nur Voraussetzungslosigkeit absolute Sicherheit garantiert. In dem Maße, in dem die Vernunft «an Theologie verliert», steigert sich deshalb ihr «Kontrollvermögen», und je nachdrücklicher sie sich als «eigensinnige Vernunft» begreift, desto mehr wird sie «Kontrollvernunft»[66], die sich der Methode als ihres entscheidenden Instruments bedient.

Wissenschaft nun, am «Ende der Neuzeit» (Guardini), das bedeutet zunächst und vor allem philosophisch, genauerhin idealistisch provozierte Abkehr von der Philosophie und somit, wie es scheint, Abkehr von der Vernunft. Doch in Wahrheit erkämpft die Wissenschaft ihre Freiheit von der Philosophie mit Hilfe der gleichen Taktik, durch die sich die neuzeitliche Philosophie ihrerseits der Theologie entledigt hatte: Sie verweigert sich dem als anmaßend empfundenen Gedanken, einer philosophischen Rechtfertigung ihres Erkenntnisanspruchs zu bedürfen und läßt keine Begründung mehr gelten, «die nicht durch sie selbst erbracht wird»[67].

Die kognitive Entmündigung der Philosophie, soweit sie anderes und mehr zu sein beansprucht als logische Analyse der Sprache oder des Prozesses wissenschaftlicher Forschung, erfolgt im Namen des Ideals voraussetzungsloser und methodischer Erkenntnis und bezeugt dessen unbestrittene Geltung[68]. Nicht die pure Unvernunft zwingt die Philosophie abzudanken, sondern die «Kontrollvernunft», die Vernunft, neuzeitlich gedacht, immer schon war und die nunmehr als Wissenschaft in Erscheinung tritt. Hinter dem Allgemeinheitsanspruch der neuzeitlichen Vernunft wie hinter dem Objektivitätsideal der modernen Wissenschaft verbirgt sich der Selbstbehauptungswille einer Subjektivität, die, weil sie sich nach dem Ebenbild Gottes denkt[69], «Maß und Mitte des Seienden, d. h. jetzt der Objekte, Gegenstände, sein will und sein muß» und deshalb sich selbst begründet «als die Maßgabe für alle Maßstäbe, mit denen ab- und ausgemessen (verrechnet) wird, was als gewiß, d. h. als wahr und d. h. als seiend gelten kann.[70] So ver-

11

dankt die neuzeitliche Vernunft ihre Souveränität nicht von ungefähr einem «eigenartigen Gewaltakt»[71], durch den sie verdrängt und denunziert, was ihrer Reinheit schaden könnte, indem es sich dem purifizierenden Zugriff der Methode entzieht:

«Das Selbst, das nach der methodischen Ausmerzung aller natürlichen Spuren als mythologischer weder Körper noch Blut noch Seele und sogar natürliches Ich mehr sein sollte, bildete zum transzendentalen oder logischen Subjekt sublimiert den Bezugspunkt der Vernunft, der gesetzgebenden Instanz des Handelns. Wer unmittelbar, ohne rationale Beziehung auf Selbsterhaltung dem Leben sich überläßt, fällt nach dem Urteil von Aufklärung wie Protestantismus ins Vorgeschichtliche zurück. Der Trieb als solcher sei mythisch wie der Aberglaube; dem Gott dienend, den das Selbst nicht postuliert, irrsinnig wie die Trunksucht.»[72]

Kein Wunder also, daß die Rigorosität, mit der eine sich empiristisch aufspreizende Wissenschaft, sich selbst genug, zwischen Sinn und Unsinn scheidet, an jene Entschiedenheit erinnert, mit der seit Descartes die Vernunft, «zusammengeschnitten auf die Beherrschung ihrer selbst»[73], den Wahnsinn theoretisch ächtete und praktisch aus ihrem Herrschaftsbereich verbannte, indem sie ihn internierte[74]. Da *eines* Geistes, stand dabei von Anfang an einem Zusammenwirken von Vernunft und Wissenschaft nichts im Wege: Ihre Unmenschlichkeit verschleiernd gibt die Vernunft sich «wissenschaftlich und barmherzig, tolerant und kategorisch» zugleich.[75]

So «entstehen die Wissenschaft vom Wahnsinn als ‹Methode› von Vernunft-Macht und die Institutionalisierung des Wahnsinns als ein von der Vernunft-Macht definierter Ort. Die moderne Vernunft entwickelt sich und gefällt sich in ihrer Zurschaustellung; es gelingt ihr die Eingrenzung und Einsegnung ihrer eigenen Rationalität; sie erzeugt die neue Irrationalität und begründet die Herrschaft der Vernunft, das heißt der Wissenschaft vom Wahnsinn und von seinen Institutionen.»[76]

Durch die Verdrängung der «außenseiterischen Subjektivität»[77] verrät sich die neuzeitliche Vernunft. Sie umgibt sich mit dem Dunkel der Unvernunft wie die wissenschaftliche Rationalität mit dem Irrationalismus, weil sie der Dunkelheit bedarf, um darin ihre Fackel aufstecken zu können[78], und eben diese geheime Abhängigkeit erklärt, weshalb sie so hart mit dem ins Gericht geht, was sich ihren Kriterien nicht fügt: «Der aufgeklärte Geist ersetzte Feuer und Rad durch das Stigma, das er aller Irrationalität aufprägte, da sie ins Verderben führt.»[79] Folglich gibt es bei Descartes «die Geschichte nur als den Inbegriff der Vorurteile, bei Bacon als das System der Idole, die nun ihr

12

Ende finden»,[80] werden die «Merkmale der Selbstbehauptung» zugunsten der «Evidenz einer Urzeugung verhehlt»[81], in der sich die Vernunft selbst ins Dasein ruft.

Wer dagegen Einspruch erheben will, um der «Geschichte des Vernunft-Wahnsinns» (Scalia) ein Ende zu setzen, der kommt nun in der Tat an einer «Rehabilitierung von Autorität und Tradition» (Gadamer) schwerlich vorbei. Sie gewinnt geradezu einen therapeutischen Sinn: als der Versuch nämlich, die Vernunft dazu zu bewegen, das von ihr Unterdrückte und Verdrängte als einen Teil ihrer selbst anzunehmen. Der Weg der Therapie ist geschichtlich vorgezeichnet. Sie kann, wenn überhaupt, nur gelingen im Zuge einer Neubestimmung des Verhältnisses von «Wahrheit und Methode»:

«Die Philosophie muß von Wissenschaft und Methode fordern, daß sie ihre Partikularität im Ganzen der menschlichen Existenz und ihrer Vernünftigkeit erkennen.»[82]

Dieses «muß» meint keine fremdauferlegte Pflicht, meint auch nicht nur die innere Nötigung, die besserer Einsicht entspringt, sondern hat seinen Grund in der Not einer Gesellschaft, die geprägt ist von «Technik und Wissenschaft als ‹Ideologie›» (Habermas) und eben deshalb den Beweis dafür liefert, daß Vernunft, neuzeitlich gedacht, zu teuer bezahlt wird[83]. Ihre gesellschaftliche Verantwortung wahrzunehmen, heißt für die Philosophie, im Nach-denken der geschichtlichen Herkunft dieser Situation quer zur Aufklärung denken zu müssen. Mit bürgerlicher Ideologie hat das, wenigstens der Absicht nach, wenig zu tun, noch weniger mit blinder Verneinung. Worum es geht, ist die «Suche nach der verlorenen Vernunft» (Marquard), die Heimholung der wissenschaftlichen Methodenrationalität in das Ganze menschlicher Welterfahrung, von dem sie getragen und begrenzt wird zugleich. Den Verlust möglicher Wahrheit um der Menschlichkeit der Vernunft willen einzuklagen und eine «hybride Wissenschaft» (Gasché) mit der «Wahrheit des Korrektivs» (Gadamer) zu konfrontieren – dies, nicht mehr und nicht weniger, macht das Anliegen der philosophischen Hermeneutik aus. Darin liegt ihre Würde und Anziehungskraft, aber auch das Maß, an dem gemessen zu werden sie sich gefallen lassen muß.

3. Katholische Ungleichzeitigkeit

Eine Geschichte der Rezeption der «Neuen Hermeneutik» in der Theologie des 20. Jahrhunderts ist noch nicht geschrieben worden. Ein Tatbestand, den man eigentlich nur mit Bedauern und Verwunderung zugleich zur Kenntnis nehmen kann, denn immerhin handelt es sich dabei um einen Vorgang, für den sich in der gesamten Theologiegeschichte allenfalls jene beiden Perioden zum Vergleich anbieten, in denen die Theologie zum einen den Aristotelismus in sich aufnahm und zum anderen den Deutschen Idealismus zu verarbeiten suchte. Ungeachtet vielfältigster Varianten und Modifikationen haben diese drei Fälle einen gemeinsamen Kern: Die Übernahme eines bestimmten philosophischen Grundkonzepts zog jeweils einen «Strukturwandel der Theologie» (Welte) insgesamt nach sich. Insofern stellt die Rezeptionsgeschichte der Hermeneutik eine zwar bemerkenswerte, doch keinesfalls einmalige Erscheinung dar. Was sie in spektakulärer Weise auszeichnet, ist ihre Breitenwirkung. Während die aristotelische Philosophie, von Luther verdammt und verworfen, im Bereich des Protestantismus nur dank der orthodoxen Schultheologie überlebte, kam umgekehrt der Idealismus, was die katholische Theologie betrifft, über ein kurzes, wenngleich brillantes Gastspiel in der Tübinger Schule nicht hinaus. Es blieb der hermeneutischen Philosophie vorbehalten, den konfessionellen Rahmen zu sprengen und zwar in einem Ausmaß, das schon für sich genommen ausreicht, um höchstes ökumenisch-theologisches Interesse zu wecken.

Nun stimmen freilich die wenigen bislang vorliegenden Literaturberichte in der Feststellung überein, daß die katholische Theologie gegenüber der protestantischen mit einer auffälligen Phasenverschiebung in die hermeneutische Debatte eingetreten sei. Nachdem etwa 1969 J. Möller das hermeneutische Denken «als Problem und Aufgabe» und 1970 W. Kern und J. Splett Hermeneutik als «Nachholbedarf und Forschungsprojekt» bezeichnet hatten[84], sah sich noch 1972 E. Feil in seiner «Bestandsaufnahme neuerer katholischer Veröffentlichung» in Sachen Hermeneutik zu der einleitenden Bemerkung gezwungen, es mute einigermaßen sonderbar an, beobachten zu müssen, daß außerhalb der katholischen Theologie längst von einer Krise der Neuen Hermeneutik die Rede sei, während «im katholischen Bereich bislang weithin unbekannt geblieben ist, was unter Hermeneutik zu verstehen ist.»[85]

Das war geschrieben mit Blick auf den Beginn der 60er Jahre, und

14

nach Feils Urteil änderte sich die Situation merklich erst nach 1965, dem Erscheinungsjahr der Monographie «Das theologische Problem der Hermeneutik» von R. Marlé[86], wobei er das Erscheinen des von K. Lehmann verfaßten Artikels «Hermeneutik» in «Sacramentum Mundi»[87] als entscheidendes Indiz dafür wertete, daß sich mittlerweile ein grundlegender Wandel zu vollziehen begonnen hatte, der seinen Niederschlag in einer bemerkenswert dichten Folge sowohl kleinerer wie auch umfangreicherer Publikationen fand[88].

Nun taugt freilich die Verwendung eines bestimmten Begriffs nur bedingt dazu, das Vorliegen oder Nichtvorliegen eines sachlichen Anliegens anzuzeigen. J. M. Robinson hat darauf hingewiesen, daß die Veröffentlichung der «Hermeneutik» von E. Fuchs im Jahr 1954 auch im protestantischen Bereich ein bedeutsames Ereignis darstellte und selbst dann noch fünf Jahre vergingen, bis mit der Aufnahme des Artikels «Hermeneutik» in die dritte Auflage der RGG[89] der Terminus «plötzlich auf allen Seiten» erschien[90]. Der Abstand, der die katholische Theologie hinsichtlich der Auseinandersetzung mit der hermeneutischen Problematik im Sinne der Neuen Hermeneutik von der protestantischen trennte, wird also erst dann vollends sichtbar, wenn auf den Zeitpunkt zurückgefragt wird, an dem die protestantische Theologie der Sache nach mit ihrer hermeneutischen Reflexion einsetzte. Und hier wird man uneingeschränkt der Ansicht Gadamers folgen dürfen, der den «ersten revolutionären Einbruch» durch K. Barths Römerbrief-Kommentar (1919) verursacht sieht und ihn als «eine Art hermeneutischen Manifestes» bezeichnet[91]. Denn in der Tat läßt die durch Barths Werk ausgelöste hitzige Debatte bereits in aller Deutlichkeit die Grundkonstellation erkennen, innerhalb derer sich die hermeneutische Diskussion der nachfolgenden Jahrzehnte bewegen sollte[92].

1925 veröffentlichte Bultmann einen Aufsatz über «Das Problem einer theologischen Exegese des Neuen Testaments»[93], der, obschon noch ohne direkten Bezug auf Heideggers Philosophie, gleichwohl die Umrisse eines neuen hermeneutischen Programms enthielt und beweist, wie streng Bultmann die später durch «Sein und Zeit» (1927) bereitgestellte Begrifflichkeit auf die Ausarbeitung seiner ursprünglichen theologischen Absichten bezogen hat[94].

Es gilt folglich festzuhalten, daß im Vergleich mit der protestantischen die katholische Theologie ihre Beschäftigung mit der hermeneutischen Frage mit einer Verspätung von ziemlich genau einem halben Jahrhundert aufgenommen hat, woran gemessen der Durchbruch des hermeneutischen Denkens in ihrem Bereich mit einer nachgerade erstaunlichen Schnelligkeit erfolgte.

Fragt man zunächst nach den Gründen für die so lang andauernde Zurückhaltung auf katholischer Seite, so lassen sich, unbeschadet weiterer Entdeckungen natürlich, wohl deren drei namhaft machen. Die erste Schwierigkeit lag in der vor allem für Bultmann und Fuchs charakteristischen außerordentlich engen Verknüpfung von hermeneutischer Reflexion, exegetischer Forschungsarbeit und theologischer Auslegung. Aus katholischer Sicht rückte damit die hermeneutische Problematik einerseits in die Nähe der überkommenen Auslegungslehre, andererseits erschien sie als Teilbereich der neutestamentlichen Exegese. Nicht zufällig stand deshalb die schon erwähnte Untersuchung von R. Marlé, die erstmals einigermaßen ausführlich die verschiedenen protestantischen Positionen referierte, noch ganz auf dem Boden der kirchlichen Hermeneutik-Tradition[95]. Zugleich bewirkte die Konzentration auf die Exegese, daß die hermeneutische Frage wegen der damals noch unbestrittenen Vorrangstellung der systematischen Disziplinen innerhalb der katholischen Theologie erheblich an Gewicht verlor. – Die zweite Schwierigkeit ergab sich aus der engen Anlehnung an die Philosophie Heideggers, der man katholischerseits über lange Zeit hinweg recht reserviert begegnete[96], wobei die radikalen Konsequenzen der existentialen Interpretation des Neuen Testaments, die dank der Debatte um Bultmanns Entmythologisierungsprogramm eine über theologische Fachkreise hinausreichende Popularität erlangten, dieses lang gehegte Mißtrauen eher bestätigt als besänftigt haben dürften. – Der dritte Grund nun für die anhaltende katholische Skepsis gegenüber der Neuen Hermeneutik ist eigentlich der naheliegendste und für den hier infragestehenden Zusammenhang ohne Zweifel von ausschlaggebender Bedeutung. Die Erklärung lautet: Die hermeneutische Reflexion blieb vor allem deshalb über Jahrzehnte eine fast ausschließlich protestantische Angelegenheit, weil sie von Anfang an ein protestantisches Anliegen war. Was diese vielleicht tautologisch klingende Formel meint, zeigt ein nochmaliger kurzer Blick auf die problemgeschichtliche Ausgangssituation, die oben durch den Hinweis auf die beiden Veröffentlichungen von Barth und Bultmann signalisiert worden war. Der vehemente Widerspruch, den sich die liberale Theologie seitens der dialektischen gefallen lassen mußte, hatte ja doch seine wesentliche Ursache in der Überzeugung Barths, Gogartens, Bultmanns etc., diese habe, ungeachtet vieler Verdienste, im Kern die Sache der Reformation aus dem Auge verloren. Der berühmt gewordene Briefwechsel zwischen Harnack und Barth aus dem Jahre 1922[97] bezeugt auf eine fast tragisch zu nennende Weise, daß Barths Ruf zur «Sachlichkeit» in der Theologie gegenüber ihrer von Harnack betonten «Wissenschaftlichkeit» vor allem die Notwendigkeit der Rückkehr der Theologie zu ihrem ureigensten – und das eben hieß: zu ihrem «zuletzt durch die Reformation deutlich gestellten»[98] – Thema einschärfen wollte. – Das gleiche gilt ohne Abstriche für Bultmann und Fuchs. Bultmanns Trennung von Barth geschah um der theologischen Dignität der historisch-kritischen Forschung willen, die ihm bei Barth nicht mehr gewahrt schien. Doch diese theologische Würde kam für Bultmann der kritischen Exegese nur zu und konnte ihr nur zukommen aufgrund der reformatorischen Entscheidung für die absolute Priorität der Schrift, und deshalb war ihm eine «objektive» Schriftauslegung undenkbar ohne die «subjektive» Voraussetzung der Bereitschaft zum Gehorsam gegenüber dem in ihr sich meldenden Anspruch des Wortes Gottes[99].

Was in all dem voraus- und mitgesetzt war, hat mit wünschenswerter Klarheit allerspätestens G. Ebeling ausgesprochen, indem er bezüglich der historisch-kritischen Methode gewissermaßen einen protestantischen Alleinvertretungsanspruch geltend machte, weil sie nach seinem Dafürhalten «in einem tiefen inneren Sachzusammenhang mit der reformatorischen Rechtfertigungslehre steht.»[100] Die in «Divino afflante spiritu» (1943) enthaltene katholisch-lehramtliche Anerkennung der wissenschaftlichen Exegese hat deshalb, laut Ebeling, die konfessionelle Verständigung allem Anschein zum Trotz keineswegs befördert, sondern lediglich die Auseinandersetzung «erheblich» erschwert[101]. – Damit war die innerprotestantische Diskussion um die hermeneutische Frage auf ihren kontroverstheologischen Nenner gebracht und verdeutlicht, daß die Übernahme von «Lehnsätzen aus der Philosophie» (Schleiermacher), insbesondere der Heideggers, dazu diente, die protestantische Position unter den Bedingungen der Moderne neu zu formulieren und auf eine philosophisch-hermeneutische Grundlage zu stellen[102].

Vor diesem Hintergrund gewinnt die vorsichtige Haltung der katholischen Theologie einiges an Verständlichkeit. Doch auf Dauer ließ sich die hermeneutische Herausforderung durch die protestantische Theologie durch bloßes Schweigen nicht bewältigen, und zwar um so weniger, je mehr sich die historisch-kritische Forschung auch in der katholischen Exegese durchsetzte. Mit anderen Worten: Die neuere katholische Hermeneutik sah «sich vor die Aufgabe gestellt, den Problemstand der evangelischen Hermeneutik ins Katholische zu übersetzen.»[103] Innerhalb kürzester Frist avancierte die Hermeneutik plötzlich vom Stiefkind der katholischen Theologie zur «Priorität der Prioritäten»[104]. «Die Beschäftigung mit Hermeneutik», so faßte G. Stachel zusammen, «ist für alle theologischen Fächer unerläßlich geworden.»[105]

Es drängt sich geradezu auf, diesen völligen Umschwung aufseiten der katholischen Theologie mit der Publikation und dem Bekanntwerden von «Wahrheit und Methode» in Zusammenhang zu bringen, und tatsächlich bereitet es keine übermäßige Schwierigkeit, ihn anhand einer Durchsicht der katholisch-theologischen Literatur nachzuweisen. Doch durch eine solche Feststellung wird lediglich die Oberfläche des Rezeptionsgeschehens erfaßt, das ja, wie schon im ersten Abschnitt angedeutet, zuinnerst ein hermeneutisches ist. Man muß folglich, um tiefer einzudringen, auch im Vorgang der katholischen Gadamer-Rezeption der darin waltenden «Logik von Frage und Antwort» nachspüren.

Die Schnelligkeit, mit der sich dieser Vorgang vollzog, erstaunt kaum noch, wenn man sich klar macht, daß sich die katholische Theologie seit dem Abdrängen des Modernismus mit offenkundig unzureichenden Mitteln um die Lösung vor allem dreier fundamentaler Begründungsprobleme abmühte: mit dem Problem der Begründung des Wissenschaftscharakters der Theologie[106], mit dem Problem der Begründung der inneren Einheit der theologischen Disziplinen[107] und schließlich mit dem Problem der Begründung des katholischen Verständnisses der Beziehung zwischen Schrift und Tradition[108]. Es braucht gar keines Seitenblicks auf die protestantische Theologie, um zu merken, daß in je spezifischer Art und Weise die Lösung jedes dieser Probleme von einer adäquaten wissenschaftstheoretischen Einschätzung der historisch-kritischen Methode abhängt. Unter dieser Rücksicht konnte man sich erhoffen, mit Hilfe von «Wahrheit und Methode» gleich drei dicke Fliegen auf einen Schlag erledigen zu können. Wie anziehend diese Hoffnung wirkte, wurde schon deutlich gemacht. Bleibt noch zu fragen, ob sie trog.

4. Zielsetzung, Methode und Aufbau der Untersuchung

Das Ziel der vorliegenden Untersuchung besteht darin, anhand einer Analyse von drei ausgewählten Beispielen der katholischen Gadamer-Rezeption zu einem begründeten Urteil über Funktion, Legitimität und Folgen einer positiven Aufnahme bestimmter philosophisch-hermeneutischer Topoi in der katholischen Theologie zu gelangen.

Diesem Vorhaben liegt zugrunde, daß die bisherige Gadamer-Rezeption insgesamt den einigermaßen bedenklich stimmenden Eindruck vermittelt, «Wahrheit und Methode» sei, wie B. J. Hilberath äußerst treffend formuliert hat, als eine Art Steinbruch mißbraucht worden,

«der je nach Bedarf Material zu den Problemen von Autorität, Tradition und Sprache oder Bruchstücke zu Schlagworten wie ‹Wirkungsgeschichte› und ‹Horizontverschmelzung› liefert.»[109]

Da eine brauchbare, weil wirklich eingehende und vor allem auf der Basis einer genauen Textlektüre gegründete Gesamtdarstellung der philosophischen Hermeneutik fehlte, auf die als Grundlage einer kritischen Beurteilung der Gadamer-Rezeption hätte zurückgegriffen werden können[110], mußte die Studie notwendigerweise auch den Versuch unternehmen, in Vorarbeit zur eigentlichen Analyse eine Interpretation der Theorie Gadamers zu erstellen, die es erlaubte, sowohl die Sachgemäßheit der Rezeption, gemessen an den Intentionen Gadamers, zu beurteilen als auch die Frage zu beantworten, ob etwa bei den behandelten Autoren sichtbar werdende argumentative Schwierigkeiten auf die philosophische Hermeneutik zurückgeführt oder aber den Autoren selbst angelastet werden mußten.

Das Verfahren der Darstellung versucht, der gerade auch von Gadamer selbst in Erinnerung gerufenen Tatsache Rechnung zu tragen, daß Philosophieren den Charakter eines Gesprächs besitzt, in dessen lebendige Bewegung man hineinkommen muß, wenn verstanden werden soll, worum es dem Philosophierenden zu tun ist. Weil von da her jeder philosophische Entwurf, so wenig er logischer Stimmigkeit entraten darf, doch immer auch noch mehr ist als nur ein logisch-systematisches Aussagengebäude, nämlich eben eine argumentative Suchbewegung, in der selbst noch sprachliche Ungenauigkeiten und logische Ungereimtheiten durchaus eine bestimmte Funktion erfüllen können, deshalb also empfahl sich eine Darstellungsweise, die Gadamers Argumentation als Argumentation, d. h. als das Bemühen um eine überzeugende Lösung von Problemen erkennen läßt. Die Leitfrage ist dabei, wie im zweiten Abschnitt dieser Einleitung dargelegt wurde, die nach dem erkenntnistheoretischen Verhältnis von Wahrheit und Methode oder auch, anders formuliert, nach der Beziehung zwischen außer- und vorwissenschaftlichen Erfahrungsweisen und der methodenvermittelten Erfahrungsweise der Wissenschaft.

Den beiden ersten Teilen der Interpretation (Teil I, I/II) fällt mit Rücksicht darauf die Aufgabe zu, durch die Konfrontation von Aussagen und Selbstaussagen Gadamers Widersprüche aufzudecken und dadurch einen Frageprozeß anzustoßen, im Verlauf dessen die in der philosophischen Hermeneutik vorliegenden Begründungsverhältnisse immer deutlicher hervortreten sollen (Teil I, III/1–4).

Das argumentative Potential des so erreichten Grund-Satzes der Philosophie Gadamers wird sodann zunächst im Gegenüber zu den Positionen und Anliegen der neuzeitlichen Philosophie und Wissenschaft nach seiner destruktiven Seite hin entfaltet (Teil I, III/5–7), um anschließend für die konstruktive Überwindung ihrer Aporien fruchtbar gemacht zu werden (Teil I, IV). In der abschließenden Bilanz des Interpretationsteiles wird danach gefragt, ob sich durch den Gang der Untersuchung Möglichkeiten ergeben haben, die zu Beginn aufgewiesenen Widersprüche aufzulösen oder ob diese bestehen bleiben. Das Ergebnis dieser Überlegung muß zugleich kritisch zur Leitfrage Gadamers und seiner erklärten Absicht ins Verhältnis gesetzt werden.

Der zweite Hauptteil der Studie beginnt mit einer Erinnerung an die Funktion und die Umrisse der katholischen Hermeneutik und steckt damit den Rahmen ab, innerhalb dessen sich die katholische Hermeneutik-Rezeption bewegen muß (Teil II, I/1). Statt eines an dieser Stelle möglichen direkten kritischen Vergleichs zwischen katholischer und philosophischer Hermeneutik, der als Beurteilungsgrundlage für die Rezeptionsanalyse bereits genügen würde, spitzt der folgende Abschnitt im Vorgriff auf eines der Ergebnisse dieser Analyse die rezeptionskritische Frage zu, indem er das Verhältnis von protestantischer und philosophischer Hermeneutik bestimmt, wie es sich nach dem Urteil Gadamers darstellt (Teil II, I/2).

Vor diesem Hintergrund schließt die Untersuchung mit der Analyse von drei Beispielen der katholischen Gadamer-Rezeption, wobei das besondere Augenmerk wiederum der inneren Stringenz der Argumentation gilt (Teil II, II/1–3).

Der Gesamtertrag der Untersuchung wird am Ende noch einmal in knappster Form zusammengefaßt.

Da es zu den Zielen dieser Untersuchung gehört, die in der herme-

20

neutischen Literatur häufig beobachtbare und besonders an Gadamer sehr oft kritisierte Ungenauigkeit der Sprache und die Widersprüchlichkeit der Argumentationsweisen als im Ansatz selbst begründete aufzuweisen, war es unumgänglich, die behandelten Autoren jeweils sehr ausführlich zu zitieren. Der Verfasser verbindet damit auch die Hoffnung, daß die künftigen Kritiker dieser Studie sich ebenfalls auf die vorliegenden Texte beziehen und dadurch die Diskussion um die philosophische Hermeneutik an Präzision gewinnt. Im Literaturverzeichnis findet sich nur die Literatur, auf die direkt hingewiesen oder aus der zitiert wurde.

TEIL I

PHILOSOPHISCHE HERMENEUTIK GEGEN HERMENEUTISCHE METHODOLOGIE

Analysen zur inneren Widersprüchlichkeit der Argumentation Hans-Georg Gadamers

I. Verstehen als Handlung und/oder Geschehen?

Überlegungen zur Frage nach dem logischen Status der Hermeneutik

1. Textmaterial

Der phänomenologische Aufweis der Vorurteilsstruktur allen menschlichen Verstehens wird gemeinhin als das Kernstück der philosophischen Hermeneutik verstanden[1]. Es empfiehlt sich daher, zunächst die entsprechenden Ausführungen Gadamers zur Kenntnis zu nehmen, um sodann dem systematischen Zusammenhang der von ihm verwendeten Begrifflichkeit nachzugehen.

Als Ausgangsbasis der Analyse dienen einige hintereinandergefügte Zitate aus «Wahrheit und Methode», die zur besseren Orientierung fortlaufend numeriert werden.

«(1) Wer zu verstehen sucht, ist der Beirrung durch Vor-Meinungen ausgesetzt, die sich nicht an den Sachen selbst bewähren. (2) Die Ausarbeitung der rechten, sachgemessenen Entwürfe, die als Entwürfe Vorwegnahmen sind, die sich an den Sachen erst bestätigen sollen, ist die ständige Aufgabe des Verstehens. (3) Es gibt hier keine andere Objektivität als die Bewährung, die eine Vormeinung durch ihre Ausarbeitung findet. (4) Was kennzeichnet die Beliebigkeit sachunangemessener Vormeinungen anders, als daß sie in der Durchführung zunichte werden. (5) Das Verstehen kommt nun aber erst in seine eigentliche Möglichkeit, wenn die Vormeinungen, die es einsetzt, nicht beliebige sind. (6) Es hat darum seinen guten Sinn, daß der Ausleger nicht geradezu, aus der in ihm bereiten Vormeinung lebend, auf den Text zugeht, vielmehr die in ihm lebenden Vormeinungen ausdrücklich auf ihre Legitimation, und das ist: auf Herkunft und Geltung prüft.» (WuM 252)

«(7) Ein mit methodischem Bewußtsein geführtes Verstehen wird bestrebt sein müssen, seine Antizipation nicht einfach zu vollziehen, sondern sie selber bewußt zu machen, um sie zu kontrollieren und dadurch von den Sachen her das rechte Verständnis zu gewinnen. (8) Das ist es, was Heidegger meint, wenn er fordert, in der Ausarbeitung von Vorhabe, Vorsicht und Vorgriff aus den Sachen selbst her das wissenschaftliche Thema zu sichern. (9) Es handelt sich also ganz und gar nicht darum, sich gegen die Überlieferung, die aus dem Text ihre Stimme erhebt, zu sichern, sondern im Gegenteil fernzuhalten, was einen hindern kann, sie von der Sache her zu verstehen. (10) Es sind die undurchschauten Vorurteile, deren Herrschaft uns gegen die in der Überlieferung sprechende Sache taub macht.» (WuM 254)

«(11) Aus der Zwischenstellung, in der die Hermeneutik ihren Stand zu nehmen hat, folgt, daß ihre Aufgabe überhaupt nicht ist, ein Verfahren des Verstehens zu entwickeln, sondern die Bedingungen aufzuklären, unter denen Verstehen geschieht. (12) Diese Bedingungen sind aber durchaus nicht alle von der Art eines Verfahrens oder einer Methode, so daß man als der Verstehende sie von sich aus zur Anwendung zu bringen vermöchte – sie müssen vielmehr gegeben sein. (13) Die Vorurteile und

Vormeinungen, die das Bewußtsein des Interpreten besetzt halten, sind ihm als solche nicht zu freier Verfügung. (14) Er ist nicht imstande, von sich aus vorgängig die produktiven Vorurteile, die das Verstehen ermöglichen, von denjenigen Vorurteilen zu scheiden, die das Verstehen verhindern und zu Mißverständnissen führen.» (WuM 279)

«(15) Der Zeitenabstand, der die Filterung leistet, hat nicht eine abgeschlossene Größe, sondern ist in einer ständigen Bewegung und Ausweitung begriffen. (16) Mit der negativen Seite des Filterns, die der Zeitenabstand vollbringt, ist aber zugleich die positive Seite gegeben, die er für das Verstehen besitzt. (17) Er läßt nicht nur die Vorurteile, die partikularer Natur sind, absterben, sondern auch diejenigen, die ein wahrhaftes Verstehen leiten, als solche hervortreten. (18) Nichts anderes als dieser Zeitenabstand vermag die eigentlich kritische Frage der Hermeneutik lösbar zu machen, nämlich die *wahren* Vorurteile, unter denen wir *verstehen*, von den *falschen*, unter denen wir *mißverstehen*, zu scheiden.» (WuM 282, Hervorhebung im Original, HGS)

2. Einführende Analyse des Begriffs «Vorurteil»

Schon eine oberflächliche Lektüre dieses Textkorpus, die sich ausschließlich am Sprachgefühl eines «native speaker» der deutschen Sprache orientiert, läßt eine Reihe von Eigentümlichkeiten im Stil Gadamers erkennen. So fällt z. B. ins Auge, daß die Phänomene «Verstehen» und «Zeitenabstand», die normalerweise als unpersönliche Größen empfunden werden, als Subjekte erscheinen, die etwas zu tun imstande sind (vgl. die Sätze 2, 7 und 17). Ein solcher Sprachgebrauch widerspricht zwar der unmittelbaren Sprachintuition des unvoreingenommenen Lesers, könnte aber zunächst durchaus als Ausdruck der persönlichen Note des Autors ohne tiefere sachliche Bedeutung betrachtet werden. Doch dieser erste Eindruck täuscht. Bei näherem Zusehen zeigt sich nämlich sehr rasch, daß es sich hier keineswegs um bloße Stilfragen handelt, die im Blick auf die Sache zu vernachlässigen wären. Im Gegenteil kommt alles darauf an, solchen sprachlichen Eigenwilligkeiten größte Aufmerksamkeit zu widmen, weil sich gerade von ihnen her die Eigenart der Gedankenführung Gadamers vorzüglich erschließt. In diesem Sinne wird in der folgenden Analyse von der Annahme ausgegangen, daß der Sprachgebrauch Gadamers auch dort, wo er auf den ersten Blick merkwürdig anmuten mag, mit Bedacht gewählt ist, so daß sorgfältig zu untersuchen ist, von welcher Absicht er jeweils geleitet sein mag.

Dessen eingedenk setzt die Analyse ein mit der Frage, was Gadamer unter «Vorurteilen» versteht und wie er ihre Funktion im Verstehen sieht. Ausgespart bleibt dabei vorerst das zentrale Problem, welchen genauen Sinn die ständig wiederkehrende Rede von der «Sache» in diesem Zusammenhang besitzt.

Bereits Satz (1) enthält eine gewisse Unklarheit, der es nachzuspüren gilt. Grammatikalisch gesehen besteht er aus einem Hauptsatz, dem ein Relativsatz angeschlossen ist. Der Hauptsatz besagt eindeutig, jeder Verstehende sei beständig beirrenden Vormeinungen ausgesetzt. In welchem Verhältnis aber steht der Relativsatz zu dieser Aussage? Zwei Möglichkeiten des Verständnisses bieten sich an: man kann ihn zum einen so verstehen, daß er ein Begründungsverhältnis angibt; zum anderen könnte er auch das Objekt des Hauptsatzes näher kennzeichnen.

Im erstgenannten Fall wäre der ganze Satz folgendermaßen zu lesen: Der Ausleger ist beirrenden Vormeinungen ausgesetzt, die ihn zu beirren vermögen (und tatsächlich beirren), *weil* sie sich nicht an den Sachen selbst bewähren.

Die zweite Lesart würde lauten:

Die Vormeinungen, die den Ausleger beirren, sind *außerdem* solche, die sich nicht an den Sachen selbst bewähren. Dieses Verständnis impliziert offenkundig, daß die fraglichen Vormeinungen den Verstehenden nicht deswegen beirren, weil sie sich nicht an den Sachen selbst bewähren. Mit anderen Worten: die zweite Lesart schließt die erste logisch aus.

Im folgenden wird zu zeigen sein, daß keine der beiden Möglichkeiten eine widerspruchsfreie Interpretation des gesamten Satzes (1) zuläßt. Dabei geht die Analyse von zwei interpretatorischen Voraussetzungen aus, die sich auf die Bedeutung verschiedener Ausdrücke beziehen: einerseits von der Annahme, daß der Ausdruck «Beirrung verursachend» als gleichbedeutend mit dem Ausdruck «Mißverständnisse motivierend» zu betrachten ist; andererseits von der Annahme, daß der Ausdruck «sich nicht an den Sachen selbst bewähren» dasselbe meint wie der Ausdruck «in der Durchführung zunichte werden».

Legt man beide Annahmen als zutreffend zugrunde, dann würde der gesamte Satz (1) der ersten Lesart zufolge besagen, der Verstehende sei beständig durch Mißverständnisse gefährdet, die durch Vormeinungen hervorgerufen werden, die in der Durchführung zunichte werden. – Vormeinungen aber, die zunichte werden, können keine Mißverständnisse motivieren. Das heißt: die erste Lesart ist sinnlos. Der Relativsatz kann dementsprechend nur so gemeint sein, daß durch ihn die beirrenden Vormeinungen näher charakterisiert werden. Es handelt sich also um Vormeinungen, die Mißverständnisse motivieren *und* sich nicht an den Sachen bewähren.

Stellt man diese beiden Bestimmungen einfachhin nebeneinander, bleiben sie miteinander unverträglich. Es ist daher zu vermuten, daß Gadamer hier eine weitere Bestimmung unausgesprochen läßt, vermittels derer dieser scheinbare Widerspruch ausgemerzt wird.

Das Problem steckt im Begriff des Mißverständnisses. Ihn zu erhellen ist notwendig, um den Gedankengang Gadamers nachvollziehen zu können. Zu diesem Zweck soll noch einmal ganz knapp der Hintergrund vergegenwärtigt werden, vor dem Gadamer seine Vorstellungen formuliert.

Gadamer geht aus von der Heideggerschen Version des hermeneutischen Zirkels (vgl. Satz 8)[2]. Heidegger bestreitet dabei, einer längeren Tradition folgend[3], die Möglichkeit einer voraussetzungsfreien Interpretation eines Textes. Kein Interpret vermag in der Auslegung gleichsam von einem Nullpunkt her anzusetzen, er bedarf vielmehr notwendig eines vorgängigen Sinn-Entwurfs, der ermöglicht, daß sich dem Ausleger im Text überhaupt ein Sinn zeigt. Aus diesem Grund sind Vormeinungen als Artikulation dieses Sinn-Entwurfs konstitutive Voraussetzungen für das Verständnis eines Textes, die der Interpret im Auslegungsvorgang keineswegs gleichsam hinter sich lassen kann. Vielmehr besteht die Interpretation in der Ausarbeitung dieser Vormeinungen, und insofern bestimmen diese auch noch das Resultat der Auslegung, nämlich das Verständnis des Textes (vgl. Satz 3)[4].

In Anbetracht dieser Konzeption leuchtet unmittelbar ein, weshalb sich auch das Problem des Mißverstehens für Gadamer zwangsläufig im Zusammenhang der näheren Charakterisierung der jede Interpretation leitenden Vormeinungen stellt.

Die Schwierigkeit liegt nun darin begründet, daß sich «Verständnis» und «Mißverständnis» nicht einfach antithetisch gegenüberstellen lassen. Denn jedes Mißverständnis stellt ein Verständnis, wenn auch eigener Art, dar. Dem Begriff des Mißverständnisses haftet deshalb eine eigentümliche Ambivalenz an: er läßt sich nicht umstandslos über den Begriff des Verständnisses, etwa durch Beifügung des Adjektives «unsachgerecht» definieren. Obschon sicherlich jedes Mißverständnis von der Objekt-Seite her gesehen durchaus zutreffend als «unsachgemäß» anzusprechen ist, erscheint es doch in den Augen des Auslegers, der ihm zum Opfer gefallen ist, als sachgemäßes Verständnis. Daraus folgt der vielleicht triviale, in diesem Kontext jedoch sehr wichtige Schluß, daß auch das Mißverständnis als Resultat eines Auslegungsvorganges begriffen werden muß. Interpretiert man aber mit Gadamer den Interpretationsprozeß als die Bewährungsprobe der vom Interpreten ins Spiel gebrachten Vormeinungen, dann wäre eigentlich zu erwarten, daß diejenigen Vormeinungen, die Mißverständnisse motivieren können, weil sie unsachgemäß sind, in der Durchführung der Interpretation zunichte werden. Genau in diesem Sinne hatte Gadamer, wie gezeigt, die beirrenden Vormeinungen definiert. Da nun das Prüfungsverfahren selbst per definitionem als Fehlerquelle ausscheidet, wird man schließen müssen, daß die beirrenden Vormeinungen ihre Bewährungsprobe weniger durch- als vielmehr unterlaufen haben.

Dieser Sachverhalt scheint es möglich zu machen, die Vormeinungen, die Mißverständnisse motivieren, genauer zu bestimmen als solche, die als sachgemäß erscheinen, weil sie sich an den Sachen selbst bewährt zu haben scheinen. Um jedoch feststellen zu können, daß diese Vormeinungen *fälschlicherweise* als sachgemäße er-scheinen, müßte dieser Schein als *Schein* entlarvt werden. Da dies nur im Auslegungsvorgang selbst geschehen kann, hilft dieser Hinweis keinen Schritt weiter. Denn der Kern des Problems besteht gerade darin, daß die unsachgemäßen Vormeinungen allein deswegen Mißverständnisse verursachen können, weil und insofern sie bereits durch das Prüfungsverfahren hindurchgegangen sind bzw. es unterlaufen haben.

Die entscheidende Frage lautet demnach, auf welche Weise die beirrenden Vormeinungen die Interpretation in eine falsche Richtung lenken können, ohne zunichte zu werden. Die Antwort liegt auf der Hand: sie erscheinen weder als sachgemäße noch als unsachgemäße Vormeinungen, sondern treten überhaupt nicht als Vormeinungen in Erscheinung. Mit anderen Worten: sie sind dem Interpreten *unbewußt* zu eigen.

Durch diese dritte Bestimmung löst sich der scheinbare Widerspruch in der anfänglichen Charakteristik der beirrenden Vormeinungen auf. Gadamer weist daher nicht nur zu Recht, sondern notwendigerweise darauf hin, daß die «mein Verständnis bestimmenden eigenen Vormeinungen ganz unbemerkt zu bleiben vermögen» (WuM 253) und daß es gerade die «undurchschauten Vorurteile» seien, «deren Herrschaft uns gegen die in der Überlieferung sprechende Sache taub macht» (Satz 10).

Die beirrenden Vormeinungen verursachen als *unbewußte* Mißver*ständnis*, als *unsachgemäße* bedingen sie *Miß*verständnis.

3. Zum Problem des Schutzes vor Mißverständnissen

Es könnte den Anschein haben, als handle es sich hier um Haarspalterei ohne sachliche Relevanz. Aber erst über diesen mühsamen Umweg wird das Gewicht des Problems verständlich, das Gadamer wie folgt formuliert hat:

«Wenn sie (sc.: die Vorurteile, HGS) Mißverständnisse motivieren – wie soll einem Text gegenüber, wo keine Gegenrede eines anderen erfolgt, Mißverständnis überhaupt zur Wahrnehmung gelangen? Wie soll vorgängig ein Text vor Mißverständnis geschützt werden?» (WuM 253)

So eingängig die beiden Fragen klingen, so wenig verstehen sie sich in Wirklichkeit von selbst. Der unbefangene Leser versteht die erste Frage ohne Zweifel in dem Sinne: wie kann der Interpret ein bereits entstandenes Mißverständnis wahrnehmen, um es korrigieren zu können? Genau dies meint Gadamer jedoch nicht. Denn so betrachtet wäre das Problem des Mißverständnisses ein nachträgliches, es würde sich in dieser Form erst stellen, nachdem der Auslegungsvorgang bereits vollzogen ist. Begreift man aber das Verstehen als *Ausarbeitung* von Vormeinungen und Sinnentwürfen (vgl. Satz 2), dann folgt daraus zwingend das hermeneutische Postulat, die «eigentlich kritische Frage der Hermeneutik», «nämlich die *wahren* Vorurteile, unter denen wir *verstehen,* von den *falschen,* unter denen wir *mißverstehen,* zu scheiden (Satz 18, Hervorhebung von Gadamer, HGS), müsse «vielmehr im Verstehen selbst» (WuM 279) ihre Antwort finden.

Das heißt also, Gadamers Frage zielt darauf ab, wie das Mißverständnis schon *im* Auslegungsprozeß und nicht erst im Anschluß an ihn wahrgenommen werden kann. Da diejenigen Vormeinungen, die Mißverständnisse motivieren, nicht nur falsch, sondern unbewußt sind, kann Gadamers Antwort auf diese Frage nur negativ ausfallen. Sie ist folglich nur rhetorisch gemeint und soll die Anschlußfrage motivieren, wie angesichts dieser Sachlage ein Text überhaupt vor Mißverständnissen zu schützen sei. Überhaupt – das kann mit Rücksicht auf den hermeneutischen Grundsatz jetzt nur noch bedeuten: «vorgängig». – Diese Wendung des Problems, die zunächst etwas befremdend erscheinen mag, folgt also exakt aus den hermeneutischen Prämissen Gadamers, die zugleich seine Lösung an die Hand geben. Denn insofern die infragestehenden Vormeinungen gerade infolge ihrer Unbewußtheit nicht im Interpretationsprozeß selbst wahrgenommen werden können, kann ein vorgängiger Schutz vor ihnen einzig und allein darin bestehen, sich möglichst aller Vormeinungen vor der Auslegung *bewußt* zu werden. – Von da her fordert Gadamer konsequent, ein «mit methodischem Bewußtsein geführtes Verstehen» müsse bestrebt sein, «seine Antizipationen nicht einfach zu vollziehen, sondern sie selber bewußt zu machen, um sie zu kontrollieren und *dadurch* von den Sachen her das rechte Verständnis zu gewinnen» (Satz 7, Hervorhebung von mir, HGS). Diese Forderung kommt allem Anschein nach den geläufigen Vorstellungen von der notwendigen Vorgehensweise eines wissenschaftlichen Textinterpreten weitgehend entgegen und wirkt daher in hohem Maße plausibel. Es wird sich allerdings sofort zeigen, wie sehr auch hier der erste Eindruck in die Irre führt.

Es war eingangs auf bestimmte sprachliche Eigenheiten der Ausführungen Gadamers hingewiesen und behauptet worden, gerade sie enthielten oft wichtige Fingerzeige bezüglich des von Gadamer Intendierten.

Angenommen, diese Behauptung trifft zu, dann kann es kein Zufall sein, daß Gadamer seine Forderung, die leitenden Vormeinungen bewußtzumachen und zu kontrollieren, nicht an *den Verstehenden,* sondern an *das Verstehen* richtet. Er vermeidet es also, vom auslegenden Subjekt zu sprechen, obschon sich dies vom Duktus der Gedankenführung zweifellos aufdrängt.

Um die Schwierigkeit zu erläutern, auf die hier abgezielt wird, sei noch einmal knapp das Ergebnis der bisherigen Analyse rekapituliert – und zwar unter dem Blickwinkel einer vollständigen Klassifizierung möglicher Vormeinungen. Danach hatten sich vier Klassen von Vorurteilen ergeben:

a) bewußte und sachgemäße;
b) bewußte und unsachgemäße;
c) unbewußte und sachgemäße;
d) unbewußte und unsachgemäße.

Die Klassen a) und c) führen zu sachgemäßem Verständnis, von Klasse b) wurde gesagt, die ihr zugehörigen Vorurteile würden in der Durchführung der Interpretation zunichte. Als eigentlich problematisch hatte sich die Klasse d) erwiesen, weil die sie bildenden Vormeinungen einerseits Mißverständnis bewirken, sich aber der Wahrnehmung innerhalb des Verstehens entziehen[5]. In Anbetracht dieses Sachverhalts hatte Gadamer die scheinbar plausible Forderung erhoben, möglichst alle Vormeinungen seien ins Bewußtsein zu heben.

Nun kann Gadamer offenkundig zugleich behaupten, daß die Vormeinungen, «die das Bewußtsein des Interpreten besetzt halten», ihm «als solche nicht zu freier Verfügung» stünden (Satz 13), und daraus schließen, der Interpret sei deshalb «nicht imstande, von sich aus *vorgängig*» die wahren und die falschen Vorurteile zu scheiden (Satz 14, Hervorhebung von mir, HGS). Damit ist deutlich: verstünde man den Appell, die Vorurteile bewußt zu machen, als einen an das auslegende Subjekt gerichteten, dann ergäbe sich zwischen ihm und der Feststellung, dem Interpreten sei eine bewußte Kontrolle seiner Vorurteile unmöglich, ein eklatanter Widerspruch.

Es läge nahe, die Wortwahl Gadamers psychologisch zu deuten und anzunehmen, er habe seine Formulierung bewußt von jedem Bezug auf den Interpreten freigehalten, um eben diesen Widerspruch zu vertuschen. Lehnt man diese Erklärung ab, dann muß von der Annahme ausgegangen werden, daß Gadamer selbst hier keinen Widerspruch sieht und daher seiner unpersönlichen Redeweise eine tiefere Bedeutung zukommt.

4. Der Geschehenscharakter des Verstehens

Einen deutlichen Hinweis in dieser Richtung bildet die Tatsache, daß Gadamer offenkundig sehr deutlich spürt, wie wenig einleuchtend es erscheinen muß, an das Verstehen selbst zu appellieren. Es ist schlechterdings sinnlos, von einem subjektlosen Prozeß zu verlangen, er solle *sich* seiner Vorurteile bewußt werden. Auf diese Weise jedoch erhebt sich sofort wieder das Problem des Mißverstehens, und zwar in verschärfter Form. Insofern nämlich einerseits die beirrenden Vormeinungen der Kontrolle des Interpreten entzogen sind, auf der anderen Seite aber im Verstehen selbst identifiziert werden sollen, der Verstehensprozeß dies freilich nicht bewußt *tun* kann, weil er kein handelndes Subjekt darstellt, bleibt einzig und allein die Möglichkeit, die Scheidung von wahren und falschen Vorurteilen als *Geschehen* zu denken. Nur in diesem Sinne läßt sich das Postulat Gadamers verstehen, «nichts anderes als dieser Zeitenabstand» vermöge diese «eigentlich kritische Frage der Hermeneutik lösbar zu machen» (Satz 18). Um den Geschehenscharakter dieses Prozesses zu unterstreichen, betont Gadamer nicht nur, der Zeitenabstand sei «in einer ständigen Bewegung und Ausweitung begriffen» (Satz 15), sondern greift darüber hinaus wiederum zu sehr charakteristischen Formulierungen, um die inhaltliche Seite des Verstehensvorganges auszudrücken. Er sagt nicht

32

– wie es gängigen Vorstellungen entspräche –, der Interpret scheide im Lauf der Zeit die falschen Vorurteile aus und mache sich umgekehrt fortschreitend mehr die wahren Vormeinungen zu eigen, er behauptet vielmehr, der Zeitenabstand lasse die partikularen Vorurteile «absterben» und die sachgemäßen «hervortreten» (Satz 17).

Angesichts dieser Beobachtungen drängt sich die Vermutung auf, daß der Argumentationsstrategie Gadamers ein ganz bestimmtes Prinzip zugrundeliegt. Genauer: Gadamer scheint von der Prämisse auszugehen, dem auslegenden Subjekt komme im hermeneutischen Prozeß keine oder nur eine untergeordnete Rolle zu, weshalb es sich verbiete, das hermeneutische Problem vom Subjekt her begreifen zu wollen. – Unter dieser Voraussetzung wäre es auch absolut konsequent zu folgern, es sei «überhaupt nicht» Aufgabe der Hermeneutik, «ein Verfahren des Verstehens zu entwickeln, sondern die Bedingungen aufzuklären, unter denen Verstehen *geschieht*», (Satz 11) und hervorzuheben, diese Bedingungen seien «durchaus nicht alle» von der Art einer Methode, «so daß man als der *Verstehende* sie von *sich aus* zur Anwendung zu bringen vermöchte . . .» (Satz 12, Hervorhebungen von mir, HGS)[6].

So zwanglos freilich sich auf diese Weise die einzelnen Argumentationsschritte, welche die Analyse herausgearbeitet hat, zusammenfügen würden, es bleibt die entscheidende Frage, ob der hier vorgeschlagene Rückschluß rein hypothetischer Natur bleiben muß oder ob sich diese Vermutung erhärten läßt. – Dies ist nun in der Tat der Fall: Gadamer selbst hat diese grundlegende Voraussetzung seines Denkens mit aller wünschenswerten Klarheit ausgesprochen:

«Das Verstehen ist selber nicht so sehr als eine *Handlung* der Subjektivität zu denken, sondern als Einrücken in ein Überlieferungs*geschehen*, in dem sich Vergangenheit und Gegenwart beständig vermitteln. *Das* ist es, was in der hermeneutischen Theorie zur Geltung kommen muß, die viel zu sehr von der Idee eines Verfahrens, einer Methode, beherrscht wird.» (WuM 275; Hervorhebungen von mir, HGS)

Mit dieser markanten Zusammenfassung des zentralen Anliegens der philosophischen Hermeneutik kann die immanente Interpretation des an den Anfang dieses Kapitels gestellten Textkorpus ihren Abschluß finden. Sie war geleitet von dem Bemühen, hinter den widersprüchlich scheinenden Aussagen und merkwürdig anmutenden Formulierungen eine einheitliche Intention sichtbar werden zu lassen. So führte der Versuch, Klarheit darüber zu gewinnen, was Gadamer unter Vorurteilen versteht und wie er ihre Funktion im Verstehensvorgang sieht, zunächst zum Problem des Mißverstehens und von dorther zu der Einsicht, daß das Leitmotiv, dem Gadamers Gedankenführung folgt, darin besteht, das Verstehen als Geschehen zu interpretieren, das keinesfalls in der Aktivität des Verstehenden gründet, sondern diesen auf irgendeine Weise umgreift.

Damit ist ein erster Einstieg in das Denken Gadamers gewonnen, der freilich viele Probleme offenläßt. Unklar ist vor allem, wie Gadamer das Geschehen des Verstehens positiv zu denken versucht. Unklar ist auch, auf welche Weise und mit welchen Folgen er die Idee einer hermeneutischen Methodik überwinden will. Beide Problemkreise werden Gegenstand der nächsten Kapitel sein. – Zuvor muß jedoch noch etwas genauer auf den Grundwiderspruch der Theorie Gadamers und seine mögliche Erklärung eingegangen werden.

5. Die Rolle des Interpreten und der Handlungscharakter des Verstehens

Im bisherigen Verlauf wurde mehrmals auf die innere Logik der Ausführungen Gadamers hingewiesen, die dann zutage tritt, wenn man sein Anliegen vor Augen hat. Gleichwohl läßt sich nicht gut behaupten, es sei gelungen, alle Ungereimtheiten aufzulösen. Insbesondere Gadamers Bezugnahme auf das verstehende Subjekt bleibt ein Problem. Zwar konnte zweifelsfrei dargetan werden, daß er beabsichtigt, dieses Subjekt aus dem Geschehen des Verstehens gleichsam herauszuhalten. Dabei verweist das Stichwort «Subjektivität», das Gadamer gewiß nicht unbedacht in diesem Zusammenhang ins Spiel bringt, unmißverständlich auf den problemgeschichtlichen Kontext, innerhalb dessen er seine Absicht zur Geltung bringen will. Gerade aber wenn man diesem deutlichen Hinweis folgt und sich der Gegenstellung der philosophischen Hermeneutik zur neuzeitlichen Subjektivitätsphilosophie erinnert, lassen einige Wendungen in der Darstellung Gadamers aufhorchen. Geht es in der Hermeneutik tatsächlich darum, aus dem Scheitern der Subjekt-Idee und der Wissenschaftsgläubigkeit radikal die Konsequenzen zu ziehen und das Verstehen als subjekt-unabhängiges und nichtmethodisches Geschehen zu denken, weshalb sagt Gadamer dann nicht geradeheraus, Verstehen sei prinzipiell nicht als Handlung zu begreifen? Aus welchem Grund schwächt er an dieser zentralen Stelle das naheliegende «überhaupt nicht» zu einem halbherzigen «nicht so sehr» ab? Warum schreckt er davor zurück, zu be-

34

haupten, die Bedingungen des Verstehens seien prinzipiell nicht von der Art einer Methode oder eines Verfahrens, sondern spricht vorsichtig von «durchaus nicht allen»? Wenn Gadamer seine eigene These wirklich ernstnimmt, die Vorurteile stünden nicht zu freier Verfügung des Interpreten und dieser sei unfähig, die falschen unter ihnen zu identifizieren, wenn er davon überzeugt ist, das Verstehen selbst setze die Vormeinungen ein und nicht der Interpret, und nur der Zeitenabstand, nicht der Interpret, könne die sachgemäßen von den unsachgemäßen Vormeinungen scheiden, was bewegt ihn dann noch dazu, festzuhalten, es habe «seinen guten Sinn», den Interpreten aufzufordern, *seine* Antizipationen kontrolliert zu vollziehen?

Auch ein gutwilliger Interpret vermag sich angesichts dieser widersprüchlichen Argumentationsweise kaum des Eindrucks zu erwehren, daß Gadamer sich immer wieder zu Zugeständnissen gezwungen sieht, die seiner eigentlichen Absicht im Grunde zuwiderlaufen. Offensichtlich gelingt es ihm nicht, jede Anspielung auf das konkrete verstehende Subjekt und den damit notwendig verbundenen Gedanken eines methodisch geregelten Verfahrens zu vermeiden. Die Frage ist, wie dieser eigentümliche Zugzwang zu erklären ist.

6. Das transzendentalphilosophische Selbstverständnis der Hermeneutik

Um die Schwierigkeit zu verstehen, mit der Gadamer hier ringt, ist es erforderlich, sich den logischen Status seiner Theorie zu vergegenwärtigen. Dieses Erfordernis scheint um so dringlicher, als sich ein Großteil der hermeneutischen Diskussion im Anschluß an die Veröffentlichung von «Wahrheit und Methode» auf das Problem bezog, welche methodologische Relevanz den darin entwickelten Gedanken zukomme. Einer solchen Fragestellung lag indes allem Anschein nach bereits ein derart fundamentales Mißverständnis seines Anliegens zugrunde, daß Gadamer sich veranlaßt sah, im Vorwort zur zweiten Auflage seines Werkes ausführlich zu diesem Thema Stellung zu nehmen. Dabei betont er mit allem erdenklichen Nachdruck den philosophischen Charakter der von ihm intendierten Hermeneutik.

«Offenbar hat es zu Mißverständnissen geführt, daß ich den durch eine alte Tradition belasteten Ausdruck der Hermeneutik aufgriff. Eine ‹Kunstlehre› des Verstehens, wie es die ältere Hermeneutik sein wollte, lag nicht in meiner Absicht. Ich wollte nicht ein System von Kunstregeln entwickeln, die das methodische Verfahren der Geisteswissenschaften zu beschreiben oder gar zu leiten vermöchten. Meine Absicht war auch nicht, die theoretischen Grundlagen der geisteswissenschaftlichen Arbeit zu erforschen, um die gewonnenen Erkenntnisse ins Praktische zu wenden ... Mein eigentlicher Anspruch ... war und ist ein philosophischer: Nicht, was wir tun, nicht, was wir tun sollen, sondern was über unser Wollen und Tun hinaus mit uns geschieht, steht in Frage. Insofern ist von den Methoden der Geisteswissenschaften hier überhaupt nicht die Rede.» (WuM XVII)

Um die philosophische Eigenart seines Unternehmens noch weiter zu verdeutlichen, verweist Gadamer auf Kant: dieser habe gefragt, welches die Bedingungen der Erkenntnis seien, «durch die die moderne Wissenschaft möglich ist und wie weit sie reicht» (WuM XVI). In diesem Sinne, so Gadamer, stellt auch die philosophische Hermeneutik die Frage, «um es kantisch auszudrücken: Wie ist Verstehen möglich?» (ebda.).

Folgt man diesen Selbstaussagen Gadamers, die an Klarheit nichts zu wünschen übrig lassen, dann handelt es sich bei der hermeneutischen Philosophie um eine Art transzendentaler Reflexion[7]. Im Unterschied zu Kant jedoch, der die Bedingungen der Möglichkeit der Erkenntnis noch am transzendentalen Subjekt festmacht, zielt die hermeneutische Reflexion auf jene Bedingungen des Verstehens ab, «die allem verstehenden Verhalten der Subjektivität, auch dem methodischen der verstehenden Wissenschaften, ihren Normen und Regeln» (WuM XV), schon vorausliegen. Diese Bedingungen der Möglichkeit von Verstehen, aufgrund derer «Verstehen niemals (!) ein subjektives Verhalten zu einem gegebenen ‹Gegenstande› ist» (WuM XVII), glaubt Gadamer – so viel wurde bereits deutlich – in den Vormeinungen bzw. Vorurteilen gefunden zu haben: sie erst ermöglichen, daß sich ein Sinn im auszulegenden Text zeigt.

In Anbetracht dieser Sachlage wird verständlich, weshalb Gadamer sich strikt gegen jeden Versuch wehrt, seine Aussagen ins Methodologische wenden zu wollen. Seine Erklärung, derartige Mißverständnisse beruhten lediglich auf dem von ihm verwendeten Terminus «Hermeneutik», greift freilich trotzdem zu kurz. Der eigentliche Grund für diese Möglichkeit liegt vielmehr in der Tatsache, daß er selbst, aller guten transzendentalphilosophischen Absicht zum Trotz, faktisch auch methodologische Argumente gebraucht, weil er das, wie es scheint, gar nicht vermeiden kann. Die Frage liegt nahe, woher diese Unvermeidbarkeit rührt.

36

Zwischenbilanz:

Das Verhältnis zwischen methodologischer, transzendentaler und hermeneutischer Reflexion

Ein erster Hinweis auf den systematischen Grund für diese scheinbar unvermeidliche Inkonsequenz ergibt sich aus der Überlegung, ob Gadamer nicht eigentlich schon im Ansatz die von Kant abgesteckten Grenzen transzendentaler Reflexion überschreitet. Zunächst allerdings ist festzuhalten: Gadamer sieht sehr richtig, daß es Kant keineswegs darum zu tun war, «der modernen Naturwissenschaft vorzuschreiben, wie sie sich verhalten müsse, damit sie vor dem Richterstuhl der Vernunft bestünde» (WuM XV). Mit ihm lehnt auch Gadamer ein solches Ansinnen als «ohnmächtiges Unterfangen» entschieden ab:

«Die Rolle des Moralpredigers im Gewande des Forschers hat etwas Absurdes. Absurd ist ebenso der Anspruch des Philosophen, der aus Prinzipien deduziert, wie die ‹Wissenschaft› sich ändern müsse, damit sie philosophisch legitimierbar würde.» (WuM XV)

In nüchterner Einschätzung dieser Situation schränkt Kant indes die Reichweite der transzendentalphilosophischen Fragestellung in einer gerade für ihn spezifischen Art und Weise ein: er beansprucht nicht, die Bedingungen der Möglichkeit der Erkenntnis *bestimmter* Gegenstände zu klären, sondern überantwortet konsequent die Lösung des Problems, auf welche Weise die besonderen Gegenstände der Wissenschaft erkannt werden können, eben diesen Wissenschaften selbst. Die eigentlich erkenntnistheoretische Frage Kants ist demgegenüber notwendig allgemeiner gehalten: sie orientiert sich an dem Problem, wie Erkenntnis *überhaupt* als mögliche zu denken sei[8]. Aufgrund dieser Allgemeinheit, welche die Frage allererst als philosophische charakterisiert, gelangt die transzendentale Reflexion nur bis zum Begriff des «Gegenstandes überhaupt» und bleibt gegenüber der Besonderheit der je konkreten Gegenstände gleichgültig. Entsprechend geht es in der transzendentalen Logik nicht darum, zu analysieren, wie sich ein bestimmtes Urteil auf die Realität bezieht, sie versucht ausschließlich zu klären, wie die Beziehung des Urteils zur Realität gedacht werden muß, damit ihm ein Wahrheitswert überhaupt zugesprochen werden kann. Wiederum beinhaltet dies, daß zwar einerseits auf die Inhaltlichkeit von Urteilen *als solche* abgehoben wird, andererseits aber von allen *bestimmten* Inhalten möglicher Urteile abgesehen und deren Erkenntnisfunktion nur von ihrer *Form* her bedacht werden muß[9].

Thema transzendentaler Reflexion ist demnach nicht die Wahrheit und Falschheit, sondern die Wahrheitsfähigkeit von Urteilen. Sie richtet sich daher einzig und allein auf den Zusammenhang zwischen Urteilsform und Gegenständlichkeit überhaupt – und Kant ließ keinerlei Zweifel daran aufkommen, daß nach seinem Dafürhalten nur um den Preis dieser äußersten Formalität die Eigenständigkeit der transzendentalphilosophischen Fragestellung zu sichern ist.

Von da aus bestimmen sich daher auch die Möglichkeiten und Grenzen einer «hermeneutischen Logik», die unter direkter Bezugnahme auf Kant erläutert wird: Sofern sie Vor-Urteile als Bedingungen der Möglichkeit von Verstehen *überhaupt* in den Blick nimmt, vermag sie diese lediglich ihrer Form nach zu erfassen. Die hermeneutische Reflexion kann nicht mehr leisten, als die Vorurteils*struktur* allen Verstehens in das Licht des Bewußtseins zu heben. Die «Sachangemessenheit», also die Wahrheit oder Falschheit, bestimmter empirischer Vorurteile kann ihr überhaupt nicht zum Problem werden[10]. Erst in der wissenschaftlichen Auslegung konkreter Texte entsteht die Notwendigkeit, wahre von falschen Vorurteilen scheiden zu müssen. Wie dies zu geschehen habe, ist keine transzendental-logische, sondern methodo-logische Frage.

Diese fundamentale Unterscheidung vorausgesetzt, gibt es zu denken, daß Gadamer in diesem Zusammenhang den Begriff der *Vormeinung* ins Spiel bringt. Die Wahl dieses Begriffes signalisiert nämlich, daß Gadamer, wenn er von den Vorurteilen als Bedingungen des Verstehens spricht, von vornherein nicht nur deren Inhaltlichkeit, sondern konkrete Inhalte im Blick hat. Auf diese Weise jedoch wird der Konflikt zwischen transzendentaler und methodologischer Betrachtungsweise der hermeneutischen Problematik bereits im Ansatz grundgelegt und damit gewissermaßen auf Dauer gestellt. Die Inkonsequenz und Widersprüchlichkeit der Gadamerschen Argumentation erweist sich somit als unmittelbare Folge des selbstgesetzten Zwanges, die zunächst transzendentalphilosophisch einsetzende Reflexion letzten Endes immer wieder ins Methodologische umbiegen zu müssen, weil nur auf dieser Ebene die durch das inhaltliche Verständnis der Vormeinungen motivierte Frage beantwortet werden kann, wie die Trennung von sach- und unsachgemäßen Vorurteilen zu bewerkstelligen ist. Da konkrete, inhaltlich-bestimmte Vormeinungen naturgemäß allein über das Bewußtsein des jeweiligen Interpreten eines Textes auf den Auslegungsvorgang und sein Resultat einwirken können – woran auch Gadamer festhält – muß er, sobald die strikte Formalität der transzendentalen Fragestellung preisgegeben wird, unabdingbar auch das auslegende Subjekt in die Betrachtung miteinbeziehen. Gerade wenn man Gadamers Selbstaussagen bezüglich der Intention transzendental-hermeneutischer Reflexion ernstnimmt, lassen sich Überlegungen bezüglich der Rolle des Subjekts im Verstehen nur auf der Ebene der Methodologie lokalisieren.

Einzig unter methodologischem Aspekt hätte es in der Tat «seinen guten Sinn» den Ausleger aufzufordern, «seine Antizipationen nicht einfach zu vollziehen, sondern sie selber bewußt zu machen, um sie zu kontrollieren und dadurch von den Sachen her das rechte Verständnis zu gewinnen» (Satz 7)[11]. Zugleich ließe sich sehr wohl behaupten, daß die Vorurteile «als solche» dem Interpreten «nicht zu freier Verfügung» stehen, sondern «vielmehr gegeben sein» müssen (vgl. die Sätze 12 und 13), vorausgesetzt, es handelte sich dabei um eine Aussage im Sinne transzendentaler Reflexion, wie sie soeben umrissen wurde, eine Aussage, die zwar auf die inhaltliche Bestimmtheit von Vorurteilen, nicht aber auf bestimmte Vorurteile Bezug nimmt.

Betrachtet man für einen Moment lang Gadamers Ausführungen aus dieser Perspektive, dann würde das bedeuten, daß die philosophische Hermeneutik zwar die Möglichkeit eröffnet, auf die im konkreten Auslegungsprozeß jeweils wirksamen Vorurteile achtzuhaben, weil sie und indem sie das Wissen um die Vorurteilsstruktur von Verstehen überhaupt fördert, sie müßte aber die Frage unbeantwortet lassen, ob, in welchem Maße und mit welchen Mitteln der Interpret in der Lage sei, diese konkreten Vorurteile auf ihre Sachgemäßheit hin zu überprüfen. So einleuchtend dieser Vorschlag sich auch ausnehmen mag, er ist vom Text her einfach nicht gedeckt. Denn Gadamers unmißverständliche Absage an ein irgendwie methodologisches Verständnis seiner Hermeneutik schließt jede Interpretation aus, die auf eine derartige Trennung von Argumentationsebenen hinausläuft. Das aber heißt: Die aufgezeigten Widersprüche müssen als solche ernstgenommen werden.

Für die Interpretation ergibt sich daraus die Notwendigkeit, noch tiefer nach einem möglichen systematischen Grund für diese Unstimmigkeiten zu fragen. Ihre Feststellung allein mag zwar ausreichen, um einen Vorwurf daraus zu machen, sie trägt aber weder zum Verständnis der Eigenart eines Denkens sehr viel bei, noch erlaubt sie es, diesen Tatbestand zu gewichten.

Im folgenden Kapitel wird im Grunde noch einmal die gleiche Problematik erörtert, dieses Mal aber nicht mehr mit Blick auf die «Subjekt-», sondern auf die «Objekt»-Seite des Verstehens. Dabei soll jetzt schon angemerkt werden, daß diese Unterscheidung im Laufe der Überlegungen zunehmend problematischer werden wird. Denn im kritischen Gegenüber zur herrschenden «objektivistischen» Wissenschaftstheorie in den Geisteswissenschaften möchte die philosophische Hermeneutik vor allem dazu beitragen, der «besonderen Seinsweise» und der charakteristischen «Gegebenheitsweise» des «Objekts» geisteswissenschaftlicher Erkenntnis gerecht zu werden. Das bedeutet nun aber nichts anderes als die transzendentale Reflexion auf die «Vorurteile als Bedingungen des Verstehens» (WuM 261) – und damit, wie sich im letzten Abschnitt schon angedeutet hat, gerade nicht Reflexion auf «subjektive» Bedingungen des Verstehens.

II. Objektivität des Verstehens oder hermeneutischer Nihilismus?

Überlegungen zum Gegenstandsproblem in der philosophischen Hermeneutik

1. «Textsinn» als Gegenstand des Verstehens und Hermeneutik als Methodologie des Verstehens

Im Verlauf des einleitenden Versuchs, eine plausible Klassifikation der Vorurteile zu gewinnen, war einigermaßen unproblematisch vorausgesetzt worden, daß dem «Verstehen» als einer wie immer gearteten Erkenntnisweise als Korrelat ein Gegenstand entspricht, der verstanden bzw. erkannt werden soll. Diese Voraussetzung erschien insofern als gerechtfertigt, als in der Argumentation Gadamers auffallend häufig der Begriff der «Sache selbst» auftauchte. Dessen argumentative Funktion lag recht offen zutage: er sollte zweifelsohne dasjenige bezeichnen, was der Beliebigkeit der vom Verstehen eingesetzten Vormeinungen bestimmte Grenzen setzt. Die Sache selbst bildet demnach die Ursache für das Scheitern und Zunichtewerden falscher Vorurteile, also den Gegenstand der Auslegung, der den Antizipationen des Auslegers entgegensteht.

Die Richtigkeit dieser Interpretation, die ganz unmißverständlich den methodologischen Charakter der Ausführungen Gadamers hervortreten läßt, insofern hier nicht von einem Gegenstand überhaupt, sondern einem jeweils bestimmten die Rede ist, wird bestätigt durch folgende Textstelle, die nicht nur das Gesagte noch einmal zusammenfaßt, sondern darüber hinaus eine inhaltliche Bestimmung der «Sache selbst» enthält. Gadamer schreibt:

«Auch die hermeneutische Erfahrung hat nämlich ihre Konsequenz: die des unbeirrten Hörens. Auch ihr stellt sich die Sache nicht ohne ihre eigene Auslegung dar, und auch diese Anstrengung besteht darin, ‹negativ gegen sich selbst zu sein›. Wer einen Text zu verstehen sucht, hat auch etwas fernzuhalten, nämlich alles, was sich von seinen eigenen Vorurteilen aus als Sinnerwartung geltend macht, sobald es von dem Sinn des Textes selbst verweigert wird. [. . .] Die Entfaltung des Sinnganzen, auf die das Verstehen gerichtet ist, zwingt uns in die Notwendigkeit, auszulegen und wieder zurückzunehmen. Die Selbstaufhebung der Auslegung vollendet erst, daß sich die Sache selbst – *der Sinn des Textes* – Geltung verschafft.» (WuM 441, Hervorhebung von mir, HGS)

Auch auf die Gefahr ermüdender Wiederholung hin muß erneut betont werden, daß die Behauptung, der Sinn des Textes als Gegenstand des Verstehens könne sich bestimmten Vorurteilen verweigern, nur dann sinnvoll ist, wenn der Sinn des Textes ein bestimmter ist. Allein die Bestimmtheit des Gegenstands als Bedingung der Möglichkeit von Bestimmbarkeit ermöglicht es dem Ausleger, auf ihn als einen mit sich selbst identischen immer wieder zurückzukommen, «auszulegen und wieder zurückzunehmen». Einzig unter dieser Voraussetzung vermag sich Auslegung selbst aufzuheben, indem sie dem weicht, was in der und vermittels der Vollendung des Verstehens zur Erscheinung gelangt, nämlich dem Sinn des Textes. Im adäquaten Verstehen verschwindet daher die Auslegung gleichsam im Verstandenen und kommt gerade so zu ihrem Ziel.

Beide Folgerungen ergeben sich logisch notwendig aus der von Gadamer ins Feld geführten Widerständigkeit der Sache selbst und lassen sich mühelos als Gadamers eigene Auffassung erweisen. So heißt es etwa zum Problem der Identität des Sinnes:

«Schriftlichkeit ist die abstrakte Idealität der Sprache. Der Sinn einer schriftlichen Aufzeichnung ist daher grundsätzlich *identifizierbar* und *wiederholbar*. Das in der Wiederholung *Identische* allein ist es, das in der schriftlichen Aufzeichnung wirklich niedergelegt war.» (WuM 370, Hervorhebung von mir, HGS)

In Anbetracht dessen folgt zwingend, daß die «tragende Voraussetzung des hermeneutischen Gelingens» die «*Eindeutigkeit* des gemeinten *Sinnes*» ist. (WuM 371, Hervorhebung von mir, HGS)
Bezüglich der Auslegung bedeutet dies:

«Auch sie ist dann nicht eine neue Schöpfung von Sinn. Es entspricht ja auch ihr, daß sie als Auslegung wieder verschwindet und in der Unmittelbarkeit des Verstehens ihre Wahrheit bewährt.» (WuM 377)[12]

Soweit also scheint die Sachlage halbwegs klar: das Verstehen richtet sich aus an einem mit sich selbst identischen und an sich selbst bestimmten Gegenstand, dem Sinn des Textes. Dieser wird in einem fortlaufenden Wechselspiel von hypothetischem Vorgriff und korrigierender Zurücknahme zur Erscheinung gebracht, so daß das Verstehen nie unmittelbar geschieht, sondern immer auf die Vermittlung von Sinn-Antizipationen angewiesen bleibt. Insofern jedoch die wahren Vorurteile gerade darin und dadurch ihre Wahrheit haben, als sie diesen bestimmten Sinn erscheinen lassen und ihn nicht, wie die falschen Vorurteile, verstellen, erfüllt sich ihre Vermittlungsfunktion, wenn sie im Resultat des Verstehens «aufgehoben» sind, d. h. der Sinn des Textes erfaßt, mithin der Text verstanden ist.

Um jede interpretatorische Willkür auszuschließen, sei auch diese geraffte Zusammenfassung noch einmal anhand einer ausführlichen Stellungnahme Gadamers belegt. Unter Bezugnahme auf Heideggers Beschreibung des hermeneutischen Zirkels führt er aus:

«Alle rechte Auslegung muß sich gegen die Willkür von Einfällen und die Beschränktheit unmerklicher Denkgewohnheiten abschirmen und den Blick ‹auf die Sachen selber› richten (die beim Philologen *sinnvolle Texte* sind, die ihrerseits wieder von Sachen handeln). Sich dergestalt *von der Sache bestimmen zu lassen*, ist für den *Interpreten* offenkundig nicht ein einmaliger ‹braver› Entschluß, sondern wirklich ‹die erste, ständige und letzte Aufgabe›. Denn es gilt, den Blick auf die Sache durch die ganze Beirrung hindurch festzuhalten, die den Ausleger unterwegs von ihm selbst her anfällt. Wer einen Text *verstehen* will, vollzieht immer ein Entwerfen. *Er* wirft sich einen *Sinn* des Ganzen voraus, sobald sich ein *erster Sinn* im Text zeigt. Ein solcher zeigt sich wiederum nur, weil man den Text schon mit gewissen Erwartungen auf einen *bestimmten Sinn* hin liest. Im Ausarbeiten eines solchen Vorentwurfs, der freilich beständig *von dem her revidiert* wird, was sich bei weiterem Eindringen *in den Sinn* ergibt, besteht das Verstehen dessen, *was dasteht.*

Diese Beschreibung ist natürlich eine grobe Abbreviatur: daß jede Revision des Vorentwurfs in der Möglichkeit steht, einen neuen Entwurf von *Sinn* vorauszuwerfen, daß sich rivalisierende Entwürfe zur Ausarbeitung nebeneinander herbringen können, bis sich die *Einheit* des *Sinnes eindeutiger festlegt;* daß die Auslegung mit Vorgriffen einsetzt, die durch *angemessenere* Begriffe ersetzt werden: eben dieses ständige Neu-Entwerfen, das die *Sinn*bewegung des Verstehens und Auslegens ausmacht, ist der Vorgang, den Heidegger beschreibt.» (WuM 251/252; Hervorhebungen von mir, HGS)

In Anbetracht der hier waltenden Klarheit vermag es in keiner Weise mehr zu verwundern, daß die Intention der Gadamerschen Hermeneutik methodologisch mißverstanden wurde. Selbst wer wider allen Augenschein diesen Aussagen einen transzendentalhermeneutischen Sinn abtrotzen wollte, wird von Gadamer unzweideutig eines Besseren belehrt: es geht hier nicht um ein Geschehen, das sich noch vor jedem Verhalten des auslegenden Subjekts vollzieht und ihm zugrundeliegt, sondern darum, wie sich der Interpret im Auslegungsvorgang verhält. Insofern gilt: «Die Beschreibung als solche wird *jedem Ausleger* einleuchten, der *weiß, was er tut*» (WuM 251; Hervorhebungen von mir, HGS). Nichts anderes bildet in der Tat die Aufgabe methodologischer Reflexion: ins Bewußtsein zu heben, was der Interpret faktisch tut, wenn er interpretiert (empirische Methodologie), und was er tun muß, um sachgemäß zu interpretieren (normative Methodologie). Würde Gadamers Absicht sich darin erschöpfen, diese Aufgabe wahrzunehmen, stünde gleichsam alles zum Besten. Weil jedoch die philosophische Hermeneutik auf mehr und anderes abzielt, verwickelt sich Gadamer fortwährend in Widersprüche. Denn obschon in der eben zitierten Passage ungeniert vom Ausleger gesagt wird, er werfe einen Sinn des Ganzen voraus, wird andernorts erklärt: «Die Antizipation von Sinn, die unser Verständnis leitet, ist nicht eine Handlung der Subjektivität» (WuM 277). Und obgleich diese Vorurteile, sollen sie als transzendentale Bedingungen der Möglichkeit von Verstehen gelten dürfen, nur in bezug auf ihre Inhaltlichkeit als solche thematisiert werden können, spricht Gadamer hier (notwendigerweise) von bestimmten Vorerwartungen, aufgrund derer ein Text auf einen bestimmten Sinn hin gelesen wird.

Auf beide Ungereimtheiten war die Analyse bereits gestoßen, neu ist lediglich der Kontext, in dem sie an dieser Stelle zu stehen kommen, nämlich der Frage nach dem Gegenstand des Verstehens. Als dieser Gegenstand, also die Sache selbst, um die es dem Ausleger zu tun ist, hatte sich der Sinn eines Textes herauskristallisiert. Seine Charakteristika wurden folgendermaßen geschildert: er ist einer und mit sich selbst identisch. Als solchermaßen bestimmter bestimmt er seinerseits den Ausleger und bildet den Maßstab für die Angemessenheit von dessen Sinn-Entwürfen. Aufgrund der Möglichkeit dieser Sinn-Entwürfe messen diese sich immer eindeutiger dem Gegenstand an: der Ausleger dringt immer tiefer in den Sinn des Textes ein. Sobald dieser Sinn festliegt, kommt die Auslegung an ihr Ende.

2. Die gegenstandskonstituierende Funktion der Vorurteile und die «Gegenstands»-losigkeit des Verstehens

Die soeben ausgeführte Interpretation behält freilich ihr Recht nur so lange, als den Vorurteilen keine den Gegenstand des Verstehens selbst konstituierende Funktion zuerkannt wird. In dem Augenblick, in dem dies geschieht, ändert sich das Bild völlig und sieht dann wie folgt aus:

«Offenbar kann man *nicht* im selben Sinne von einem *identischen* Gegenstand der Erforschung in den Geisteswissenschaften sprechen, wie das in den Naturwissenschaften am Platze ist, wo die Forschung *immer tiefer* in die *Natur der Sache eindringt*. Bei den Geisteswissenschaften ist vielmehr das *Forschungsinteresse*, das sich der Überlieferung zuwendet, durch die jeweilige Gegenwart und ihre Interessen in besonderer Weise motiviert. Erst durch die *Motivation der Fragestellung konstituiert* sich überhaupt Thema und *Gegenstand* der Forschung. Die geschichtliche Forschung ist mithin getragen von der geschichtlichen Bewegung, in der das Leben selbst steht, und läßt sich *nicht teleologisch von* dem Gegenstand *her* begreifen, dem die Forschung gilt. Ein solcher Gegenstand *an sich* existiert offenbar überhaupt nicht. Das gerade unterscheidet die Geisteswissenschaften von den Naturwissenschaften. Während der Gegenstand der Naturwissenschaften sich idealiter wohl bestimmen läßt als das, was in der *vollendeten* Naturerkenntnis erkannt wäre, ist es sinnlos, von einer vollendeten Geschichtserkenntnis zu sprechen, und eben deshalb ist auch die Rede von einem Gegenstand an sich, dem diese Forschung gilt, *im letzten Sinne* nicht einlösbar.» (WuM 268/269; Hervorhebungen von mir, HGS)

Der erkenntnistheoretische Status dieser Ausführungen liegt auf der Hand: nur im Bereich einer Theorie der Gegenstandskonstitution ist es möglich, den Gegenstand der Naturwissenschaft als in sich völlig erkennbaren zu charakterisieren, sowie dies unter Hinweis auf die «Natur der Sache» zu begründen. Und nur aufgrund der transzendental-logischen Annahme der Erkenn*barkeit* eines Gegenstandes kann – mit Gadamer – behauptet werden, die naturwissenschaftliche Forschung empfange «ihr Schrittgesetz» «von dem Gesetz der Sache, die sich ihren methodischen Bemühungen enthüllt» (WuM 268). Umgekehrt gilt: wenn Gadamer davon ausgeht, daß der je konkrete Gegenstand dieser Forschung tatsächlich in seiner Natur erkannt wird, kann die transzendentale Analyse einzig noch die Konstitution dieses Gegenstandes in seiner Gegenständlichkeit überhaupt betreffen[13].

Die strikte Ablehnung eines an sich selbst bestimmten und daher mit sich identischen Gegenstandes, die Gadamer bezüglich der Geisteswissenschaften vorträgt, kann demnach nur in einer Voraussetzung gründen: daß in diesem Bereich der Gegenstand durch «Forschungsinteresse» und «Motivation der Fragestellung» nicht allein «überhaupt», sondern eben auch «an sich» konstituiert wird. Erst dann erfüllt sich der Sinn der Aussage Gadamers, die Sache selbst sei nur «da» in einer «Vielfachheit» von Stimmen und der Vielzahl von «Aspekten», in denen sie gezeigt wird. Noch genauer: die Sache selbst «ist» das, was in den verschiedenen Ansichten von ihr erscheint.

Überträgt man diese Auffassung von der Problematik der Textinterpretation auf das Gesamtproblem der Erkenntnis der geschichtlichen Welt, dann folgt daraus zwingend eine Behauptung von allerdings sehr «grundsätzlicher Bedeutung»:

«Denn damit wird der Gebrauch des Begriffs ‹Welt an sich› problematisch. Der *Maßstab* für die *fortschreitende Erweiterung* des eigenen Weltbildes wird nicht durch die außer aller Sprachlichkeit gelegene ‹Welt an sich› gebildet. Vielmehr bedeutet die *unendliche Perfektibilität* der menschlichen Welterfahrung, daß man, in welcher Sprache immer man sich bewegt, nie zu etwas anderem gelangt als zu einem immer mehr erweiterten *Aspekt,* einer ‹Ansicht› der Welt. Solche Weltansichten sind nicht in dem Sinne relativ, daß man ihnen die ‹Welt an sich› entgegenstellen könnte, als ob die richtige Ansicht von einem möglichen Standorte außerhalb der menschlich-sprachlichen Welt aus sie in ihrem Ansichsein anzutreffen vermöchte. Daß die Welt auch ohne den Menschen sein kann und vielleicht sein wird, ist dabei ganz unbestritten. Das liegt in der *Sinn*meinung selber, in der eine jede menschlich-sprachlich verfaßte Ansicht der Welt lebt. In jeder Weltansicht ist das Ansichsein der Welt *gemeint.* Sie ist das Ganze, auf das die sprachlich schematisierte Erfahrung bezogen ist. Die Mannigfaltigkeit solcher Weltansichten bedeutet keine Relativierung der ‹Welt›. Vielmehr ist, was die Welt selbst *ist, nichts* von den *Ansichten,* in denen sie sich darbietet, *Verschiedenes.*» (WuM 423, Hervorhebungen von mir, HGS)

«Wer das ‹Ansichsein› diesen ‹Ansichten› entgegenstellt, muß entweder theologisch denken – dann ist das Ansichsein nicht für ihn, sondern allein für Gott –; oder er wird luziferisch denken, als einer, der sich seine eigene Göttlichkeit dadurch beweisen möchte, daß ihm die ganze Welt zu gehorchen hat – dann ist ihm das Ansichsein der Welt eine Einschränkung der Allmacht seiner Einbildung.» (WuM 424)

Aus dieser Perspektive betrachtet,

«gehört die Gegenständigkeit, welche die Wissenschaft erkennt und durch die sie ihre eigene Objektivität erhält, mit zu den Relativitäten, die von dem Weltbezug der Sprache umgriffen werden. In ihr gewinnt der Begriff ‹des Ansichseins› den Charakter einer *Willensbestimmung.* Was an sich ist, ist unabhängig von dem eigenen Wollen und Wähnen. Doch indem es in seinem Ansichsein gewußt ist, ist es eben dadurch in der Weise verfügbar gemacht, daß man mit ihm rechnen, d. h. aber es seinen Zwecken einordnen kann.» (WuM 426, Hervorhebung im Original, HGS)

Die beiden letzten Äußerungen verdeutlichen, daß Gadamer in seiner Erkenntnistheorie zwischen der Scylla des Idealismus und der Charybdis der Wissenschaft hindurchzusteuern versucht. Zugleich enthüllt sich an dieser Stelle erstmals das treibende Motiv, das sich hinter diesem Bemühen verbirgt: es ist die Furcht vor der Übermacht der Verfügungsgewalt der erkennenden Subjektivität, die alles ihrem Herrschaftswillen zu unterwerfen sucht. In dieser Hinsicht gleichen sich Idealismus und Wissenschaft, weil diese trotz aller Kritik am idealistischen Denken diese geheime Prämisse, die dem Idealismus zugrundeliegt, übernommen hat. Beide zerstören nach hermeneutischer Auffassung das Lebenselement jedes wahrhaft geschichtlichen Wesens: die Tradition. Zu deren Ehrenrettung gegenüber der aufklärerischen Kritik ist die philosophische Hermeneutik angetreten – ohne sich indes eines naiven, konservativ-autoritären Traditionalismus schuldig machen zu wollen. Dieser Anspruch muß bis zum Beweis des Gegenteils ernstgenommen werden, und das heißt: es ist genau zu prüfen, welche Argumente für ihn geltend gemacht werden und wie stichhaltig sie sind.

46

Dieser Hinweis greift freilich dem gebotenen Gang der Untersuchung schon zu weit voraus. Zunächst gilt es, deren roten Faden wieder aufzunehmen und die Folgeproblematik zu erörtern, die sich aus Gadamers Ausführungen zur Frage des Gegenstandes geisteswissenschaftlicher Forschung ergibt.

3. Verlust des «Gegenstandes» und hermeneutischer Nihilismus

Die Analyse der Aussagen Gadamers zum Gegenstandsproblem erbrachte wiederum ein widersprüchliches Ergebnis: während er einerseits im Blick auf den konkreten Auslegungsprozeß, insbesondere hinsichtlich des geforderten Verhaltens des Auslegers, auf einen an sich selbst bestimmten und mit sich identischen Gegenstand rekurriert, streitet Gadamer auf der Ebene der transzendentalen Konstitutionsanalyse die Existenz eines derartigen Gegenstandes rundweg ab.
Allerdings scheint hierbei eine gewisse Einschränkung vonnöten. Denn wer die entsprechenden Ausführungen Gadamers aufmerksam liest, dem muß auffallen, daß er sich an der entscheidenden Stelle völlig unvermutet eine merkwürdige Zurückhaltung auferlegt: nachdem er behauptet hatte, im Bereich der Geisteswissenschaften existiere ein Gegenstand an sich «offenbar» überhaupt nicht, schließt er unmittelbar die vorsichtige Erklärung an, die Rede von einem Gegenstand an sich sei dort lediglich «im letzten Sinne» nicht einlösbar.
Dieser recht unvermittelt auftauchende Vorbehalt widerstreitet jedoch der vorherigen strikten Ablehnung der Existenz eines solchen Gegenstandes. Er schließt nämlich logisch das positive Zugeständnis ein, die Rede von ihm sei zumindest bis zu einem gewissen Grade als sinnvoll zu rechtfertigen. Von da aus ergäbe sich allerdings eine erkenntnistheoretische Aufgabenstellung, die zu akzeptieren Gadamer offenkundig nicht bereit ist: es wäre nunmehr präzise anzugeben, wie im Bereich der Geisteswissenschaften von deren Gegenstand sachgemäß zu sprechen ist, welche Bedeutung dem Begriff «Gegenstand» dort zukommen muß. Genau dies war die Frage, die zum Beispiel Dilthey in seiner Grundlegung der Geisteswissenschaften vermittels einer «Kritik der historischen Vernunft» beantworten zu können hoffte.
Schon ein kurzes Zitat Diltheys zeigt, wie verschiedenartig Dilthey und Gadamer in bezug auf dieses entscheidende Problem vorgehen. Im Anschluß an eine Schilderung der Eigenart von Literaturgeschichte und Poetik schreibt Dilthey:

«Diese Beispiele erleuchten, was den Gegenstand der Wissenschaften, von denen hier die Rede ist, ausmacht, worin *infolge davon* ihr *Wesen begründet* ist und wie sie sich von den Naturwissenschaften abgrenzen. Auch diese haben ihren Gegenstand nicht in den Eindrücken, wie sie in den Erlebnissen auftreten, sondern in den *Objekten*, welche das *Erkennen schafft*, um diese Eindrücke sich konstruierbar zu machen. Hier wie dort wird der Gegenstand geschaffen aus dem *Gesetz der Tatbestände selber*. Darin stimmen beide Gruppen von Wissenschaften überein. Ihr Unterschied liegt in der Tendenz, in welcher ihr Gegenstand *gebildet* wird. Er liegt in dem *Verfahren,* das jene Gruppen konstruiert. Dort *entsteht* im *Verstehen* ein geistiges Objekt, hier im *Erkennen* der physische Gegenstand.»[24] (Hervorhebungen von mir, HGS)

Wie immer die Triftigkeit dieser Argumentation und der ihr zugrundeliegenden Prämissen zu beurteilen sein mag, deutlich ist jedenfalls, wie sehr Dilthey darum bemüht ist, Erkenntnistheorie und Methodologie miteinander in Einklang zu halten: obgleich er wie Gadamer betont, daß die Weise, wie der jeweilige Gegenstand in den beiden Wissenschaften erscheint, bedingt ist durch die Art ihres Zugriffes auf ihrem Gegenstand, also das Verfahren durchaus das Objekt konstituiert, hält er doch unnachgiebig daran fest, daß diese Verfahren dem Gegenstand angemessen sein müssen, weil sich sowohl die Natur- als auch die Geisteswissenschaften, wollen sie Wissenschaften sein, am «Gesetz der Tatbestände selber» auszurichten haben[15]. Mit Rücksicht darauf bleibt es auch im Blick auf die Geisteswissenschaften für Dilthey zumindest eine offene Frage,

«ob die Geschichte dieser Wissenschaften in erster Linie von dem wechselnden Horizont der Erfahrungen, von den Bedürfnissen und Einwirkungen des tätigen Lebens bestimmt wird, oder ob sie in einem gewissen Umfang von dem Gesetz der Sache, von den Beziehungen des Inhalts dieser Wissenschaften selber abhängt»[16].

Trotz der ihm eigenen Vorsicht weicht Dilthey ganz offenbar nicht der Einsicht aus, daß der Wissenschaftscharakter der Geisteswissenschaften nur dann gewahrt werden kann, wenn man zugesteht, daß ihre Arbeit der Erforschung eines Gegenstands an sich gilt und daher die Rede von ihm in irgendeinem Sinne, den es eben zu bestimmen gilt, eingelöst werden kann.

In Anbetracht dessen wird man Gadamers Zögern wohl dahingehend deuten dürfen, daß auch er sich im Grunde der Logik dieses Gedankenganges nicht völlig verschließt. Denn ließe er die Annahme eines Gegenstands an sich tatsächlich vollkommen fallen, gäbe es logischerweise keinen Maßstab mehr, um die Sachangemessenheit von Vorgriffen auf diese Sache kritisch beurteilen zu können. Streng genommen würde es sogar sinnlos, von einem Vorgriff auf die Sache selbst zu sprechen. Die zwingende Konsequenz einer derartigen Restriktion läge in der These von der Indeterminiertheit jeder Interpretation, wie sie gegenwärtig, allerdings aus anderen Gründen, von dem amerikanischen Logiker W. v. Orman Quine vertreten wird[17]. Gadamer jedoch verwirft eine solche Auffassung entschieden als einen «unhaltbare(n) hermeneutische(n) Nihilismus» (WuM 90). Die Grundlage für ein derart klares Urteil liegt freilich im Augenblick noch im Dunkeln. Nur so viel kann jetzt schon gesagt werden: Die Lösung des Problems muß hier mit dem Begriff der «Sache selbst» im Vergleich zur Rede von einem «Gegenstand» zusammenhängen. E. D. Hirsch hat mit einer an sich sehr glücklichen Formulierung mit Blick auf Gadamer den Gegenstand von Interpretation als «Ort von Möglichkeiten» und Ursprung einer «unendlichen Reihe von Interpretationen» bezeichnet[18], und U. Japp hat von einer «Hermeneutik der Entfaltung» gesprochen[19].

Beide Charakterisierungen sind nicht falsch, aber in Anbetracht des bisher Gesagten ist deutlich, daß dabei zwei sehr naheliegende Mißverständnisse vermieden werden müssen. Zum einen darf die Formulierung von Hirsch, wenn sie das von Gadamer Gemeinte treffen soll, nicht dahingehend mißdeutet werden, als würde jene «unendliche Reihe von Interpretationen» gewissermaßen nur äußerlich an einen Text anknüpfen: Unendlichkeit kann nicht Beliebigkeit heißen, wenn Gadamers Ablehnung des Nihilismus in der Hermeneutik mehr sein soll als nur ein verbaler Kraftakt. Die Interpretationen müssen mit der «Sache selbst» irgendwie zu tun haben. – Zum anderen aber wird man zugleich, wenn man von «Entfaltung» spricht, sich jedes Gedankens an einen Fortschritt im Verstehen erwehren müssen.

Die entscheidende Frage also, auf die noch eine Antwort zu finden sein wird, lautet, wie es gelingt, die unendliche Bewegung des Verstehens in den Geisteswissenschaften hermeneutisch so zu denken, daß sie weder einen nihilistischen noch einen fortschrittsoptimistischen Sinn bekommt.

Daß dies nun tatsächlich exakt die Problemlage beschreibt und eine Antwort, wenn überhaupt, nur von der systematischen Mitte der philosophischen Hermeneutik her erwartet werden kann, beweisen die folgenden Äußerungen.

So zieht Gadamer aus den eben dargelegten Erwägungen heraus unerschrocken den Schluß:

«Es kann daher *keine richtige* Auslegung ‹an sich› geben, *gerade weil* es in *jeder* um den *Text selbst* geht. In der Angewiesenheit auf immer neue Aneignung und Auslegung besteht das geschichtliche Leben der Überlieferung. *Eine richtige Auslegung an sich wäre ein gedankenloses Ideal,* das das Wesen der Überlieferung verkennte. Jede Auslegung hat sich in die hermeneutische Situation zu fügen, der sie zugehört.» (WuM 375, Hervorhebungen von mir, HGS)[20]

Und weiter:

«Verstehen ist in Wahrheit kein *Besserverstehen,* weder im Sinne sachlichen Besserwissens durch deutlichere Begriffe, noch im Sinne der grundsätzlichen Überlegenheit, die das Bewußte über das Unbewußte der Produktion besitzt. Es genügt zu sagen, daß man *anders* versteht, wenn man *überhaupt* versteht.» (WuM 280; Hervorhebungen teils im Original, teils von mir, HGS)[21]

Es fällt schwer, sich vorzustellen, wie solche Aussagen sich mit dem Anspruch der Geisteswissenschaften vereinbaren lassen sollen, dem Verständnis von Texten, historischen Ereignissen etc. im Laufe der Zeit doch etwas näher zu kommen. Und man wird sich wohl fragen dürfen, welchen Sinn insbesondere methodisches Arbeiten unter solchen Umständen überhaupt haben kann. Doch gerade deshalb ist es von ausschlaggebender Bedeutung, Gadamers Kritik am «hermeneutischen Nihilismus» ständig im Gedächtnis zu behalten.

Im Übergang zu den nächsten Kapiteln, in denen Gadamers Position Schritt für Schritt entwickelt werden soll, wird es hilfreich sein, die widersprüchliche Ausgangssituation noch einmal zu vergegenwärtigen.

Zwischenbilanz:

Die Problematik der Selbstinterpretation Gadamers angesichts der Spannungen innerhalb seiner Argumentation

Im Nachwort zur vierten Auflage seines Buches «Wahrheit und Methode» weist Gadamer noch einmal mit Entschiedenheit darauf hin, es sei «ein plattes Mißverständnis» gewesen, «wenn man die Parole ‹Wahrheit und Methode› mit der Anklage belastete, daß hier die Methodenstrenge der modernen Wissenschaft verkannt werde» (WuM 513). In Wirklichkeit mache die Hermeneutik etwas geltend, «das mit dem strengsten Ethos der Wissenschaft in keinerlei Spannung» stehe (ebda.). Die von ihr aufgezeigte Vorurteilsgebundenheit wissenschaft-

50

licher Forschung bedeute «keineswegs, daß es nicht wieder die methodischen Mittel der Wissenschaft wären, mit denen man über falsch oder richtig zu entscheiden, Irrtum auszuschalten und Erkenntnis zu gewinnen versucht» (WuM 515). Daher sei doch «bei allen Unterschieden, die zwischen den Naturwissenschaften und den Geisteswissenschaften bestehen», «in Wahrheit die immanente Geltung der kritischen Methodik der Wissenschaften überhaupt nicht strittig» (WuM 518). Somit würden durch die Hermeneutik «nicht etwa den Wissenschaften oder der Praxis des Lebens Vorschriften gemacht, sondern es wird versucht, ein falsches Denken über das, was sie sind, zu berichtigen» (WuM XXVII)[22]. Eben deshalb rechnet Gadamer freilich von vornherein damit, eine Einsicht zum Ausdruck zu bringen, «die angesichts der modernen historischen Forschung und des methodischen Ideals der Objektivität der Wissenschaft einem eigenen Widerstand in der Selbstauffassung der Wissenschaft begegnet» (WuM XX). Wer daher von der hermeneutischen Reflexion «eine Aufweichung der wissenschaftlichen Objektivität» befürchte, der sei – wie die Hermeneutik-Kritiker Apel, Habermas und die Vertreter des kritischen Rationalismus etwa – mit ihnen «in gleicher Weise blind» und verkenne «den Reflexionsanspruch» der hermeneutischen Analyse (WuM 517/518). Jene seien «so sehr im Methodologismus der Wissenschaftstheorie befangen, daß sie stets Regeln und ihre Anwendung im Auge haben. Sie erkennen nicht, daß Reflexion über Praxis nicht Technik ist» (WuM 518).

Mit Rücksicht auf solche Gegenkritik und die ihr zugrundeliegenden klaren Selbstaussagen muß es Aufgabe gerade auch der hier vorgelegten Interpretation sein, sich mit allem Ernst der Frage zu stellen, ob sie nicht gleichfalls mit der von Gadamer kritisierten methodologisch bedingten Blindheit geschlagen ist.

Ohne das Gewicht dieser Anfrage zu verkennen, kann sie doch durch einige wenige Hinweise schon negativ beantwortet werden. In klarem Gegensatz zu der Kritik, die Gadamer im Auge hat, ging diese Untersuchung mit Nachdruck vom philosophischen Anspruch der Hermeneutik aus. Sodann wurde in ihrem Verlauf immer wieder auf die Tatsache aufmerksam gemacht, daß Gadamer in der Tat auch die methodologische Problematik, die das Verstehen aufwirft, ernstzunehmen versucht. Es schien sogar, daß Gadamer ihr mehr Aufmerksamkeit widmet, als dies in Anbetracht seiner eigentlichen Zielsetzung zu erwarten wäre. Von daher wurde allererst jene Form der Rezeption der Gadamerschen Theorie verständlich, welche zumindest in der Gefahr stand, die philosophische Hermeneutik als Methodenlehre der Geisteswissenschaften mißzudeuten.

Infolgedessen liefen die eingestreuten kritischen Bemerkungen zu Gadamers Gedankenführung keineswegs darauf hinaus, ihm ein methodologisches Defizit vorzurechnen. Es ging vielmehr darum, zu zeigen, daß Gadamer im Verfolg seiner transzendental-hermeneutischen Absicht Argumente ins Spiel bringt, die der gleichfalls beabsichtigten methodologischen Neutralität der philosophischen Hermeneutik zuwiderlaufen. Wenn Gadamer deshalb behauptet, die Hermeneutik habe nur insofern wissenschaftstheoretische Relevanz, «soweit sie innerhalb der Wissenschaften durch hermeneutische Reflexion Wahrheitsbedingungen aufdeckt, die nicht in der Logik der Forschung liegen, sondern ihr vorausgehen» (WuM 514), so drückt das zwar sehr klar seine Intention aus, stimmt jedoch nicht mit den faktischen Wirkungen seiner Argumentation zusammen. Deren «logischer Nebeneffekt» besteht dem Anschein nach gerade darin, gewissermaßen bis in die Logik der Forschung durchzuschlagen und sie in ihrem Sinn aufzuheben[23]. Da Gadamer sich nicht damit bescheidet, auf der Ebene der Konstitution des geisteswissenschaftlichen Gegenstands die Bedingungen der Möglichkeit dieses Gegenstands wie des Verstehens – diese Doppelstruktur entspricht genau der Eigenart transzendentaler Reflexion – in ihrer reinen Formalität zu thematisieren, sondern sofort ihre jeweiligen empirischen Inhalte mit in die Analyse miteinzubeziehen, weil «sprachliche Form und überlieferter Inhalt» sich nach seiner Ansicht gerade «in der hermeneutischen Erfahrung nicht trennen» lassen (WuM 417)[24], gelangt er folgerichtig zu dem Schluß, daß es im Bereich der Geisteswissenschaften einen an sich selbst bestimmten und *so* der Forschung vorausliegenden «Gegenstand» gar nicht gibt. Die in jedem konkreten Auslegungsvorgang wirksamen und Verstehen allererst ermöglichenden Vorurteile konstituieren den Gegenstand nicht nur in seiner Gegenständlichkeit oder besser: Verstehbarkeit, sondern sie konstituieren ihn als diesen bestimmten Gegenstand. Da auf diese Weise die Auslegung jeden «objektiven» Maßstab verliert, anhand dessen durch methodische Verfahren über die Sachangemessenheit oder Unsachgemäßheit von Vorurteilen entschieden werden könnte, Gadamer gleichwohl die Beliebigkeit der Vorurteile bestreitet, entsteht das Problem, wie das Verhältnis der «Sache» der Auslegung zu dieser selbst vorgestellt werden muß. Selbst wenn sich zeigen sollte, daß Gadamers Hermeneutik an diesem Punkt relativistische oder nihilistische Konsequenzen zu vermeiden vermag, und sich

52

tatsächlich die Idee eines Fortschreitens der Interpretationsgeschichte in diesem Sinne auch ohne die Idee eines Fortschritts denken läßt, so stellt sich doch bereits jetzt schon die Frage, ob damit nicht doch über eine bloße Korrektur eines falschen Selbstverständnisses der Wissenschaftler hinaus deren Arbeit der Sinnlosigkeit überantwortet wird. Auch das strengste Ethos der Wissenschaftlichkeit wird auf Dauer unterhöhlt, wenn die erkenntnistheoretische Reflexion tatsächlich zu der Erkenntnis zwingt, daß die Wissenschaft letzten Endes doch nur immer wieder ihren eigenen Setzungen begegnet. Und genau dies ist es, was Gadamer den Wissenschaftlern zumuten will. Denn für ihn besteht erklärtermaßen «nicht der leiseste Grund, dem Anspruch der Forschung, daß sie auch das Ansichsein erkenne, . . . auch metaphysisch recht zu geben» (WuM 428)[25].

Nun wird gewiß heute niemand den durch die Transzendentalphilosophie erarbeiteten Reflexionsgewinn leichtfertig verspielen wollen. Jedem naiven Objektivismus bleibt in der Tat die konstitutive Differenz zwischen dem Gegenstand an sich und seiner durch die Fragestellung der Wissenschaft bedingte Erscheinungsweise entgegenzuhalten. Gleichwohl hielt Kant nicht zufällig an dem einigermaßen mysteriösen Begriff «Ding an sich» fest und war wohl beraten, davon auszugehen, daß auch dann, wenn man von dem, was er bezeichnet, nichts anderes sagen könne, als daß es als an sich selbst unbekanntes «X» existiere, man doch wenigstens annehmen müsse, daß es existiere. Kant wußte sehr wohl, daß ohne diesen «realistischen Restbestand» der Sinn von Erkenntnis preisgegeben wird, und obschon sein Zugeständnis an den Realismus gering genug war, bewahrte einzig diese Maßnahme ihn davor, entweder Idealist im strengen Sinne oder aber Agnostiker zu werden.

Die strikte Ablehnung eines «An-Sich» verträgt sich offenkundig mit dem Bekenntnis zur Phänomenologie und ihrem Schlachtruf «Zu den Sachen selbst»[26], und eben darin liegt eine deutliche Warnung, die Parallele zwischen Hermeneutik und Transzendentalphilosophie nicht allzu sehr zu strapazieren[27]. Positiv formuliert: Es wird genau darauf zu achten sein, weshalb Gadamer die für den Ansatz Kants konstitutive Trennung von Form und Inhalt des Urteils im Blick auf das Vorurteil nicht mitvollziehen kann. Zudem müssen nunmehr in den weiteren Gang der Untersuchung einige Fragen einbezogen werden, die in ihrem bisherigen Verlauf zwar gestreift, aber vorläufig zurückgestellt worden waren.

So wurde bereits mehrfach betont, daß Gadamer für die zugestandene

«Einseitigkeit des hermeneutischen Universalismus» die «Wahrheit des Korrektivs» (WuM XXIII)[28] gegenüber den überzogenen Ansprüchen der idealistischen Reflexionsphilosophie einerseits und einer sich objektivistisch mißverstehenden und dogmatischen Wissenschaftstheorie andererseits in Anspruch nimmt. Beide Fehlformen stehen nach seiner Ansicht zu sehr im Bann des modernen «Blickpunkt des Machens, des Erzeugens, der Konstruktion» (WuM XXIII). Ihr Zusammenhang beruht darauf, daß das «Modell der Mechanik, das in Hegels und Schellings Zeit auf der sicheren Grundlage der Newtonschen Physik» gründete, «eine alte Nähe zum Machen, zur mechanischen Verfertigung» besaß und «damit die Handhabung der Natur zu künstlich ersonnenen Zwecken ermöglicht» hatte. «Es lag in dieser universellen technischen Perspektive eine gewisse Entsprechung zu dem philosophischen Vorrang, den das Selbstbewußtsein in der neueren Entwicklung gewonnen hatte» (VZW 22/23). So scheint der aller Bewußtseinsphilosophie zugrundeliegende Wille zur Letztbegründung des Wissens durch reflexive Selbstbegründung am Ende nur der philosophische Niederschlag des aus dem Sicherheitsbedürfnis des Menschen hervorgehenden universellen Verfügungswillens zu sein. Aber – und darin meldet sich auch für Gadamer «die List der Vernunft» – es ist gerade der Gedanke absoluter Selbstrechtfertigung, der auch die moderne Wissenschaftstheorie noch bewegt und zugleich «sie über sich hinausnötigt» (VZW 139). In der transzendentalen Phänomenologie Husserls gewann dieser Überstieg Gestalt. Hier stieß die Philosophie nicht nur «auf eine Grenze ihres Ideals der ‹Letztbegründung›», sondern ineins damit auf die Aporien jeder monologisch angelegten Bewußtseinsphilosophie. Überdies hat Husserl im Begriff der Intentionalität den dogmatischen Zwiespalt «zwischen der Immanenz des Selbstbewußtseins und der Transzendenz der Welterkenntnis, der dem Begriff der Erkenntnistheorie und ihren theoretischen Konstruktionen zugrunde lag, grundsätzlich überwunden» (VZW 129).

Insofern erweist sich der hier gewählte systematische Einstieg in die philosophische Hermeneutik, nämlich die Lehre von der Vorurteilsstruktur des Verstehens, obschon zunächst nur motiviert durch ihre Popularität, im nachhinein als durchaus nicht beliebig. In ihr spitzt sich nämlich in der Tat die Polemik Gadamers gegen die Bewußtseinsphilosophie, wissenschaftstheoretische und philosophische Letztbegründungsansprüche sowie die traditionelle Erkenntnistheorie aufs äußerste zu. Gleichwohl ruht dieses zentrale Lehrstück seiner Theorie nicht in sich selbst. Denn es handelt sich ohne Frage um mehr als nur kompositorische Willkür, wenn Gadamer «Wahrheit und Methode» mit einem ausführlichen Kapitel über die «ontologische Wendung der Hermeneutik am Leitfaden der Sprache» beschließt. – Schon diese Überschrift verrät einiges «dramaturgisches» Geschick: sie stuft das bis dahin Gesagte zum Vorspiel des noch Kommenden herunter und enthält darin zugleich das Versprechen, es werde von da aus in einem neuen Licht erscheinen. Tatsächlich tritt erst vom Ende her der Sinn des gesamten Unternehmens klar zutage. Erst dort weitet sich das Blickfeld, welches durch die vielfältigen vorausliegenden Analysen eröffnet wird, ins Universale aus und erfährt somit auch die Kritik an jeder Form der Einschränkung hermeneutischer Reflexion ihre tiefste Begründung. Im «Leitfaden» der Sprache verschlingen sich alle Einzelfäden des monumentalen Werkes zu einem Strang, der die ganze Konstruktion tragen soll.

Von daher ergibt sich für das Folgende eine doppelte Aufgabenstellung: zum einen ist in Fortführung des bisherigen Gedankenganges nach dem Zusammenhang von Vorurteilsstruktur des Verstehens, Gegenstandskonstitution und Sprache zu fragen. Zugleich damit ist herauszuarbeiten, welche Konsequenzen sich aus der Antwort auf diese Frage hinsichtlich der von Gadamer beabsichtigten Überwindung der aporetischen Situation der neuzeitlichen Philosophie ergeben. – Aufgrund des verwickelten Ineinanders der verschiedenen Linien und Motive lassen sich dabei Wiederholungen und Überschneidungen nur schwer vermeiden. Das daran unbestreitbar Mißliche könnte freilich dadurch aufgewogen werden, daß auf diese Weise ein Eindruck vermittelt wird von dem ‹Webmuster› der Gadamerschen Argumentation, das eben nur dann wirklich hervorzutreten vermag, wenn er selbst ausführlich zu Wort kommt.

III. Endlichkeit des Menschen und Unendlichkeit des Gesprächs

Überlegungen zu den Konsequenzen der sprachontologischen Wendung der Hermeneutik

1. Kontextgebundenheit der Forschung und geisteswissenschaftlicher Objektivismus

Die Erörterung des Problems der Gegenstandskonstitution in den Geisteswissenschaften erbrachte nicht nur die Erkenntnis, daß Gadamer in bezug darauf die Annahme eines an sich seienden Gegenstands ablehnt, sondern führte darüber hinaus zu der Einsicht, daß in seinen Augen die Unmöglichkeit, hinsichtlich der Geisteswissenschaften von Erkenntnisfortschritt im geläufigen Sinne zu sprechen, verknüpft ist mit der besonderen Eingebundenheit der geisteswissenschaftlichen Forschung in die jeweilige Situation, in der sie betrieben wird. – Zwar «gilt für alle Wissenschaft», daß die Forschung «nicht ‹autonom› ist, sondern in einem gesellschaftlichen Kontext steht» (WuM 523). Daher könne «auch der extreme kritische Rationalist» «nicht leugnen, daß der *Anwendung* wissenschaftlicher Methodik bestimmende Faktoren *vorausliegen*, die die Relevanz ihrer Themenwahl und ihrer Fragestellungen betreffen» (WuM 518; Hervorhebungen von mir, HGS)[29]. Aber:

«man braucht gar nicht den ‹verstehenden› Wissenschaften eine besondere Autonomie reservieren zu wollen und kann doch daran nicht vorbeisehen, daß in ihnen das vorwissenschaftliche Wissen eine viel größere Rolle spielt.» (WuM 523)

Die Begründung, die Gadamer für diese Sonderstellung der Geisteswissenschaften liefert, klingt überzeugend. Er schreibt:

«Sich in einer Situation befinden, enthält immer ein für die vergegenständlichende Erkenntnis unerreichbares Moment. [...] Situation hat eben nicht den Charakter des bloßen Gegenüber, so daß die Kenntnis der objektiven Gegebenheiten genügte, um Bescheid zu wissen. Auch eine zureichende Kenntnis der objektiven Gegebenheiten, wie sie die Wissenschaft bereitstellt, vermag nicht die Perspektivität zu antizipieren, die sich vom Standort des Situationsgebundenen her ergibt.» (KS I 170)

Dieser Sachverhalt rechtfertigt nach Gadamer den der Sache nach bereits bekannten, hier mit einem kräftigen Schuß Polemik gewürzten Schluß:

56

«Es muß geradezu hier als ‹wissenschaftlich› gelten, das Phantom einer vom Standort des Erkennenden abgelösten Wahrheit zu zerstören. Das gerade ist das Zeichen unserer Endlichkeit, deren eingedenk zu bleiben allein vor Wahn zu bewahren vermag. So war der naive Glaube an die Objektivität der historischen Methode ein solcher Wahn.» (KS I 42)

Diese programmatische Formulierung scheint in aller Kürze die Aufgabenstellung einer philosophischen Hermeneutik zu umreißen. Und in diesem Sinne wurde Gadamers Anliegen auch weithin verstanden. So heißt es etwa noch in einer der jüngsten Darstellungen seiner Theorie zusammenfassend:

«Die Hermeneutikkonzeption Gadamers will die Verflechtung von vorwissenschaftlicher und wissenschaftlicher Region in allen Einzelheiten freilegen. Dadurch sollen die Abhängigkeit wissenschaftlichen Fragens von außerwissenschaftlichen Bedingungen und die soziale Relevanz, die ‹gesellschaftliche Funktion› der Wissenschaft, in-eins gedacht werden. Hermeneutische Philosophie ist, kurz gesagt, die Reflexion auf die Interdependenz von Wissenschaft und vor- bzw. außerwissenschaftlichem Kontext.»[30]

Ein solches Verständnis legt sich angesichts einer Vielzahl von Äußerungen Gadamers zweifelsohne nahe. Trotzdem bringt es nur die halbe Wahrheit zum Ausdruck. Mehr noch: es verkürzt Gadamers eigentliche Absicht und nimmt seiner Hermeneutik gerade ihre kritische Spitze. Offenkundig aus diesem Grunde kann Gadamer schlicht feststellen:

«Begnügt sich die hermeneutische Reflexion mit allgemeinen Erwägungen, daß über die Begrenztheit des eigenen Standorts nie hinauszukommen ist, so ist sie folgenlos.» (KS I 120)

Bezogen auf die Vorurteilsproblematik kann dies nur bedeuten, daß die hermeneutische Reflexion gleichermaßen folgenlos bliebe, würde sich ihre Intention darin erschöpfen, die Vorurteilsstruktur des Verstehens als solche hervorzuheben. Die aufklärungs- und wissenschaftskritische Pointe der philosophischen Hermeneutik wird allererst sichtbar, wenn man beachtet, in welcher Weise Gadmer über solche allgemeinen Aussagen hinausgeht und sie konkretisiert.
In diesem Sinne kann und muß zwar zunächst noch einmal festgehalten werden, daß sich die Standortgebundenheit und der Gegenwartsbezug der geisteswissenschaftlichen Forschung vorrangig äußert in der «Wahl des Forschungsthemas», der «Weckung des Forschungsinteresses» und der «Gewinnung der neuen Fragestellung» (WuM

267). Dies macht in der Tat deren «hermeneutische Komponente» aus, deren Vorhandensein Gadamer für alle Wissenschaft reklamiert. Aber ihr Aufweis allein und für sich genommen erklärt eben noch nicht, weshalb Gadamer behaupten kann, durch sie allein gewinne die Forschung ihre Legitimation (vgl. WuM 522). Es gilt also, einen Schritt weiterzugehen und die Reflexion bis zu dem Punkt voranzutreiben, an dem man erkennt:

«Es ist keine Frage der eigenen zufälligen Sympathie allein, sondern in der Wahl der Gegenstände wie der Gesichtspunkte, unter denen sich der Gegenstand als ein historisches Problem stellt, ist etwas von der eigenen Geschichtlichkeit des Verstehens wirksam.
Freilich ist es für das methodische Selbstbewußtsein der historischen Forschung schwierig, diese Seite der Sache festzuhalten. Denn auch die historischen Geisteswissenschaften sind von der Wissenschaftsidee der Moderne geprägt. Die romantische Kritik am Rationalismus der Aufklärung hat zwar die Herrschaft des Naturrechts gebrochen, aber die Wege der historischen Forschung verstehen sich selber als Schritte zu einer totalen geschichtlichen Aufklärung des Menschen über sich selbst, in deren Konsequenz noch die letzten dogmatischen Reste der griechisch-christlichen Tradition zur Auflösung kommen mußten. Der historische Objektivismus, der diesem Ideal entspricht, zieht seine Kraft aus einer Idee der Wissenschaft, deren eigentlicher Hintergrund der philosophische Subjektivismus der Neuzeit ist.» (KS I 73)

Auch wer keineswegs gewillt ist, die Selbstaussagen Gadamers in bezug auf den Status seiner Theorie ohne weiteres als zutreffend zu akzeptieren, wird zugestehen müssen, daß in solchen Äußerungen ganz unüberhörbar ein Anspruch angemeldet wird, der zumindest der Absicht nach weit über den einer geisteswissenschaftlichen Methodologie hinausgreift. Infolgedessen geht notwendig jede Interpretation der philosophischen Hermeneutik in die Irre, die sich aufgrund der Tatsache, daß im Mittelpunkt ihrer Kritik allermeist das objektivistische Selbstmißverständnis der Geisteswissenschaften steht, zu dem Schluß verleiten läßt, darin erschöpfe sich Gadamers Anliegen im Grunde. In Wirklichkeit kommt dem geisteswissenschaftlichen Objektivismus in Gadamers Augen lediglich symptomatische Bedeutung zu, und gerade deswegen kann es nicht genügen, ihm nur die kontextuelle Eingebundenheit aller Forschung vorzurechnen. Wenn der problemgeschichtliche Befund zutrifft, der besagt, daß der historische Objektivismus nicht in sich selbst ruht, sondern seinerseits verwurzelt ist in einem Subjektivismus, der sich der Idee totaler Selbstaufklärung verschrieben hat und damit blind ist gegenüber der Endlichkeit des Menschen, dann muß auch die philosophisch-hermeneutische Kritik

58

tiefer ansetzen. Ihre Aufgabe ist es dann, durch die Einsicht in die Kontextgebundenheit der Wissenschaft hindurchzustoßen bis zu dem Tatbestand, der sich darin manifestiert: die «Geschichtlichkeit des Verstehens». Ihn verdrängt zu haben, macht, aus hermeneutischer Perspektive betrachtet, die Ursünde der neuzeitlichen Philosophie aus; und deshalb läßt sich der Bann des Methodendenkens nur brechen, wenn und insofern es gelingt, diesen Sachverhalt in das philosophische Bewußtsein der Gegenwart einzuholen.
Wie sich diese Aufgabenstellung zur Lehre von der Vorurteilsstruktur des Verstehens einerseits sowie zum Problem der Sprache andererseits verhält, wird im folgenden zu untersuchen sein.

2. Vorurteilsstruktur des Verstehens und Endlichkeit des Menschen

Bei dem Versuch, sich zunächst im Rückgriff auf die von ihm in den Mittelpunkt der Hermeneutik gerückte Vorurteilslehre dessen zu vergewissern, was Gadamer genauerhin unter der Geschichtlichkeit des Verstehens und der darin einbeschlossenen Endlichkeit menschlicher Existenz versteht, muß nun freilich – mit Rücksicht auf das wichtigste Resultat der bisherigen Analyse – von Anfang an besonderes Augenmerk auf die transzendental-hermeneutisch/methodologische Doppeldeutigkeit seiner Argumentation geachtet werden. – Obgleich die Untersuchung der Vorurteilsproblematik von dem Bemühen getragen war, beide Ebenen möglichst getrennt zu betrachten, hatte sich doch nach Einbeziehung des Gegenstandsproblems eine säuberliche Scheidung als unmöglich erwiesen. Das lag zum einen sicherlich daran, daß sich in der Frage nach dem möglichen wie dem faktischen Gegenstandsbezug der Vor-Urteile transzendentallogische und methodologische Überlegungen zwangsläufig begegnen. Wesentlich bedeutsamer allerdings war der Umstand, daß sich hier ein klarer Widerspruch in Gadamers Gedankenführung herauskristallisierte: Während die transzendental-hermeneutisch motivierte Ablehnung eines an sich selbst bestimmten Gegenstandes in das Problem mündete, auf welche Weise unter dieser Voraussetzung der Beliebigkeit von Vorurteilen und Interpretationen Einhalt geboten werden kann, beruhte die an das auslegende Subjekt gerichtete und daher nur methodologisch interpretierbare Aufforderung, sich möglichst aller Vorurteile bewußt zu werden und sie kontrolliert einzusetzen, auf der entgegengesetzten Annahme, der Grund für das Scheitern unsachgemäßer Vorurteile sei gerade in der Bestimmtheit und Identität des Gegenstandes der Auslegung, also des Textsinnes, zu suchen. – Diese methodologische Deutung vorausgesetzt, kann der Hinweis auf die Endlichkeit des Menschen eigentlich nur besagen, daß die Fähigkeit des Menschen, die ihn leitenden Vorurteile ins Bewußtsein zu heben, erfahrungsgemäß nur allzu beschränkt ist. In der Tat scheint Gadamer genau dies zu meinen, denn er betont:

«Da die hermeneutische Reflexion die Leistung vollbringen wird, die alle Bewußtmachung vollbringt, wird sich das zunächst der Wissenschaft selbst zeigen. Die Reflexion eines gegebenen Vorverständnisses bringt etwas vor mich, was sonst hinter meinem Rücken geschieht. Etwas – nicht alles.» (KS I 127)

Insofern der damit in jedem Auslegungsvorgang mitwirkende Restbestand unbewußter Vorurteile selbstverständlich auch solche umfaßt, die der Sache selbst nicht angemessen sind und die deshalb Mißverständnisse verursachen, liegt es nahe, die Unmöglichkeit, einen Text vorgängig vor Mißverstehen zu schützen, als ein wesentliches Moment menschlicher Endlichkeit zu betrachten. Wiederum hat es den Anschein, als träfe dies exakt das von Gadamer Gemeinte. Er stellt nämlich ausdrücklich fest, der Aufweis der Vorurteilshaftigkeit des Verstehens bedeute

«positiv, daß nur, was unter Antizipationen steht, überhaupt verstanden werden kann, und nicht, wenn man es wie etwas Unverständliches einfach anstarrt. Daß aus Antizipationen auch Fehldeutungen entstehen, daß somit die Vorurteile, die Verstehen ermöglichen, auch Möglichkeiten des Mißverstehens einschließen, das dürfte eine der Weisen sein, in denen sich die Endlichkeit des endlichen Wesens Mensch auswirkt.» (KS I 142)

Dessen eingedenk kann Gadamer den Geisteswissenschaften entgegenhalten:

«Historisches Verstehen rühmt sich seiner Vorurteilslosigkeit. Aber ist solche Vorurteilslosigkeit nicht immer nur eine bedingte? Hat dieser Anspruch nicht immer nur den polemischen Sinn, von diesem oder jenem Vorurteil frei zu sein? Ja, verdeckt nicht der Anspruch auf Vorurteilslosigkeit ... in Wahrheit immer die zahe Hartnäckigkeit von Vorurteilen, die uns undurchschaut bestimmen.» (KS I 7/8)

Kurzum: der Gedanke, die Endlichkeit des Menschen anhand der beirrenden Macht des Unbewußten zu demonstrieren, darf ohne Frage auf Gadamers Zustimmung rechnen. Nicht zufällig und nicht ohne Grund hat er selbst auf die überragende Rolle hingewiesen, welche

60

die Kritik von Marx, Dilthey, Nietzsche und Freud bei der Erschütterung der Bewußtseinsphilosophie spielten[31]. – Dennoch muß in Zweifel gezogen werden, ob Gadamer tatsächlich nur auf die Wirksamkeit unbewußter Vorurteile im Verstehensprozeß aufmerksam machen und die Genesis von Fehldeutungen erklären will. Schon ein flüchtiger Vergleich zeigt nämlich, daß der an sich berechtigte Hinweis auf diesen Sachverhalt in keiner Weise die Beweislast zu tragen vermag, die ihm angesichts der komplexen Zielsetzung der hermeneutischen Kritik aufgebürdet wäre: weder widerlegt er, für sich genommen, die Vorstellung, auch in den Geisteswissenschaften sei ein Fortschritt der Erkenntnis möglich, noch spricht er von vornherein gegen die Gültigkeit des in ihnen herrschenden Methodenideals. Und gerade die Beispiele der Ideologiekritik und der Psychoanalyse erhellen, daß sich das Unbewußte als solches nicht schlechthin jedem Zugriff entzieht und daher keineswegs der Kraft der Reflexion eine absolut unüberschreitbare Grenze setzt.

Mit anderen Worten: der Rekurs auf undurchschaute Vorurteile mag zwar geeignet sein, einen naiven Aufklärungsoptimismus in seine Schranken zu weisen und dazu nötigen, das «Ideal einer vollendeten Aufklärung» entsprechend zu modifizieren; es gänzlich zu widerlegen, reicht er gewiß nicht hin.

Wenn demnach Gadamer den «besonderen Auftrag» der Geisteswissenschaften eben darin sieht, «in der wissenschaftlichen Arbeit der eigenen Endlichkeit und geschichtlichen Bedingtheit beständig eingedenk zu bleiben und der Selbstapotheose der Aufklärung zu widerstehen» (KS I 44), dann muß er mehr und anderes im Sinn haben als nur das Faktum des Mißverstehens aufgrund falscher Vormeinungen.

Zu diesem Schluß zwingt auch seine Stellungnahme zu Schleiermachers bekannter Definition der Hermeneutik als der Kunst, Mißverstand zu vermeiden. Gadamer bemerkt dazu:

«Sicherlich ist das keine ganz verkehrte Beschreibung der hermeneutischen Bemühung, das Fremde, das zu Mißverstand Verführende, der durch den Zeitenabstand, die Veränderung von Sprachgewohnheiten, den Wandel von Wortbedeutungen und von Vorstellungsweisen uns nahegelegt ist, durch kontrollierte methodische Besinnung auszuschalten. Nur ist hier die Frage: Ist das Phänomen des Verstehens angemessen definiert, wenn ich sage: Verstehen heißt, Mißverstehen vermeiden?» (KS I 104)

Nach seinem Dafürhalten schlägt sich in Schleiermachers Verständnis der Hermeneutik erstmals deren «wissenschaftstheoretische Verkürzung» nieder, «mit der das, was man traditionellerweise ‹Wissenschaft

61

der Hermeneutik› nennt, in die moderne Wissenschaftsidee eingegliedert worden ist» (ebda.). Das bedeutet: wollte sich die hermeneutische Reflexion auf das Problem des Mißverstehens beschränken, würde sie den Primat des Methodendenkens in den Geisteswissenschaften nicht nur nicht brechen, sondern ihn nur noch einmal bestätigen. Denn die Wissenschaft der Hermeneutik will gerade

«glauben machen, die Meinung, die wir zu verstehen haben, sei etwas Fremdes, das uns zum Mißverständnis zu verführen suche, und es komme darauf an, durch ein kontrolliertes Verfahren historischer Erziehung, durch historische Kritik und kontrollierbare Methode im Bunde mit psychologischer Einführung alle die Momente auszuschalten, durch die ein Mißverstehen sich einschleichen kann.» (KS I 105)

Deshalb gilt es nach Gadamer, «das hermeneutische Bewußtsein als eine umfassendere Möglichkeit» (KS I 104) zu entwickeln und «über die Vorurteile, die ... dem zu einer Technik des Vermeidens von Mißverständnissen restringierten hermeneutischen Bewußtsein zugrundeliegen, hinauszukommen» (KS I 105). Erst wenn dies gelungen ist, wird die philosophisch-hermeneutische Kritik ihr Ziel erreicht haben, nämlich zu zeigen, «daß das Ideal einer totalen Bewußtheit unsinnig ist» (KS III 244). Der Versuch, das Problem der Geschichtlichkeit des Verstehens und der Endlichkeit menschlicher Existenz auf der Ebene hermeneutischer Methodologie in Angriff zu nehmen, ist notwendig zum Scheitern verurteilt, weil er sich vorweg eben jener Beschränkung unterworfen hat, die aufzuheben gerade das kritische Geschäft der philosophischen Hermeneutik ausmacht. Nur wer die Partikularität methodisch-wissenschaftlicher Erfahrungsweisen überschreitet und die ursprüngliche Weite transzendentaler Fragestellung wahrt, sich also der umfassenden «Bewegung des Verstehens» überläßt, vermag zu erkennen, daß der Begriff «Hermeneutik» selbst nichts anderes bezeichnet, als «die Grundbewegtheit des Daseins, die seine Endlichkeit und Geschichtlichkeit ausmacht» und daher «das Ganze seiner Welterfahrung» umspannt (WuM XVI).

Auf diese Weise spitzt sich das Problem der Geschichtlichkeit und Endlichkeit zu auf die Frage, welcher Aspekt der menschlichen Existenz eine derartige Universalisierung der Hermeneutik rechtfertigt. Gadamers Antwort darauf wird im folgenden zu bedenken sein. Sie lautet:

«Der Boden solcher Ausweitung ist aber von wahrhafter Universalität und, wenn man so sagen darf, auf eine endliche Weise unendlich. Es ist die Sprache, auf deren Universalität alle Wege unseres Denkens angewiesen sind.» (KS III 184)

3. Die Überwindung der neuzeitlichen Erkenntnistheorie durch die sprachontologische Wendung der Hermeneutik

In dem Bestreben, das Phänomen der Sprache «ins Zentrum der philosophischen Fragestellung» zu rücken, weiß Gadamer sich einig mit den einflußreichsten Strömungen der Gegenwartsphilosophie[32]. Im Blick auf deren Situation spricht er sogar die Hoffnung aus,

«daß sich unter diesem Zeichen selbst die größte Kluft philosophischer Art, die heute zwischen den Völkern besteht, zu überbrücken beginnt, nämlich der Gegensatz zwischen dem Extrem des angelsächsischen Nominalismus auf der einen Seite und der metaphysischen Tradition des Kontinents auf der anderen Seite.» (KS I 64)

Gadamer entfaltet dieses gemeinsame Grundthema, der erkenntnistheoretischen Anlage seines Werkes gemäß, zunächst in Form einer radikalen Kritik der traditionellen Erkenntnistheorie.

Im Lichte einer sprachtheoretisch reflektierten Hermeneutik erweist sich, daß die neuzeitliche erkenntnistheoretische Tradition insgesamt schon aufgrund ihrer tragenden Voraussetzung, dem Subjekt-Objekt-Schema, bei der Analyse des Erkenntnisproblems zwangsläufig zu kurz greift.

Nur das naive Gefühl absoluter Überlegenheit neuzeitlicher Philosophie gegenüber der Metaphysik konnte darüber hinwegtäuschen, welchen Rückfall im Grunde diese Ausgangsposition darstellte. Die «Überlegenheit der klassischen Metaphysik» gegenüber der nachfolgenden Erkenntnistheorie besteht entsprechend nach Gadamers Auffassung eben darin,

«daß sie über den Dualismus von Subjektivität und Wille auf der einen Seite, Objekt und Ansichsein auf der anderen Seite, von vorneherein hinaus ist, indem sie die vorgängige Entsprechung des einen und des anderen denkt.» (KS I 63)

Nachdem diese vergleichsweise reflektiertere Fragestellung im Zuge der weiteren Entwicklung immer mehr in Vergessenheit geraten war, bedurfte es erst des mühseligen Umweges über die Aporien der Bewußtseinsphilosophie, um, wenn auch in veränderter Gestalt, das dort aufgeworfene Problem als die eigentliche Aufgabe der Erkenntnistheorie (wieder-)zuerkennen. Es machte den epochalen Rang der phänomenologischen Bewegung in Deutschland aus, diese verschüttete Wahrheit ans Licht gebracht zu haben. In akribischen Analysen gelang ihr nämlich der Nachweis, «daß das Bewußtsein keineswegs eine in sich geschlossene Sphäre ist, in die seine Vorstellungen wie in eine eigene innere Welt verschlossen sind, sondern daß es im Gegenteil seiner eigenen Wesens-Struktur nach immer schon bei den Sachen ist.» (KS I 151)

Von dieser grundlegenden Einsicht aus ergibt sich rückblickend für Gadamer die weitere folgenreiche Erkenntnis, daß die irrige Annahme, die Erkenntnistheorie habe auszugehen von der Tatsache des Getrenntseins von Subjekt und Objekt und die Möglichkeit ihrer nachträglichen Übereinstimmung in der Erkenntnis zu erklären, eine gemeinsame Wurzel mit der Reflexionsphilosophie und ihrem den geisteswissenschaftlichen Objektivismus fundierenden Subjektivismus besaß: sie beruhte nämlich ihrerseits auf einem «falsche(n) Vorrang des Selbstbewußtseins» (KS I 151). Insofern hängt für Gadamer die Antwort auf die Frage, worin sich Subjekt und Objekt vorgängig entsprechen, unabdingbar zusammen mit der Kritik am Primat der Idee autonomer Subjektivität, der das Denken der Aufklärung durchgängig charakterisiert. Eine überzeugende Lösung jenes erkenntnistheoretischen Kernproblems muß deshalb nach seiner Ansicht nicht nur das herkömmliche Subjekt-Objekt-Schema überwinden, sondern zugleich die Destruktion der Vorrangstellung des Subjekt-Gedankens einschließen. Das eine ohne das andere haben zu wollen, führt unweigerlich in Aporien. Dies lehrt nicht nur das Beispiel Diltheys, es wird vor allem und exemplarisch sichtbar im grandiosen Scheitern Husserls. Gegenüber der «objektivistischen Naivität aller bisherigen Philosophie» beansprucht Husserl es als seine eigentliche Leistung, «die Scheinhaftigkeit der üblichen erkenntnistheoretischen Kontroverse von Idealismus und Realismus enthüllt und statt dessen die innere Zuordnung von Subjektivität und Objektivität thematisiert zu haben» (WuM 235). Nun bezeichnet freilich Husserl, darin Dilthey ähnlich, diese Zuordnung mit dem Begriff des «leistenden Lebens» und bringt damit ein Phänomen ins Spiel, dessen Analyse den Rahmen einer «transzendentalen Egologie» sprengt. Obgleich er beabsichtigt, mit seiner Theorie der transzendentalen Reduktion erstmals den «Erzeugungsidealismus» vollgültig durchzuführen, wird er durch die Bezugnahme auf «das Leben» beständig zwischen Konstitutions- und Korrelationsforschung hin und her gerissen. Trotz unermüdlicher Bemühung gelingt Husserl kein Ausgleich beider Forschungsrichtungen. Er liefert damit unfreiwillig den Beweis, daß über die klassische Erkenntnistheorie nur unter Preisgabe der Idee einer transzendentalen Subjektivität hinauszugelangen ist.

64

Inspiriert sowohl durch den Heidegger von «Sein und Zeit» als auch den späten Heidegger von «Unterwegs zur Sprache» zieht Gadamer in Anbetracht dieser Sachlage den Schluß, der phänomenologische Aufweis der intentionalen Struktur des Bewußtseins müsse hermeneutisch gewendet und sprachontologisch begründet werden, um seine kritische Potenz entfalten zu können. Das bedeutet: es gilt zu erkennen, daß weder das «Erlebnis» (Dilthey), noch die «Intention» (Husserl), sondern «die Sprache die Mitte ist, durch die sich das Bewußtsein mit dem Seienden zusammenschließt» (KS I 64). «Wir», so betont Gadamer die Eigenart der Hermeneutik gegenüber griechischer Logos-Philosophie und idealistischem Identitätsdenken, «denken von der Mitte der Sprache aus» (WuM 437). Grund:

«Es ist die *Mitte der Sprache,* von der aus sich unsere gesamte Welterfahrung und im besonderen die hermeneutische Erfahrung entfaltet», (WuM 433; Hervorhebung im Original, HGS) [und es] «ist die Mitte der Sprache allein, die auf das Ganze des Seienden bezogen, das endlich-geschichtliche Wesen des Menschen mit sich selbst und mit der Welt vermittelt.» (ebda.)

Der Stellenwert dieser Aussagen kann nicht hoch genug veranschlagt werden. Sie enthalten in nuce die gesamte philosophische Hermeneutik. Gadamers Anspruch, in ihr Methodologie und Ideologiekritik gleichermaßen zu umgreifen, seine völlig unbeirrte Weigerung, diesbezüglich irgendeinen Einspruch gelten zu lassen, seine harte Kritik an jedem Versuch, gewisse Einschränkungen – und seien sie noch so geringfügig – als notwendig zu erweisen, all dies bleibt schlechterdings unverständlich, wenn und solange die hier vollzogene «ontologische Wendung der Hermeneutik» außer acht gelassen wird. Es empfiehlt sich daher, Gadamers Auffassung vom Wesen der Sprache, die im Begriff «Mitte der Sprache» einen zwar treffenden, aber doch äußerst gerafften Ausdruck findet, ausführlich darzulegen und eingehend zu bedenken.

4. Die Identität von Sprache und Sein als Grund der Sachlichkeit der Sprache und der Spielstruktur des Gesprächs

In diesem Sinne muß sogleich ein mögliches Mißverständnis ausgeräumt werden, dem der Begriff «Mitte der Sprache» selbst Vorschub leistet. Es handelt sich um den Glauben, Gadamer wolle damit die Sprache als eines der Mittel charakterisieren, «durch die sich das Bewußtsein mit der Welt vermittelt» (KS I 95). Das bedeutet jedoch, Gadamers Absicht in ihr genaues Gegenteil zu verkehren. Denn in Wirklichkeit liegt ihm alles daran, zu zeigen, daß die «eigentliche Wirklichkeit der Sprache» gerade darin besteht, «daß sie keine formale Kraft und Fähigkeit ist» (KS I 65). Die Sprache als verfügbares Instrument zu betrachten, das dazu dient, bestimmte Zwecke zu erreichen, geht völlig an ihrem Wesen vorbei. Dies gilt in gleicher Weise in bezug auf das Ziel der zwischenmenschlichen Verständigung, dem doch die Sprache in ganz besonderem Maße zu entsprechen scheint. Indessen stellt sie auch kein Mittel der Verständigung dar, sondern das Medium, in dem Verständigung geschieht. – Kurzum: der Begriff «Mitte der Sprache» bezeichnet nichts von der Art eines Werkzeuges, er meint vielmehr «ein vorgängiges Umfaßtsein alles Seienden durch sein mögliches Zursprachekommen» (KS I 65). Diese Bestimmung darf nun freilich keinesfalls dahingehend ausgelegt werden, als existiere das Seiende zunächst in irgendeiner Form unabhängig von der Sprache, um dann ins Wort gebracht zu werden: «Zur-Sprache-kommen heißt nicht, ein zweites Dasein bekommen.» (WuM 450) Deshalb ist «das, was zur Sprache kommt, kein sprachlos Vorgegebenes.» (ebda.) Mit anderen Worten: die Möglichkeit, zur Sprache zu kommen, betrifft die «Seinsverfassung» des Seienden. Seiendes ist überhaupt nur, insofern es zur Sprache gebracht werden kann. Also macht es das Sein des Seienden aus, zur Sprache kommen zu können. Oder, noch kürzer: Sein ist Sprache[33].

Mit Rücksicht auf diese Identität von Sein und Sprache schließt Gadamer, daß das Seiende, das zur Sprache gebracht wird, gerade als das zur Sprache kommt, was es ist: das Seiende «empfängt im Wort die Bestimmtheit seiner selbst» (WuM 450). Anders formuliert:

«Als was sich etwas darstellt, gehört . . . zu seinem eigenen Sein. Es handelt sich also bei all solchem, das Sprache ist, um eine spekulative Einheit: eine Unterscheidung in sich: zu sein und sich darzustellen, eine Unterscheidung, die doch auch gerade keine Unterscheidung sein soll.» (WuM 450)

Aus dem Satz, das Sein sei identisch mit der Sprache, folgt des weiteren die «Universalität der Sprache». Denn wenn alles Seiende nur insofern ist, als es zur Sprache kommen kann, dann gibt es – im strikten Sinn dieses Wortes – «nichts, das grundsätzlich dem Gesagtwerden entzogen wäre» (KS I 99). Aufgrund dessen kann weder die Sprache selbst noch irgend etwas sonst als ein «abgeschlossener Bereich des Sagbaren» gedacht werden, «neben dem andere Bereiche des Un-

66

sagbaren stünden» (ebda.)[34]. Die Sprache umfaßt alles Seiende insofern, als «in ihr alles zu Worte kommen kann.» (WuM 438)
Begreift man die Gesamtheit alles Seienden als die «Welt», so wird deutlich: das «Dasein der Welt . . . ist sprachlich verfaßt» (WuM 419). Welt und Sprache sind dialektisch aufeinander bezogen:

«Nicht nur ist die Welt nur Welt, sofern sie zur Sprache kommt – die Sprache hat ihr eigentliches Dasein nur darin, daß sich in ihr die Welt darstellt.» (WuM 419)

Wiederum ist festzuhalten: in der Sprache stellt die Welt sich als das dar, was sie ist, «in der Sprache stellt sich die Welt selbst dar» (WuM 426). Und genau dies ist der Grund, aus dem der Sprache selbst eine «eigentümliche Sachlichkeit» (WuM 421, im Original hervorgehoben, HGS) zuerkannt werden muß. Infolge dieser Eigentümlichkeit, die nach Gadamer auch ihre «spekulative Struktur» heißen kann, hat die Sprache die Differenz von An-sich-Sein und Darstellung, von Wesen und Erscheinung, immer schon überwunden. «Das aber ist von grundsätzlicher Bedeutung. Denn damit wird der Gebrauch des Begriffs ‹Welt an sich› problematisch.» (WuM 423) Die Rede vom An-sich-Sein der Dinge oder von der «Natur der Sache», nach welcher sich die Erkenntnis auszurichten habe, erweckt den falschen Eindruck, als komme den Dingen ihre Bestimmtheit unabhängig von ihrer Sprachlichkeit zu.

«In Wahrheit ist es freilich doch die Sprachlichkeit der Welterfahrung, die sich hinter dem Schein der Vorgängigkeit der Dinge, vor ihrer sprachlichen Erscheinung verbirgt.» (KS I 66)
«Die Sprachlichkeit unserer Welterfahrung ist vorgängig gegenüber allem, das als seiend erkannt und angesprochen wird. . . . Was Gegenstand der Erkenntnis und der Aussage ist, ist . . . immer schon von dem Welthorizont der Sprache umschlossen.» (WuM 426)
«Das Verständigtsein über die Dinge, das sich in der Sprache vollzieht, besagt als solches weder einen Vorrang der Dinge noch einen Vorrang des menschlichen Geistes, der sich des sprachlichen Verständigungsmittels bedient. Vielmehr ist die Entsprechung, die in der sprachlichen Welterfahrung ihre Konkretion findet, als solche das schlechthin Vorgängige.» (KS I 67)

Die Frage, «ob Sprache», wenn man sie wahrhaft denken will, nicht am Ende ‹Sprache der Dinge› heißen muß» (KS I 64), bleibt für Gadamer deshalb eine rein rhetorische. Infolgedessen plädiert er mit Vehemenz dafür, den Begriff «Natur der Sache» überhaupt aus der erkenntnistheoretischen Diskussion herauszuhalten. Denn:

«Es ist etwas anderes, ob von der Subjektivität des Meinens und der Eigenmächtigkeit des Wollens aus eine Grenze erfahren wird oder ob von der vorgängigen Eingespieltheit des Seienden in die spracherschlossene Welt her gedacht wird. Nicht an der Natur der Sache, die sich dem Andersmeinen entgegenstellt und Achtung erzwingt, sondern an der Sprache der Dinge, die so gehört werden will, wie die Dinge sich zur Sprache bringen, scheint mir die unserer Endlichkeit angemessene Erfahrung jener Entsprechung möglich, welche einst die Metaphysik als die ursprüngliche Angemessenheit alles Geschaffenen aneinander und insbesondere als die Anmessung der geschaffenen Seele an die geschaffenen Dinge lehrte.» (KS I 68/69)

Wenn in diesem Sinne die Dinge zu erkennen bedeutet, ihnen, die sich aussprechen wollen, Gehör zu schenken, dann folgen wir

«lediglich einer Notwendigkeit der Sache, wenn wir den Begriff des Objekts und der Objektivität des Verstehens in der Richtung auf die Zusammengehörigkeit des Subjektiven und Objektiven hin überschreiten.» (WuM 437)

Um den Begriff der Zugehörigkeit nicht im Sinne der Metaphysik «als die teleologische Bezogenheit des Geistes auf das Wesensgefüge des Seienden» (WuM 437) fehlzuinterpretieren, gilt es, die «eigentümliche Dialektik» zu beachten,

«die im *Hören* gelegen ist. Nicht nur, daß, sozusagen, angeredet wird. Vielmehr liegt darin auch dies, daß, wer angeredet wird, hören muß, ob er will oder nicht. [...] Es gibt nichts, was nicht für das Hören mittels der Sprache zugänglich würde.» (WuM 438; Hervorhebung im Original, HGS)

Demnach geht der Erkenntnis der Dinge als dem Hören auf ihre Sprache unabdingbar das durch-die-Dinge-Angesprochen-sein voraus. Aufgrund ihrer Sprachlichkeit sind daher die Dinge selbst allem Fragen nach ihnen immer schon zuvorgekommen und qualifizieren dieses Fragen von vornherein als Antwort. Das aber bedeutet: der Erkenntnisvorgang folgt der Logik von Frage und Antwort, mithin der Logik des Gesprächs:

«Wie eine Sache ist, stellt sich gleichsam erst heraus, wenn wir darüber reden. Was wir mit Wahrheit meinen, Offenbarkeit, Unverborgenheit der Dinge, hat also seine eigene Zeitlichkeit und Geschichtlichkeit.» (KS I 57)
«Was wir in allem Bemühen um Wahrheit mit Erstaunen gewahren, ist, daß wir nicht die Wahrheit sagen können ohne Anrede, ohne Antwort und damit die Gemeinsamkeit des gewonnenen Einverständnisses.» (KS I 57/58)

Angesichts dessen muß menschliche Sprache

«insofern als ein besonderer und einzigartiger Lebensvorgang gedacht werden, als in der sprachlichen Verständigung ‹Welt› offenbar gemacht wird. Sprachliche Verständigung stellt das, worüber sie stattfindet, vor die sich Verständigenden hin, wie einen Streitgegenstand, der zwischen den Parteien in der Mitte niedergelegt wird. Die Welt ist derart der gemeinsame, von keinem betretene und von allen anerkannte Boden, der alle verbindet, die miteinander sprechen.» (WuM 422)

Da die Sprache – wie bereits ausgeführt – nur ist, sofern sie die Welt darstellt, folgt aus dem Gesagten, «daß die Sprache erst im Gespräch, also in der Ausübung der *Verständigung* ihr eigentliches Sein hat» (ebda.; Hervorhebung im Original, HGS). So ist die Sprache «ihrem Wesen nach die Sprache des Gesprächs» (ebda.).

«Sprache ist immer nur im Gespräch. Sprache vollzieht sich selbst und hat ihre eigentliche Erfüllung nur in dem Hin und Her des Sprechens, in dem ein Wort das andere gibt und in dem sich die Sprache, die wir miteinander führen, die Sprache, die wir zueinander finden, auslebt. Jeder Begriff von Sprache, der sie ablöst von der unmittelbaren Situation derer, die sich im Reden und Antworten verstehen, verkürzt sie um eine wesentliche Dimension.» (KS I 159)[35].

Insofern einerseits in dem Gespräch, das die Sprache ist, nicht etwas Beliebiges, sondern das Seiende in seinem Sein zur Sprache kommt, auf der anderen Seite aber dieses Zur-Sprache-kommen gerade die Form eines Gespräches hat[36], geht jede Charakteristik des Erkenntnisvorganges, des Verstehens, die ihn als «methodische Aktivität des Subjekts» bestimmt, völlig an der Sache vorbei. Im Gespräch liegt nichts vom Tun eines Subjekts, sondern im Gegenteil «ein Tun der Sache selbst» vor, «das das Denken ‹erleidet›» (WuM 450). Denn:

«Die Vollzugsform des Gesprächs läßt sich ... vom Begriff des Spieles her beschreiben.» (KS I 98)
«Ein Spiel ist im Gange, wenn der einzelne Spieler in vollem Spielernst dabei ist, d. h. sich nicht mehr zurückbehält als ein nur Spielender, dem es nicht ernst ist. Solche Leute, die das nicht können, nennen wir Menschen, die nicht spielen können. Nun meine ich: die Grundverfassung des Spiels, mit seinem Geist – dem der Leichtigkeit, der Freiheit, des Glücks des Gelingens – erfüllt zu sein und den Spielenden zu erfüllen, ist strukturverwandt mit der Verfassung des Gesprächs, in dem Sprache wirklich ist. Wie man miteinander ins Gespräch kommt und nun vom Gespräch gleichsam weitergetragen wird, darin ist nicht mehr der sich zurückbehaltende oder sich öffnende Wille des Einzelnen bestimmend, sondern das Gesetz der Sache, um die es im Gespräch geht, und die Rede und Gegenrede hervorlockt und am Ende aufeinander einspielt.» (KS I 98/99)[37].

Auf diese Weise kehrt Gadamers Reflexion des Wesens der Sprache in sich selbst zurück. Stand an ihrem Anfang die Einsicht in die Identität von Sein und Sprache, von der «Mitte der Sprache», so ergibt sich nunmehr, vermittelt durch das Bedenken ihrer medialen, «Welt» erschließenden Funktion, die Erkenntnis:

«Dieses Tun der Sache selbst ist die eigentliche spekulative Bewegung, die den Sprechenden ergreift. Wir haben ihren subjektiven Reflex im Sprechen aufgesucht. Wir erkennen jetzt, daß diese Wendung vom Tun der Sache selbt, vom Zur-Sprache-kommen des Sinns, auf eine universal-ontologische Struktur hinweist, nämlich auf die Grundverfassung von allem, auf das sich überhaupt Verstehen richten kann. *Sein, das verstanden werden kann, ist Sprache.* Das hermeneutische Phänomen wirft hier gleichsam seine eigene Universalität auf die Seinsverfassung des Verstandenen zurück, indem es dieselbe in einem universellen Sinne als *Sprache* bestimmt und seinen eigenen Bezug auf das Seiende als Interpretation.» (WuM 450; Hervorhebung im Original, HGS)
«So ist die Sprache die wahrhafte Mitte des menschlichen Seins, wenn man sie nur in dem Bereich sieht, den sie allein ausfüllt, dem Bereich menschlichen Miteinanderseins, dem Bereich der Verständigung, des immer neu anwachsenden Einverständnisses, das dem menschlichen Leben so unentbehrlich ist wie die Luft, die wir atmen. Der Mensch ist wirklich, wie Aristoteles es gesagt hat, das Wesen, das Sprache hat. Denn alles, was menschlich ist, sollen wir uns gesagt sein lassen.» (KS I 100)

Damit ist nicht nur prägnant formuliert, auf welchen sprachphilosophischen Grundlagen die Hermeneutik Gadamers ruht, sondern auch angedeutet, in welche Richtung sich eine hermeneutisch fundierte Anthropologie bewegt. Dieser Hinweis soll im folgenden aufgegriffen werden, und zwar, indem noch einmal die auf der methodologischen Ebene unbeantwortet gebliebene Frage nach dem Zusammenhang der Vorurteilshaftigkeit des Verstehens mit der Endlichkeit und Geschichtlichkeit menschlicher Existenz erörtert wird. Die Antwort zeigt, daß für Gadamer die Grenzen des Menschen mit denen zusammenfallen, die dem historischen Objektivismus und der Reflexionsphilosophie gleichermaßen gesetzt sind.

5. Die Unbewußtheit der Sprache als Grund des Scheiterns der Subjektivitätsphilosophie

So gewiß Gadamers kritische Auseinandersetzung mit der Aufklärungsphilosophie letzten Endes in seiner Sicht vom Wesen der Sprache gründet, so gewiß gewinnt sie erst in der Lehre von der Vorurteilsstruktur des Verstehens ihre äußerste Konkretion. Es hatte deshalb seinen guten Sinn, wenn im vorangegangenen Abschnitt gesagt wurde, die phänomenologische These von der Intentionalität des

Bewußtseins bedürfe nicht nur einer sprachontologischen Begründung, sondern müsse darüber hinaus hermeneutisch gewendet werden, um ihre Wahrheit gegenüber der neuzeitlichen Erkenntnistheorie zur Geltung bringen und den Bannkreis des Subjektivitätsdenkens sprengen zu können. Freilich entspricht dieser Schritt keineswegs nur der Notwendigkeit, die der neuzeitlichen Problemsituation entstammt; er ergibt sich mehr noch aus der inneren Logik der sprachontologischen Wendung der Hermeneutik selbst. Denn wenn aufgrund der Identität von Sprache und Sein der dem Wesen des Seienden gemäße Bezug zum Seienden als Interpretation bestimmt werden muß, dann unterliegt diese Beziehung zwangsläufig den Bedingungen des hermeneutischen Zirkels. Damit ist jedoch zugleich gesagt, daß dieser Zirkel überhaupt nicht methodologischer, sondern ontologischer Natur ist[38]. Die Unumgänglichkeit von Vorurteilen, die in der Rede von der Vorurteilsstruktur des Verstehens festgehalten wird, betrifft deshalb gar nicht in erster Linie das methodische Vorgehen der Geisteswissenschaften; in ihr zeigt sich vielmehr die Eigenart menschlicher Welterfahrung überhaupt. Die Vorurteile als subjektive Sinnentwürfe eines interpretierenden Individuums zu betrachten, bedeutet demzufolge eine entscheidende Verkürzung:

«In Wahrheit liegt es in der Geschichtlichkeit unserer Existenz, daß die Vorurteile im wörtlichen Sinne des Wortes die vorgängige Gerichtetheit all unseres Erfahren-Könnens ausmachen. Sie sind Voreingenommenheiten unserer Weltoffenheit, die geradezu Bedingungen dafür sind, daß wir etwas erfahren, daß uns das, was uns begegnet, etwas sagt.» (KS I 106)

Dergestalt erscheint die hermeneutische Theorie von der Vorurteilsstruktur des Verstehens als die Transformation der phänomenologischen Lehre von der intentionalen Struktur des Bewußtseins – allerdings mit einem wahrhaft fundamentalen Unterschied, der zugleich den Abstand sichtbar macht, der die philosophische Hermeneutik von allen Formen der Transzendentalphilosophie von Kant bis Husserl trennt. Die Vorurteile als Bedingungen der Möglichkeit der Erkenntnis haften Gadamer zufolge eben nicht an einem transzendentalen Subjekt, sie sind gewissermaßen in die Sprache eingebaut[39]. Diese aber

«ist nicht als ein vorgängiger Weltentwurf der Subjektivität zu denken, weder als der eines einzelnen Bewußtseins noch als der eines Volksgeistes.» (KS I 67)

Sprache als universales Medium der zwischenmenschlichen Verständigung zu thematisieren, führt von vornherein über den Monologismus jeder Spielart von Subjektivismus hinaus und in den Bereich der Intersubjektivität hinein. Weil niemand eine Sprache sprechen kann, die kein anderer Mensch versteht, ohne sein Sprechen der Sinnlosigkeit und Absurdität zu überantworten, gehört alles Sprechen, in dem die Sprache ihr Sein hat, «nicht in die Sphäre des Ich, sondern in die Sphäre des Wir» (KS I 98).

«Was wir in allem Bemühen um Wahrheit mit Erstaunen gewahren, ist, daß wir nicht die Wahrheit sagen können ohne Anrede, ohne Antwort und damit ohne die Gemeinsamkeit des gewonnenen Einverständnisses.» (KS I 57/58)

Daraus folgt indes nicht nur, daß eine

«Aussage stets Antwort ist und auf eine Frage verweist, sondern Frage wie Antwort selber haben in ihrem gemeinsamen Aussagecharakter eine hermeneutische Funktion. Sie sind beide Anrede. Das soll nicht bloß heißen, daß sich stets auch etwas aus der sozialen Mitwelt in den Gehalt unserer Aussagen hineinspielt. Das ist zwar richtig. Aber nicht darum geht es, sondern darum, daß Wahrheit in der Aussage überhaupt nur da ist, sofern sie Anrede ist. Denn der Situationshorizont, der die Wahrheit einer Aussage ausmacht, enthält den mit, dem mit der Aussage etwas gesagt wird.» (KS I 55)

So geschieht Verständigung dadurch, «daß Rede gegen Rede steht, aber nicht stehen bleibt» (KS 79), sondern ein «Bewegungsvollzug» in Gang gebracht wird, «der weder im einen noch im anderen Gliede der Relation seine feste Basis hat» (KS I 75). Auf diese Weise kommt «etwas zur Herrschaft», «was ganz seiner eigenen Gesetzlichkeit gehorcht» (KS I 77). Daher eignet der Sprache eine «Ichlosigkeit» (KS I 98), die sie mit jedem Spiel gemeinsam hat: «Die Verständigung, die im Miteinander geschieht, ist selber wieder ein Spiel.» (KS I 79) Vom Spiel aber gilt: «Das Subjekt des Spieles sind nicht die Spieler, sondern das Spiel kommt durch die Spielenden lediglich zur Darstellung.» (WuM 98) Daraus folgt: «alles Spielen ist ein Gespieltwerden» (WuM 101/102; Hervorhebung im Original, HGS). Aufgrund der Spielstruktur der Sprache kann demnach behauptet werden: «es ist nicht eine Sprache, in der wir uns aussprechen, sondern eine Sprache, die uns ausspricht» (KS I 32/33)[40].

Mit anderen Worten: die Analyse des Gesprächs zeigt einen eindeutigen Primat der Sprache gegenüber dem Bewußtsein der Sprechenden. In diesem Primat gründet die «geradezu abgründige Unbewußtheit» der Sprache, die durch keine Reflexion völlig aufzuheben ist:

«Insofern ist die Prägung des Begriffs *die Sprache* nicht zufällig ein spätes Resultat. ... Die Prägung des Begriffs *Sprache* setzt Sprachbewußtheit voraus. Das aber ist erst das Resultat einer Reflexionsbewegung, in der sich der Denkende aus dem unbewußten Vollzug des Sprechens herausreflektiert und in eine Distanz zu sich selber getreten ist. Das eigentliche Rätsel der Sprache ist aber dies, daß wir das in Wahrheit nie ganz können. Alles Denken über Sprache ist vielmehr von der Sprache schon immer eingeholt worden. Nur in einer Sprache können wir denken, und eben dieses Einwohnen unseres Denkens in einer Sprache ist das tiefe Rätsel, das die Sprache dem Denken stellt.» (KS I 95; Hervorhebung im Original, HGS)

Es war nach Gadamers Meinung wiederum vor allem Heidegger, der als erster die weitreichenden Konsequenzen solcher Einsicht in das Wesen der Sprache bedachte:

«Die Rolle, die das Geheimnis der Sprache im späteren Denken Heideggers spielt, lehrt zur Genüge, daß die Vertiefung in die Geschichtlichkeit des Selbstverständnisses nicht nur den Begriff des Bewußtseins, sondern auch den Begriff der Selbstheit aus seiner zentralen Position vertrieben hat. Denn was ist bewußtloser und selbstloser als jener geheimnisvolle Bezirk der Sprache, in dem wir stehen und der was ist zu Worte kommen läßt, so daß Sein ‹sich zeitigt›? Was aber so von dem Geheimnis der Sprache gilt, das gilt auch von dem Begriff des Verstehens. Auch dies ist nicht als eine einfache Tätigkeit des verstehenden Bewußtseins zu fassen, sondern eine Weise des Seinsgeschehens selber. Ganz formell gesprochen weist der Primat, den Sprache und Verstehen in Heideggers Philosophie besitzen, auf die Vorgängigkeit des ‹Verhältnisses› gegenüber seinen Beziehungsgliedern, dem Ich, das versteht, und dem, was verstanden wird.» (KS I 74/75)[41].

Die ontologische Betrachtung der Sprache unter dem Gesichtspunkt der Endlichkeit des Menschen scheint damit auf das gleiche Resultat hinauszulaufen, dessen Ungenügen gerade dazu veranlaßte, die Ebene der Methodologie des Verstehens in Richtung Ontologie zu überschreiten. Nachdem es sich als unzureichend erwiesen hatte, das Problem der Endlichkeit unter Bezugnahme auf die Existenz des Unbewußten und die Wirksamkeit unbewußter Vorurteile zu lösen, stößt am Ende des ontologischen Weges die hermeneutische Reflexion allem Anschein nach erneut auf das Phänomen des Unbewußten als der jeder Bewußtseins- und Reflexionsphilosophie gesetzten Grenze[42].
Nun bleibt es zwar richtig, daß durch «die wesenhafte Selbstvergessenheit, die dem Sprechen zukommt» (KS I 97), allein schon der Reflexion unüberwindbare Einschränkungen auferlegt sind. Gleichwohl erweist sich die ganze «Naivität der Reflexion» (KS I 143) erst, wenn die inhaltliche Komponente Beachtung findet, die im Unbewußten der Sprache stets einbeschlossen ist. Dies ist mit strenger Notwendigkeit der Fall, weil allein die Unbewußtheit der sprachlichen Verstän-

digung deren Sachhaltigkeit und darin die bereits herausgearbeitete Sachlichkeit der Sprache garantiert:

«Je mehr die Sprache lebendiger Vollzug ist, desto weniger ist man sich ihrer bewußt. So *folgt* aus der Selbstvergessenheit der Sprache, daß ihr eigentliches Sein in dem in ihr Gesagten besteht, das die gemeinsame Welt ausmacht, in der wir leben und zu der auch die ganze große Kette der Überlieferung gehört, die aus der Literatur der fremden Sprachen, toter wie lebender, uns erreicht. Das eigentliche Sein der Sprache ist das, worin wir aufgehen, wenn wir sie hören, das Gesagte.» (KS I 98; Hervorhebung von mir, HGS)[43].

Aufgrund ihrer Wirklichkeit widersetzt sich die Sprache jeder Zerlegung in Form und Inhalt[44], und eben darum bedeutet das Erlernen einer Sprache weitaus mehr als nur die Aneignung einer formalen Fertigkeit. Die sprachliche Sozialisation vermittelt immer auch ein bestimmtes, bereits vorhandenes Wissen, das der Sprechen Lernende unbewußt übernimmt. Insofern ist bereits für das Kind

«das Sprechenlernen nicht einfach eine freie Produktion, sondern immer schon der Versuch einer Anpassung an das Übliche, d. h., das Identische. Insofern ist hier wirklich eine gewaltige Aufgabe zu leisten, nämlich Fremdes, Allgemeines, Identisches, das für die ursprüngliche Lebendigkeit immer einen Widerstand bedeutet, anzuzeigen, sich zu eigen zu machen.» (KS I 132)

Die Konstitution des Individuums vollzieht sich demnach als dialektischer Prozeß, der allerdings notwendig ausgeht von der gesellschaftlich vorgegebenen «Welt» als dem gemeinsamen, «von keinem betretene(n) und von allen anerkannte(n) Boden, der alle verbindet, die miteinander sprechen.» (WuM 422)

«Wir sind . . . in allem Wissen von uns selbst und allem Wissen von der Welt immer schon von der Sprache umgriffen, die unsere eigene ist. Wir wachsen auf, wir lernen die Welt kennen, wir lernen die Menschen kennen und am Ende uns selbst, indem wir Sprechen lernen. Sprechen lernen heißt nicht: zur Bezeichnung der uns vertrauten und bekannten Welt in den Gebrauch eines schon vorhandenen Werkzeuges eingeführt werden; sondern heißt, die Vertrautheit und Erkenntnis der Welt selbst, und wie sie uns begegnet, erwerben.» (KS I 96)
«Wir sind in allem unserem Denken und Erkennen immer schon voreingenommen durch die sprachliche Weltauslegung, in die hineinwachsen in der Welt *aufwachsen* heißt. Insofern ist die Sprache die eigentliche Spur unserer Endlichkeit. Sie ist immer schon über uns hinweg.» (KS I 97; Hervorhebung im Original, HGS)

Diese anhand einer unvoreingenommenen Betrachtung der Sozialisation des empirischen Ichs gewonnene kritische Einsicht in dessen Möglichkeiten und Grenzen läßt sich nach Gadamers Auffassung

74

zwanglos auf die idealistischen Versuche, das Ganze der Wirklichkeit vom transzendentalen Subjekt aus zu denken, übertragen. Denn ihnen liegt das Postulat

«zugrunde, daß alle dogmatischen Vorannahmen durch die innere Selbstproduktion der Vernunft aufgelöst werden, so daß am Ende dieser Selbstkonstruktion des transzendentalen Subjekts die totale Selbstdurchsichtigkeit steht.» (KS I 88)

Ein hermeneutisch aufgeklärtes Bewußtsein, das die sprachliche Verfaßtheit des menschlichen Daseins ernstnimmt, also jenes hermeneutische Phänomen, «dessen alles bestimmender Grund» «die Endlichkeit unserer geschichtlichen Erfahrung» ist (WuM 433), kann unmöglich «mit jener Durchsichtigkeit seiner selbst» wetteifern,

«die nach Hegel das absolute Wissen ist und die höchste Weise des Seins ausmacht ... Alles Verstehen ist am Ende Sichverstehen, aber nicht in der Weise eines vorgängigen oder schließlich erreichten Selbstbesitzes. Denn es verwirklicht sich dieses Sichverstehen immer nur im Verstehen einer Sache und hat nicht den Charakter einer *freien Selbstverwirklichung*. Das Selbst, das wir sind, besitzt sich nicht selbst. Eher könnte man sagen, daß *es sich geschieht*. (KS I 78; Hervorhebungen von mir, HGS)[45].

Die Idee absoluter Autonomie des Subjekts, gleichgültig ob empirisch oder transzendental, erweist sich im Lichte hermeneutischer Kritik als Produkt eines falschen Scheines, den die Reflexion erzeugt, indem sie sich selber verkennt:

«Zunächst scheint es, als wäre der reflektierende Geist der schlechterdings freie Geist. Im Auf-sich-selber-Zurückkommen ist er ganz bei sich. In der Tat hat der deutsche Idealismus etwa in dem Fichteschen Begriff der Tathandlung oder auch im Hegelschen Begriff des absoluten Wissens diesen Vollzug des Bei-sich-selbst-Sein des Geistes als die höchste Weise von Dasein überhaupt, von Präsenz überhaupt gedacht. Aber wenn der Begriff des Setzens der phänomenologischen Kritik verfallen ist, ... dann ist auch der Zentralstellung der Reflexion die Grundlage entzogen. Die Erkenntnis, um die es dabei geht, besagt, daß nicht alle Reflexion eine objektivierende Funktion ausübt, d. h., daß nicht alle Reflexion das, worauf sie sich richtet, zum Gegenstand macht. Vielmehr gibt es ein Reflektieren, das sich im Vollzuge einer ‹Intention› gleichsam zurückbeugt auf ihren Vollzug.» (KS I 143)

Vermag schon die phänomenologische Reflexion nicht, die Intentionalität der Intention aufzuheben, so muß in bezug auf die hermeneutische Besinnung noch nachdrücklicher hervorgehoben werden, daß durch sie der Vorurteilscharakter der Vorurteile in keiner Weise angetastet wird. Als Artikulation eines Wissens, das keinem einzelnen Subjekt zugerechnet werden kann, weil es als überindividuelles dieses immer schon übergreift, liegen sie nicht nur aller möglichen Welterfahrung als deren Bedingung voraus, sondern gehen notwendig auch in die Reflexion dieses Wissens als bestimmendes Moment mit ein. Aus diesem Grund verschärft sich die phänomenologische Einsicht in den bloß begleitenden Charakter der Reflexion für die Hermeneutik zur absoluten Grenzerfahrung:

«Es handelt sich also nicht nur darum, daß es mit einem Verstehens-Vollzug stets ein mitgehendes Bewußtsein gibt, das nicht vergegenständlichend ist, sondern darum, daß Verstehen überhaupt nicht als Bewußtsein von etwas angemessen begriffen ist, da das Ganze des Verstehensvollzuges selber in das Geschehen eingeht, von ihm gezeitigt wird und von ihm durchwirkt ist. Die Freiheit der Reflexion dieses vermeintliche Bei-sich-selbst-sein, hat im Verstehen gar nichts statt, so sehr ist es jeweils durch die Geschichtlichkeit unserer Existenz bestimmt.» (KS I 145)

Hinter solcher Kritik, die sich gegen die Absolutheitsansprüche des Idealismus ganz selbstverständlich auf die Geschichtlichkeit des menschlichen Daseins berufen kann, verbirgt sich eine tiefgreifende Revision vor allem des Hegelschen Geschichtsverständnisses, welche die philosophische Hermeneutik in unmittelbare Nähe des Historismus zu rücken scheint. Nach Gadamers Überzeugung aber liegt dem historischen Glauben an die Möglichkeit objektiver Geschichtserkenntnis die gleiche Blindheit gegenüber der Endlichkeit des Menschen zugrunde, die das idealistische Denken auszeichnet. In welcher Weise er dieser doppelten Frontstellung Rechnung zu tragen versucht, soll nun dargestellt werden.

6. Die sprachliche Verankerung der Vorurteile und das Scheitern der Idee absoluter Selbstbegründung

Das Ringen des Idealismus um absolutes Wissen konnte nur dann von Erfolg gekrönt sein, wenn es gelang, die Voraussetzungen des philosophischen Systems als der Darstellung dieses Wissens in das System selbst einzuholen. Hegel, der das Voraussetzungsproblem in die Frage kleidete, womit die Philosophie als Wissenschaft zu beginnen habe, antwortete darauf, indem er der «Logik», die das absolute Wissen systematisch, d. h. als reine Selbstbewegung des Begriffs entfaltet, die «Phänomenologie» voranstellt, in der das Werden des absoluten Wissens dargestellt wird. Es entspricht daher genau dem Selbstverständnis Hegels, wenn Gadamer behauptet: «Die ‹Logik› ist nichts ohne die

‹Phänomenologie›.» (KS III 123) Ebensogut läßt sich freilich auch der Umkehrschluß vertreten: Hegels spekulative Geschichtsbetrachtung beruht auf einer Sichtweise, die nur vom Standpunkt des reinen Wissens aus möglich ist. Unter der Voraussetzung, es sei Hegel tatsächlich geglückt, beide Systemteile in einer gleichsam aufgrund ihrer inneren Spannung freischwebenden Konstruktion zu einer höheren Einheit zu verschmelzen, würde die hermeneutische Kritik an der idealistischen Fehleinschätzung der Reflexion in bezug auf die totale Selbstdurchsichtigkeit des Subjekts unmittelbar die Widerlegung jedes Versuches einschließen, die Geschichte des Wissens in irgendeinem Sinne als Fortschritt im Wissen zu denken. – Nun stimmten allerdings «Logik» und «Phänomenologie» keineswegs so nahtlos zusammen wie beabsichtigt – schon die Inanspruchnahme des Wissenschaftsbegriffes bei der Betitelung beider Werke verriet zumindest gewisse Unklarheiten. Positiv formuliert: in Wirklichkeit kam beiden Werken doch eine relative Selbständigkeit zu, und eben dadurch konnte der Fortschrittsgedanke als solcher den Zusammenbruch der Systemkonstruktion Hegels überleben. So lehnte etwa der Historismus Hegels Logifizierung der Geschichte mit aller Entschiedenheit ab, ohne deshalb im mindesten an ihrer Erkennbarkeit und fortschreitenden Erkenntnis durch die historischen Wissenschaften zu zweifeln. In völliger Entsprechung zu dieser Sachlage und auch darin seinem Vorbild Kant, der mit keinem Gedanken die Erkenntnisqualität der Naturwissenschaften, insbesondere der Physik, infragestellte, folgend, ging Dilthey bei seiner erkenntnistheoretischen Grundlegung der Geisteswissenschaften von der festen Überzeugung aus, daß deren methodische Arbeit aller Verstrickung in das gesellschaftlich-geschichtliche Leben zum Trotz zu positivem Wissen führt. Er übernimmt zwar im Spätwerk Hegels Begriff des objektiven Geistes, dehnt ihn jedoch auf alle Objektivationen des geschichtlichen Lebens des Menschen aus. Diese Hervorbringungen bilden in ihrer Gesamtheit den Gegenstandsbereich der Geisteswissenschaften, der sich den unermüdlichen Anstrengungen der Wissenschaftler immer mehr erschließt. Aus hermeneutischer Perspektive betrachtet, schrumpft gerade aufgrund dieses Vertrauens in den Erkenntnisfortschritt der Geisteswissenschaften der Abstand zwischen Hegel und Dilthey auf ein Minimum zusammen:

«So reduziert sich der Gegensatz zu Hegel auf dies eine, daß sich nach Hegel im philosophischen Begriff die Heimkehr des Geistes vollendet, während für Dilthey der philosophische Begriff nicht Erkenntnis-, sondern Ausdrucksbedeutung hat.» (WuM 216)

Für Gadamer resultiert daraus die Frage,

«ob es nicht auch für Dilthey eine Gestalt des Geistes gibt, die wahrhaft ‹absoluter Geist›, das heißt völlige Selbstdurchsichtigkeit, völlige Tilgung aller Fremdheit und alles Andersseins wäre. Für Dilthey ist es keine Frage, daß es das gibt und daß es das geschichtliche Bewußtsein ist, das diesem Ideal entspricht, und nicht die spekulative Philosophie. Er sieht alle Erscheinungen der menschlich-geschichtlichen Welt nur als Gegenstände, an denen der Geist sich selbst tiefer erkennt. . . . Insofern wird die gesamte Überlieferung für das historische Bewußtsein zur Selbstbegegnung des menschlichen Geistes. [. . .] Nicht im spekulativen Wissen des Begriffs, sondern im historischen Bewußtsein vollendet sich das Wissen des Geistes von sich selbst.» (WuM 216; letzter Satz im Original hervorgehoben, HGS)

Diese «Umbildung des Begriffs des objektiven Geistes, die das geschichtliche Bewußtsein an die Stelle der Metaphysik rückt» (WuM 217), zwingt Gadamer, auch die anti-idealistische Wende des Historismus noch einmal hermeneutisch zu überholen und zu zeigen, daß die Geschichtlichkeit des Menschen jeden Erkenntnisoptimismus, gleichgültig ob er im Gewande des Idealismus oder des Historismus auftritt, sich spekulativ oder aber wissenschaftlich versteht, verbietet. In diesem Sinne meldet er gegenüber Diltheys Hegel-Interpretation zusätzliche Bedenken an:

«Aber es stellt sich die Frage, ob das geschichtliche Bewußtsein diesen Platz wirklich auszufüllen vermag, den das absolute Wissen des sich im spekulativen Begriff begreifenden Geistes bei Hegel eingenommen hatte. Dilthey selbst hat darauf hingewiesen, daß wir nur geschichtlich erkennen, weil wir selber geschichtlich sind. Das sollte eine erkenntnistheoretische Erleichterung sein. Aber kann es das sein? . . . Wo soll hier die erkenntnistheoretische Erleichterung herkommen? Ist es nicht in Wahrheit eine Erschwerung? Muß nicht die *geschichtliche Bedingtheit* des Bewußtseins eine *unüberwindliche* Schranke dafür darstellen, daß es sich in *geschichtlichem Wissen* vollendet? Hegel mochte durch die Aufhebung der Geschichte im absoluten Wissen diese Schranke überwunden meinen. Aber wenn das Leben die unerschöpflich-schöpferische Realität ist, als die es Dilthey denkt, muß dann nicht die *beständige Wandlung* des Bedeutungszusammenhanges der Geschichte ein Wissen, das *Objektivität* erreicht, ausschließen? Ist also das geschichtliche Bewußtsein am Ende ein utopisches Ideal und enthält einen Widerspruch in sich?» (WuM 217; Hervorhebungen von mir, HGS)

Dem Urteil Gadamers zufolge mühte sich Dilthey also im Grunde zeitlebens mit der Quadratur des Kreises ab. Die Einsicht in die Vergeblichkeit seines Strebens mußte ihm jedoch verwehrt bleiben, weil er, an Hegels Gedanken von der inneren Unendlichkeit des Geistes festhaltend, sich nicht von dem Glauben befreien konnte, die «Schranken, die der Universalität des Verstehens durch die geschicht-

78

liche Endlichkeit unseres Wesens gesetzt sind», seien «nur subjektiver Natur» (WuM 219). Daher bedeutete für ihn «das Bewußtsein der Endlichkeit keine Verendlichung des Bewußtseins und keine Beschränkung» (WuM 219). Im Gegensatz dazu beharrt die philosophische Hermeneutik darauf, daß das Bewußtsein, der Geist selbst als endlicher begriffen werden muß, und zwar insofern, als er objektiv, d. h. von der Seinsweise des Objekts, das er zu erkennen sucht, her begrenzt ist. Trotz ihrer Objektivität darf diese Grenze auf keinen Fall als eine dem Geist äußerliche verkannt werden, über die er dann, wie Hegel fälschlich meinte, im Akt ihrer Erkenntnis immer auch schon hinaus wäre. Aufgrund der vorgängigen Entsprechung von Subjekt und Objekt, von Geist und Welt, erfährt vielmehr der Geist die in der Sprachlichkeit seines Erkenntnisgegenstandes liegende Begrenzung als seine eigene, nämlich als seine bleibende Verwiesenheit auf die gesellschaftliche Wissensvorgabe, die in den sprachlich fixierten Vorurteilen ihren Ausdruck findet.

Auf diese Weise scheint nun doch Gadamers Kritik an der Reflexionsphilosophie apriori deren Transformation durch Dilthey mitzutreffen. Aber dieser Eindruck täuscht: der Hinweis auf die Vorurteilshaftigkeit des Verstehens als solcher trägt nicht weit genug, um die historistische Idee eines Erkenntnisfortschritts, den Glauben an eine schrittweise Annäherung an objektives Wissen wirklich zu erschüttern.

Das wird deutlich, wenn man noch einmal die Konsequenzen überdenkt, die sich aus der Behauptung der transzendentalen Funktion der Vorurteile tatsächlich ergeben. Im folgenden Text erörtert Gadamer dieses Problem in Auseinandersetzung mit Hegels Antwort auf die Frage nach dem legitimen Anfang der Philosophie:

«Bedeutet die Tatsache, daß Sprache *mitunter* Vorurteile fixiert, daß in ihr stets nur Unwahrheit erscheint? Sprache ist nicht nur dies. Sie ist die allumfassende Vorausgelegtheit der Welt und daher durch nichts zu ersetzen. Vor allem philosophisch einsetzenden kritischen Denken ist schon immer die Welt für uns eine in Sprache ausgelegte. Im Lernen einer Sprache, im Hineinwachsen in unsere Muttersprache artikuliert sich uns die Welt. Das ist *weniger* Beirrung als *erste* Erschließung. Das freilich schließt ein, daß der Prozeß der Begriffsbildung, der inmitten dieser sprachlichen Ausgelegtheit anhebt, niemals ein erster Anfang ist. Er gleicht nicht dem Schmieden eines neuen Werkzeuges aus irgendeinem geeigneten Stoff. Denn er ist immer ein Weiterdenken in der Sprache, die wir sprechen, und in der in ihr angelegten Auslegung der Welt.» (KS III 239; Hervorhebungen von mir, HGS)[46].

«Aus dieser Überlegung geht hervor, daß die Hermeneutik kein *Problem des Anfangs* kennen kann, wie etwa die Hegelsche Logik das Problem des Anfangs der Wissenschaft kennt. Das Problem des Anfangs ist, wo immer es sich stellt, in Wahrheit das Problem des Endes. Denn vom Ende her bestimmt sich der Anfang als der Anfang des Endes. Das mag unter der Voraussetzung des unendlichen Wissens, der Voraussetzung der spekulativen Dialektik, zu dem prinzipiellen unlösbaren Problem führen, womit nun anzufangen sei. Aller Anfang ist Ende und alles Ende ist Anfang.» (WuM 448; Hervorhebung von mir, HGS)

Mit anderen Worten: die philosophische Hermeneutik bietet für das Kernproblem der neuzeitlichen Philosophie keine neue Lösung an, sie unterläuft vielmehr die Fragestellung als solche vermittels einer «Art der Aufweisung», die jeden vermeintlichen «Anfang mit Null» (KS III 239) als bloße Momentaufnahme kenntlich macht, als ein Durchgangsstadium in der umfasserenden Bewegung jenes «unendliche(n) Gespräch(s) in Richtung auf die Wahrheit, das wir sind» (KS I 111), in dem allein die Philosophie «ihren wahren, ihren nur ihr eigenen Prüfstein» hat (KS III 250).

Die entscheidende Frage lautet nun, welche Schlußfolgerungen einer Philosophie erlaubt sind, die dergestalt das Problem des Anfangens als Scheinproblem durchschaut hat und entsprechend versucht, «in der Bewegung des Gesprächs, in dem Wort und Begriff erst werden, was sie sind, ihren Stand zu nehmen» (WuM XXII). – Genau besehen ergibt sich daraus nur ein einziger Schluß, den Gadamer folgendermaßen formuliert:

«Damit bleibt die Forderung einer reflexiven Selbstbegründung unerfüllt, wie sie sich von der spekulativ durchgeführten Transzendentalphilosophie Fichtes, Hegels, Husserls aus stellen läßt.» (WuM XXII/XXIII).

Dies besagt nicht weniger, aber auch nicht mehr, als daß die Sehnsucht des Menschen nach absolutem Wissen ungestillt bleiben muß, sofern unter absolutem Wissen ein Wissen verstanden wird, das sich seiner selbst unumstößlich gewiß ist. Man wird Gadamer sicherlich zustimmen müssen, wenn er darin ein Zeichen menschlicher Endlichkeit sieht. Weniger schlüssig scheint es jedoch, diese Grenze spekulativer Philosophie mit der Grenze der Wissenschaft zu identifizieren. Denn das Eingeständnis der Unerreichbarkeit absoluten Wissens spricht für sich genommen weder dagegen, einen Erkenntnisfortschritt im Rahmen der Wissenschaft für denkbar zu halten, noch liegt darin per se die Nötigung, die Gültigkeit wissenschaftlichen Methodendenkens einzuschränken, oder die Objektivität der Wissenschaft zu bezweifeln.

Der Rekurs auf die transzendentale Funktion der Vorurteile und ihre sprachontologische Verankerung als solcher widerlegt zwar jede spekulative Philosophie; die vergleichsweise bescheidenen Ansprüche der Geisteswissenschaften berührt er indessen kaum.

Auf der anderen Seite hinge Gadamers Historismus- und Wissenschaftskritik völlig in der Luft, ergäbe sie sich nicht als notwendige Folge aus der sprachontologischen Wendung der Hermeneutik und der Lehre von der Vorurteilshaftigkeit des Verstehens. Da sowohl im Blick auf das historische Bewußtsein als auch hinsichtlich des Fortschrittsgedankens das Problem der Geschichte und Geschichtlichkeit eine Schlüsselstellung einnimmt, muß nunmehr danach gefragt werden, wie Gadamer die Dimension der Zeit in seine Analyse einbezieht und welche Konsequenzen sich daraus ableiten lassen. – Man kann die gleiche Frage im Anschluß an bereits Gesagtes auch so stellen: Welches Geschehen meint Gadamer, wenn er behauptet, das Verstehen begreife nur der angemessen, der erkannt habe, daß «das Ganze des Verstehensvollzuges selber in das Geschehen eingeht, von ihm gezeitigt wird und von ihm *durchwirkt* ist» (KS I 145; Hervorhebungen von mir, HGS).

7. Die Zeitlichkeit der Sprache als Grenze wissenschaftlicher Methodik

Die «Mitte der Sprache» zeigt sich der hermeneutischen Reflexion als der letzte Grund des Verstehens, worin menschliches Dasein sich als menschliches vollzieht. Aufgrund ihrer überindividuellen Struktur die Eingeschlossenheit des subjektiven Bewußtseins in sich selbst immer schon überwindend, ermöglicht die Sprache intersubjektive Kommunikation und eröffnet damit den Spiel-Raum des Gesprächs, innerhalb dessen sich die Dinge selbst darstellen, also «Welt» zur Erscheinung kommt. Die Konstitution von «Welt» ist deshalb ihrer Möglichkeit nach an die Sprache zurückgebunden, die ihrerseits nur im Gespräch ihr Sein verwirklichen kann. Erst in der zwischenmenschlichen Verständigung wird die Sprache, was sie ist. Da sich jedoch das Miteinander des Gesprächs nur als Nacheinander von Rede und Gegenrede zu realisieren vermag, muß die Zeit als inneres Moment der Sprache und damit als zum Sein der Dinge selbst gehörig betrachtet werden. Im Gespräch als der Seinsform der Sprache zeitigt sich das Wesen der Dinge oder, anders formuliert: das Gespräch stellt den Zeit-Raum dar, in dem die Dinge selbst an-wesen. Diesem An-wesen der Dinge entspricht infolge der in beider Sprachlichkeit gründenden Zugehörigkeit von Ding («Objekt») und Dasein («Subjekt») das «Welt»-haben des Daseins. Dessen Zeitlichkeit bildet nur die Kehrseite der Zeitlichkeit der Dinge: das In-der-Welt-sein des Daseins ist zeitlich, weil die Dinge Zeit brauchen, um zur Sprache zu kommen. Im gleichen Sinne muß von der Wahrheit gelten, daß sie ihre eigene Zeitlichkeit hat. Denn die Dinge sind nicht einfach in ihrer Unverborgenheit «da», sondern entbergen sich im Gespräch dem, der auf ihre Sprache hört[47]. So bleibt Wahrheit eingebunden in das hin- und herspielende Sprachgeschehen, das sich jeder bewußten Beherrschung entzieht und damit dem menschlichen Verfügungswillen eine Grenze setzt, die nur um den Preis möglicher Wahrheit verleugnet werden kann. In Anbetracht dessen sagen wir

«zwar, daß wir ein Gespräch ‹führen›, aber je eigentlicher ein Gespräch ist, desto weniger liegt die Führung desselben in dem Willen des einen oder anderen Partners. So ist das eigentliche Gespräch niemals das, was wir führen wollten. Vielmehr ist es im allgemeinen richtiger zu sagen, daß wir in ein Gespräch geraten, wenn nicht gar, daß wir uns in ein Gespräch verwickeln. Wie da ein Wort das andere gibt, wie das Gespräch seine Wendungen nimmt, seinen Fortgang und seinen Ausgang findet, das mag sehr wohl eine Art Führung haben, aber in dieser Führung sind Partner des Gesprächs weit weniger die Führenden als die Geführten. Was bei einem Gespräch ‹herauskommt›, weiß keiner vorher. Die Verständigung oder ihr Mißlingen ist wie ein Geschehen, das sich an uns vollzogen hat. So können wir dann sagen, daß etwas ein gutes Gespräch war, oder auch, daß es unter keinem günstigen Stern stand. All das bekundet, daß das Gespräch seinen eigenen Geist hat, und daß die Sprache, die in ihm geführt wird, ihre eigene Wahrheit in sich trägt, d. h. etwas ‹entbirgt› und heraustreten läßt, was fortan ist.» (WuM 361)

Die hermeneutische Erfahrung als Erfahrung des Gesprächs, «das wir sind», ist deshalb immer Erfahrung der Endlichkeit: nicht erst, wenn und insofern man sich mißversteht, sondern gerade auch dann, wenn Verständigung gelingt. Mit Rücksicht darauf bezeichnet Gadamer die Sprache ohne Einschränkung als «die Spur der Endlichkeit.» (WuM 433)
Zugleich aber gilt: da alles im Gespräch Gesagte sowohl auf bereits Ausgesprochenes zurück-, als auch auf noch Ungesagtes vorausweist; da sich jede Antwort auf eine ihr vorausliegende Frage bezieht und neue Fragen weckt, die wiederum beantwortet werden wollen; da jede Rede immer schon Gegenrede ist und ihrerseits Gegenrede provoziert; da all dies so ist, eignet jedem Gespräch

82

«eine innere Unendlichkeit und kein Ende. Man bricht es ab, sei es, daß genug gesagt zu sein scheint, sei es, daß nichts mehr zu sagen ist. Aber jeder solche Abbruch hat einen inneren Bezug auf die Wiederaufnahme des Gesprächs.» (KS I 99)

Auf diese Weise drückt die Sprache einerseits dem menschlichen Dasein das Siegel der Endlichkeit auf, zwingt sie dazu, das Bewußtsein zu «ver-endlichen», ohne doch selbst endlich zu sein. Von da her kann Gadamer sagen:

«In der Sprache, in der Sprachlichkeit unserer Welterfahrung, liegt die Vermittlung von Endlichem und Unendlichem, die uns als endlichen Wesen angemessen ist. Was in ihr ausgelegt ist, ist stets eine endliche Erfahrung, die gleichwohl nirgends an eine Schranke stößt, an der ein unendlich Gemeintes nur noch geahnt und nicht mehr gesagt werden kann. Ihr eigener Fortgang ist niemals begrenzt und ist doch keine fortschreitende Annäherung an einen gemeinten Sinn, sondern ist in jedem seiner Schritte beständige Repräsentation dieses Sinnes.» (KS I 68)[48]

Aus dieser in der Sprache grundgelegten Dialektik von Endlichkeit des Verstehens und Unendlichkeit des Gesprächs heraus müssen Gadamers Bedenken gegenüber Wissenschaft und historischem Bewußtsein begriffen werden.

Gegenüber dem Verdacht romantischer oder konservativer Wissenschaftsfeindlichkeit, unter den die hermeneutische Wissenschaftskritik mitunter gestellt wurde, ist daran zu erinnern, daß Gadamer keineswegs Wissenschaft rundweg ablehnt, sondern sich bemüht, ihre immanenten Beschränkungen freizulegen. Die Leitfrage, die ihn dabei bewegt, lautet:

«gibt es *innerhalb* der Wissenschaft *als solcher* eine Grenze der Objektivierbarkeit, die in dem Wesen des Urteils und der Aussagewahrheit selbst liegt.» (KS I 51; Hervorhebung von mir, HGS)

Diese unverkennbar an Heidegger geschulte Fragestellung charakterisiert nicht nur unmittelbar Gadamers Verständnis von Wissenschaft, sondern weist ineins damit den Weg, den die kritische Reflexion zu nehmen hat: sie muß «die über das Logische hinausgehende Wahrheitsbedingungen der Aussage» (KS I 53) zu Bewußtsein bringen.

«Denn die Aussage, welche Wahrheit sagen will, muß noch ganz anderen Bedingungen genügen als denen der logischen Analyse. Ihr Anspruch auf Unverborgenheit besteht nicht nur im Vorliegenlassen des Vorliegenden. Es genügt nicht, daß das, was vorliegt, in der Aussage auch vorgelegt wird. Denn das Problem ist gerade, ob alles so vorliegt, daß es in der Rede vorgelegt werden kann, und ob sich nicht dadurch, daß man vorlegt, was man vorlegen kann, die Anerkennung dessen verlegt, was gleichwohl ist und erfahren wird.» (KS I 52)

Das klingt einigermaßen kryptisch und bedarf genauerer Überlegung. Zunächst wird man annehmen dürfen, daß Gadamer der Wissenschaft die Eigenschaft zuschreibt, alles vorzulegen, was vorzulegen ist. Sodann wird wohl das, was ist und erfahren wird, dessen Anerkennung jedoch durch die Wissenschaft verlegt wird, identisch sein mit jenen «ganz anderen Bedingungen» der Aussage, die über das Logische hinausreichen. Somit ergibt sich die Frage, welches die Wahrheitsbedingungen sind, die von der Wissenschaft notwendig geleugnet, gleichwohl aber erfahren werden. Es liegt nahe, die Antwort vom Wesen der Wissenschaft her zu erwarten.

Nach allgemeiner Übereinstimmung zielt jede Wissenschaft darauf ab, «die Zufälligkeit der subjektiven Erfahrung durch objektive Erkenntnis ... zu überwinden» (KS I 51). Um dieses Ziel zu erreichen, bedienen sich die Wissenschaftler ihrer im einzelnen recht unterschiedlichen Methoden,

«Methode im neuzeitlichen Sinne ist aber bei aller Vielfältigkeit, die sie in den verschiedenen Wissenschaften haben kann, eine einheitliche. Das Erkenntnisideal, das durch den Begriff der Methode bestimmt ist, besteht darin, daß wir einen Weg des Erkennens so bewußt ausschreiten, daß es immer möglich ist, ihn nachzuschreiten. Methodos heißt Weg des Nachgehens. Immer wieder nachgehen zu können, wie man gegangen ist, das ist methodisch und zeichnet das Verfahren der Wissenschaft aus. Eben damit aber wird mit Notwendigkeit eine Einschränkung dessen vorgenommen, was überhaupt mit dem Anspruch auf Wahrheit auftreten kann.» (KS I 50)

Was dem so charakterisierten Erkenntnisideal der modernen Wissenschaft nun offensichtlich allein Genüge tun kann, sind allgemeingültige Aussagen. Die allgemeine Geltung solcher Aussagen beruht darauf, daß ihr Wahrheitsanspruch jederzeit von jedem beliebigen Subjekt überprüft werden kann. Das bedeutet jedoch: Aussagen dieser Art fehlt jeglicher Zeit-Index.

Der Objektivitätsanspruch der Wissenschaft führt somit zwangsläufig zur Leugnung bzw. Abstraktion von der Zeitlichkeit der Wahrheit. Im Sinne Gadamers besagt dies: Wissenschaft konstituiert sich als Wissenschaft, indem sie bestimmte sprachliche Äußerungen dem kommunikativen Zusammenhang des Gesprächs entreißt, innerhalb dessen einzig ihr voller Wahrheitsgehalt zur Entfaltung bzw. ins Spiel gebracht werden kann. Sie bezahlt infolgedessen die Allgemeingültigkeit ihrer Resultate mit einem Verlust an möglicher Wahrheit:

«Was es heißt, Aussagen zu machen, und wie wenig das ein Sagen dessen ist, was man meint, weiß jeder, der einmal ein Verhör – und sei es auch nur als Zeuge – durchgemacht hat. In der Aussage wird der Sinnhorizont dessen, was eigentlich zu sagen ist, mit methodischer Exaktheit verdeckt. Was übrigbleibt, ist der ‹reine› Sinn des Ausgesagten. Er ist das, was zu Protokoll geht. Er ist aber als so auf das Ausgesagte reduzierter schon immer ein entstellter Sinn.» (WuM 444)

Dessen eingedenk kann man «prinzipiell sagen: es kann keine Aussage geben, die schlechthin wahr ist» (KS I 53). Diese Behauptung mag Philosophen, die sich mittlerweile an die Rede von der Geschichtlichkeit der Wahrheit gewöhnt haben, trivial erscheinen. In bezug auf die Wissenschaft zeigt sich hier indes

«ein sachliches Verhältnis an, wodurch das, was Wissenschaft möglich macht, zugleich auch die Fruchtbarkeit wissenschaftlicher Erkenntnis hindern kann. Es geht hier um ein prinzipielles Verhältnis von Wahrheit und Unwahrheit. Dieses Verhältnis zeigt sich daran, daß das bloße Vorliegenlassen von solchem, das vorliegt, zwar wahr ist, das heißt offenlegt, wie es ist, aber immer zugleich vorzeichnet, was weiterhin überhaupt als sinnvoll gefragt und in fortschreitender Erkenntnis offengelegt werden kann. Es ist nicht möglich, immer nur in der Erkenntnis fortzuschreiten, ohne damit auch mögliche Wahrheit aus der Hand zu geben. Dabei handelt es sich keineswegs um ein quantitatives Verhältnis, als ob immer nur ein endlicher Umfang unseres Wissens von uns festgehalten werden kann. Es ist vielmehr nicht nur so, daß wir immer zugleich Wahrheit entdecken und vergessen, indem wir Wahrheit erkennen, sondern es ist so, daß wir notwendig in den Schranken unserer hermeneutischen Situation befangen sind, wenn wir nach Wahrheit fragen. Das bedeutet aber, daß wir manches, was wahr ist, gar nicht zu erkennen vermögen, weil uns, ohne daß wir es wissen, Vorurteile beschränken.» (KS I 53)[49]

Den Wissenschaften, die für sich völlige Vorurteilsfreiheit beanspruchen oder sie doch zumindest anstreben, liegen somit selbst bestimmte Vorurteile voraus und zugrunde, die auf der einen Seite wissenschaftlichen Fortschritt allererst ermöglichen, andererseits jedoch ihn zugleich auch zuinnerst begrenzen. Ein wesentlicher Aspekt des falschen Selbstverständnisses der modernen Wissenschaften, das zu korrigieren Gadamer sich vorgenommen hat, besteht nach seinem Dafürhalten eben darin, diese konstitutive Ambivalenz wissenschaftlicher Erkenntnisweise rigoros auszublenden. Daß es sich dabei weniger um bloße Unkenntnis als vielmehr um das Resultat eines Verdrängungsprozesses handelt, erhellt aus dem hartnäckigen Widerstand, welcher der hermeneutischen Reflexion vonseiten der Wissenschaftler entgegengesetzt wird. In dieser Situation, die von sich aus kaum Anhaltspunkte für eine Veränderung erkennen ließe, kommt der Hermeneutik gleichsam die List der Vernunft zu Hilfe. Denn die Tag für Tag zu-

nehmende Verwissenschaftlichung unserer Welt, deren Geschwindig-
keit ohne die Wissenschaftsgläubigkeit des modernen Menschen und
den damit verbundenen Abbau aller ihr zuwiderlaufenden Skrupel
undenkbar erscheint, produziert eine an den immer deutlicher zutage
tretenden inneren Widersprüchen dieser Entwicklung sich nährende
Skepsis:

«Wir verdanken der Wissenschaft Befreiung von vielen Vorurteilen und Desillusio-
nierung gegenüber vielen Illusionen. Immer wieder ist der Wahrheitsanspruch der
Wissenschaft der, ungeprüfte Vorurteile fraglich zu machen und auf diese Weise besser zu erkennen, was ist, als das bisher erkannt wurde. Zugleich aber ist für uns, je
weiter sich das Verfahren der Wissenschaft über alles, was ist, ausbreitet, desto zwei-
felhafter geworden, ob von den Voraussetzungen der Wissenschaften aus die Frage
nach der Wahrheit in ihrer vollen Weite überhaupt zugelassen wird. Wir fragen uns
besorgt: wie weit liegt es gerade am Verfahren der Wissenschaft, daß es so viele Fragen gibt, auf die wir Antwort wissen müssen und die sich uns doch verbietet? Sie verbietet es aber, indem sie sie diskreditiert, d. h., für sinnlos erklärt. Denn Sinn hat für
sie nur, was ihrer eigenen Methode der Wahrheitsermittlung und der Wahrheitsprü-
fung genügt.» (KS I 47)

Die Weigerung Gadamers, die Hermeneutik in geisteswissenschaftlicher Methodologie aufgehen zu lassen, entspringt also in keiner Weise
dem Eigensinn einer Elfenbeinturm-Philosophie, die sich gegenüber
den Problemen der modernen Welt in vornehmer Zurückhaltung
üben möchte. Im Gegenteil findet darin gerade sein Bemühen konse-
quenten Ausdruck, die gesellschaftliche Aufgabe der «Vernunft im
Zeitalter der Wissenschaft» wahrzunehmen. Eine Philosophie, die,
dem Druck der Verhältnisse nachgebend, sich selbst in Wissenschaftstheorie auflösen würde, hätte sich von vornherein jeder Chance
begeben, die Herrschaft der geltenden Selbstverständlichkeiten zu
brechen. Den allgemeinen «Verblendungszusammenhang» (Adorno)
zu zerstören ist eine «philosophische Methodenlehre der Wissenschaften» weder in der Lage, noch ist sie dazu nötig:

«Sie ist gewiß eine legitime Aufgabe der Philosophie. Aber die Frage, was für eine
Funktion die Philosophie als universale Bewußtmachung heute hat, wird von ihr
auch nicht beantwortet. Sie setzt vielmehr eine Antwort auf diese Frage bereits voraus. Bewußtmachen dessen, was ist, dazu gehört gewiß auch Bewußtmachen dessen,
was die Wissenschaft ist. Aber ebenso gehört dazu, sich dafür offen zu halten und
dessen eingedenk zu sein, daß nicht alles, was ist, Gegenstand der Wissenschaft ist
oder sein kann.» (KS I 177)
«Das Ergebnis unserer Betrachtung ist also nicht, daß die Wissenschaft für die Philosophie nicht gut genug wäre. Auch bedeutet es nicht, daß die Philosophie sich in den
Agnostizismus oder Irrationalismus flüchtete, wenn sie behauptet, daß nicht das Ur-

teil das eigentliche Wesen der Sprache sei. Auch ist es hier nicht auf eine Art Kultur-kritik abgesehen, als ob die Philosophie allein imstande sei, unsere Kultur wieder von dem Weg zurückzubringen, auf dem sie vorwärts gegangen ist. Das wäre ein Mißver-ständnis. Aber was ich allerdings glaube, ist, daß die Philosophie als eine solche Wal-terin des Ursprünglichen allein auch imstande ist, diesen inneren Fortgang unseres menschlichen Seins wach zu halten für sein eigenes Gesetz; und daß, wo ein solcher philosophischer Antrieb nicht mehr wirksam ist, das Treiben der Wissenschaft am Ende zu einem Betrieb werden müßte, der unendlich Nichtswürdiges zu wissen und zu praktizieren sucht.» (KS I 35)

Auch auf die Gefahr hin, daß «sie der positivistischen Abwertung der Hermeneutik damit abermals entgegenkommt» (KS I 120), darf sich deshalb die hermeneutische Reflexion nicht in dem erschöpfen,

«was sie für die Wissenschaften bedeutet. Allen modernen Wissenschaften eignet eine tiefwurzelnde Verfremdung, die sie dem natürlichen Bewußtsein zumuten und die schon im Anfangsstadium der modernen Wissenschaft durch den Begriff der Me-thode zu reflektiertem Bewußtsein gelangte. An ihr kann die hermeneutische Refle-xion nichts ändern wollen. Aber sie kann, indem sie die in den Wissenschaften jeweils leitenden Vorverständnisse transparent macht, neue Fragedimensionen freilegen und damit der methodischen Arbeit indirekt dienen. Sie kann aber darüber hinaus zu Be-wußtsein bringen, was die Methodik der Wissenschaften für ihren eigenen Fortschritt zahlt, welche Abblendungen und Abstraktionen sie zumutet, durch die sie das natür-liche Bewußtsein ratlos hinter sich läßt – das dennoch, als der Konsument der durch die Wissenschaft erlangten Inventionen und Informationen, ihnen beständig folgt.» (KS I 128)[50]

Ein Aspekt dieser Problematik wurde bereits berührt: es hatte sich ge-zeigt, daß die im Methodenideal verankerte Fixierung auf allgemein-gültige Aussagen notwendig die hermeneutische Einsicht in die Zeit-lichkeit der Wahrheit in den Hintergrund drängt. Damit leistet die Wissenschaft, so war behauptet worden, vorweg Verzicht auf mögliche Wahrheit. Grund genug sicherlich, um allen Monopolansprüchen gründlich zu mißtrauen. Trotzdem muß diese formale Problem-anzeige inhaltlich gefüllt werden, um Klarheit darüber zu gewinnen, mit welchem Recht hier von Entfremdung die Rede ist und weshalb diese in der Ratlosigkeit des natürlichen Bewußtseins gipfelt. Damit ist die Frage nach Gadamers Kritik am historischen Bewußtsein nur scheinbar beiseite gestellt. Denn auch bei diesem handelt es sich um eine Entfremdungserfahrung. Insofern bleibt die Frage im folgenden, wenn auch zunächst nur latent, stets gegenwärtig.

IV. Verstehen, Einverständnis und Vernunft

Überlegungen zum Wesen der Hermeneutik als praktischer Philosophie

1. Der technische Charakter der Wissenschaft als Grund für den Orientierungsverlust des modernen Menschen

Die großen Systemschöpfungen der europäischen Philosophie verbindet ungeachtet ihrer Vielfalt eine gemeinsame Grundidee, die der Totalität. In einer äußersten Anstrengung aller zu Gebote stehenden Denkmittel das Ganze der Wirklichkeit und seine fundamentalen Prinzipien zu erfassen: in diesem Gedanken begegnen sich Denker des Altertums, des Mittelalters und der Neuzeit. Die Ergebnisse dieser gewaltigen Vernunftarbeit enthielten daher nie nur kognitive, sondern stets auch normative und emotionale Bestandteile – ein Tatbestand, dem als erster wohl Dilthey systematisch nachspürte. In seiner klassischen Abhandlung über «Die Typen der Weltanschauung und ihre Ausbildung in den metaphysischen Systemen» von 1911[51] führt er die drei Grundtypen der Philosophie, also «Naturalismus», «Idealismus der Freiheit» und «objektiven Idealismus», die den genannten Momenten entsprechen, auf die Struktur des Seelenlebens und die daraus resultierenden Möglichkeiten der Stellungnahme zum «Lebensrätsel» zurück. – Unbeschadet der Zweifel, die gegenüber Diltheys Erklärung am Platze sein mögen, bleibt die formale Seite seines Vorgehens bemerkenswert. Zum einen nämlich setzt seine analytische Betrachtungsweise einen langen historischen Prozeß voraus, in dem die «Verschiedenheit von Erkennen, Verhaltenssteuerung und emotionaler Befriedigung» bewußt geworden ist[52]. Zum anderen jedoch – und das scheint noch bedeutsamer – besteht seine Herleitung der auf dem Wege der Vergleichung gewonnenen Weltanschauungstypen im Kern aus einer funktionalen Analyse[53]. Das hat zur Konsequenz, daß die Wahrheitsfrage als Beurteilungskriterium ausfällt und gewissermaßen die Leistungsfähigkeit der untersuchten Systeme zum Maßstab wird. Aufgrund dieser Voraussetzung kann Dilthey ganz problemlos inhaltlich recht verschiedenartige Philosophien als funktional äquivalente Lösungen des «Lebensrätsels» werten[54].
So wegweisend diese Verknüpfung von Struktur- und Funktionsanalyse nicht nur an sich, sondern gerade auch in ihrer Erprobung an Ge-

bilden des «objektiven Geistes» tatsächlich war, sie barg dennoch bereits bei Dilthey ein Problem in sich, mit dem der Funktionalismus in allen seinen Spielarten bis heute zu kämpfen hat und das nur so lange unbemerkt bleiben kann, als die untersuchten Systeme unabhängig von ihrer jeweiligen Stellung im geschichtlichen Prozeß in den Blick genommen werden. Sobald diese gravierende Beschränkung aufgehoben und die historische Dimension einbezogen wird, zeigt sich, daß nicht alle funktional äquivalenten Lösungsmöglichkeiten in gleicher Weise geschichtswirksam wurden, sondern Ab- und Auflösungsprozesse stattgefunden haben. In bezug darauf nun war Dilthey zu sehr Historiker, um nicht in aller Klarheit zu sehen, daß sich in der Neuzeit über eine bloße Entflechtung der kognitiven, normativen und emotionalen Funktionen der Weltanschauungen hinaus in Gestalt der fortschreitenden Verwissenschaftlichung der Lebenswelt gewissermaßen eine Überformung der normativen und emotionalen Komponente des «Lebens» durch die kognitive vollzog, in deren Gefolge die klassischen Weltanschauungssysteme ihrer ursprünglichen Rolle hinsichtlich der Lebensorientierung des einzelnen wie der Gesamtgesellschaft unaufhaltsam verlustig gingen. Keineswegs blind gegenüber den Folgekosten der Ausbreitung der wissenschaftlich-technischen Zivilisation blieb Dilthey gleichwohl zeitlebens von der Unumkehrbarkeit dieser Entwicklung überzeugt und hegte keine Zweifel daran, daß die Schwierigkeiten nur durch verstärkte und möglichst bewußte Anwendung wissenschaftlicher Erkenntnisse selbst bewältigt werden konnten. In diesem Kontext erwuchs nach seiner Ansicht den Gesellschaftswissenschaften eine besondere Verantwortung; und aus eben diesem Grunde war die intendierte Grundlegung der Geisteswissenschaften weder eine reine Defensivmaßnahme gegenüber der Übermacht der Naturwissenschaften, noch eine akademische Veranstaltung, sondern besaß von Anfang an eine eminent gesellschaftspolitische Zielsetzung[55]. Bereits seinem ersten erkenntnistheoretischen Werk, der «Einleitung in die Geisteswissenschaften», stellt Dilthey folgende Absichtserklärung voran:

«Diese Einleitung möchte dem Politiker und Juristen, dem Theologen und Pädagogen die Aufgabe erleichtern, die Stellung der Sätze und Regeln, welche ihn leiten, zu der umfassenden Wirklichkeit der menschlichen Gesellschaft kennen zu lernen, welcher doch, an dem Punkte, an welchem er eingreift, schließlich die Arbeit seines Lebens gewidmet ist.» (GS I 3)

Und er begründet diese umfassende und anspruchsvolle Aufgabenstellung mit dem Hinweis:

«Die Erkenntnis der Kräfte, welche in der Gesellschaft walten, der Ursachen, welche ihre Erschütterungen hervorgebracht haben, der Hilfsmittel eines gesunden Fortschrittes, die in ihr vorhanden sind, ist zu einer Lebensfrage unserer Zivilisation geworden. Daher wächst die Bedeutung der Wissenschaften von der Gesellschaft gegenüber denen der Natur.» (GS I 4)

Das bedeutet im Klartext: gemeinsam mit den Naturwissenschaften übernehmen die Geisteswissenschaften nicht allein die den philosophischen Systemen entrissene Funktion der Welterklärung, sondern darüber hinaus und gerade darin auch die der Handlungsorientierung[56].

Genau an dieser Stelle trennen sich die Wege der geisteswissenschaftlichen Hermeneutik Diltheys und philosophischen Hermeneutik Gadamers, obschon sich beide Denker im Bewußtsein der gesellschaftlichen Verantwortung der hermeneutischen Philosophie durchaus einig sind[57]. Für Gadamer stellt sich das Problem in spezifisch veränderter Form:

«Seit dem 17. Jahrhundert ist das die eigentliche Aufgabe der Philosophie geworden, diesen neuen Einsatz des menschlichen Wissen-Könnens und Machen-Könnens mit dem *Ganzen* unserer menschlichen Lebenserfahrungen zu vermitteln. Das spricht sich in vielem aus und umfaßt auch noch den Versuch, den die heutige Generation zu machen unternimmt, wenn sie das Thema der *Sprache,* die Grundvollzugsweise unseres In-der-Welt-Seins, die *alles* umgreifende Form der Welt*konstitution*, in den Mittelpunkt der Philosophie rückt. Wir haben dabei immer die in den *sprachlosen* Zeichen *erstarrende Aussage* der Wissenschaften im Auge und die Aufgabe der Rückbindung der durch sie verfügbar gemachten und in unsere *Willkür* gestellten gegenständlichen Welt, die wir Technik nennen, an die unwillkürlichen und nicht mehr von uns zu machenden, sondern zu ehrenden Grundordnungen unseres Seins.» (KS I 101; Hervorhebungen von mir, HGS)

Unverkennbar erneuert somit die philosophische Hermeneutik den Anspruch der klassischen Metaphysik: gegen die Partikularität wissenschaftlicher Erkenntnis setzt sie «das Ganze unserer menschlichen Lebenserfahrungen» und die Sprache als die «alles umgreifende Form der Weltkonstitution»; angesichts der «Willkür», sprich: absoluten Orientierungslosigkeit, der Technik erinnert sie an die «Grundordnungen unseres Seins». – Gerade diese letzte Formulierung könnte freilich mißverstanden werden: als ginge es Gadamer darum, inmitten des alles entwurzelnden Wirbels der Entwicklung der wissenschaftlich-technischen Welt in typisch konservativer Manier wiederum ein Gefüge unveränderlicher Prinzipien installieren zu wollen. In Wirklichkeit jedoch richtet sich seine Kritik gegen die drohende Sprachlosigkeit des Menschen, der sich selbst in den monologischen Sprachsystemen der Wissenschaft nicht zu erfassen vermag und notwendig seine Identität verliert[58]. So birgt die Wissenschaft für den Menschen die Gefahr in sich, ihn in einer Weise sich selbst zu entfremden, die weitaus tiefer ansetzt als die von Marx und Freud analysierten Deformationen des Bewußtseins[59]. In Anbetracht dieser Situation wäre der Appell, sich auf die Grundordnung des menschlichen Daseins zu besinnen und des Ganzen eingedenk zu bleiben, ein ebenso hilf- wie sinnloses Unterfangen, läge nicht die Bestimmung des Menschen, die Ordnung seines Seins, eben darin, «Gespräch» zu sein. Hermeneutisch verstanden besteht die Rückbindung der Wissenschaft und der Technik an die Grundordnungen des Seins in nichts anderem, als sie wieder einzuholen in den Raum zwischenmenschlicher Verständigung:

«Mit der Thematisierung der Sprache, die unlösbar zur menschlichen Lebenswelt gehört, scheint sich eine neue Grundlage für die alte Frage der Metaphysik nach dem Ganzen zu bieten. Sprache ist in diesem Zusammenhang nicht ein bloßes Instrument oder eine ausgezeichnete Ausstattung, die dem Menschen zukommt, sondern das Medium, in dem wir als gesellschaftliche Wesen von Anbeginn leben und das Ganze offenhält, in das wir hineinleben. Orientierung auf das Ganze – so etwas liegt in Sprache freilich nicht, solange es sich um die monologischen Sprechweisen wissenschaftlicher Bezeichnungssysteme handelt, die sich ganz und gar von dem jeweils zu bezeichnenden Forschungsbereich her bestimmen. Überall dort aber kommt Sprache als Orientierung auf das Ganze ins Spiel, wo wirklich gesprochen wird, das heißt, wo das Zueinander zweier Sprecher, die ins Gespräch geraten, die ‹Sache› umkreist. Denn überall, wo Kommunikation geschieht, wird nicht nur Sprache gebraucht, sondern bildet sich Sprache. Daher kann sich Philosophie von den Sprachen führen lassen, wenn sie ihrem Hinausfragen über alle wissenschaftlich objektivierbaren Gegenstandsbereiche nach dem ‹Ganzen› Führung geben will – und sie hat es immer schon getan, von den hinführenden Reden des Sokrates an und jener ‹dialektischen› Orientierung an den logoi, an denen Plato und Aristoteles in gleicher Weise für ihre gedankliche Analyse gleichsam Maß nehmen.» (VZW 10/11)

Das «Ursprüngliche», als dessen «Walterin» die philosophische Hermeneutik auftritt, um die Wissenschaft vor dem Wissen-wollen des «unendlich Nichtswürdigen» und dogmatischem Mißbrauch zu bewahren, ist demnach das Sein der Sprache, begriffen als das ontologische Prius aller Wissenschaft. Gemessen daran erweist «sich der Objektivitätsbegriff der Wissenschaft ontologisch als ein derivierter

Modus des menschlichen Daseins und seiner Weltangewiesenheit»
(VZW 140). Indessen wäre es absolut verfehlt, in der Vorordnung kon-
kreter zwischenmenschlicher Kommunikation vor der wissenschaftlichen Erkenntnis eine Abwertung dieser Erkenntnis zu sehen: «Nur
Narren können in solcher ontologischer Derivation eine Minderung
der Bedeutung oder der Rechtmäßigkeit der Wissenschaft sehen.»
(VZW 140)
Umgekehrt freilich bedeutet es für Gadamer einen folgenschweren
Irrtum, wenn, wie gerade auch bei Dilthey, diese Differenz nicht
wahrgenommen oder gar geleugnet wird. Die Orientierungslosigkeit
des modernen Menschen und die Willkür der Technikanwendung
durch die Wissenschaft selbst überwinden zu wollen, ist grundsätzlich
unmöglich, denn das

«Problem unserer Zivilisation und der Nöte, die ihre Technisierung uns bereitet, ist
nicht etwa darin gelegen, daß es an der rechten Zwischeninstanz zwischen der Erkenntnis der Wissenschaft und der praktischen Anwendung fehle. Gerade die Erkenntnisweise der Wissenschaft selber ist so, daß sie eine solche Zwischeninstanz unmöglich macht. Sie ist selber Technik.» (KS I 50)[60]

Jeder Versuch, im Sinne Diltheys die Krise der modernen Gesellschaft meistern zu wollen durch verstärkten Einsatz wissenschaftlicher
Forschung, um dadurch den Gesetzmäßigkeiten der gesellschaftlichen
Entwicklung auf die Spur zu kommen und vermittels solcher Erkenntnisse den Gang der Dinge kontrollieren und steuern zu können, muß
daher mit unerbittlicher Konsequenz diese Krise noch verschärfen:

«Es scheint mir verhängnisvoll, wenn der moderne Wissenschaftsgedanke seinerseits
sich immer nur in seinem eigenen Kreise dreht, d. h. immer nur die Methoden und
Möglichkeiten der wissenschaftlichen Beherrschung der Dinge im Auge hat – als ob
es jene Unproportioniertheit zwischen dem so erwerbbaren Reich der Mittel und
Möglichkeiten und den *Normen* und *Zwecken* des Lebens gar nicht gäbe. Eben das
erscheint als die immanente Tendenz des Wissenschaftsgedankens selber: Die Frage
nach den Zwecken durch die steigende Fortschrittstendenz in der Besorgung und
«Beherrschung» der Mittel gleichsam überflüssig zu machen und dadurch in die tiefste Unwissenheit zu stürzen.» (KS I 165; Hervorhebungen von mir, HGS)

Damit läßt sich der innere Zwiespalt, an dem die moderne Gesellschaft leidet, präzis benennen: es handelt sich um den Widerspruch
zwischen der ins Ungeheure gewachsenen technischen Verfügungsgewalt des Menschen und der Ratlosigkeit bezüglich der Zwecke, denen
sie dienstbar gemacht werden soll; die sich ständig steigernde Diskrepanz zwischen technischem und praktischem Wissen, dem Wissen um

die Normen, an denen die Anwendung des technischen Wissens auszurichten ist. Der einzige Ausweg aus diesem Dilemma kann demnach nur darin bestehen, das Erkenntnismonopol der Wissenschaft zu durchbrechen und nach der Möglichkeit einer Erkenntnis zu fragen, die sich am Ganzen menschlicher Lebenswirklichkeit orientiert und so die unabdingbare Partikularität methodisch gewonnenen Wissens sprengt. Mit anderen Worten: es stellt sich die Aufgabe, das Verhältnis von «Wahrheit und Methode» zu klären. Ihr hat sich die philosophische Hermeneutik verschrieben, allerdings nicht zum Zwecke «provokative(r) Enttäuschung»[61], sondern im Sinne einer allerdings notwendigen Ergänzung. Philosophie (Hermeneutik) und Wissenschaft sollen nicht im entferntesten gegeneinander ausgespielt werden, vielmehr gilt es ihr «Verhältnis in seiner vollen Gegensätzlichkeit *positiv* denken (zu) lernen» (VZW 29; Hervorhebung von mir, HGS). In diesem Sinne begreift es Gadamer als das zentrale Anliegen und «Wahrheit und Methode»,

«Erfahrung von Wahrheit, die den Kontrollbereich wissenschaftlicher Methodik *übersteigt*, überall aufzusuchen, wo sie begegnet und auf ihre eigene Legitimation zu befragen.» (WuM XXV; Hervorhebung von mir, HGS)

Es bleibt die Frage: «Was ist das für eine Erkenntnis und was für eine Wahrheit?» (WuM XXV). Die Antwort darauf fällt nach dem Gesagten nicht schwer: es geht um das Verstehen und um praktisches Wissen. Aber wie läßt sich das Verstehen als Erkenntnis legitimieren? Worin gründet die normative Kraft des durch das Verstehen zugänglichen Wissens? Wie verhält sich das Verstehen als nicht-methodische Erkenntnisform zum methodischen Charakter der Geisteswissenschaften? Um diese Probleme kreisen die folgenden Überlegungen. Daß dabei noch einmal eine Reihe von bereits behandelten Themen ins Spiel gebracht werden müssen, mag ihren Zusammenhang und die innere Logik der Theorie Gadamers verdeutlichen. Denn an ihr hat alle systematische Kritik ihren Maßstab und Gegenstand zugleich.

2. Der Monologismus der Wissenschaft im Verhältnis zur dialogisch konstituierten Lebenswelt

Neuzeitliche Philosophie und moderne Wissenschaft verbindet in Gadamers Augen trotz aller unleugbaren Differenzen doch eine fundamentale Gemeinsamkeit: sie stimmen nämlich darin überein, den

allgemeinen Geltungsanspruch an die Bedingung der Voraussetzungslosigkeit zu knüpfen. Obgleich die Wissenschaft mit dem Systemden-
ken vor allem des Deutschen Idealismus entschieden bricht, bleibt sie
doch dem Methoden- und Gewißheitsideal des Descartes verpflichtet.
Der darin zum Ausdruck kommende Wunsch nach einer letzten Sicherheit entspringt jedoch letzten Endes dem Verfügungswillen des
Subjekts, der demzufolge die Konstante in dem Umwälzungsprozeß
bildet, in dessen Verlauf die Philosophie, sofern sie einen eigenständigen kognitiven Anspruch anmeldete, durch die Wissenschaft gleichsam zur Abdankung gezwungen und auf wissenschaftstheoretische
Reflexion eingeschränkt wird. Diese Monopolisierung der Wis-
sensproduktion in den Händen der Wissenschaft entzieht dem modernen Menschen nicht nur jede Möglichkeit der Orientierung am Ganzen seiner Lebenswirklichkeit, führt nicht nur zu einer Partikularisie-
rung der Erkenntnis, deren innerer Zusammenhang immer rätselhaf-
ter wird, sie zieht darüber hinaus eine fortschreitende Irrationalisie-
rung der Anwendung und Verwertung des methodisch gesicherten
Wissens selbst nach sich. Denn aufgrund der Fixierung auf das Methodenideal wird gerade auch jene Quelle verschüttet, aus welcher der
Mensch allein die Erkenntnis schöpfen kann, die er braucht, um zu
wissen, wie er handeln soll.

«Das, was vernünftig ist, anzuerkennen, mag schwer sein, solange die eigenen Interessen einen blind auf das Nächste fixieren, aber wo offenbare Unvernunft begegnet,
vereinigen sich die Menschen gleichwohl. Alles kommt darauf an, das Unvernünftige
als solches klar zu machen. Gelingt das, dann entwickelt die Vernunft eine unwider-
stehliche Macht, wo immer sie zu Worte kommt. Freilich: was sind die Bedingungen,
unter denen sie ihre Macht zu entfalten vermag? Wo sind sie anzutreffen? Wie sind
sie herbeizuführen? Hier scheint sich der Knoten zu schürzen.»[62]

«Das Unvernünftige als solches klar zu machen» – das kann vor dem
Hintergrund der Krise der wissenschaftlich-technisch geprägten Welt
nur heißen: die methodengebundene und -fixierte Rationalität der
Wissenschaft, die sich selbst absolut gesetzt hat, als bloß partikulare
sichtbar zu machen und zwar so, daß sich ihre Begrenztheit als eine in
der Wissenschaft selbst liegende zeigt.

«Philosophisch stellt sich die Frage so: kann man und in welchem Sinn und auf welche Weise hinter das in den Wissenschaften thematisierte Wissen zurückgreifen? Daß
die praktische Lebenserfahrung eines jeden von uns diesen Rückgriff ständig vollzieht, bedarf keiner Betonung. . . . Die Grenze der Objektivierbarkeit, an die die *Aussage* ihrer logischen Form nach gebunden ist, wird von uns allen je und je überschritten.» (KS I 51; Hervorhebung von mir, HGS)

94

Um zu verstehen, worauf Gadamer mit dieser Fragestellung hinaus will, genügt es zunächst, an bereits Bekanntes zu erinnern. Danach hängen Objektivität und Aussage insofern miteinander zusammen, als eine Aussage nur dann als objektive gelten darf, wenn sie methodisch verifiziert werden kann. Infolgedessen, so hatte sich ergeben, ist die objektive Aussage durch eine eigentümliche Raum-Zeit-losigkeit charakterisiert[63]. Bereits ihrer logischen Form nach wird in der Aussage von der ursprünglichen Zeitlichkeit der Wahrheit abstrahiert. Von allen situationellen Bezügen gereinigt, erscheint die Aussage als ein auf seinen reinen Sachbezug reduziertes Sprachgebilde, das sich zwar mit gleichartigen Sprachgebilden zu logisch konsistenten Systemen verknüpfen läßt, das aber zur zwischenmenschlichen Verständigung nicht mehr taugt. In Abwandlung des berühmten Wortes von Heidegger, die Wissenschaft denke nicht, läßt sich daher auch sagen: die Wissenschaft spricht nicht. So liegt in der Aussage-Form selbst der tiefste Grund für den monologischen Charakter wissenschaftlicher Sprechweisen[64].

Herausgelöst aus der Bewegung des Gesprächs stellen Aussagen – in des Ausdrucks wörtlicher Bedeutung – Wahrheit fest. Jene andere Wahrheit, auf die im praktischen Lebensvollzug je und je zurückgegriffen wird, muß demnach so geartet sein, daß sie sich solcher Fest-Stellung gerade verweigert. Positiv gewendet: es muß sich um eine Art von Wahrheit handeln, die sich nur im Gespräch erschließt. – Zugleich ergibt sich, daß die Sache, von der in solchem Gespräch die Rede ist, kein Gegenstand im Sinne der Wissenschaft sein kann. Daraus zu schließen, es gäbe ‹neben› oder ‹hinter› der Objekt-Welt der Wissenschaft noch eine andere, aus mysteriösen «Sachen» bestehende Welt, wäre freilich völlig verfehlt. Denn die Sache, die, vermittelt durch Rede und Gegenrede, im Gespräch ins Wort kommt, ist ja die Welt des Menschen selbst. Lebenswelt als das im Zeit-Raum des Gesprächs sich Erschließende und immer schon Erschlossene liegt der Objekt-Welt der Wissenschaft ontologisch voraus. Aufgrund dieses ontologischen Vorordnungsverhältnisses, das die Lebenswelt als das gegenüber der Objekt-Welt der Wissenschaft Ursprünglichere ausweist, bleibt sie wesensgemäß dem methodischen Zugriff der Wissenschaft entzogen. Deshalb ist das von der Wissenschaft Erkannte gerade nicht die Welt in ihrem An-sich-Sein, sondern lediglich das an ihr Feststellbare bzw. Festgestellte: das «Gestell» (Heidegger), das als solches dem Menschen als Gegenstand gegenüber und zur Verfügung steht. «Welt» aber meint jenes Umgreifende, in dem Dasein sich vollzieht und das insofern «überhaupt nicht den Charakter der Gegenständlichkeit hat und als das umfassende Ganze, das sie ist, niemals in der Erfahrung gegeben sein kann» (WuM 428).

«Halten wir das fest, so werden wir die Sachlichkeit der Sprache mit der *Objektivität der Wissenschaft* nicht länger verwechseln. Die Distanz, die in dem sprachlichen Weltverhältnis liegt, bewirkt nicht als solche schon jene Objektivität, die die Naturwissenschaften durch Eliminierung der subjektiven Elemente des Erkennens zustande bringen. Die Distanz und die Sachlichkeit der Sprache ist gewiß auch eine echte Leistung, die sich nicht von selber macht. Wir wissen, was für die Bewältigung einer Erfahrung ihre sprachliche Erfassung leistet. Es ist, als ob ihre drohende und erschlagende Unmittelbarkeit in die Ferne gerückt, in Proportionen gebracht, mitteilbar gemacht und damit gebannt würde. Solche Bewältigung der Erfahrung ist aber offenbar etwas anderes als die Bearbeitung derselben durch die Wissenschaft, die sie objektiviert und zu beliebigen Zwecken zur Verfügung stellt. Wenn der Naturforscher die Gesetzlichkeit eines Naturprozesses erkannt hat, so hat er ihn in die Hand bekommen. Davon ist in der natürlichen Welterfahrung, die sprachlich durchdrungen wird, keine Rede. Sprechen bedeutet keineswegs Verfügbar- und Berechenbarmachen. Nicht nur, daß die Aussage und das Urteil eine bloße Sonderform innerhalb der Mannigfaltigkeit sprachlichen Verhaltens ist – sie bleibt selber in das Lebensverhalten verwoben. Die objektivierende Wissenschaft erfährt infolgedessen die sprachliche Geformtheit der natürlichen Welterfahrung als eine Quelle von Vorurteilen.» (WuM 429; Hervorhebung im Original, HGS)

Das Wissen, auf welches jeder Mensch, die Grenze der Objektivierbarkeit je und je überschreitend, in seiner praktischen Lebenserfahrung beständig zurückgreift, ist «das in der Sprache niedergelegte Verständnis unserer Lebenswelt», das sich nie «durch die Erkenntnismöglichkeiten der Wissenschaft voll ablösen» läßt (VZW 20). Somit handelt es sich bei der nicht methodisch erfaßbaren Wahrheit um eben die Wahrheit, die durch das von der Wissenschaft praktizierte Vorliegenlassen dessen, was vorgelegt werden kann, verlegt wird, also nicht eigentlich um eine «andere» Wahrheit als die von der Wissenschaft festgestellte, sondern eher um die «volle» Wahrheit, die sich allerdings nur erschließt, wenn die in ihrer Raum-Zeit-Losigkeit erstarrten Aussagen zurückversetzt werden in das Frage-Antwort-Spiel zwischenmenschlicher Kommunikation. Denn:

Es gibt keine Aussage, die man allein auf den *Inhalt* hin, den sie vorlegt, auffassen kann, wenn man sie in ihrer *Wahrheit* erfassen will. Jede Aussage ist *motiviert*. Jede Aussage hat *Voraussetzungen*, die sie nicht aussagt. Nur wer diese Voraussetzungen mitdenkt, kann die Wahrheit einer Aussage wirklich ermessen. Nun behaupte ich: die letzte logische Form solcher *Motivation* jeder Aussage ist die *Frage*. Nicht das Urteil, sondern die Frage hat in der Logik den Primat, wie auch der platonische Dialog und der dialektische Ursprung der griechischen Logik geschichtlich bezeugen. Der Primat der Frage gegenüber der Aussage bedeutet aber, daß die Aussage wesenhaft *Antwort* ist. Es gibt keine Aussage, die nicht *eine Art* Antwort darstellt. Daher gibt es kein Verstehen irgendeiner Aussage, das nicht aus dem *Verständnis* der Frage, auf die sie antwortet, ihren *alleinigen Maßstab* gewinnt. ... Wenn jemand eine *Behauptung* aufstellt, die man nicht *versteht,* dann sucht man sich klarzumachen, wie er dazu kommt, welche Frage er sich gestellt hat, auf die seine *Aussage* eine Antwort ist. Und wenn es eine Aussage ist, die *wahr* sein soll, so muß man es selber mit der Frage versuchen, auf die sie eine Antwort sein will.» (KS I 54; Hervorhebungen von mir, HGS)

Es bestätigt sich somit zunächst einmal die vorwegnehmend getroffene Feststellung, daß mit jener umfassenderen Erkenntnis, die sich auf die den Kontrollbereich wissenschaftlicher Methodik übersteigende Wahrheit richtet, in der Tat das Verstehen gemeint war. Verstehen umgreift notwendig die methodischen Erkenntnisbemühungen der Wissenschaft, weil und insofern es kein zielgerichtetes Verhalten des Subjekts, sondern die Art und Weise ist, in der das Dasein sein In-der-Welt-sein vollzieht: Verstehend ent-spricht das Dasein der sich ihm zusprechenden Welt.

Diese Bestimmung des Verstehens wurde als solche bereits in früherem Zusammenhang eingeführt, als es darum ging, Gadamers Kritik an den methodologischen Mißverständnissen seines Entwurfes zu erläutern. Sie erfährt nunmehr eine entscheidende Präzisierung, die besagt: das Verstehen vollzieht sich als Gespräch.

Entscheidend ist diese Ergänzung, die sich nahtlos aus dem Vorangegangenen ergibt, in mehrfacher Hinsicht. Zunächst einmal wird erst durch sie der Grund sichtbar, aus dem Gadamer am Geschehenscharakter des Verstehens so viel liegen muß: wenn ein Gespräch als Geschehen aufzufassen ist und das Verstehen die Vollzugsform eines Gesprächs aufweist, dann handelt es sich logischerweise auch beim Verstehen um ein Geschehen. Daraus folgt jedoch weiter, daß das Verstehen letzten Endes als Tun der Sache selbst und somit als Wahrheitsgeschehen, das dem Interpreten von Texten oder Ereignissen geschieht, verstanden werden muß. Von hier aus wird einsichtig, weshalb für Gadamer die Frage «Wie ist Verstehen möglich?» (WuM XVI) zusammenfällt mit der Frage danach, «was über unser Wollen und Tun hinaus mit uns geschieht» (ebda. XVII). – Daß sich auf diese Weise der Verstehensvorgang gegenüber dem landläufigen Verständnis genau umkehrt, soll hier nur angedeutet werden, an späterer Stelle wird darauf noch näher einzugehen sein. Im folgenden Kapitel soll geklärt werden, welche Konsequenzen sich aus dem dialogischen Charakter des Verstehens im Hinblick auf das Problem der Methode einer-, sowie der Dialektik andererseits ergeben. Dabei wird nicht nur die Besonderheit der Geisteswissenschaften deutlicher hervortreten, sondern zugleich klar werden, worin ihre praktische Bedeutung wurzelt.

3. Das Verhältnis von Methode, Dialektik, Dialog und praktischer Vernunft

Eine Philosophie, die es angesichts der Krisenerscheinungen der modernen Gesellschaft in vollstem Bewußtsein ihrer politischen Verantwortung als ihre vordringlichste Aufgabe ansieht, die «Rehabilitierung der Vorurteile» in die Wege zu leiten, zieht zwangsläufig den Verdacht auf sich, hoffnungslos reaktionär zu sein[65]. Um so erstaunlicher ist die Tatsache, daß Gadamer offenkundig zu keinem Zeitpunkt sich veranlaßt sah, diesem naheliegenden Vorwurf ernsthaft entgegenzutreten. Daraus wird man schließen müssen, daß ihm jegliches Verständnis für derartige Gedankengänge abgeht. Der Grund dafür dürfte in Anbetracht seiner Auffassung vom Wesen des Verstehens unschwer zu erkennen sein: Wenn nämlich das Verstehen sich tatsächlich in seinem Vollzug als Gespräch beschreiben läßt, dann bedarf in der Folge auch der Begriff des Vorurteils einer genaueren Bestimmung. Denn soll die ursprüngliche Charakterisierung der Vorurteile als Bedingungen der Möglichkeit von Verstehen überhaupt ungeachtet der Erweiterung des Verstehensbegriffes im Sinne des Gesprächs-Modells Gültigkeit behalten, so muß notwendig die These von der transzendentalen Funktion der Vorurteile innerhalb dieses neuen konzeptionellen Rahmens reformuliert werden. Dies kann nur gelingen, wenn man annimmt, daß jedes Vorurteil die logische Form der Frage hat. Transzendentalität der Vorurteile meint mithin in Wirklichkeit: «*Vorgängigkeit der Frage* für alles sacherschließende Erkennen und Reden» (WuM 345; Hervorhebung im Original, HSG). Denn: «Ein Reden, das eine Sache aufschließen soll, bedarf des Aufbrechens der Sache durch die Frage.» (ebda.)
Die Mißverständnisse geradezu herausfordernde Formulierung von der «Rehabilitierung der Vorurteile» bedeutet demnach nichts anderes als: Anerkennung des hermeneutischen Vorgangs der Frage. Fragen jedoch ist für Gadamer ein eminent kritischer Akt. Denn jede echte Frage stellt die allgemein geltenden Selbstverständlichkeiten in Frage:

98

«Fragen heißt Offenlegen und ins Offene stellen. Gegen die Festigkeit der Meinungen bringt das Fragen die Sache mit ihren Möglichkeiten in die Schwebe. Wer die ‹Kunst› des Fragens besitzt, ist einer, der sich gegen das Niedergehaltenwerden des Fragens durch die herrschende Meinung zu wehren weiß.» (WuM 349)

Dem Wissen des Nicht-Wissens entspringend, zerstört das Fragen die Selbstsicherheit dessen, der schon alles zu wissen glaubt und deshalb keiner Erfahrung mehr zugänglich ist. Denn man «macht keine Erfahrungen ohne die Aktivität des Fragens» (WuM 344). Dieser kritischen Funktion des Fragens eingedenk hat das hermeneutische Bewußtsein «seine eigentliche Wirksamkeit immer darin, daß man das Fragwürdige zu sehen vermag» (KS I 109)[66]. Und eben dies macht seine Überlegenheit gegenüber dem Methodendenken der Wissenschaft aus, denn eine «Methode, fragen zu lernen, das Fragwürdige sehen zu lernen, gibt es nicht». (WuM 348)[67]

Weil Methodik als solche «überhaupt noch nicht für die Produktivität ihrer Anwendung» garantiert, führt die positivistisch geforderte und geförderte Ausblendung der hermeneutischen Dimension wissenschaftlicher Arbeit notwendig in

«die methodische Sterilität, d. h. die Anwendung der Methodik auf etwas Nichts-Würdiges, auf etwas, was gar nicht aus einer echten Fragestellung heraus zum Gegenstand von Forschung gemacht wird.» (KS I 107/108)

Hermeneutisch gesehen ist deshalb weniger methodisches Vorgehen, sondern Phantasie

«die entscheidende Aufgabe für den Forscher. Phantasie meint hier natürlich nicht ein vages Vermögen, sich allerhand einzubilden. Phantasie steht vielmehr in hermeneutischer Funktion und dient dem Sinn für das Fragwürdige, dem Freilegen-Können von wirklichen, produktiven Fragen, was im allgemeinen nur dem gelingt, der alle Methoden seiner Wissenschaft beherrscht.» (KS I 108)

Den «Sinn für das Fragwürdige» wachhaltend, widersetzt sich das hermeneutische Bewußtsein dem Leerlauf der Methode ebenso wie jeder dogmatischen Besserwisserei. Ihm eignet eine grundsätzliche Offenheit für neue Erfahrung, die das gerade Gegenteil der Erfahrungsfeindlichkeit aller Dogmatismen darstellt. Gleichwohl nähert sich die hermeneutische Erfahrung nicht jenem von Hegel angestrebten Zustand absoluten Wissens, in dem alles Fragen zur Ruhe und alle Erfahrung zu Ende gekommen ist. Denn ihr Fortgang folgt nicht, wie Hegel meinte, dem Schema von These, Antithese und Synthese, in welcher dann jeweils eine höhere Gestalt des Wissens erreicht wird, sondern untersteht «der lebendigen Führung» des Gesprächs, «das eine vermeintliche Wissensvorstellung nach der anderen überwindet, indem es sich schrittweise fragend und antwortend Einverständnis verschafft.»[68]

Zwischen der formalen Logik, dem gegen alle Inhalte gleichgültigen Mechanismus korrekten Schließens, und der dialektischen Logik Hegels als der stetig fortschreitenden Selbst-Bestimmung des Begriffs kommt so die hermeneutische Logik zu stehen, die in der sokratisch-platonischen Dialektik als der «Kunst des Fragens zu bewußter Handhabung erhoben ist»[69]. Diese Form der Dialektik

«lebt aus der Kraft dialogischer Verständigung, aus dem verstehenden Mitgehen des anderen und ist in jedem Schritt ihres Ganges getragen von der Vergewisserung über die Zustimmung des Partners.»[70]

Erneut tritt im Vergleich dazu der zutiefst monologische Charakter der (aristotelischen) Wissenschaft zutage. Denn diese läßt sich geradezu definieren «durch ihre Unbedürftigkeit aller ausdrücklichen Zustimmung des Partners»[71]. Aber auch Hegels Dialektik enthüllt sich von da her als «ein Monolog des Denkens, der vorgängig leisten möchte, was in jedem echten Gespräch nach und nach reift» (WuM 351). Die dialektische Methode Hegels erzeugt lediglich einen dialogischen Schein, der gleichwohl über lange Zeit hinweg die Tatsache verschleierte, daß seinem «logischen Panmethodismus»[72] dieselbe irrige, weil einseitig am Urteil orientierte Sprachtheorie zugrundelag, die, schon «die Logos-Nus-Metaphysik der platonisch-aristotelischen Tradition» bestimmend, durch Descartes' Vermittlung in das Methodenideal der neuzeitlichen Wissenschaft einging. Unter dieser Perspektive erscheint Hegels Philosophie in der Tat

«als die konsequente Vollendung eines von weither kommenden Denkweges, ein Ende, in dem philosophische Folgegestalten, wie sie Marx oder der logische Positivismus darstellen, vorgezeichnet sind.»[73]

Aus welchem Grund Gadamer die Fortsetzung dieses Denkweges, gleichgültig in welcher Gestalt, für einen in der Ausweglosigkeit endenden Irrweg hält und was ihn zu der Forderung bewegt, Dialektik (im Sinne Hegels) müsse sich in Hermeneutik zurücknehmen, braucht nicht noch einmal erläutert zu werden. Seine Gegenstrategie jedenfalls läuft darauf hinaus, die dieser Entwicklung vorausliegenden sprachphilosophischen Prämissen einer prinzipiellen Kritik zu unterziehen und dem aus diesen Prämissen resultierenden geheimen oder

100

offenen Monologismus allen Methodendenkens gegenüber die ursprünglichere Wirklichkeit des Gesprächs zur Geltung zu bringen. In
diesem Gespräch, also im vorwissenschaftlichen und vortheoretischen
Raum umgangssprachlicher Kommunikation, hat die hermeneutische
Erfahrung ihren Ort.

Nun «lehrt» auch das Verstehen, wie jede Erfahrung, «Wirkliches anzuerkennen» (WuM 339). Insofern ist Verstehen zweifellos ein Erkenntnisvorgang, denn «Erkennen, was ist, ist so das eigentliche Ergebnis aller Erfahrung, wie alles Wissenwollens überhaupt» (ebda.).
Gleichwohl steht das Verstehen in einem eigentümlichen Verhältnis
zum Wissen, das zwangsläufig verkannt wird, sobald das Verstehen in
Analogie zum Prozeß wissenschaftlicher Forschung begriffen wird.
Denn was im Begriff der Forschung gedacht ist, «das Aufspüren von
Neuem, noch nie Erkanntem, die Bahnung eines sicheren, von allen
nachkontrollierbaren Weges zu diesen neuen Wahrheiten» (KS I 40),
all dies trifft für das Verstehen nicht zu[74] und zwar nicht allein schon
deswegen nicht, weil das dem Verstehen entsprechende Wissen sich –
wie schon gezeigt – jedem methodischen Zugriff aufgrund der inneren
Grenze von Methodik überhaupt entzieht, sondern mehr noch, weil in
der umgangssprachlichen Verständigung, anders als in der Wissenschaft, kein neues Wissen erworben wird. Vielmehr bildet umgekehrt
das in der Umgangssprache sedimentierte Wissen die notwendige
Voraussetzung des Verstehens: es wird im Vollzug des Sprechens
«naiv» in Anspruch genommen, nicht gewonnen, sondern lediglich
aktualisiert. In und mit jeder Äußerung bringt der umgangssprachliche Sprecher jenes Wissen in das Gespräch ein, das ihm zugleich mit
dem Spracherwerb übermittelt wurde und das er in diesem Sinne
ebensogut immer schon «hat», wie er es immer schon mit den übrigen
Mitgliedern der Sprachgemeinschaft, der er angehört, teilt.

So hat denn auch das Verstehen keinen «Gegenstand», an dem es er-
kennend Maß nimmt und der die Willkür der Verstehenden ein-
schränkt. Der Widerstand, an dem sich die subjektive Beliebigkeit des
Meinens bricht, entspringt in Wahrheit der vorgängigen Intersubjektivität des «lebensweltlichen» Wissens, auf dessen Grundlage die Menschen sich verständigen und mit dessen Hilfe sie sich in ihrer Welt zu-
rechtfinden und orientieren.

Es ist besonders im Blick auf die hermeneutische Kritik an der neuzeitlichen Reflexionsphilosophie entscheidend, sich die wesentlich
vorbewußte Natur dieses Wissens zu vergegenwärtigen. Denn aufgrund der «abgründigen Unbewußtheit» der Sprache, in die es einge-

bettet ist, handelt es sich notwendigerweise bei dem die Menschen in ihrem täglichen Umgang verbindenden «Alltagswissen» um ein Wissen, das zwar ständig in Gebrauch ist, jedoch nicht als Wissen gewußt wird. Diese für das Alltagswissen konstitutive Irreflexivität bedeutet geltungstheoretisch nichts anderes, als daß der mit jedem Wissen verknüpfte Geltungsanspruch im Falle des Alltagswissens immer schon anerkannt ist und sein muß, weil dieses nur als solchermaßen unproblematisch akzeptiertes Verständigung zu ermöglichen und seine Orientierungsfunktion zu erfüllen vermag[75]. Dem widerspricht das häufige Vorkommen von Mißverständnissen in keinster Weise. Auch Mißverstehen setzt nämlich ein gewisses Maß an Gemeinsamkeit oder, mit Gadamer formuliert, «so etwas wie ein ‹tragendes Einverständnis› voraus» (KS I 104), selbst «wenn wir dieses Tragenden uns nur selten bewußt werden» (KS I 105). Daher bestätigt sich im Gegenteil gerade am Problem des Mißverstehens,

«daß soziale Gemeinschaft bei allen Spannungen und Störungen immer wieder auf ein soziales Einverständnis zurückführt, durch das sie existiert.» (KS I 129/130)

Die Problematisierung dieses gemeinschaftstiftenden Einverständnisses kann also immer nur eine partielle sein, soll sie nicht zur Unmöglichkeit von Verständigung überhaupt führen. Insofern besagt seine Fraglichkeit im Normalfall, d. h. von pathologischen Grenzfällen abgesehen, lediglich, daß auf der Basis eines gemeinsamen Wissens eine Frage aufgetaucht ist. Die schon erwähnte, jeder Frage innewohnende Dialektik von Wissen und Nicht-Wissen bringt diese Abhängigkeit des Fragens von solchem Basis-Wissen nur auf eine knappe Formel. In ihr ist festgehalten, daß, obgleich der Fragende die seiner Antwort entsprechende Antwort natürlich nicht kennt, er doch in gewissem Sinne «weiß», wonach er fragt. Nur so ist zu erklären, weshalb ihm aus einer Vielzahl möglicher Antworten nur eine bestimmte «einleuchtet». Seine Frage markiert folglich eine genau begrenzte Leerstelle innerhalb des gemeinsamen Wissens, die er auszufüllen trachtet und in die nur diese eine Antwort «paßt». Die Suche nach ihr vollzieht sich demnach notwendig in der Form eines Rückgriffs auf das Alltagswissen, das der Antwortende freilich nicht wahllos in das durch die Frage in Gang gebrachte Gespräch einbringt, sondern das er strukturiert und organisiert, indem er es zur Fragestellung in Beziehung setzt[76]. Je besser ihm das gelingt, je besser er also «argumentiert», desto überzeugender wirkt seine Antwort und desto wahrscheinlicher wird sie von dem, der die Frage gestellt hat, als die richtige akzeptiert. Sobald auf diese Weise, d. h. vermöge eines zustimmungsfähigen Arguments, das problematisch gewordene Einverständnis zwischen den Gesprächspartnern wieder hergestellt ist, gilt der mit diesem Argument verbundene Geltungsanspruch als begründet. Mit anderen Worten: die Stimmigkeit eines Arguments bemißt sich einzig und allein an der Zustimmung, die es findet und kraft derer die Übereinstimmung der Sprechenden zurückgewonnen wird[77]. In eben diesem Sachverhalt gründet letzten Endes die innere Verwandtschaft zwischen Hermeneutik und Rhetorik. Denn woran

«sonst sollte sich auch die theoretische Besinnung auf das Verstehen anschließen als an die Rhetorik, die von ältester Tradition her der einzige Anwalt eines Wahrheitsanspruches ist, der das Wahrscheinliche, das eikos (verisimile), und das der gemeinen Vernunft Einleuchtende gegen den Beweis- und Gewißheitsanspruch der Wissenschaft verteidigt? Überzeugen und Einleuchten, ohne eines Beweises fähig zu sein, ist offenbar ebensosehr das Ziel und Maß des Verstehens und Auslegens wie der Rede- und Überredungskunst – und dieses ganze weite Reich der einleuchtenden Überzeugungen und der allgemein herrschenden Ansichten wird nicht etwa durch den Fortschritt der Wissenschaft allmählich eingeengt, so groß der auch sei, sondern dehnt sich vielmehr auf jede neue Erkenntnis der Forschung aus, um sie für sich in Anspruch zu nehmen und sie sich anzupassen.» (KS I 117)[78]

Im Rahmen umgangssprachlicher Argumentation geschieht die Begründung von Wahrheits- bzw. Geltungsansprüchen deshalb weder methodisch im Sinne der Wissenschaft, d. h. anhand eindeutiger und strikt einzuhaltender Verfahrensregeln, noch reflexiv im Sinne des Idealismus, also durch den Rückgang auf ein wie immer gedachtes Subjekt. Umgangssprachliche Argumentation vollzieht sich vielmehr topisch, mithin durch den Rekurs auf die «doxa», die öffentliche Meinung, oder den consensus omnium, und zwar unter bestimmten Gesichtspunkten, den «topoi»[79]. Mit ihrer Hilfe ordnet der Argumentierende die «endoxa», dasjenige also, was gemeinhin für wahr gehalten wird: die gesellschaftlich vorgegebenen Vor-Urteile, auf das zu erörternde Problem hin, um es einer Lösung zuzuführen, und dies bedeutet, wie bereits ausgeführt, die Zustimmung des Gesprächspartners zu erreichen[80]. Aufgrund dieser unumgänglichen Orientierung an einem konkreten Gegenüber enthält das rhetorisch-topische Argumentieren stets situationelle Aspekte, die zu berücksichtigen gerade die «Kunst» ist, die ein überzeugender Sprecher beherrscht. Obgleich die Argumentation keineswegs völlig regellos und willkürlich vonstatten geht, bleibt die Anwendung der ihr zugrundeliegenden Regeln in hohem Maße an die jeweilige Situation gebunden, und genau deswegen bedarf sie «der Ausbildung eines Sinns für das Überzeugende, der instinktiv und ex tempore arbeitet und eben deshalb durch die Wissenschaft nicht ersetzbar ist» (WuM 18), nämlich des «sensus communis» als der Fähigkeit, Gemeinschaft zu stiften [81]. Dies aber bedeutet nichts anderes, als daß der rhetorischen Kommunikation ein positiver ethischer Impuls zugrundeliegt, der sie in unmittelbare Nähe der praktischen Philosophie rückt. Denn auch das praktische Wissen, die «phronesis», «ist auf die praktische Situation gerichtet» und muß «die Umstände» in ihrer unendlichen Varietät erfassen (WuM 18). Auch die sittliche Bewältigung konkreter Situationen erfordert, sofern sie eben situationsgerecht und nicht bloß abstrakt sein will, eine Vermittlung von Allgemeinem und Besonderem, von dem im consensus omnium als sittlich Geltenden und situationsspezifischem Anspruch, die sich am Wohl der Gemeinschaft ausrichten muß [82].

So wenig die Kunst des Fragens und des Einverständnis schaffenden Dialogs ersetzt werden kann durch eine situationsindifferente Methodik, so wenig läßt sich die dem Gemeinwohl dienende «Praxis» auflösen in eine sittlich neutrale «Technik». Die moderne Wissenschaft zum Maß aller Dinge zu machen, bedeutet deshalb eine entscheidende Beschneidung menschlicher Rationalität:

«Vernunft ist nicht ohne weiteres gleichbedeutend mit dem mechanischen Wissenschaftsgedanken, der mit Beginn der Neuzeit sich durchsetzte. Der Mechanismus ist nur eine der Strukturformen des Seins: das Sein des künstlich gemachten. Was die Vernunft einzusehen vermag, ist keineswegs nur diese großartige Welt des von uns Entworfenen. Es ist eine verhängnisvolle Verschätzung des Wesens des Menschen und seiner Vernunft, wenn man lediglich die im Maschinenideal gipfelnde Form des Denkens der Natur und des Menschen für eine Handlung der Vernunft erklärt.» (KS I 19)[83]

Gegenüber der Herrschaft der «instrumentellen Vernunft» (Horkheimer) bringt die philosophische Hermeneutik die sittliche Substanz zwischenmenschlicher Kommunikation zur Geltung, indem sie zeigt, daß intersubjektive Verständigung nur möglich ist in einer Sphäre von Gemeinsamkeit, die ihr uneinholbar vorausliegt und doch auch immer wieder der Bestätigung bedarf. Anders als dem technischen Handeln, das zwar keineswegs jeder ethischen Beurteilung entzogen ist, dem aber doch die Frage nach dem Sittlichen als solche äußerlich bleibt, eignet dem praktischen Handeln von vornherein ein inneres ethisches Moment: Praxis ist «Sich-Verhalten und Handeln in Solidarität» (VZW 77). Im Verstehen als dem Vollzug solch solidarischen

Miteinander-in-der-Welt-Seins ist die geläufige Trennung von «Theorie» und «Praxis» überwunden und aufgehoben: .

> «Verstehen ist eben mehr als die kunstvolle Anwendung eines Könnens. Es ist immer auch Gewinn eines erweiterten und vertieften Selbstverständnisses. Das heißt aber: Hermeneutik ist Philosophie, und als Philosophie praktische Philosophie.» (VZW 108)

In diesem Kontext, also im Umkreis der Frage nach der «Seinsweise des sittlichen Wissens» (WuM 20), muß nach Ansicht Gadamers die Problematik der Geisteswissenschaften erörtert werden, um sie nicht vorab ungebührlich zu verkürzen. Denn:

> «Die Hermeneutik, die ich als eine philosophische bezeichne, stellt sich nicht als ein neues Verfahren der Interpretation oder Auslegung vor. Sie beschreibt im Grunde genommen nur, was immer geschieht und insbesondere immer dort geschieht, wo Auslegung überzeugt und gelingt. Es handelt sich also keineswegs um eine Kunstlehre, die sagen will, wie Verstehen sein müßte. Wir müssen anerkennen, was ist, und so können wir auch nicht ändern, daß in unserem Verstehen immer unausgewiesene Voraussetzungen am Werk sind. Vielleicht sollten wir es nicht einmal ändern wollen, wenn wir es könnten.» (VZW 107/108)

Diese Aussagen im einzelnen zu entfalten und zu begründen, ist die Aufgabe der folgenden Kapitel.

4. Die Geisteswissenschaften und die wirkungsgeschichtliche Bestimmtheit des geschichtlichen Seins

Wer einmal die Solidarität als «die entscheidende Bedingung und Basis aller gesellschaftlichen Vernunft» (VZW 77) erkannt hat, für den hat es

> «etwas sofort Einleuchtendes, die philosophisch-historischen Studien und die Arbeitsweise der Geisteswissenschaften auf diesen Begriff des sensus communis zu gründen. Denn ihr Gegenstand, die moralische und geschichtliche Existenz des Menschen, wie sie in seinen Taten und Werken Gestalt gewinnt, ist selbst durch den sensus communis entscheidend bestimmt.» (WuM 20)

Klar wird freilich auch, weshalb die Unterordnung des «Wahrheitsanspruch(s) geisteswissenschaftlicher Erkenntnis unter das ihm wesensfremde Maß des Methodendenkens der modernen Wissenschaft» (WuM 21) und die «konsequente Anwendung dieser Methodik als einziger Norm geisteswissenschaftlicher Wahrheit überhaupt ihrer

105

Selbstaufhebung» gleichkommt (WuM 16). Denn aufgrund ihrer Verbundenheit mit und ihrer Verwiesenheit auf den sensus communis sind die Geisteswissenschaften

«im Ganzen der Wissenschaften dadurch ein Besonderes, daß auch ihre angeblichen oder wirklichen Erkenntnisse unmittelbar alle menschlichen Dinge bestimmen, sofern sie von selbst in menschliche Bildung und Erziehung übergehen.» (KS I 45)

Denn:

«Die durch Reden beigebrachten Überzeugungen gehen ... unmittelbar ein, und jeder, der sie anhört und sich zu ihnen überreden läßt, ist damit bereits von ihnen eingenommen. Das ist das gefährliche Risiko bei allen ‹Reden›, in Erziehung und Unterricht wie im öffentlichen Leben. Was uns so einnimmt, macht uns voreingenommen.»[84]

Mit Rücksicht darauf sind es «Erkenntnisse von anderer Art und anderem Rang, die man von den Geisteswissenschaften und der Philosophie, die in ihnen liegt, erwartet» (KS I 39), «nämlich die letzten Zwecke, denen alle Beherrschung der Natur und des Menschen zu dienen haben» (ebd.). – Daß und aus welchem Grund den übrigen Wissenschaften solche Erkenntnis von ihrem Wesen her verwehrt ist, braucht nach dem Gesagten nicht mehr ausführlich erläutert zu werden[85]. Um so genauere Beachtung jedoch verdienen die Konsequenzen, die sich daraus für die Einsicht in die Besonderheit der Geisteswissenschaften ergeben: wenn tatsächlich die Methode das innerste Wesen jener anderen Wissenschaften ausmacht und wenn sie eben deshalb «das am meisten Wissenswerte» (KS I 39) verfehlen müssen und nur das «unendlich Nichtswürdige» (KS I 35) zu erfassen vermögen – und wenn es denn stimmt, daß gerade die Geisteswissenschaften dazu berufen sind, diesem Mangel abzuhelfen, dann folgt aus alledem: sie können diese ihnen aus der gesellschaftlichen Situation der Gegenwart erwachsende Aufgabe keinesfalls auf methodischem Wege zu erfüllen suchen. Insofern gehört die «Handhabung von Methoden»

«gewiß auch zur Arbeit der Geisteswissenschaften. Sie zeichnet sich vor der popularwissenschaftlichen Belletristik ebenfalls durch eine *gewisse* Nachprüfbarkeit aus – aber all dies betrifft mehr die Materialien als die aus ihnen gezogenen Folgerungen. Es ist hier nicht so, daß die Wissenschaft durch ihre Methodik Wahrheit zu sichern vermöchte.» (KS I 40; Hervorhebung von mir, HGS)[86]

Positiv gewendet bedeutet dies:

106

«Es gibt kein Mittel, das Wahre und das Falsche in ihnen zu unterscheiden, als wiederum das, dessen sie sich selbst bedienen: logoi, Reden. Und doch kann in diesem Mittel das höchste an Wahrheit, das Menschen erreichbar ist, seinen Ort nehmen. Was ihre Bedenklichkeit ausmacht, ist in Wahrheit ihre eigentliche Auszeichnung: sie sind logoi, Reden, ‹nur› Reden.» (KS I 45)

Mit anderen Worten: während die nicht-geisteswissenschaftlichen Wissenschaften zuinnerst monologisch verfahren, gehen die Geisteswissenschaften dialogisch vor bzw. genauer und jedes methodische Mißverständnis ausschließend gesagt: sie *sind* wesenhaft Dialog, also Bestandteil jenes «Gesprächs, das wir sind» und in dem als höchste dem Menschen erreichbare Wahrheit das Sein zur Erscheinung kommt. Demnach besitzt die geisteswissenschaftliche Erkenntnisweise die gleiche Struktur wie die menschliche Welt- und Daseinserfahrung überhaupt, das Verstehen. Oder, wiederum präziser formuliert: sie *ist* eine Weise des Verstehens. Durch die Geisteswissenschaften wird das Dasein seiner selbst inne:

«Was wir geschichtlich erkennen, das sind wir im *letzten Grunde* selbst. Geisteswissenschaftliche Erkenntnis hat immer *etwas* von Selbsterkenntnis an sich.» (KS I 42; Hervorhebungen von mir, HGS)[87]

Daraus ergibt sich nun die bereits herausgearbeitete «Gegenstandslosigkeit» der Geisteswissenschaften. Denn das

«Sein des menschlichen Daseins ist ein geschichtliches. Das bedeutet aber, daß es nicht vorhanden ist wie das Dasein der Gegenstände der Naturwissenschaft, nur hinfälliger und wandelbarer als sie. Vielmehr bedeutet Geschichtlichkeit, d. h. Zeitlichkeit, in ursprünglicherem Sinne Sein, als das Vorhandene ist, das die Naturwissenschaft zu erkennen strebt. Historische Vernunft gibt es nur, weil das menschliche Dasein zeitliches und geschichtliches ist.» (KS I 7)[88]

Diesen konstitutiven Zusammenhang zu reflektieren, muß sich eine philosophische Theorie gerade dann angelegen sein lassen, wenn es zu ihren erklärten Zielen gehört, die Geisteswissenschaften von ihrem objektivistischen Selbstverständnis zu befreien. Demgegenüber besteht die «Naivität des sogenannten Historismus» darin,

«daß er sich einer solchen Reflexion entzieht und im Vertrauen auf die Methodik seines Verfahrens seine eigene Geschichtlichkeit vergißt. Hier muß von einem schlecht verstandenen historischen Denken an ein besseres appelliert werden. Ein wirklich historisches Denken muß die eigene Geschichtlichkeit mitdenken. Nur dann wird es nicht dem Phantom eines historischen Objektes nachjagen, das Gegenstand fortschreitender Forschung ist, sondern wird in dem Objekt das Andere des Eigenen und damit das Eine wie das Andere erkennen lernen. Der wahre historische Gegenstand ist kein Gegenstand, sondern die Einheit dieses Einen und Anderen, ein Verhältnis, in dem die Wirklichkeit der Geschichte ebenso wie die Wirklichkeit des Verstehens besteht. Eine sachangemessene Hermeneutik hätte im Verstehen selbst die Wirklichkeit der Geschichte aufzuweisen. Ich nenne das damit Geforderte ‹Wirkungsgeschichte›. Verstehen ist seinem Wesen nach ein wirkungsgeschichtlicher Vorgang.» (WuM 283; Hervorhebung im Original, HGS)

Sofern die philosophische Hermeneutik lediglich bewußt macht, «was in der praktischen Erfahrung des Verstehens im Spiel ist» (VZW 109), läßt sie sich als «wirkungsgeschichtliches Bewußtsein» bestimmen.

«Ich nenne das ‹wirkungsgeschichtliches Bewußtsein›, weil ich damit einerseits sagen will, daß unser Bewußtsein wirkungsgeschichtlich bestimmt ist, d. h. durch ein wirkliches Geschehen bestimmt ist, das unser Bewußtsein nicht frei sein läßt im Sinne eines Gegenübertretens gegenüber der Vergangenheit. Und ich meine andererseits auch, daß es gilt, ein Bewußtsein dieses Bewirktseins immer wieder in uns zu erzeugen.» (KS I 158)

In diesem Sinne zerstört die Hermeneutik jeden Glauben an eine vermeintliche Unmittelbarkeit in der wissenschaftlichen Beschäftigung mit der Geschichte und den «Wahn», man könne sich ihr ohne Voraussetzungen nähern, um sie objektiv, d. h. in ihrem An-sich-Sein zu erkennen. Dies aber ist schlechterdings unmöglich, denn wenn

«wir aus der für unsere hermeneutische Situation im ganzen bestimmenden historischen Distanz eine historische Erscheinung zu verstehen suchen, unterliegen wir immer bereits den Wirkungen der Wirkungsgeschichte. Sie bestimmt im voraus, was sich uns als fragwürdig und als Gegenstand der Erforschung zeigt . . .» (WuM 284; Hervorhebungen von mir, HGS)

Wer sich dem naiven Glauben hingibt, dieser wirkungsgeschichtlichen Verflechtung sich entwinden zu können, der kommt «viel zu spät, um die eigentliche Erfahrung der Geschichte überhaupt noch in den Blick zu bekommen» (KS I 158). Sich auf seine kritische Methodik berufend, entzieht er

«zwar der Willkür und Beliebigkeit aktualisierender Anbiederungen mit der Vergangenheit den Boden, aber er schafft sich damit das gute Gewissen, die unwillkürlichen und nicht beliebigen, sondern alles tragenden Voraussetzungen, die sein eigenes Verstehen leiten, zu verleugnen und damit die Wahrheit zu verfehlen, die bei aller Endlichkeit unseres Verstehens erreichbar wäre.» (WuM 281)[89]

Daß es sich bei diesen «alles tragenden Voraussetzungen», die das Verstehen des Geisteswissenschaftlers leiten, um die Vorurteile handelt, versteht sich mittlerweile nahezu von selbst. Denn wie «das wirkliche Leben, so spricht uns auch die Geschichte nur dann an, wenn sie in unser vorgängiges Urteil über Dinge und Menschen und Zeiten hineinspricht. Alles Verstehen von *Bedeutsamem* setzt voraus, daß wir einen Zusammenhang solcher Vorurteile mitbringen.» (KS I 8; Hervorhebung von mir, HGS)[90]

Damit nun kehrt die Untersuchung am Ende eines langen Umweges über Gadamers Auseinandersetzung mit der Reflexionsphilosophie, der traditionellen Erkenntnistheorie und dem geisteswissenschaftlichen Objektivismus an ihren Ausgangspunkt zurück, nämlich zur Frage nach dem erkenntnistheoretischen Stellenwert der Vorurteile. Jetzt freilich hellen sich mit einem Schlag alle in dem eingangs zusammengestellten Textkorpus enthaltenen Dunkelheiten auf. Vor allem fällt Licht auf die merkwürdig anmutende Behauptung, nur der Zeitenabstand könne «die eigentlich kritische Frage der Hermeneutik lösbar (zu) machen, nämlich die wahren Vorurteile, unter denen wir verstehen, von den falschen, unter denen wir mißverstehen, zu scheiden» (WuM 282, Satz 18). Weniger der historische Abstand als solcher leistet diese «Filterung», sondern vielmehr die Wirkungsgeschichte. Sie spielt – in des Wortes hermeneutischer Bedeutung – dem Interpreten die richtigen Fragen zu und entreißt sein Fragen der Beliebigkeit:

«Gewiß muß die Auslegung irgendwo einsetzen. Aber ihr Einsatz ist nicht beliebig. Er ist überhaupt kein wirklicher Anfang. Wir sahen ja, daß die hermeneutische Erfahrung immer einschließt, daß der zu verstehende Text in eine Situation hineinredet, die durch Vormeinungen bestimmt ist. Das ist keine bedauerliche Entstellung, die die Reinheit des Verstehens beeinträchtigt, sondern die *Bedingung seiner Möglichkeit*, die wir als die hermeneutische Situation charakterisiert hatten. Nur weil zwischen dem Verstehenden und seinem Text keine selbstverständliche Übereinstimmung besteht, kann uns am Text eine hermeneutische Erfahrung zuteil werden. Nur weil ein Text aus seiner Fremdheit ins Angeeignete versetzt werden muß, ist für den Verstehenwollenden überhaupt etwas zu sagen. Nur weil der Text es fordert, kommt es also zur Auslegung und nur so, wie er es fordert. Der scheinbare thetische Beginn der Auslegung ist in Wahrheit Antwort, und wie jede Antwort bestimmt sich auch der Sinn der Auslegung durch die Frage, die gestellt ist. Die Dialektik von Frage und Antwort ist mithin der Dialektik der Auslegung immer schon zuvorgekommen. Sie ist es, die das Verstehen als Geschehen bestimmt.» (WuM 447; die letzten beiden Sätze des Zitats sind im Original hervorgehoben; die erste Hervorhebung ist von mir, HGS)[91]

Damit beantwortet sich auch die Frage, aus welchem Grund Gadamer in dem zu Beginn zitierten Textkorpus darauf beharrte, daß der Schutz eines Textes vor möglichen Mißverständnissen «vorgängig» geleistet werden muß. Denn wenn alles darauf ankommt, daß die Auslegung bereits mit der richtigen Frage einsetzt, dann ist dies eben nur unter der Bedingung möglich, daß jene unsachgemäßen Vorurteile,

109

die Mißverständnisse verursachen, schon vor diesem Einsatz herausgefiltert worden sind. Das bedeutet zugleich: da Gadamer auf der
Notwendigkeit besteht, daß die Vorurteile der zu verstehenden Sache
angemessen sein müssen, also nicht beliebig sein dürfen, und diese
Beliebigkeit durch die Wirkungsgeschichte eingeschränkt wird, muß
es die Sache selbst sein, die vermittels dieser Wirkungsgeschichte die
historische Distanz überwindet, durch die sie – wie sich nun zeigt:
scheinbar – vom Verstehenden getrennt ist. Mit anderen Worten: in
Wahrheit sind Verstehenwollender und zu Verstehendes gleichzeitig:

«Wer geschichtliche Studien treibt, ist immer davon bestimmt, daß er selber Geschichte erfährt. Geschichte wird deshalb immer wieder *neu* geschrieben, weil das
Gegenwärtige uns bestimmt. Es handelt sich in ihr nicht nur um Rekonstruktion, um
Gleichzeitigmachung von Vergangenem, sondern das eigentliche Rätsel und Problem
des Verstehens ist, daß das so gleichzeitig Gemachte immer schon mit uns gleichzeitig
war, als etwas, das *wahr* sein will. Was bloß Rekonstruktion vergangenen *Sinnes*
schien, verschmilzt mit dem, was uns unmittelbar als *wahr* anspricht.» (KS I 56/57;
Hervorhebungen von mir, HGS)[92]

Auf diese Weise löst sich schließlich auch das letzte und fundamental-
ste Problem der einleitenden Analyse, das des Gegenstandes. Die
Aufgabe des Verstehens ist es nicht, historische Tatbestände oder den
Sinn eines Textes zu erkennen, sondern mit der Geschichte und mit
Texten ins Gespräch zu kommen:

«Solange ein Text stumm ist, hat sein Verständnis noch gar nicht begonnen. Aber ein
Text kann zu reden beginnen. . . . Dann aber sagt er nicht nur sein Wort, immer dasselbe, in lebloser Starrheit, sondern gibt immer neue Antworten dem, der ihn fragt,
und stellt immer neue Fragen dem, der ihm antwortet. Verstehen von Texten ist ein
Sichverständigen *in einer Art* Gespräch.» (KS I 80; Hervorhebung von mir, HGS)[93]

Und:

«Sofern der eigentliche Gegenstand des historischen Verstehens nicht Ereignisse sind,
sondern ihre ‹*Bedeutung*›, ist solches Verstehen offenbar nicht richtig beschrieben,
wenn man von einem an sich seienden Gegenstand und dem Zugehen des Subjekts
auf diesen spricht. In Wahrheit liegt im historischen Verstehen immer schon darin,
daß die auf uns kommende Überlieferung in die Gegenwart hineinspricht und in dieser Vermittlung – mehr noch: *als* diese Vermittlung – verstanden werden muß.»
(WuM 311; Hervorhebungen von mir, HGS)[94]

Soll der Prozeß des Verstehens als das Geschehen eines Dialogs zwischen Überlieferung und verstehendem Subjekt aufgefaßt werden
können, dann läßt sich diese in der Tat nicht länger als Gegenstand

begreifen. Es gilt vielmehr zu sehen, daß die Überlieferung selbst Subjekt ist:

«Die hermeneutische Erfahrung hat es mit der *Überlieferung* zu tun. Sie ist es, die zur Erfahrung kommen soll. Überlieferung ist aber nicht einfach ein Geschehen, das man durch Erfahrung erkennt und beherrschen lernt, sondern sie ist *Sprache*, d. h. sie spricht von sich aus wie ein Du. Ein Du ist nicht Gegenstand, sondern verhält sich zu einem. Das ist nicht so mißzuverstehen, als würde in der Überlieferung, das, was da zur Erfahrung kommt, als die Meinung eines anderen, der ein Du ist, verstanden. Wir halten vielmehr fest, daß Verstehen von Überlieferung den überlieferten Text nicht als die Lebensäußerung eines Du versteht, sondern als einen Sinngehalt, der von aller Bindung an die Meinenden, an Ich und Du, abgelöst ist. Gleichwohl muß das Verhalten zum Du und der Sinn von Erfahrung, der dort statthat, der Analyse der hermeneutischen Erfahrung dienen können. Denn ein echter Kommunikationspartner, mit dem wir zusammengehören wie das Ich mit dem Du, ist auch die Überlieferung.» (WuM 340; Hervorhebungen im Original, HGS)[95]

Handelt es sich somit beim Verstehen um ein Gespräch, in dem der Interpret der Überlieferung, gleichgültig ob man dabei Texte oder Geschichte im Auge hat, als Gesprächspartner ernstnimmt, dann erweist sich als der eigentliche Gegenstand des Verstehens eben der Gegenstand, von dem der Text spricht, und das Gespräch dreht sich daher um die Wahrheit dessen, was die Überlieferung sagt:

«Wenn wir das hermeneutische Phänomen nach dem Modell des Gespräches, das zwischen zwei Personen statthat, zu betrachten suchen, so besteht die leitende Gemeinsamkeit zwischen diesen beiden scheinbar so verschiedenen Situationen, dem Text*verständnis* und der *Verständigung* im Gespräch, vor allem darin, daß jedes *Verstehen* und jede *Verständigung* eine Sache im Auge hat, die vor einen gestellt ist. Wie einer sich mit seinem Gesprächspartner über eine Sache verständigt, so versteht auch der Interpret die ihm vom Text gesagte Sache. Dieses Verständnis der Sache geschieht notwendig in sprachlicher Gestalt, und zwar nicht so, daß ein Verständnis nachträglich auch in Worte gefaßt wird, vielmehr ist die Vollzugsweise des Verstehens, ob es sich dabei um Texte handelt oder um Gesprächspartner, die einem die Sache vorstellen, das Zur-Sprache-kommen der Sache selbst.» (WuM 360; Hervorhebungen von mir, HGS)

Der Grund dafür, daß «die Verständigung über die Sache, die im Gespräch zustande kommen soll» (ebda.), einerseits die Erarbeitung einer gemeinsamen Sprache erforderlich macht, andererseits diese Erarbeitung «mit dem Vollzug des Verstehens und der Verständigung selbst zusammenfällt» (WuM 365), liegt im Wesen der Sprache selbst, genauerhin in der Identität von Sprache und Sein und der daraus resultierenden Untrennbarkeit von Form und Inhalt[96]. Einzig und allein deshalb ist die sprachliche Verständigung «nicht ein äußerer Vorgang der Adjustierung von Werkzeugen, ja es ist nicht einmal richtig zu sagen, daß sich die Partner aneinander anpassen, vielmehr geraten sie beide im gelingenden Gespräch unter die *Wahrheit der Sache,* die sie zu einer neuen Gemeinsamkeit verbindet.» (WuM 360; Hervorhebung von mir, HGS)[97]

Auf diese Weise fällt das Resultat der Verständigung, d. h. die Übereinstimmung in der Sache, die «das Ziel aller Verständigung und alles Verstehens» darstellt, und das Kriterium ihrer Wahrheit ineins.

«So hat die Hermeneutik von jeher die Aufgabe, ausbleibendes oder gestörtes *Einverständnis* herzustellen.» (WuM 276; Hervorhebung von mir, HGS)[98]

Indem sie diese Aufgabe zu erfüllen trachtet, schafft die Hermeneutik jene Voraussetzung, ohne die die Verwirklichung praktischer Vernunft undenkbar erscheint, die Solidarität. Denn der

«Grundcharakter des Geschichtlichseienden ist offenbar, bedeutend zu sein, aber dies im aktiven Sinn des Wortes; und das Sein zur Geschichte ist, sich etwas bedeuten zu lassen. Zwischen Ich und Du erwächst daraus allein echte Bindung, zwischen uns und der Geschichte bildet sich so allein das Verbindliche des geschichtlichen Schicksals.» (KS I 9)

Was mit dieser schwerwiegenden Feststellung gemeint ist und welche Konsequenzen das Gemeinte hat, soll im nächsten Abschnitt dargelegt werden. – Nachdem sich der Kreis der Untersuchung geschlossen hat und die größten Verständnisschwierigkeiten, die sich beim ersten Einstieg in Gadamers Theorie ergaben, beseitigt werden konnten, geht es nun um die Grundlagen für ein abschließendes Urteil, das sich nicht nur auf die logische Konsistenz der philosophischen Hermeneutik beziehen kann, sondern darüber hinaus ihre Folgen mitzureflektieren hat. Es wird sich zeigen, daß diese ohne den mühevollen Durchgang durch Gadamers Philosophie zwar durchaus als solche benennbar, kaum jedoch in ihrer ganzen inneren Folgerichtigkeit zu erkennen sind. Indessen läßt sich nur, wenn diese Logik in Rechnung gestellt wird, abschätzen, wie weit eine Kritik, die bei den Konsequenzen der Hermeneutik ansetzt, wirklich auf diese zurückschlägt. Gerade wer mit Gadamer weiterdenken will, kommt nicht umhin, zunächst einmal gegen ihn zu denken. Andernfalls bestünde die Gefahr, auf Sand zu bauen.

5. Zum Verhältnis von Wirkungsgeschichte, Horizontverschmelzung, Applikation, Reflexion und Vernunft

Der Zeitenabstand – von dieser Behauptung ist im folgenden auszugehen –, der zwischen dem Verstehenden und dem zu Verstehenden liegt,

«ist nicht primär ein Abgrund, der überbrückt werden muß, weil er trennt und fernhält, sondern ist in Wahrheit der tragende Grund des Geschehens, in dem das Gegenwärtige wurzelt. Der Zeitenabstand ist daher nicht etwas, was überwunden werden muß. Das war vielmehr die naive Voraussetzung des Historismus, daß man sich in den Geist der Zeit versetzen, daß man in deren Begriffen und Vorstellungen denken solle und nicht in seinen eigenen und auf diese Weise zur historischen Objektivität vordringen könne. In Wahrheit kommt es darauf an, den Abstand der Zeit als eine positive und produktive Möglichkeit des Verstehens zu erkennen. Er ist nicht ein gähnender Abgrund, sondern ist ausgefüllt durch die *Kontinuität* des Herkommens und der *Tradition*, in *deren* Licht uns *alle Überlieferung sich* zeigt.» (WuM 281; Hervorhebungen von mir, HGS)[99]

Es war lediglich eine andere Formulierung des gleichen Sachverhaltes, wenn vorher gesagt wurde, die Wirkungsgeschichte bestimme vorgängig, was dem Verstehen als fragwürdig und damit als sein Gegenstand erscheint, und es sei deshalb die Sache selbst mit dem gegenwärtigen Interpreten gleichzeitig. Wenn es freilich die Sache selbst sein soll, die in der Überlieferung gegenwärtig ist, dann setzt dies voraus, daß sie in der Wirkungsgeschichte unverfälscht bewahrt wurde. In der Tat hält Gadamer ausdrücklich fest:

«Es ist wahr, daß das, was an einer Sache ist, der ihr selbst *innewohnende Gehalt*, sich erst im Abstand von der aus flüchtigen Umständen entstandenen Aktualität scheidet. (...)
Er läßt den *wahren Sinn*, der in einer Sache liegt, erst voll herauskommen. Die Ausschöpfung des wahren Sinnes aber, der in einem Text oder in einer künstlerischen Schöpfung gelegen ist, kommt nicht irgendwo zum Abschluß, sondern ist in Wahrheit ein *unendlicher* Prozeß.» (WuM 281/282; Hervorhebungen von mir, HGS)

Die Konsequenzen dieser Aussage erschließen sich am besten, indem vorab der Begriff der «Wirkungsgeschichte» einer genaueren Bestimmung unterzogen wird, und zwar zunächst unter Bezugnahme auf den Zeitabstand. Mit ihm will Gadamer ja mehr zum Ausdruck bringen als den Abstand zwischen zwei Zeitpunkten auf der Zeitachse. Was er eigentlich bezeichnet, ist die Differenz zwischen einer bestimmten Vergangenheit und einer bestimmten Gegenwart, also eine historische und nicht bloß eine zeitliche Distanz. Die historische Distanz aber bezieht sich vornehmlich auf den Unterschied der jeweils gegenwärtigen Situation von vergangenen Situationen. Den Begriff der Situation wiederum bestimmt Gadamer dadurch,

«daß sie einen Standort darstellt, der die Möglichkeiten des Sehens beschränkt. Zum Begriff der Situation gehört daher wesenhaft der Begriff des *Horizontes*. Horizont ist der Gesichtskreis, der all das umfaßt und umschließt, was von einem Punkte aus sichtbar ist.» (WuM 286; Hervorhebung im Original, HGS)

So steht schon jedes Wort in einem «bestimmten Situationshorizont», und alle «Festlegung der Bedeutungen von Worten wächst gleichsam spielend aus dem Situationswert der Worte hervor» (KS I 79). Infolgedessen steckt «in jeder Bedeutung so etwas wie ein Stück Geschichte» (KS I 29). – Um so mehr hat auch jede Aussage «ihren Sinnhorizont darin, daß sie einer Fragesituation entstammt» (KS I 55).

«Entsprechend bedeutet die Ausarbeitung der hermeneutischen Situation die Gewinnung des rechten Fragehorizontes für die Fragen, die sich uns angesichts der Überlieferung stellen.» (WuM 286)

Im «Gewinnen der rechten Frage» (WuM 285) wirkt bereits das wirkungsgeschichtliche Bewußtsein. Denn dieses ist gerade «Bewußtsein der hermeneutischen Situation» (ebda.), die ihrerseits dadurch charakterisiert ist, «daß man sich nicht ihr gegenüber befindet und daher kein gegenständliches Wissen haben kann. Man steht in ihr, findet sich immer schon in einer Situation vor, deren Erhellung die nie ganz zu vollendende Aufgabe ist» (ebd.). Diese Unvollendbarkeit gründet darin, daß die hermeneutische Situation «durch die Vorurteile bestimmt wird, die wir mitbringen. Insofern bilden sie den Horizont einer Gegenwart, denn sie stellen das dar, über das hinaus man nicht zu sehen vermag» (WuM 289). In der Unverfügbarkeit unserer Vorurteile kommt zum Ausdruck, daß nicht wir selbst es sind, die sich einen solchen Horizont erwerben, sondern «es ist die Überlieferung, die unseren geschichtlichen Horizont eröffnet und begrenzt – und nicht ein opakes Geschehen einer ‹an sich› geschehenden Geschichte» (KS I 68). Denn es «macht die geschichtliche Bewegtheit des menschlichen Daseins aus, daß es keine schlechthinnige Standortgebundenheit besitzt und daher auch niemals einen wahrhaft geschlossenen Horizont» (WuM 288). Daß der Zeitenabstand zwischen einem vergangenen und dem gegenwärtigen Horizont immer schon durch die Kontinuität der Tradition überbrückt ist, besagt demnach, daß in ihr und durch sie immer schon auch beide Horizonte miteinander vermittelt sind:

114

«Der Horizont der Gegenwart bildet sich also gar nicht ohne die Vergangenheit. Es gibt so wenig einen Gegenwartshorizont für sich, wie es historische Horizonte gibt, die man zu gewinnen hätte. Vielmehr ist Verstehen immer der Vorgang der Verschmelzung solcher vermeintlich für sich seiender Horizonte.» (WuM 289; der letzte Satz des Zitats im Original hervorgehoben, HGS)[100]

Von da her läßt sich nun das Wesen der Wirkungsgeschichte bestimmen als jene Abfolge von Horizontverschmelzungen, in der sich im ständigen Ineinander des Verschmelzens die Sache selbst geschichtlich entfaltet. Der «unendliche Prozeß», in dem der wahre Sinn eines Textes ausgeschöpft wird, erweist sich somit im Tiefsten als die Unendlichkeit des Gesprächs, das die Sprache ist und in dem das Sein selbst sich zur Sprache bringt. Das wirkungsgeschichtliche Bewußtsein hat deshalb «seinen Vollzug im Sprachlichen» (KS I 109). Es reflektiert, «daß die Sprache die ständige Synthesis zwischen Vergangenheitshorizont leistet» (KS I 57), ja, «daß die im Verstehen geschehende Verschmelzung der Horizonte die eigentliche Leistung der Sprache ist» (WuM 359; im Original hervorgehoben, HGS). Daraus aber ergibt sich die wahrhaft fundamentale Einsicht:

«Wir sind es überhaupt nicht selber, die da verstehen. Es ist immer schon eine Vergangenheit, die uns sagen läßt: Ich habe verstanden.» (KS I 81)[101]

Folglich handelt es sich bei der Wirkungsgeschichte um das Tun der Sache selbst, d. h. nicht wir erkennen sie, sondern sie erkennt sich selbst durch uns. Im geschichtlichen Dasein des Menschen realisiert sich das Wesen des Seins als Sprache. So gründet die Geschichtlichkeit des Menschen letzten Endes in der Identität von Sprache und Sein, die sich im Gespräch und also in der Zeit selbst vermittelt.
Hält man sich dies vor Augen, dann erschließt sich mühelos auch jenes Kapitel von «Wahrheit und Methode», von dem Gadamer jüngst sagen konnte, es sei «wohl das am meisten mißverstandene und am stärksten provozierende Kapitel des Buches», nämlich das «über das hermeneutische Problem der Anwendung»[102]. Mit Recht weist Gadamer zugleich darauf hin, dieses Problem müsse «in der Dimension der philosophischen Reflexion gesehen werden», die in «Wahrheit und Methode» «eingeleitet wird, und nicht in der ‹Gerade-hin-Einstellung› einer Methodenlehre». Denn mit «bewußter ‹Anwendung› hat dies in allem Verstehen wirksame Moment nicht das geringste zu tun»[103].
Wenn das Verstehen angemessen als Verschmelzung von Horizonten beschrieben wird, in der kraft der vermittelnden Leistung der Sprache

die Situation eines Interpreten immer schon mit der des zu interpretierenden Textes zusammengeschlossen ist, dann eben geht die Beziehung dieses Textes auf die Situation des Interpreten als konstitutives
Moment in das Verstehen des Textes ein:

«Der Interpret, der es mit einer Überlieferung zu tun hat, sucht sich dieselbe zu applizieren. Aber auch hier heißt das nicht, daß der überlieferte Text für ihn als ein Allgemeines gegeben und vernommen würde. Der Interpret will vielmehr gar nichts anderes, als dies Allgemeine – den Text – verstehen, d. h. verstehen, was die Überlieferung
sagt, was *Sinn* und *Bedeutung* des Textes ausmacht. Um das zu verstehen, darf er aber
nicht von sich selbst und der konkreten hermeneutischen Situation, in der er sich befindet, absehen wollen. Er muß den Text auf diese Situation beziehen, wenn er überhaupt verstehen will.» (WuM 307; Hervorhebungen von mir, HGS)[104]
«Aber dieser Bezug bestimmt nicht in der Weise einer bewußten Anpassung an eine
pädagogische Situation den auslegenden Vollzug des Verstehens, sondern dieser
Vollzug ist nichts als die Konkretion des *Sinnes selbst*. . . . Einen Text verstehen, heißt
immer schon: ihn auf uns anwenden und wissen, daß ein Text, auch wenn er immer
anders verstanden werden muß, doch *derselbe* Text ist, der sich uns jeweils anders *darstellt*.» (WuM 375; Hervorhebungen von mir, HGS)

Kurzum: «Die Auslegung gehört zur wesenhaften Einheit des Verstehens» (KS I 80), und weil insofern die Applikation keine nachträgli-
che Anwendung darstellt, erweist sich das Verstehen «als eine Weise
von Wirkung und weiß sich als eine solche Wirkung» (WuM 323)[105].
Darauf beruht die «innere Einheit von Philologie und Historie» (ebd.;
im Original hervorgehoben, HGS). «Es ist das wirkungsgeschichtliche
Bewußtsein, worin sich beide als in ihrer wahren Grundlage zusam-
menfinden.» (ebd.) Denn:

«Geschichtliche Überlieferung kann nur so verstanden werden, daß die grundsätzliche Fortbestimmung durch den Fortgang der Dinge mitgedacht wird, und ebenso
weiß der Philologe, der es mit dichterischen oder philosophischen Texten zu tun hat,
um deren *Unausschöpfbarkeit*. In beiden Fällen ist es der Fortgang des *Geschehens*,
durch den das Überlieferte in neuen *Bedeutungsaspekten* herauskommt. Die Texte
werden durch die neue *Aktualisierung* im Verstehen genau so in ein echtes Geschehen einbezogen, wie die Ereignisse durch ihren Fortgang selbst. Das war es, was wir
als das wirkungsgeschichtliche Moment innerhalb der hermeneutischen Erfahrung
bezeichnet hatten. *Jede* Aktualisierung im Verstehen vermag sich selber als eine geschichtliche *Möglichkeit des Verstandenen* zu wissen. Es liegt in der geschichtlichen
Endlichkeit unseres Daseins, daß wir uns dessen bewußt sind, daß nach uns andere
immer *anders* verstehen werden.» (WuM 355; Hervorhebungen von mir, HGS)[106]

Noch einmal bestätigt sich, daß die Wirkungsgeschichte als Tun der
Sache selbst begriffen werden muß. Indem sie die «Sinnfülle» als den
«wahren Sinn» eines Textes heraustreten läßt, zeigt sie ihn selbst als

den Quellort unerschöpflicher Verstehensmöglichkeiten. Als solcher widersteht er jedem Versuch, ihn festzulegen auf das, was der Autor mit ihm gemeint hat. Zwar bewahrt die mens auctoris «den Interpreten vor Anachronismen, vor willkürlichen Einlegungen und illegitimen Applikationen» (KS I 90/91), dennoch begrenzt sie «nicht den Verständnishorizont, in dem sich der Interpret zu bewegen hat» (KS I 92). Angesichts des allgemeinen Wahrheitsanspruches, den der Text stellt, kann sich der «Sinnhorizont des Verstehens» weder «durch das, was der Verfasser ursprünglich im Sinn hatte, schlechthin begrenzen lassen, noch durch den Horizont des Adressaten, für den der Text ursprünglich geschrieben war» (WuM 372).

«Normbegriffe wie die Meinung des Verfassers oder das Verständnis des ursprünglichen Lesers repräsentieren in Wahrheit nur eine leere Stelle, die sich von Gelegenheit zu Gelegenheit des Verstehens ausfüllt.» (WuM 373)

Was sich auf den ersten Blick wie ein «vernünftiger hermeneutischer Kanon» (WuM 372) ausnimmt, als «Moral des historischen Bewußtseins», als «die Gewissenhaftigkeit des historischen Sinns» (KS I 91), bildet deshalb in Wirklichkeit «die Verführung des Historismus» (WuM 355). Es gilt also für die Hermeneutik, im Blick auf die Philologie die unsachgemäße Beschränkung auf den Autor-Sinn ebenso zu überwinden wie in der Geschichtswissenschaft «die Reduktion auf die Absicht der Handelnden» (ebd.). Denn wenn

«der Philologe den gegebenen Text, und das heißt, *sich* in dem angegebenen Sinne in seinem Text versteht, so versteht der Historiker auch noch den großen, von ihm erratenen Text der Weltgeschichte selbst, in dem jeder überlieferte Text nur ein Sinnbruchstück, ein Buchstabe ist, und auch er versteht *sich selbst* in diesem großen Text. Beide, der Philologe wie der Historiker, kehren damit aus der Selbstvergessenheit heim, in die sie ein Denken verbannt hielt, für das das Methodenbewußtsein der modernen Wissenschaft der alleinige Maßstab war.» (WuM 323; Hervorhebungen von mir, HGS)[107]

Aber an die Stelle «solche(n) Wahn(s)» tritt nicht «ein matter Relativismus. Es ist ja nicht beliebig und nicht willkürlich, was wir selber sind, und was wir aus der Vergangenheit zu hören vermögen» (KS I 42). Der «naive Glaube an die Objektivität der historischen Methode» und die Fixierung auf das vom Autor eines Textes Gemeinte dient daher «in Wahrheit zu nichts anderem, als sich den Anspruch des anderen vom Leibe zu halten. Es ist eine Weise, sich nichts sagen zu lassen» (KS I 9). So wird der Text, der historisch verstanden wird, «aus dem Anspruch, Wahres zu sagen, förmlich herausgedrängt. Indem man die Überlieferung vom historischen Standpunkt aus sieht, ... meint man zu verstehen. In Wahrheit hat man den Anspruch grundsätzlich aufgegeben, in der Überlieferung für einen selber gültige und verständliche Wahrheit zu finden. Solche Anerkennung der Andersheit des anderen, die dieselbe zum Gegenstand objektiver Erkenntnis macht, ist insofern eine grundsätzliche Suspension seines Anspruchs.» (WuM 287)

Wer sich auf diese Art und Weise verhält, verliert sich am Ende selbst, weil nur dort, wo «einer imstande ist, sich etwas sagen zu lassen» und er den «Anspruch des anderen gelten läßt», er «an echter Selbsterkenntnis gewinnt» (KS I 9). Das aber bedeutet im Grunde: sich selbst als geschichtlich Bedingtes zu erkennen, oder, anders formuliert: die Macht der Wirkungsgeschichte an-erkennen. Die hermeneutische Forderung, ein wirkungsgeschichtliches Bewußtsein zu entwickeln, verkehrt sich also in ihr gerades Gegenteil, wenn sie als Ruf nach einem neuen Forschungszweig innerhalb der Geisteswissenschaften verstanden wird, dessen Aufgabe darin bestünde, die Rezeptions- und Wirkungsgeschichte von Ereignissen und Texten objektiv-methodisch zu erfassen[108]. Die Wirkungsgeschichte, die unser Bewußtsein bestimmt, entzieht sich ja eben als so bestimmende jeder bewußten Thematisierung. So wenig einer sich selbst mit den eigenen Augen sehen kann, weil sie ihm allererst das Blickfeld eröffnen, so wenig vermag die Wirkungsgeschichte objektiv erkannt oder reflexiv, wie Hegel meinte, auf den «Standpunkt des Begriffs» erhoben zu werden. Gerade Hegel gegenüber ist festzuhalten:

«Geschichtlichsein heißt, nie im Sichwissen aufgehen. Alles Sichwissen erhebt sich aus geschichtlicher Vorgegebenheit, die wir mit Hegel Substanz nennen, weil sie alles subjektive Meinen und Verhalten trägt und damit auch alle Möglichkeit, eine Überlieferung in ihrer geschichtlichen Andersheit zu verstehen, vorzeichnet und begrenzt. Die Aufgabe der philosophischen Hermeneutik läßt sich von hier aus geradezu so charakterisieren: sie habe den Weg der Hegelschen Phänomenologie des Geistes insoweit zurückzugehen, als man in aller Subjektivität die sie bestimmende Substantialität aufweist.» (WuM 285/286; erster Satz des Zitats im Original hervorgehoben, HGS)
«Sich mit sich selbst zusammenschließen, ist das Sein des Geistes. Der Geist hat in der ausdrücklichen Aneignung seiner Geschichte seinen Inhalt, gerade weil er sie mit seiner Zukunft zusammenschließt. Nicht die Deduktion der Weltgeschichte oder der Geschichte der Philosophie von der Höhe des absoluten Begriffes aus ist die lebendige Lehre, die uns Hegel gibt, sondern die im geschichtlichen Leben des Einzelnen wie des Gesamten jeweils neu sich stellende Aufgabe, sich mit seiner Geschichte zusammenzuschließen.» (KS III 127/128).

Dieser Zusammenschluß findet ständig statt im «Walten der Tradition». «Denn dort wächst Altes und Neues immer wieder zu lebendiger Geltung zusammen, ohne daß sich überhaupt das eine oder andere ausdrücklich voneinander abhebt.» (WuM 289/290). Angesichts der Wirklichkeit der Geschichte erscheint der «Focus der Subjektivität» als «ein Zerrspiegel», die «Selbstbestimmung des Individuums» als «ein Flackern im geschlossenen Stromkreis des geschichtlichen Lebens» (WuM 261). Daran scheitert jede Erkenntnistheorie, die Erkenntnis – und das heißt: den Geltungsanspruch von Urteilen – durch den Rückgang auf die reflektierende Subjektivität begründen will. Für eine «wahrhaft geschichtliche Hermeneutik» wird mit Rücksicht auf das Wesen der Geschichte als Überlieferung allererst ihre erkenntnistheoretische Grundfrage formulierbar. Denn sofern Überlieferung sich vollzieht als Übernahme von vorgegebenen Urteilen, kann sie nur lauten:

«Worin soll die Legitimität von Vorurteilen ihren Grund finden? Was unterscheidet legitime Vorurteile von all den unzähligen Vorurteilen, deren Überwindung das unbestreitbare Anliegen der kritischen Vernunft ist?» (WuM 261)

Ebenso klar wie die Frage ist nunmehr auch die Antwort. Die Unterscheidung von legitimen und illegitimen Vorurteilen geschieht im Verstehen selbst, vermittelt durch die Wirkungsgeschichte. Mithin, da die Wirkungsgeschichte das Tun der Sache selbst ist, fällt die Begründung der Legitimität von Vorurteilen mit dem Akt ihres Tradierens zusammen. Von Vorurteilen läßt sich daher wie von Sitten sagen:

«Sie werden in Freiheit übernommen, aber keineswegs aus freier Einsicht geschaffen oder in ihrer Geltung begründet. Eben das ist vielmehr, was wir Tradition nennen: der Grund ihrer Geltung.» (WuM 265)[109]

Die Rehabilitierung der Vorurteile im Kontext einer hermeneutischen Erkenntnistheorie erweist sich auf diese Weise als unumgänglich, «wenn man der endlich-geschichtlichen Seinsweise des Menschen gerecht werden will» (WuM 261). Denn der Mensch existiert als geschichtliches Wesen nur weil und insofern er als wirkungsgeschichtlich bedingtes und bestimmtes Wesen existiert, und dies heißt eben nichts anderes, als daß «die Vorurteile des einzelnen weit mehr als seine Urteile die geschichtliche Wirklichkeit seines Seins» sind (WuM 261; im Original hervorgehoben, HGS)[110].
Da dies auch für den hermeneutischen Philosophen selbst gilt, gewinnt seine Kritik «ihre eigentliche Produktivität» erst dann,

«wenn sie die Selbstreflexion aufbringt, ihr eigenes kritisches Bemühen, d. h. die eigene Bedingtheit und Abhängigkeit, in der es steht, mit zu reflektieren. Hermeneutische Reflexion, die das tut, scheint mir dem wirklichen Erkenntnisideal näherzukommen, weil sie auch noch die Illusion der Reflexion zu Bewußtsein bringt. Ein kritisches Bewußtsein, das überall Vorurteilshaftigkeit und Abhängigkeit nachweist, aber es selbst für absolut, d. h. für vorurteilslos und unabhängig hält, bleibt notwendig in Illusionen befangen. Denn es ist selbst erst motiviert durch das, dessen Kritik es ist. Eine unauflösbare Abhängigkeit besteht für es gegenüber dem, das es auflöst», (KS III 259)

«Selbst wenn wir uns, als historisch Belehrte, über die geschichtliche Bedingtheit grundsätzlich im klaren sind, haben wir uns damit nicht auf einen unbedingten Standort begeben. Insbesondere ist es keine Widerlegung der Annahme solcher grundsätzlicher Bedingtheit, daß diese Annahme selber schlechthin und unbedingt wahr sein will, also nicht ohne Widerspruch auf sich selbst angewandt werden könne. Das Bewußtsein der Bedingtheit hebt die Bedingtheit selbst keineswegs auf. Es gehört zu den Vorurteilen der Reflexionsphilosophie, daß sie als ein Verhältnis von Sätzen versteht, was gar nicht auf der gleichen logischen Ebene liegt.» (WuM 424)

So teilt jede denkbare Form von Erkenntnis und Kritik, sei sie wissenschaftlicher oder philosophischer, methodischer oder reflexiver Natur, mit «dem Fortleben von Traditionen eine grundlegende Voraussetzung, nämlich, sich von der Überlieferung *angesprochen* zu sehen» (WuM 266; Hervorhebung im Original, HGS). Das will nicht bloß sagen, sie müsse überhaupt mit ihrem Gegenstand in Berührung gekommen, von ihm «affiziert» worden sein, sondern von sich aus den Anspruch erheben, Gültiges und Wahres zu enthalten. Diese Wahrheit entgleitet den Geisteswissenschaften, sobald sie sich qua methodischer Forschung dem Anspruch der Überlieferung entziehen. In diesem Sinne sagt Gadamer:

«Wie wir es in der Erfahrung der Kunst mit Wahrheiten zu tun haben, die den Bereich methodischer Erkenntnis grundsätzlich übersteigen, so gilt ein Ähnliches für das Ganze der Geisteswissenschaften, in denen unsere geschichtliche Überlieferung in allen ihren Formen zwar auch zum *Gegenstand* der Erforschung gemacht wird, aber zugleich *in ihrer Wahrheit zum Sprechen kommt*. Die Erfahrung der geschichtlichen Überlieferung reicht grundsätzlich über das hinaus, was an ihr erforschbar ist. Sie ist nicht nur in dem Sinne wahr oder unwahr, über den die historische Kritik entscheidet – sie vermittelt stets Wahrheit, an der es *teil zu gewinnen* gilt.» (WuM XXIX; Hervorhebungen im Original, HGS)

Daraus folgt:

«Auf Überlieferungen hören und in Überlieferungen stehen, das ist offenbar der Weg der Wahrheit, den es in den Geisteswissenschaften zu finden gilt. Auch alle Kritik, zu der wir als Historiker gelangen, dient am Ende dem Ziele, sich an die echte Überlieferung, in der wir stehen, anzuschließen.» (KS I 42)[111]

Dieses Hören und Darinstehen meint nun, um es noch einmal zu betonen, gerade nicht, wie der «erkenntnistheoretische Methodologismus» glauben machen will, ein «vergegenständlichendes Verhalten», sondern eben «unbefangenste Anverwandlung der Überlieferung» (WuM 266). Aus diesem Grunde setzt die wirkungsgeschichtliche Reflexion als das Bewußtsein der Wirksamkeit von Überlieferung im Verstehen der Überlieferung, sofern sie sich darum bemüht, «das Moment der Tradition im historischen Verhalten zu erkennen und auf seine hermeneutische Produktivität zu befragen» (WuM 267), ein neues Verhältnis zwischen Reflexion und Tradition. Sie lehrt nämlich, «den Gegensatz zwischen fortlebender, ‹naturwüchsiger› Tradition und reflektierter Aneignung derselben als dogmatisch zu durchschauen» (KS I 121). Weil nur ein «dogmatischer Objektivismus, der auch noch den Begriff der Reflexion deformiert» (ebd.), dem Irrglauben huldigen kann, die Geisteswissenschaften könnten sich aus dem wirkungsgeschichtlichen Zusammenhang ihrer Situation herausreflektieren, ohne daß ihr Verstehen «selber in dieses Geschehen einginge» (ebd.), steht notwendig am «Anfang aller historischen Hermeneutik» die «Auflösung des abstrakten Gegensatzes zwischen Tradition und Historie, zwischen Geschichte und Wissen von ihr» (WuM 267; im Original hervorgehoben, HGS). «Nur ein naiver, unreflektierter Historismus wird in den historisch-hermeneutischen Wissenschaften ein absolutes Neues sehen, das die Macht der Tradition aufhebt.» (KS I 121) In Wahrheit bilden die «Wirkung der fortlebenden Tradition und die Wirkung der historischen Forschung» eine «Wirkungseinheit, deren Analyse immer nur ein Geflecht von Wechselwirkungen anzutreffen vermöchte» (WuM 267). Mit anderen Worten: genau genommen existiert überhaupt kein Unterschied zwischen Tradition und Wissenschaft, vielmehr ist diese selbst «Vermittlung von Überlieferung» (WuM 268):

«Geschichtliche Erkenntnis ist nie bloße Vergegenwärtigung. Aber auch Verstehen ist nicht bloße Nachkonstruktion eines Sinngebildes, bewußte Auslegung einer unbewußten Produktion. Einander verstehen heißt . . ., sich in etwas verstehen. Vergangenheit verstehen heißt entsprechend: sie in dem, was sie uns als gültig sagen will, hören. Der Primat der Frage vor der Aussage bedeutet für die Hermeneutik, daß man jede Frage, die man versteht, selber fragt. Verschmelzung des Gegenwartshorizontes mit dem Vergangenheitshorizont ist das Geschäft der geschichtlichen Geisteswissenschaften. Sie betreiben aber damit nur, was wir immer schon tun, indem wir sind.» (KS I 57)[112]

Im Hören auf den Anspruch der Überlieferung entspricht das Dasein seinem Sein als Sein zur Geschichte und seiner darin gründenden wesenhaften Zugehörigkeit zur Tradition. Das setzt die Bereitschaft voraus, in der Überlieferung und ihrem Vor-Urteil die dem eigenen Urteil gegenüber größere Wahrheit zu akzeptieren. Dies hat die philosophische Hermeneutik wieder ins Gedächtnis zu rufen. Denn

«die Grundvoraussetzung der hermeneutischen Aufgabenstellung, die man nur nicht recht wahrhaben wollte, und die ich wiederherzustellen versuche, war von jeher die der Aneignung eines *überlegenen* Sinnes.» (Hervorhebung von mir, HGS)

So sind wir «als Verstehende in ein Wahrheitsgeschehen einbezogen und kommen gleichsam zu spät, wenn wir wissen wollen, was wir glauben sollen» (WuM 465). Insofern «gehört die Geschichte nicht uns, sondern wir gehören ihr» (WuM 261). Daher ist «jede Antwort auf den Zuspruch der Überlieferung» ein «Wort, das bewahrt» (KS I 92), und es gilt: «Man kann nicht verstehen, ohne verstehen zu wollen, d. h. ohne sich etwas sagen zu lassen» (KS II 5).
Erst vor diesem Hintergrund wird einsichtig, weshalb der Begriff des Vorurteils «in einem tiefen inneren Zusammenhang» mit dem Begriff der Autorität steht (KS I 106) und umgekehrt «das Wesen der Autorität in den Zusammenhang einer Lehre von den Vorurteilen» gehört, «die von dem Extremismus der Aufklärung befreit werden muß» (WuM 264)[113]. – Überlieferung ist «ihrem Wesen nach Bewahrung» (WuM 266), «Bewahrung im Ruin der Zeit» (WuM 273), «die – in immer erneuter Bewährung – ein Wahres sein läßt» (WuM 271). Und deswegen konstituiert sie «ein Bewußtsein des Bleibendseins, der unverlierbaren, von allen Zeitumständen unabhängigen Bedeutung, in dem wir etwas ‹klassisch› nennen – eine Art zeitloser Gegenwart, die für jede Gegenwart Gleichzeitigkeit bedeutet» (WuM 272).

«Das aber heißt letzten Endes: Klassisch ist, was sich bewahrt, *weil* es sich selbst bedeutet und sich selber deutet; was also derart sagend ist, daß es nicht eine Aussage über ein Verschollenes ist, sondern das der jeweiligen Gegenwart etwas so sagt, als sei es eigens ihr gesagt. Was ‹klassisch› heißt, ist nicht erst der Überwindung des historischen Abstandes bedürftig – denn es vollzieht selber in beständiger Vermittlung diese Überwindung.» (WuM 274; Hervorhebung im Original, HGS)

Auf diese Weise erscheint das Klassische als das Paradigma wirkungsgeschichtlichen Seins schlechthin[114]. – In ihm scheint dem Menschen der verbindliche Ursprung seines Daseins auf, nämlich die Sprache, die sich ihm immer schon zugesprochen hat im unendlichen Gespräch

122

der Tradition. Deren Anspruch sich beugend, rückt der Mensch ein in ein Geschehen, in dem er verstehend sich selbst geschieht. Eben deshalb zerstört, wer «sich aus dem Lebensverhältnis zur Überlieferung herausreflektiert», nicht nur «den wahren Sinn dieser Überlieferung», sondern zugleich damit «die sittliche Verbindlichkeit» seiner Beziehung zu ihr (WuM 343)[115]. Darin liegt das daseinsbedrohende Wesen des Historismus, der durch eine «falsche(n) Vergegenständlichung» (WuM 297) der Tradition notwendig zur «Entmachtung der Überlieferung» (WuM 355) führt und durch seine «verfeinerte Kunst des Verstehens» die «Kraft zu unbedingter Wertung» schwächt, «in der die sittliche Realität des Lebens besteht» (KS I 40). Und in der Tat

«hat die Bewegung dieses Verstehens zu . . . einer Aushöhlung der Werttafel des bürgerlichen Moralismus geführt. Diese Aushöhlung des Idealismus hat dann ihre extreme Zuspitzung in dem gefunden, was Nietzsche den Nihilismus genannt hat und was wir als Wirklichkeit einer jüngsten Vergangenheit erlebt haben. Diese Aushöhlung des Idealismus ist der Boden der Verkehrung des Wahren geworden, die wir in der nationalsozialistischen Epoche an uns erfuhren.» (KS I 16)

Im Angesicht solcher Gefahr, hervorgerufen durch eine Freiheit, die sich nur als «Abstandnahme und Freiheit von Überliefertem» (WuM 266) zu begreifen vermag, pocht die philosophische Hermeneutik auf die «Wahrheit des Erinnerns» (WuM XXVI) und schärft ein, «daß geschichtliche Überlieferung und natürliche Lebensordnung die Einheit der Welt bilden, in der wir Menschen leben» (ebda.). – In diesem Sinne versteht sie «Bewahrung» als «eine Tat der Vernunft» (WuM 266) und sich selbst als «Fortbildung eines von weit herkommenden Geschehens» (WuM XXX). Hermeneutisch betrachtet nämlich ist der «Sinn der Mythen» und der «Sinn der Märchen» «der tiefste». Denn woran

«mißt sich ihre Deutung? Wird es hier nicht wahrhaft fühlbar, daß es keine Methode zum Deuten von Mythen und Märchen gibt? Und heißt das nicht am Ende und in Wahrheit dies, daß wir es gar nicht sind, die die Mythen zu deuten vermögen, weil vielmehr die Mythen uns deuten? . . . sie sind, wo immer sie sprechen, das eigentlich Überlegene, das was alles weiß, das in aller Dunkelheit schlicht und belehrend zu uns spricht.» (KS I 9)

Wenige Äußerungen Gadamers lassen wie diese das ganze Ausmaß der Herausforderung ahnen, die sein Werk für das moderne Bewußtsein bedeuten muß. Die Popularität, zu welcher dieses Werk gelangt ist, läßt befürchten, daß man es sich damit weithin doch zu leicht gemacht hat. Die Probleme aber, zu deren Lösung die philosophische Hermeneutik beitragen will, sind nicht nur zu ernst, als daß auch nur ein einziger Vorschlag, der Hilfe verspricht, ungeprüft bleiben dürfte, sie verpflichten darüber hinaus dazu, bei dieser Prüfung größtmögliche Sorgfalt walten zu lassen. In diesem Sinne fällt dem folgenden Abschnitt die Aufgabe zu, nach der hiermit abgeschlossenen Darstellung der Theorie Gadamers noch einmal die Frage aufzunehmen, ob sich nunmehr die im Zuge der ersten Annäherung aufgetauchten Bedenken gegenüber der logischen Stringenz seiner Argumentation ausräumen lassen. Von der entsprechenden Antwort hängt es zugleich ab, wie der Anspruch Gadamers insgesamt zu beurteilen ist.

Diese kritische Schlußbilanz bildet den Hintergrund, vor dem dann die eigentliche Aufgabe in Angriff genommen werden kann, nämlich die Analyse der Gadamer-Rezeption in der katholischen Theologie, wie sie sich an drei Beispielen darstellt.

Schlußerörterung:

Der Widerspruch von hermeneutischer Methodologie und philosophischer Hermeneutik und die Gleichsetzung von Vernehmen und Vernunft als Charakteristika einer sprachontologisch fundierten Hermeneutik

Sollte man die Absicht Gadamers mit einigen wenigen Worten umreißen, so geschähe dies wohl am besten vermittels der Feststellung, er habe sich darum bemüht, Tradition und Vernunft – von der Aufklärungsphilosophie in ein antagonistisches Verhältnis gesetzt – wieder miteinander zu versöhnen und zwar, indem er, historisch wie systematisch gleichermaßen weit ausholend, den Nachweis zu erbringen sucht, daß dieser im Hegelschen Sinne abstrakte Gegensatz im Verstehen als dem Vollzug menschlich-geschichtlichen Daseins immer schon aufgehoben und je und je überwunden sei. An dieser Zielsetzung und dem damit verbundenen Anspruch muß die philosophische Hermeneutik gemessen werden und sich messen lassen. Dabei kommt der Zuordnung von hermeneutischer Methodologie und philosophischer Hermeneutik eine Schlüsselstellung zu, weil sich für Gadamer in der Aufgabe, das Verhältnis von Methode und Wahrheit sachgemäß zu bestimmen, das Kernproblem der Aufklärung wiederholt. Es erübrigt sich, seine Argumentation erneut im einzelnen darzustel-

124

len, da Gadamer in den vorstehenden Kapiteln ausführlich zu Worte kam. Im Zuge der Begründung der zunächst immanent verfahrenden Kritik genügt es deshalb, den jeweils infragestehenden Gedankengang stichwortartig ins Gedächtnis zurückzurufen, ohne ihn detailliert zu belegen.

Zwei Fragenkomplexe vor allem hatten sich in den ersten beiden Kapiteln als bedeutsam herauskristallisiert: zum einen das Problem, ob und inwiefern Gadamer die Grenzen transzendentalphilosophischer Reflexion überschritten hat und dadurch gezwungen ist, bereits auf der Ebene der transzendentalen Reflexion die konkrete Inhaltlichkeit von Vorurteilen zu thematisieren, wodurch er, entgegen seiner erklärten Absicht, immer wieder das auslegende Subjekt und seine methodische Arbeit in die Analyse einbeziehen muß. – Zum anderen stieß die Untersuchung auf das Problem, wie sich Gadamers Ablehnung eines Gegenstands an sich, die ihrerseits mit einem konstitutionstheoretischen Verständnis der Vorurteile verknüpft schien, mit seinem Festhalten an der Sachgebundenheit von Interpretation verträgt.

Obgleich beide Fragestellungen miteinander zusammenhängen, erweist sich doch bei näherem Zusehen die erste als die grundlegendere. Denn Gadamers Kritik am Gegenstandsbegriff der Geisteswissenschaften gründet offensichtlich in seiner Modifikation des transzendentalphilosophischen Ansatzes: Wenn die hermeneutische Reflexion sich nicht darauf beschränkt, die Vorurteile ihrer bloßen Form nach als notwendig aufzuweisen, sondern immer auch schon auf ihre Inhalte zielt, dann konstituieren diese Vorurteile den «Gegenstand» der Geisteswissenschaften eben nicht bloß in seiner Gegenständlichkeit, sondern darüber hinaus als diesen bestimmten. Kantisch formuliert bedeutet das: Ding an sich und Erscheinung fallen zusammen.

Daraus erhellt, daß der Begriff der Erscheinung bei Gadamer eine völlig andere als die übliche erkenntnistheoretische Bedeutung besitzt. – Der Unterschied läßt sich gut anhand eines Vergleichs zweier umgangssprachlicher Verwendungsweisen von «Erscheinung» demonstrieren. Sagt man beispielsweise von einem Menschen, er sei eine beeindruckende Erscheinung, dann heißt das so viel wie: er wirkt beeindruckend, aber dieser Eindruck könnte sich durchaus ändern und sich herausstellen, daß es sich «in Wirklichkeit» um einen ganz normalen Menschen handelt. Der Begriff der Erscheinung drückt also einen gewissen Vorbehalt aus, der die Möglichkeit offenhält, daß die Erscheinung der Wirklichkeit nicht oder nicht ganz entspricht. – Erkenntnistheoretisch gewendet, fällt der Erkenntniskritik in diesem

Falle die Aufgabe zu, die Beziehung des Bewußtseins zur Erscheinung und darin zugleich zur Wirklichkeit an sich zu klären, weil und insofern das Bewußtsein nie unmittelbar, sondern stets durch die vermittelnde Instanz der Erscheinung zur Wirklichkeit an sich in Beziehung tritt. Die Erscheinung enthält folglich sowohl eine bewußtseins- bzw. subjekt- als auch eine objektbezogene Komponente und kann nur als Resultat einer Synthesis zwischen beidem verstanden werden. Dies ist der Punkt, an dem Kant etwa ansetzt, der trotz seiner Betonung des subjektiven Anteils der Erscheinung ihren Objekt-Bezug nicht ganz preisgibt[116].

Die zweite umgangssprachliche Verwendungsweise bringt demgegenüber einen gänzlich anderen Sachverhalt zum Ausdruck. Wenn zum Beispiel ein Nachrichtensprecher berichtet, der Kultusminister von Hessen habe sich nicht, wie erwartet, bei der Kultusministerkonferenz vertreten lassen, sondern sei dort höchstpersönlich in Erscheinung getreten, dann meint der Begriff der Erscheinung eben eine Art von Anwesenheit, die keiner Steigerung mehr fähig ist. In diesem Sinne gebraucht auch Gadamer den Begriff der Erscheinung: er bezeichnet mit ihm die unverkürzte und keiner Vermittlung bedürftige Präsenz der Sache selbst in der Mitte der Sprache.

Die Tatsache, daß die Welt stets nur relativ zum Dasein erscheint, darf deshalb nicht konstitutionstheoretisch interpretiert werden. Sie erscheint eben nicht «für» das Dasein, sondern «im» Dasein, und die Sprachlichkeit des Daseins ist die Bedingung der Möglichkeit solchen Erscheinens. Jeder noch so entfernte Anklang an den Subjekt-Gedanken oder die Idee des Bewußtseins muß demzufolge vom Begriff des Daseins ferngehalten werden. Das Dasein ist nicht irgendeine Art von Subjekt oder von Bewußtsein, es ist der Ort, an dem Welt erscheint.

Daß diese Interpretation tatsächlich Gadamers Intention trifft, lehrt ein kleines Beispiel, das sich im Kontext der sprachontologischen Wendung der Hermeneutik findet und seinen besonderen Reiz darin hat, daß es dem Bereich der Naturwissenschaften entnommen ist. Es verdeutlicht daher um so besser die Konsequenzen, die sich aus Gadamers Sprachphilosophie ergeben und die Art und Weise, in der Gadamer zu argumentieren genötigt wird[117].

Das Beispiel dreht sich um die Frage, wie sich angesichts des Phänomens «Sonnenuntergang» vorwissenschaftliche und wissenschaftliche Erfahrung zueinander verhalten[118]. Gegen den Monopolanspruch wissenschaftlicher Erkenntnis gerichtet, stellt Gadamer dazu vorab fest, die Sonne habe «für uns nicht aufgehört unterzugehen, auch

126

nachdem die kopernikanische Welterklärung in unser Wissen eingegangen ist» (WuM 425). Daraus schließt er, es sei «offenbar» durchaus
«miteinander vereinbar, daß man den Augenschein festhält und zugleich um seine Verkehrtheit in der Welt des Verstandes weiß», und
aus diesem Grund dürften wir «nicht mit den ‹Augen› dieses wissenschaftlichen Verstandes den natürlichen Augenschein aufheben oder
widerlegen wollen». Für diese Behauptung liefert Gadamer nun folgende Begründung:

«Das ist nicht nur deshalb unsinnig, weil der Augenschein für uns eine echte Realität
ist, sondern ebenso deshalb, weil die Wahrheit, die uns die Wissenschaft sagt, selber
auf ein bestimmtes Weltverhalten relativ ist und gar nicht das Ganze zu sein beanspruchen kann. Wohl aber ist es die Sprache, die wirklich das Ganze unseres Welt-
verhaltens aufschließt, und in diesem Ganzen der Sprache bewahrt der Augenschein
seine Legitimation ebenso, wie die Wissenschaft die ihre findet.» (WuM 425).

Die Beiläufigkeit, mit der Gadamer solche Illustrationen in seine Beweisführung einstreut, verleitet dazu, ihren Stellenwert als sehr gering
zu veranschlagen. Indessen sind sie als Argumentationsstützen gedacht und müssen als solche auch ernstgenommen werden. Dann
nämlich zeigt sich, daß an dem Gedankengang Gadamers nahezu alles falsch ist und er dennoch eine ganz unleugbare Konsequenz aufweist. – In diesem Sinne gilt es zunächst festzuhalten, daß die Idee
einer möglichen Konfrontation des Augenscheins mit der wissenschaftlichen Theorie nicht einfach schon deshalb «unsinnig» sein
kann, weil der Augenschein «für uns eine echte Realität ist». Dies
träfe nur dann zu, wenn von der «Wirklichkeit des Anschauens», wie
es bei Gadamer auch heißt, umstandslos auf die Wirklichkeit des An-
geschauten geschlossen werden dürfte. Dies ist natürlich mitnichten
der Fall, und trotzdem setzt Gadamer diese Möglichkeit völlig unproblematisch voraus. – Weiterhin folgt aus der Tatsache, daß sich unsere umgangssprachliche Redeweise am Augenschein orientiert, obgleich wir um dessen «Verkehrtheit in der Welt des Verstandes»
wissen, keineswegs die Frage, ob es nicht wirklich die Sprache sei,
«die sich an diesen geschichteten Lebensverhältnissen stiftend und
schlichtend betätigt». Man kann Gadamer gegenüber durchaus einräumen, daß umgangssprachliche und wissenschaftliche Redeweise
unterschiedlichen Handlungszusammenhängen anzugehören pflegen
und die Sprache als solche offenkundig imstande ist, «die mannigfal-
tigsten Lebensverhältnisse zu umfassen». Daraus läßt sich jedoch bestenfalls die Einsicht in die funktionale Anpassungsfähigkeit der Spra-

che, nicht aber die kognitive Gleichrangigkeit bestimmter Sprechweisen ableiten. Genau dies freilich tut Gadamer. – Gewiß ist die Redeweise vom Sonnenuntergang «nicht willkürlich». Sie entspricht in der Tat präzise unserer Anschauung. Doch eine optische Wahrnehmung zu beschreiben ist eine Sache, das beschriebene Phänomen zu erklären, eine andere. Gadamer jedoch, gebannt von der Idee der «Sprachgebundenheit unserer Welterfahrung» und ihrer «sprachlich(en) Verfaßtheit», vermag diesen Unterschied nicht zu sehen, weil er gewissermaßen nur noch Augen hat für die Tatsache, daß sowohl eine Beschreibung eines Phänomens als auch seine Erklärung sprachlich artikuliert werden muß. Daß sich von da her für ihn die Frage nach der kognitiven Wertigkeit unterschiedlicher Redeweisen ganz offensichtlich von selbst erledigt, läßt sich nur verstehen vor dem Hintergrund seiner Sprachontologie: weil die Phänomene zur Sprache gebracht werden und also sprachlich zur Erscheinung kommen, bürgen sie zugleich für ihre eigene Wahrheit. Denn aufgrund der Sachlichkeit der Sprache sind in ihr die Dinge unmittelbar als sie selbst anwesend: Sprache ist ja, nach Gadamer, eigentlich «Sprache der Dinge».
Es liegt auf der Hand, daß Gadamers Gleichsetzung von unmittelbarer Wahrnehmung und wissenschaftlicher Theorie letzten Endes gründet in seiner These von der Identität von Sprache und Sein. Sie allein rechtfertigt seine an sich unlogischen Folgerungen ebenso wie die merkwürdige Verdrehung der erkenntnistheoretischen Problematik, die in seinem Beispiel vom Sonnenuntergang steckt. So verdrängt er zwangsläufig die viel naheliegendere Frage, mit welchem Recht wir denn unsere Wahrnehmung als Schein qualifizieren, und erspart sich auch eine plausible Erklärung für den doch einigermaßen befremdlichen Tatbestand, daß auch er angesichts des Sonnenuntergangs von einem Augenschein spricht. Das bedeutet doch nichts anderes, als daß die Sprache gerade nicht, wie Gadamer glauben machen will, die unmittelbare Wahrnehmung in der gleichen Weise legitimiert wie die wissenschaftliche «Verstandesansicht», sondern im Gegenteil ein recht deutliches Bewußtsein von der Problematik «solcher Anschauungsevidenz» und der spezifischen Überlegenheit der kopernikanischen Theorie enthält. Nicht bloß der wissenschafts- und methodengläubige Naturforscher hält in seiner «Welt» den Augenschein für – in einem spezifischen Sinne – verkehrt, das Wissen um diese Verkehrtheit ist eben bereits in die Umgangssprache eingegangen[119]. Indem wir von einem Augenschein sprechen, urteilen wir, um es im Stil Gadamers zu formulieren, «immer schon» vom Standort der kopernikanischen

Welterklärung aus und nehmen für sie die größere Wahrheit in Anspruch. So besehen, ist die Frage, ob sich der Augenschein wissenschaftlich widerlegen läßt, tatsächlich «unsinnig», weil sie «immer schon» beantwortet ist und es in diesem Sinne für uns überhaupt keinen «natürlichen Augenschein» mehr gibt – sofern der Begriff «natürlich» hier eine Unabhängigkeit von der «Verstandesansicht» des Kopernikus zum Ausdruck bringen soll. Deren Überlegenheit beruht nicht nur darauf, daß sie den wahren Sachverhalt, also den relativen Ruhezustand der Sonne und die dazu relative Bewegung der Erde, festhält, sondern darüber hinaus zu erklären vermag, wie unser Eindruck zustandekommt, daß die Sonne untergehe und weshalb die umgangssprachliche Redeweise, die diesen Eindruck beschreibt, wirklich nicht willkürlich ist und einen «wirklichen Schein» aussagt. – Mithin erfährt, «nachdem die kopernikanische Welterklärung in unser Wissen eingegangen ist», unser Augenschein seine Legitimation weder durch die Evidenz seiner selbst, noch durch die stiftende und schlichtende Tätigkeit der Sprache, welche «die Unmittelbarkeit unseres Anschauens der Welt und unserer selbst» «verwahrt und verwaltet»; er wird vielmehr legitimiert durch eben dieses überlegene Wissen, das ihn als Schein, d. h. als Resultat einer Sinnestäuschung, entlarvt und trotzdem sein relatives Recht wahrt[120].

All das kann Gadamer nicht wahrhaben wollen[121], weil er im Zuge der sprachontologischen Wende der Hermeneutik notwendig zu der Behauptung gelangt, in der Sprache stelle «sich die Welt selbst dar» (WuM 426). Wenn aber die unterschiedlichen Weltansichten Selbstdarstellungen der Welt sind, dann allerdings ist das, «was die Welt selbst ist, nichts von den Ansichten, in denen sie sich darbietet, Verschiedenes» (WuM 423). Daraus folgt – und dies sollte an diesem Beispiel gezeigt werden: in jeder Erscheinung von Welt (= «Weltansicht») ist, dank ihrer sprachlichen Verfaßtheit, die Wirklichkeit selbst (= «Welt an sich») unmittelbar präsent. Zwar sind alle Weltansichten «daseinsrelativ» (WuM 425), aber das heißt lediglich, daß die Welt im Dasein erscheint, oder genauer formuliert, daß die menschliche Welterfahrung aufgrund ihrer Sprachlichkeit immer mit bestimmten Situationen verknüpft ist und die Welt deshalb stets innerhalb eines durch die sprachliche, in den Vorurteilen sich konkretisierende Vorausgelegtheit dieser Situationen eröffneten Horizontes erscheint, so daß die sprachlich verankerten Vorurteile als Bedingungen der Möglichkeit des Erscheinens von Welt begriffen werden müssen. Zusammenfassend formuliert:

«Der Maßstab für die fortschreitende Erweiterung des eigenen Weltbildes wird nicht durch die außer aller Sprachlichkeit gelegene ‹Welt an sich› gebildet. Viel mehr bedeutet die unendliche Perfektibilität der menschlichen Welterfahrung, daß man, in welcher Sprache immer man sich bewegt, nie zu etwas anderem gelangt als zu einem immer mehr erweiterten Aspekt, einer ‹Ansicht› der Welt. Solche Weltansichten sind nicht in dem Sinne relativ, daß man ihnen die ‹Welt an sich› entgegenstellen könnte, als ob die richtige Ansicht von einem möglichen Standort außerhalb der menschlich-sprachlichen Welt aus in ihrem Ansichsein anzutreffen vermöchte. Daß die Welt auch ohne den Menschen sein kann und vielleicht sein wird, ist dabei ganz unbestritten. Das liegt in der Sinnmeinung selber, in der eine jede menschlich-sprachlich verfaßte Ansicht der Welt lebt. In jeder Weltansicht ist das Ansichsein der Welt gemeint. Sie ist das Ganze, auf das die schematisierte Erfahrung bezogen ist. Die Mannigfaltigkeit solcher Weltansichten bedeutet keine Relativierung der ‹Welt›.» (WuM 426).

Auch an diesen vom konkreten Beispiel unabhängigen und daher grundsätzlicheren Ausführungen zeigt sich, wie konsequent Gadamer den naheliegendsten Fragen ausweicht, um seinen Gedankengang durchhalten zu können.

Wenn es wirklich «ganz unbestritten» ist, daß «die Welt auch ohne den Menschen sein kann», dann heißt das doch nichts anderes, als daß sie eben auch unabhängig von ihrem möglichen Zur-Sprache-kommen existieren kann. Damit stehen sich gegenüber die von «Mensch und Sprache» unabhängige Welt einerseits und der Mensch als sprachliches Wesen andererseits; und das eigentliche erkenntnistheoretische Problem liegt darin, wie der Mensch diese Welt so zur Sprache bringen kann, daß er sie in ihrem Ansichsein anzutreffen vermag. Daß der Mensch aufgrund der Sprachgebundenheit seiner Welterfahrung das Ansichsein der Welt in der Tat nie von einem «Standort außerhalb der menschlich-sprachlichen Welt» erfassen kann, bedeutet nur, daß Erkenntnistheorie ohne Sprachtheorie unmöglich ist, nicht aber, daß sich die erkenntnistheoretische Reflexion durch die Reflexion auf die Sprache ersetzen läßt. Diese erkenntnistheoretische Frage schließt keineswegs ein, «die sprachliche Welt» «von oben einsehen wollen» (WuM 429)[122]. Räumliche Vorstellungen sind dabei überhaupt nicht impliziert. Es ginge vielmehr darum zu klären, wie sich die «sprachliche Welt», die «Weltansicht» einer konkreten sozialen Gemeinschaft zum «Ansichsein der Welt», das auch nach Gadamer in jeder «Weltansicht» gemeint ist, sowie zu den «Weltansichten» anderer Gruppen verhält. Es wäre nach der Möglichkeit eines erkenntniskritischen Vergleiches zwischen unterschiedlichen «Weltansichten» zu fragen, dies nun aber nicht, wie Gadamer infolge seiner Fixierung auf das Gewißheitsideal Descartes' glauben machen will, um die schlecht-

130

hin richtige und als diese unbezweifelbare herauszufinden, sondern mit dem bescheideneren Ziel, die vergleichsweise richtigere auszeichnen zu können.

Da indessen die Idee einer approximativen Erkenntnis nur sinnvoll wird durch die Annahme einer an sich selbst und nicht erst aufgrund ihrer Sprachlichkeit bestimmten «Welt an sich», die Gadamer mitzuvollziehen ablehnt, sieht er sich genötigt, das Problem auf charakteristische Weise umzudeuten. So erklärt er angesichts der verschiedenartigen sprachlichen Weltansichten, daß

«eine jede von ihnen alle anderen potentiell in sich enthält, d. h. eine jede vermag sich selber in jede andere zu erweitern. Sie vermag die ‹Ansicht› der Welt, wie sie sich in einer anderen Sprache bietet, von sich aus zu verstehen und zu erfassen.» (WuM 414)

Daher hält Gadamer dafür, «daß die Sprachgebundenheit unserer Welterfahrung keine ausschließende Perspektivität bedeutet» (ebd.).

«In dem Sinne ist jede Sprache, in der wir leben, unendlich, und es ist ganz verkehrt, zu schließen, weil es die verschiedenartigen Sprachen gibt, gibt es eine in sich zerklüftete Vernunft. Das Gegenteil ist wahr. Gerade auf dem Wege über die Endlichkeit, die Partikularität unseres Seins, die auch an der Verschiedenheit der Sprachen sichtbar wird, eröffnet sich das unendliche Gespräch in Richtung auf die Wahrheit, das wir sind.» (KS I 111)

Gadamer weicht auf diese Weise der erkenntniskritischen Frage aus. Die Tatsache, daß die Vertreter der verschiedenen Weltansichten sich gegenseitig den Wahrheitsanspruch ihrer Ansichten streitig machen und doch keiner die allgemeine Gültigkeit seiner Auffassung zu begründen vermag, bereitet ihm offenkundig weniger Kopfschmerzen als Dilthey. Nichtsdestoweniger begegnet Gadamer dieser Schwierigkeit mit einem ähnlich harmonistischen Konzept: während für Dilthey die diversen Weltanschauungen je eine Seite der vielgestaltigen Wirklichkeit des Lebens zur Darstellung bringen, verzichtet Gadamer auch noch auf diesen rudimentären «Objektbezug» und begnügt sich damit festzustellen, sie könnten einander verstehen und miteinander ins Gespräch kommen. Der Allgemeinheitsanspruch vernünftiger Erkenntnis erfährt seine Erfüllung in und durch die Unendlichkeit des Gesprächs, dessen Einheit die Einheit der Vernunft verbürgt.
Aber woran bemißt sich «die fortschreitende Erweiterung des eigenen Weltbilds»? Wohin schreitet diese Erweiterung fort? Weshalb darf man nicht sagen, «die unendliche Perfektibilität der menschlichen

Welterfahrung» bedeute, daß sich dem Menschen die Welt nicht nur immer anders, sondern auch immer adäquater darstellt? Gadamer bekräftigt:

«Gewiß sehen die in einer bestimmten sprachlichen und kulturellen Tradition Erzogenen die Welt anders als anderen Traditionen Angehörige. Gewiß sind die geschichtlichen ‹Welten›, die einander im Laufe der Geschichte ablösen, voneinander und von der heutigen Welt verschieden.» (WuM 423)

In Anbetracht dieser Sachlage drängt es sich doch geradezu auf, zu überlegen, ob die geschichtlichen ‹Welten› sich in ihrem kognitiven Gehalt unterschieden und sich vielleicht gerade deshalb im Laufe der Geschichte ablösten und ob sich also hinter diesem Ablösungsprozeß ein Erkenntnisfortschritt oder -rückschritt verbirgt. Gadamer freilich stellt keinerlei Überlegungen in dieser Richtung an. Stattdessen betont er (als ob dies irgend jemand ernsthaft zu bezweifeln wagte): «Gleichwohl ist es immer eine menschliche, d. h. eine sprachverfaßte Welt, die sich, in welcher Überlieferung auch immer, darstellt» (ebd.). – Diese Aussage ist entweder absolut banal, oder aber sie enthält implizit die Lösung des Problems, ob die mit den unterschiedlichen «Welten» verknüpften Wahrheitsansprüche als gleichermaßen legitim gelten dürfen oder nicht. – Und in der Tat braucht man sich nur daran zu erinnern, daß es ja die Überlieferung ist, die, den Menschen ansprechend, die Voraussetzung für die Möglichkeit der Selbstdarstellung von Welt schafft. Insofern ist der Wahrheitsanspruch unterschiedlicher Überlieferungen «immer schon» qua Sprachlichkeit eingelöst.

Gadamers sprachontologisch gewendete Lehre von der Vorurteilsstruktur führt daher nicht, wie im Kontext der Überlegungen zum Gegenstandsproblem vermutet wurde, zu einem «hermeneutischen Nihilismus», der eigentlich präziser als Agnostizismus zu bezeichnen wäre, wohl aber zu einer spezifischen Form des Relativismus. Sowohl der Agnostizismus als auch der klassische Relativismus setzen die Differenz von Wirklichkeit und Erscheinung voraus: während der Agnostiker die Erkennbarkeit der Wirklichkeit an sich bestreitet, begründet der Relativismus, wie ihn beispielsweise Dilthey in seiner «Philosophie der Philosophie» vertritt, die kognitive Gleichwertigkeit von Erkenntnissystemen mit dem Fehlen hinreichender Entscheidungsregeln und Wahrheitskriterien. Diese jeweils spezifisch ausgeprägte erkenntnisskeptische Komponente fehlt bei Gadamer völlig. Durch die Daseinsrelativität des Verstehens wird dieses keineswegs beeinträchtigt, weil diese umgekehrt sogar die Bedingung der Möglichkeit dafür darstellt, daß die Sache selbst erscheinen kann. In diesem Sinne ist Verstehen Erkenntnis[123]. Trotzdem muß die philosophische Hermeneutik als Reflexion des Verstehens als relativistische Position gelten, da sie aufgrund der uneingeschränkten Präsenz der Sache selbst alle Erscheinungen als gleich wahr betrachtet. Dies hat, wie Gadamers Formulierung von der schlichtenden Tätigkeit der Sprache sehr schön zeigt, einen eigentümlichen Erkenntnisquietismus zur Folge. Im Unterschied zu Dilthey, der vom faktischen Widerstreit der verschiedenen Weltanschauungen ausgeht und sich mit der resignativen Auskunft bescheidet, dieser Streit sei unentscheidbar[124], hält Gadamer eine Konfrontation der unterschiedlichen Weltansichten für «unsinnig», weil unnötig. Sie sind zwar miteinander inkompatibel, aber in der Sprache immer schon miteinander versöhnt. – Das Gesagte läßt sich, obschon aus einem naturwissenschaftlichen Beispiel Gadamers abgeleitet, natürlich ohne weiteres auf die Geisteswissenschaften übertragen. Daß Gadamer es ablehnt, in bezug auf die geisteswissenschaftliche Forschung von einem Erkenntnisfortschritt zu sprechen, und behaupten kann, man brauche gar nicht immer besser zu verstehen, es genüge, einen Text etwa immer anders zu verstehen, dürfte nunmehr unmittelbar einleuchten. Unter diesen Umständen wird in der Tat das Ideal einer richtigen Auslegung sinnlos, es hebt sich gleichsam selbst auf, weil jede Interpretation die Sache selbst zur Sprache bringt. Da dies allerdings nur unter der Bedingung zutrifft, daß die der Sache angemessenen Vorurteile ins Spiel gebracht, diese wiederum durch die Wirkungsgeschichte aus der Vielzahl möglicher Vorurteile herausgefiltert werden, ergibt sich daraus notwendig die Folgerung, der geisteswissenschaftliche Interpret müsse eben der Tradition angehören, die er zu verstehen sucht. Auch hier gilt, daß diese Traditionsgebundenheit das Verstehen nicht behindert, sondern es eben allererst ermöglicht. Aufgrund dessen kann Gadamer zwar nicht mehr erklären, wie ein Interpret eine andere Tradition als die, in der er immer schon vor jeder bewußten Reflexion steht, verstehen kann. Das ist aber auch nicht nötig, da die Sache selbst in der Überlieferung überhaupt und damit in jeder konkreten Tradition gegenwärtig ist, insofern, als die Wirkungsgeschichte, die den Interpreten einer Tradition vorweg für sich einnimmt, letzten Endes das Tun der Sache selbst darstellt[125]. So kann Gadamer sagen:

«Wir nehmen hin, daß es verschiedene Aspekte sind, in denen sich die Sache zu verschiedenen Zeiten oder von verschiedenem Standort aus historisch darstellt. Wir nehmen hin, daß diese Aspekte sich nicht einfach in der Kontinuität fortschreitender Forschung aufheben, sondern wie einander ausschließende Bedingungen sind, die jede für sich bestehen und die sich nur in uns selber vereinigen. Was unser geschichtliches Bewußtsein erfüllt, ist immer eine Vielzahl von Stimmungen, in denen die Vergangenheit widerklingt. Nur in der Vielfachheit solcher Stimmen ist sie da: das macht das Wesen der Überlieferung aus, an der wir teilhaben und teilgewinnen wollen.» (WuM 268)

Das erkenntniskritische Problem, ob die Vergangenheit in allen Stimmen «da» ist und wie, wenn dies zu verneinen wäre, entschieden werden könnte, in welchen Stimmen sie «da» ist, läßt sich auf der Grundlage der philosophischen Hermeneutik überhaupt nicht mehr formulieren: es hat sich infolge der Identifizierung von Wirklichkeit und Erscheinung aufgelöst[126].

«Jede Aneignung der Überlieferung ist eine geschichtlich andere – was nicht heißt, daß eine jede nur eine getrübte Erfassung derselben wäre: eine jede ist vielmehr die Erfahrung einer ‹Ansicht› der Sache selbst.
Eines und dasselbe und doch ein anderes zu sein, dieses Paradox, das von jedem Überlieferungsinhalt gilt, erweist alle Auslegung als in Wahrheit spekulativ.» (WuM 448)[127].

Für die unbestreitbare Konsequenz, mit der Gadamer im Blick auf den Erkenntnischarakter des Verstehens seinen sprachontologischen Ansatz zu Ende denkt, bezahlt er freilich einen hohen Preis. Zum einen nämlich wird er zu einer Interpretation der Geisteswissenschaften gezwungen, die nicht nur in sich unhaltbar ist, sondern ihn zudem in unaufhebbaren Widerspruch zu sich selbst bringt. Zum anderen schlägt die philosophische Hermeneutik unversehens und aller gegenteiligen Absicht zum Trotz in eine schlicht autoritäre Theorie um. Der Schnittpunkt beider Linien liegt in der Frage nach der Stellung des konkreten Subjekts im Verstehen.

Was nun zunächst Gadamers Einschätzung der Geisteswissenschaften betrifft, so ist vorweg an sein Verständnis der modernen Wissenschaft im allgemeinen zu erinnern: seine Charakteristik stützt sich nahezu ausschließlich auf die mit Beginn der Neuzeit propagierte Idee der Voraussetzungslosigkeit der Erkenntnis und die daraus, nach Gadamers Auffassung zumindest, entspringende Vorherrschaft des Methodendenkens. Neuzeitliche Wissenschaft ist für Gadamer gleichbedeutend mit methodischem Vorgehen. Aufgrund ihres methodischen Wesens stellt die Wissenschaft Wahrheit fest und schafft eine gewisse Distanz zwischen Subjekt und Objekt, indem sie das zu Erkennende

134

vergegenständlicht und es auf diese Weise dem Verfügungswillen des Subjekts unterwirft. Darin gründet der technische Charakter der modernen Wissenschaft. – Gadamer gesteht zu, daß diese ihre beeindruckenden Erfolge der Methodik verdankt, weist aber zugleich kritisch auf die jeder Methode als solcher immanente Grenze hin: sie nötigt dazu, von der Zeitlichkeit der Wahrheit zu abstrahieren und verstellt somit, insofern sie Wahrheit feststellt, den Zugang zu tieferer Erkenntnis. Die Erkenntnisweise, die der Zeitlichkeit der Wahrheit entspricht, ist das Verstehen als umfassender Vollzug des Daseins, der das geisteswissenschaftliche Verstehen von Texten, Geschichte und Überlieferung überhaupt miteinbegreift. Im Verstehen wird also Wahrheit erfahren, allerdings eben auf nicht-methodische Art und Weise. Da Gadamer die Anwendung methodischer Verfahren innerhalb der Geisteswissenschaften nicht leugnen kann, behauptet er folgerichtig, dabei handele es sich lediglich um «eine untergeordnete Schicht der in den Geisteswissenschaften geleisteten Arbeit» (WuM 268). Die Wahrheit, die von den Geisteswissenschaften erwartet wird, läßt sich methodisch nicht sichern, und deshalb sind die Geisteswissenschaften vom «Begriff der Forschung und Fortschritt aus nicht genügend beschreibbar» (WuM 268). «Die moderne historische Forschung ist selber nicht nur Forschung, sondern Vermittlung von Überlieferung» (ebd.), und erst von da her gewinnt sie ihre praktische Relevanz und ihre besondere gesellschaftliche Aktualität.

Die Richtigkeit dieser Beschreibung einmal vorausgesetzt, zeigt sich sofort, daß Gadamer durch sie in erhebliche Schwierigkeiten geraten muß. Denn wenn einerseits Wissenschaft als solche durch ihre Methodik definiert sein soll, andererseits die Anwendung von Methoden dem geisteswissenschaftlichen Verstehen äußerlich bleibt, dann folgt daraus logisch, daß es sich bei den Geisteswissenschaften nicht um Wissenschaften im eigentlichen Sinn des Wortes handeln kann[128]. Gadamer indessen weicht diesem Schluß aus, und zwar indem er kurzerhand das Definitionsmerkmal «Methode» ersetzt durch das Kriterium «wirkungsgeschichtliches Bewußtsein». Seine Kritik orientiert sich daher weder an der methodischen Praxis der Geisteswissenschaften, noch bezieht sie sich darauf, daß diese sich zu Unrecht als Wissenschaften begreifen[129]. Gadamers Polemik gegen das falsche Selbstverständnis gipfelt vielmehr in der Aufforderung, die Geisteswissenschaftler sollten endlich die Unterscheidung von Wissenschaft und lebendiger Tradition als scheinhafte durchschauen und die Geisteswissenschaften als eine Weise von Überlieferung verstehen lernen, deren Wissenschaftlichkeit gerade auf jenem wirkungsgeschichtlich vermittelten Moment an Tradition basiere, das, aller bewußten Methodik vorausliegend, nicht noch einmal methodisch eingeholt werden könne und aus eben diesem Grund allererst eine fruchtbare Anwendung von Methoden gewährleiste[130].

Mit Hilfe eines bewußten oder unbewußten Argumentationstricks also erweckt Gadamer den Anschein, es sei ihm gelungen, in bezug auf die Geisteswissenschaften die neuzeitliche Fixierung auf das Methodenideal aufzubrechen, ohne ihre Wissenschaftlichkeit anzutasten[131]. Paradoxerweise offenbart sich diese «Lösung» des Problems, ob die Geisteswissenschaften noch als Wissenschaften betrachtet werden dürfen, unmittelbar als ein neuer Fallstrick, in dem Gadamer sich auch prompt verfängt. Um dies zu sehen, genügt es, sich kurz zu vergegenwärtigen, daß nach Gadamers Ansicht die Orientierungslosigkeit des modernen Menschen und der ersatzweise Gebrauch technischen statt praktischen Wissens zum Zweck der technokratischen Steuerung der Gesellschaft hauptsächlich in der Entmächtigung der Tradition durch die sich objektivistisch mißverstehenden Geisteswissenschaften wurzelt[132]. Unabhängig davon nun, welcher Wahrheitsgehalt dieser These als solcher zukommen mag, läßt sie sich auf der Grundlage seiner Konzeption von der Eigenart der Geisteswissenschaften schlechterdings nicht rechtfertigen. Liegt nämlich deren Auszeichnung vor den Naturwissenschaften tatsächlich, wie Gadamer behauptet, darin, daß sie wegen des in ihnen wirksamen und hermeneutisch produktiven Überlieferungskernes selbst Überlieferung sind, dann bleibt unerfindlich, aus welchem Grunde gerade sie für die der Moderne eigentümliche Distanz zur Tradition verantwortlich sein sollten und könnten[133]. Die traditionsaufhebende Wirkung, die er den Geisteswissenschaften zuschreibt, kann mit Rücksicht auf Gadamers eigene Prämissen einzig durch die zusätzliche Annahme erklärt werden, daß das falsche Selbstverständnis der Geisteswissenschaften im konkreten Forschungsprozeß eine strikte Beschränkung auf rein methodisches Arbeiten nach sich zieht. In Anbetracht des monologischen Charakters methodischer Verfahren im Unterschied zur dialogischen Konstitution gesellschaftlicher Vernunft läßt sich unter dieser Voraussetzung in der Tat der Verlust praktischen Wissens als die notwendige Folge des historischen Objektivismus ableiten.

Daß Gadamer diese hier nur hypothetisch eingeführte Möglichkeit tatsächlich ins Auge faßt, beweist seine Warnung vor einer blinden Anwendung der Methodik auf das «unendlich Nichtswürdige». – Damit gerät er jedoch in einen folgenschweren Widerspruch. Denn das Zugeständnis dieser Möglichkeit beinhaltet logisch, daß die Geisteswissenschaften nicht bloß in ihrem Selbstverständnis, sondern darüber hinaus auch in ihrem Tun sich so weit am Vorbild der Naturwissenschaften orientieren, daß sie im Grunde gar nicht mehr von diesen zu unterscheiden und also ohne Abstriche als Wissenschaften im neuzeitlichen Sinne anzusprechen sind. Das Wesen des Objektivismus besteht folglich darin, eben diesen Sachverhalt auf den Begriff zu bringen. Das aber heißt: er kann gar nicht als falsches Bewußtsein einer mehr oder minder richtigen Praxis attackiert werden, weil er eigentlich das durchaus adäquate Bewußtsein einer falschen Praxis darstellt. Gadamers Angriff auf das Selbstverständnis zielt also eindeutig zu kurz: konsequenterweise müßte er sowohl die Forschungspraxis als auch das ihr entsprechende theoretische Bewußtsein, kurzum: die modernen Geisteswissenschaften als solche und insgesamt ablehnen und eine alternative Wissenschaft fordern. Historisch-systematisch betrachtet würden die Geisteswissenschaften dann als Endergebnis eines mit dem Beginn der Neuzeit einsetzenden Irrweges anzusehen sein.

So weit wagt indes selbst Gadamer nicht zu gehen[134], und dies aus gutem Grund. Hätten die Geisteswissenschaften sich nämlich wirklich vollständig gegen ihr Wesen entwickelt, so könnte eine derartige Wesensverkehrung wiederum nur als Folge der Leugnung des Geschehenscharakters, oder, anders formuliert, der wirkungsgeschichtlichen Bedingtheit des geisteswissenschaftlichen Verstehens gedeutet werden. Der theoretische Objektivismus hätte praktisch eine Aufhebung dieser Bedingtheit erreicht und das Verstehen vollkommen dem Verfügungswillen der sich falsch verstehenden Geisteswissenschaftler unterworfen. Nun ist es aber die Grundthese von «Wahrheit und Methode»,

«daß das wirkungsgeschichtliche Moment in allem Verstehen von Überlieferung wirksam ist und wirksam bleibt, auch wo die Methodik der modernen historischen Wissenschaften Platz gegriffen hat und das geschichtlich Gewordene, geschichtlich Überlieferte zum ‹Objekt› macht, das es ‹festzustellen› gilt wie einen experimentellen Befund – als wäre Überlieferung in dem selben Sinne fremd und, menschlich gesehen, unverständlich wie der Gegenstand der Physik.» (WuM XXI)

Keine noch so ausschließliche Orientierung der Geisteswissenschaften am Vorbild der Naturwissenschaften vermag demnach die Macht der Wirkungsgeschichte zu brechen, weil diese per definitionem von jeder bewußten Anerkennung oder Bestreitung unabhängig ist. Insofern spielt es im Grunde gar keine Rolle, welcher erkenntnistheoretischen Richtung die Geisteswissenschaftler anhangen, ob sie also im Gefolge Diltheys dem Objektivismus verfallen sind, oder aber im Anschluß an Gadamer dem Irrglauben an die Objektivität methodischer Verfahrensweisen und die Möglichkeit voraussetzungsloser Erkenntnis auf ewig abgeschworen haben. Der Unterschied zwischen einem hermeneutisch reflektierten Geisteswissenschaftler und einem notorischen Objektivisten reduziert sich somit auf den unterschiedlichen Grad der Bereitschaft, sich einzugestehen, daß es gleichgültig ist, ob man den Traditions- und Geschehenscharakter der Geisteswissenschaften leugnet oder nicht. Wer sich dazu durchgerungen hat, ihn zu akzeptieren, dem geschieht nunmehr gewissermaßen sehenden Auges, was ihm ansonsten blind widerfährt[135]. Weshalb das eine besser und notwendiger sein soll als das andere, kann Gadamer nicht mehr begründen, zumal es doch die Sache selbst ist, die sich wirkungsgeschichtlich durchsetzt und zur Geltung bringt. Sein dringlicher Mahnruf, die Geisteswissenschaften müßten sich hermeneutisch aufklären lassen, um nicht nur sich selbst, sondern darüber hinaus auch die sittliche Realität des gesellschaftlich-geschichtlichen Lebens vor der Zerstörung zu bewahren, entbehrt jeder theoretischen Grundlage und verliert damit völlig seine Überzeugungskraft.

Ist Überlieferung Wahrheitsgeschehen und Wissenschaft Überlieferung, dann bleibt notwendig im dunkeln, wie man sich die Geisteswissenschaften trotz ihres falschen Selbstverständnisses als Ursache des zunehmenden Traditionsverlustes der Moderne vorstellen soll und was sich durch eine Revision dieses Selbstverständnisses substantiell ändern würde. Doppelt rätselhaft wird jedoch Gadamers Forderung, die Geisteswissenschaftler müßten versuchen, die ihrer Wissenschaft im allgemeinen und ihrer konkreten Arbeit zugrunde liegenden Vorurteile unter ihre bewußte methodische Kontrolle zu bringen. Denn abgesehen davon, daß dies ohnehin unmöglich und gar nicht nötig ist, liefe es doch am Ende darauf hinaus, das verhängnisvolle Methodendenken zu verstärken.

Wie immer man das Problem dreht und wendet, stets drängt sich die gleiche Einsicht auf: Gadamers philosophische Hermeneutik ergänzt nicht bloß eine im übrigen unbestrittene hermeneutische Methodologie, sie verurteilt diese zumindest zur Irrelevanz und untergräbt, entgegen allen anderslautenden Beteuerungen, ihren Sinn[136]. Im Zuge der Ontologisierung der hermeneutischen Fragestellung, der Zirkel-

und Vorurteilsstruktur des Verstehens, verflüchtigt sich das konkrete verstehende Subjekt. Sofern es überhaupt noch Berücksichtigung findet, wird es zum Epiphänomen des anonymen Prozesses, als dessen eigentliches «Subjekt» sich plötzlich der ent-objektivierte «Gegenstand» zeigt, der sich selbst zur Erscheinung bringt[137]. – Hierin wurzelt nicht nur die angesichts der massiven Kritik Gadamers am Subjekt-Gedanken einigermaßen verwunderliche Quasi-Personalisierung der Dinge, der Überlieferung, des Textes, der Geschichte und schließlich der Sprache, die «wie ein Du» zu sprechen beginnen, sondern vor allem jene frappierende Umkehrung der Richtung des Deutens und Verstehens, die Gadamer am Beispiel der Mythen und Märchen veranschaulicht[138]. Nicht der Wissenschaftler deutet die Mythen und Märchen, er deutet auch nicht sich selbst in ihnen, vielmehr deuten sie ihn, und er muß sich durch sie deuten und belehren lassen – und zwar bei Strafe des Verlustes ihres wahren Sinnes und seines eigenen Wesens. Einzig in diesem «muß» meldet sich noch die Erinnerung an das verstehende Subjekt und seine Freiheit, aber nur zugleich mit der Autorität der Überlieferung, die, Vergangenheit, Gegenwart und Zukunft verbindend, das Verbindliche des menschlichen Schicksals repräsentiert. Ihr gehört der Mensch immer schon zu, und indem er dem in dieser Zugehörigkeit liegenden Anspruch hörend und gehorsam entspricht, geht ihm im Verstehen der Überlieferung die Wahrheit, der Sinn und die Bedeutung seines Daseins auf[139]. Nicht darum erkennt der Mensch in der Geschichte sich selbst, weil er – wie Marx, Dilthey und andere in der Nachfolge Vicos irrtümlich glaubten – diese Geschichte selbst gemacht hätte, sondern weil ihm im An-wesen des Seins im Dasein sein eigenes Wesen geschieht. Dies freilich nur, wenn der Mensch bereit ist, sich dem Wahrheitsgeschehen der Überlieferung anheimzugeben und geschehen zu lassen, was ohnehin geschieht, wenn er von dem Versuch abläßt, sich einer Macht zu entziehen, der sich kein endliches Wesen zu entziehen vermag, und die Wahrheit der Tradition bewahrend sie als seine eigene übernimmt. So vollzieht sich im vernehmenden Gehorsam gegenüber der Tradition, durch die den Menschen der Zuspruch des Seins konkret erreicht, praktische Vernunft, als deren vornehmstes Ziel seit je die Ermöglichung des Menschseins verstanden wurde[140].
In Anbetracht dieser Sachlage die philosophische Hermeneutik als eine Philosophie der «vernehmenden Vernunft» zu bezeichnen[141], bringt lediglich die halbe Wahrheit zum Ausdruck. Die volle und unverkürzte Wahrheit lautet: die philosophische Hermeneutik Gada-

mers ist eine Philosophie der Identität von Vernehmen und Vernunft[142]. Vollkommener kann die Intention der Aufklärung nicht in ihr Gegenteil verkehrt werden.

Gadamers Anspruch, im Sinne einer Zweiten Aufklärung die Aufklärungsphilosophie über ihre verborgenen Voraussetzungen und blinden Flecke aufgeklärt und sie auf diese Weise auf der höheren Stufe hermeneutischer Reflexion zugleich überwunden und «aufgehoben» zu haben, erweist sich als vollendete Selbsttäuschung. Vernunft und Tradition aus der antithetischen Stellung, in die sie durch die Aufklärung gerückt worden waren, lösen und zur versöhnenden Synthese bringen zu können, hätte bedeutet, die Einheit in der Unterschiedenheit von Vernunft und Tradition denken zu müssen. Gadamer statt dessen hebt – indem er, mit umgekehrtem Vorzeichen freilich, dem gleichen abstraktiven Fehlschluß zum Opfer fällt, den er der Aufklärungsphilosophie ankreidet – ihre Differenz auf und setzt sie unmittelbar identisch. Infolgedessen schlägt die im Namen der Freiheit und Selbstbestimmung des Subjekts ausgesprochene Weigerung der Aufklärungsphilosophie, der Tradition irgendeine Wahrheit zuzuerkennen, unvermittelt um in den Appell, sich gehorsam dem Wahrheitsgeschehen der Überlieferung zu fügen und durch sie sich bestimmen zu lassen.

Man mag demgegenüber einwenden, es sei doch gerade die herausragende Leistung Gadamers gewesen, das geforderte Verhältnis zur Tradition als Gespräch beschrieben zu haben, und ein Gespräch vollziehe sich als partnerschaftliches, also auf der Gleichberechtigung der Gesprächspartner beruhendes und daher keineswegs autoritäres Geschehen. – Indessen führt Gadamers Gesprächsmetaphorik völlig in die Irre und verschleiert den aufklärungsfeindlichen Kern der philosophischen Hermeneutik. Widersprüchlich genug, kann Gadamer es zwar nicht vermeiden, immer wieder auf das empirische Subjekt Bezug zu nehmen, aber er hat es aller erkenntniskonstituierenden Funktionen beraubt. An die Stelle des transzendentalen Subjekts tritt die Sprache als Tradition und Wirkungsgeschichte. Diese aber ist, wie die hermeneutische Reflexion zumindest zeigen soll, immer schon über das konkrete Subjekt hinweg. Daß Gadamer überhaupt davon spricht, die Vorurteile, die das Verstehen ermöglichen, würden in Freiheit übernommen, läßt sich innerhalb seines Systems gar nicht mehr rechtfertigen und stellt nur noch eine blasse Reminiszenz an das große Thema der Aufklärungsphilosophie dar. Freiheit hat im Verstehen keinen Raum, weil das konkrete Subjekt, das einzig als Ort wenn schon nicht

140

absoluter, so doch wenigstens relativer Freiheit begriffen werden könnte, weder die Möglichkeit besitzt, sich von der Überlieferung zu distanzieren, noch von ihr Abstand nehmen darf, wenn anders es nicht nur deren wahren Sinn, sondern darin zugleich sich selbst verlieren soll. Freiheit aber setzt als Bedingung ihrer Möglichkeit ein wie immer beschränktes Maß an Distanz voraus[143].

Nicht nur das verstehende Subjekt muß sich durch die Tradition in Frage stellen lassen, es muß auch umgekehrt die Tradition in Frage stellen können. Die Fragen jedoch, die der Interpret an das Du der Überlieferung richtet, sind ihm von diesem selbst in den Mund gelegt, die Vorurteile, die er ins Spiel bringt, sind ihm immer schon durch die Wirkungsgeschichte zugespielt[144]. Von einer freien Übernahme kann hier ebensowenig wie von einem echten Gespräch die Rede sein[145].

Das Problem, ob seine Fragen und Vorurteile wirklich der Sache angemessen sind, das objektivistische Interpreten mithilfe methodischer Verfahren in den Griff zu bekommen suchen, besteht für den hermeneutisch aufgeklärten Interpreten überhaupt nicht. Er weiß um seine wirkungsgeschichtliche Bedingtheit und darum, daß die Wirkungsgeschichte nichts anderes ist als das Tun der Sache selbst, um deren Verständnis er sich bemüht. Er darf sich sicher sein, diese Sache immer schon vor-verstanden zu haben, und sich darauf beschränken, dieses Vor-Verständnis in das Licht des Bewußtseins zu heben[146].

Da sich, Gadamer zufolge, Verstehen und Einverständnis nicht trennen lassen, schließt die Zugehörigkeit des Interpreten zur Tradition ein, daß dieser sich, noch bevor er zu fragen beginnt, schon im Einverständnis mit der Tradition befindet. Das heißt, um im Bild zu bleiben: bevor der Interpret überhaupt den Mund auftut, um das (angebliche) Gespräch mit der Überlieferung zu beginnen, hat er bereits ihren Zuspruch positiv beantwortet und ihrem Anspruch hörend entsprochen. Frage und Antwort, Vor-Urteil und Urteil fallen zusammen, die Tradition findet ihre Legitimation im Akt des Tradierens selbst. Denn: «Bedarf es einer Begründung dessen, was uns immer schon trägt?» (WuM XXV)

Gadamer mag noch so sehr versichern, Verstehen meine «gewiß nicht bloß die Aneignung überlieferter Meinung oder Anerkennung des durch Tradition Geheiligten» (ebd.) und es gehöre «doch gewiß auch zum Wesen des Menschen, Tradition brechen, kritisieren und auflösen zu können» (ebd.), wie er dies noch begründen könnte, bleibt sein ureigenstes Geheimnis. Seine Berufung auf die «Wahrheit des Korrektivs» rechtfertigt sicherlich ein erhebliches Maß an polemischer

Einseitigkeit, sofern Polemik ihren legitimen Platz in der philosophischen Auseinandersetzung hat. Solche Einseitigkeit verliert indessen in dem Augenblick ihr sachliches Recht, in dem sie keinen Raum mehr offenläßt für die Korrektur ihrer selbst. Ihn hat Gadamer verspielt. Seine Philosophie ist eine Philosophie strikter Identität, gleichsam ein nachidealistischer Idealismus der Sprachlichkeit, dem freilich die Idee der Vermittlung abhanden gekommen ist[147].

Ordnet man die Grundbegriffe der philosophischen Hermeneutik einander zu, so ergibt sich eine einzige Kette von Identifizierungen: Sein ist Sprache, Sprache ist Gespräch, Gespräch ist Spiel, Spiel ist Geschehen, Geschehen ist Horizontverschmelzung, Horizontverschmelzung ist Applikation, Applikation ist Wirkungsgeschichte, Wirkungsgeschichte ist Überlieferung, Überlieferung ist Wahrheitsgeschehen, Wahrheitsgeschehen ist Erkenntnis, Erkenntnis ist Verstehen, Verstehen ist Bewahrung, Bewahrung ist Vernunft.

Alle Glieder dieser leicht zu verlängernden Kette sind beliebig austauschbar[148]. Desgleichen lassen sich die Begriffe «Sinn», «Wahrheit» und «Bedeutung» ohne jede Schwierigkeit in jedem Kontext durcheinander ersetzen. Historische, dogmatische und systematische, wissenschaftliche und lebensweltliche, theoretische und praktische Erkenntnis verschmelzen ineinander. Ästhetische, theologische, juristische und geschichtliche Erkenntnisweisen sind von ihrer Struktur her nicht mehr zu unterscheiden. Interpretation, Auslegung und Anwendung auseinanderzuhalten, erweist sich als im Grunde unmöglich. – Was immer Gadamer berührt, verwandelt sich ihm unter der Hand zum «Verstehen». In seiner Hermeneutik herrscht in der Tat die Nacht, in der alle Kühe schwarz sind.

Deshalb bedeutet es entweder wohlmeinende Schönfärberei oder völlige Verkennung der Sachlage, wenn behauptet wurde, Gadamer habe alle Unterschiede zwischen den verschiedenen Verstehensweisen «um der Einheit des hermeneutischen Prozesses willen» «zurückgestellt»[149]. Eine solche Interpretation entspricht ohne Zweifel Gadamers eigenen Vorstellungen, der sich nicht von ungefähr zu dem Grundsatz bekannt hat: «Distinguendum, gewiß, aber mehr noch: man muß zusammensehen.»[150] Sie widerspricht aber zugleich einer hermeneutischen Parole, die wiederum Gadamer selbst ausgegeben hat und besagt, die Selbstinterpretation eines Philosophen könne auf keinen Fall den Maßstab für das Verständnis seines Werkes abgeben. Und wenn Gadamer darin irgendwo zugestimmt werden muß, dann in bezug auf sein eigenes Denken.

142

Was der Sache nach zu Gadamers Zusammenschau des hermeneutischen Prozesses gesagt werden muß, hat um fast zweihundert Jahre Kant vorweggenommen, als er 1787 in der Vorrede zur zweiten Auflage der «Kritik der reinen Vernunft» schrieb: «Es ist nicht Vermehrung, sondern Verunstaltung der Wissenschaften, wenn man ihre Grenzen in einander laufen läßt.»[151]

Es geht hier um mehr als den oft erhobenen Vorwurf begrifflicher Unschärfe[152], den sich Gadamer ohnehin mit souveräner philosophischer Geste vom Leibe zu halten weiß[153]. Gemeint ist auch nicht bloß der kritische Hinweis, es handele sich bei Gadamer um ein nicht zufällig von Metaphern strotzendes «Sprachgeschehen, das logische Widersprüche in Kauf nimmt»[154]. – Diese und ähnlichlautende Einwände[155] sind vollauf berechtigt, aber sie gewinnen ihr eigentliches Gewicht erst, wenn sie in den Gesamtzusammenhang einer grundsätzlichen Kritik gestellt werden. Eine Kritik jedoch, die derartige Probleme wirklich an der Wurzel fassen will, muß von der klaren Erkenntnis ausgehen, daß das von Gadamer gebotene hermeneutische Einerlei einerseits sowie die durch keine Interpretationskunst auszumerzende Widersprüchlichkeit seiner Theorie auf der anderen Seite weder denkerischer Nachlässigkeit noch bewußten Entscheidungen im Sinne von «methodischen Abblendungen» zuzuschreiben sind[156], sondern konsequent aus den sprachontologischen Prämissen der philosophischen Hermeneutik folgen[157].

Es ist die Sprachontologie Gadamers, aufgrund derer die selbstreflexive Struktur transzendentaler Argumentation zur Selbstaufhebung und Selbstwiderlegung der philosophischen Hermeneutik führt. Es ist die gleiche Sprachontologie, die dem hermeneutischen Relativismus Gadamers zugrundeliegt, den Sinn methodischer Arbeit zerstört und dazu zwingt, alle Differenzen zwischen den unterschiedlichsten Kommunikationsphänomenen und Erkenntnisweisen zu verwischen. Und es ist noch einmal diese Sprachontologie, die den antiaufklärerischen Charakter der Theorie Gadamers begründet.

Wenn es zutrifft, daß, wie Ernst Bloch meinte, sich das Ideologische an einer Theorie in einer eigentümlichen «Ungleichzeitigkeit» des Bewußtseins Ausdruck verschafft, dann ist die philosophische Hermeneutik Ideologie und es gilt für Gadamer Blochs Erkenntnis:

«Nicht alle sind im selben Jetzt da. Sie sind es nur äußerlich, dadurch, daß sie heute zu sehen sind. Damit aber leben sie noch nicht mit den anderen zugleich.»[158]

In diesem Sinne erweist sich am Ende die auf dem Wege rein immanenter logischer Analyse freigelegte Widersprüchlichkeit der philosophischen Hermeneutik, ihre durchgängig aporetische Struktur, als der präzise theoretische Ausdruck der Zerrissenheit eines bildungsbürgerlichen Bewußtseins, das zwar weder leugnen kann, noch eigentlich leugnen will, wie sehr es durch die gesellschaftlichen und philosophischen Bedingungen der Moderne geprägt ist, das sich aber, den eigenen Einsichten zum Trotz, mit dieser Form wirkungsgeschichtlicher Bedingtheit nicht abfinden mag. Im Universalitätsanspruch der Hermeneutik, der es Gadamer erlaubt, die unterschiedlichsten Phänomene als Beweisstücke herbeizuzitieren, in der Betonung des Dialogischen im Verstehen und in dem relativistischen Zutrauen auf die versöhnende Kraft der Sprache, spiegelt sich die Struktur einer Gesellschaft, zu deren Hauptmerkmalen die Pluralität von Standpunkten ebenso gehört wie die sich unaufhaltsam verstärkende Ausdifferenzierung von Teilfunktionen und die dadurch notwendige Spezialisierung und Professionalisierung derer, die mit der Erfüllung dieser Funktionen beschäftigt sind. Zugleich aber zielt der Versuch, diesen Prozeß hermeneutisch zu unterlaufen,

«auf jenen unentfalteten Zustand des Wissens, in dem Herrschaft, Handeln, Erfahrung, Glaube und Erkenntnis noch mythisch ineinander verschlungen waren. Zutreffend und nützlich ist Gadamers Buch über «Wahrheit und Methode», sofern man es als Deskription der Denkformen nimmt, die seit der Aufklärung nicht mehr gelten. Entgegen der aktualisierenden Absicht des Verfassers, entwirft seine Apologie der Tradition ein Bild davon, wie sich in den traditionalen Gesellschaften des vorindustriellen Zeitalters Wissensvermittlung vollzogen hat. ... Den Widerspruch zwischen der archaischen Traditionsbildung, die in bewußtloser Identifikation (des Einzelnen mit dem Allgemeinen: der Sippe, der Ahnen) vor sich gegangen war, und dem modernen Bewußtsein, das erkannt hat, wie sich Traditionen bilden und daher aus den Traditionen bereits herausgerückt ist – diesen Widerspruch versucht Gadamer durch die Aufforderung zur ‹Hingabe an die Tradition, die gewiß eine wissentliche ist›, zuzudecken. Ihm bleibt verborgen, daß gerade hier die Differenz aufbricht zwischen der einstigen Wirklichkeit der Traditionen und der modernen Ideologie des Traditionalismus. Eine abgelegte Gestalt der Geschichte gibt er für lebendig aus, von der er nicht einmal wüßte, wäre sie nicht im Erinnerungsvermögen des historischen Bewußtseins bewahrt, das entstand, als den Traditionen zu schwinden bestimmt war. Dies ist Gadamers eigene ‹Verstrickung in die Aporien des Historismus›.» [159]

Sich aus diesen Aporien befreien zu können, setzt eine Kritik an der philosophischen Hermeneutik voraus, die ebenso fundamental ansetzt, wie diese es für sich in Anspruch nimmt. Es gilt, den gordischen Knoten, den Gadamer in der «Mitte der Sprache» geknüpft hat, aus-

144

einanderzuhauen und die auseinanderfallenden Fäden je für sich wei-
terzuspinnen. Mag sein, daß sie sich später einmal zu einem Netz ver-
weben lassen, das vielleicht auch ohne metaphysische Verankerung
tragfähiger ist als ein in starres Urgestein eingelassener Pfeiler. Vorerst jedoch bleibt es die dringlichste Aufgabe des kritischen Denkens,
die hermeneutischen Verschlingungen aufzudröseln. – Diese Behauptung im Blick auf die hermeneutische Problematik in der Theologie
zu untermauern, ist die Zielsetzung des zweiten Hauptteils dieser Untersuchung.

TEIL II

PHILOSOPHISCHE HERMENEUTIK UND INTERKONFESSIONELLE VERSTÄNDIGUNG

Untersuchungen zur Frage nach der Bedeutung der katholischen
Gadamer-Rezeption im Kontext der Ökumene

I. Konfessionelle und allgemeine Hermeneutik

Zwei Vorstudien zur Verhältnisbestimmung von theologischer und philosophischer Hermeneutik

1. Katholische Hermeneutik und Gegenreformation. Kurze Erinnerung an die geschichtliche Funktion der hermeneutischen Reflexion in der katholischen Theologie und die Struktur einer katholischen Hermeneutik

Mit hermeneutischen Problemen sieht sich die christliche Kirche seit je konfrontiert: die Schriftwerdung des mündlichen Evangeliums, die Kanonbildung oder die Formulierung der ersten Dogmen in der Sprache der griechischen Philosophie, um nur einige wenige historische Vorgänge zu nennen, waren ebensogut hermeneutischer Natur, wie es die nach innen gerichtete Verkündigung und die missionarische Predigt, die katechetische Unterweisung und die Feier der Liturgie als konstitutive Lebensvollzüge der christlichen Gemeinschaft bis heute sind. – Es hatte daher sein gutes Recht, wenn behauptet wurde:

«Aus dem tätigen Glauben und der Verkündigung und nicht nur aufgrund einer (sekundären) Reflexion der Theologie auf sich selbst und ihrer Geschichte stellt sich das Problem der Hermeneutik.»[1]

An diesem Grundtatbestand hat sich weder im Verlauf der Kirchengeschichte noch durch die Entfaltung der theologischen Reflexion etwas geändert. Was sich allerdings veränderte, war das Ausmaß, in dem jene praktisch geübte Hermeneutik auch theoretisch verarbeitet wurde[2]. In einem Prozeß, der adäquat wohl nur als unauflösbares Ineinanderwirken von innerer Notwendigkeit und äußerer Nötigung verstanden werden kann, entwickelte die christliche Theologie sehr rasch ein hochdifferenziertes hermeneutisches Bewußtsein, das seinen Ausdruck in subtilen Auslegungstheorien, Predigtlehren und moraltheologischen Kasuistiken fand, ohne sich jedoch in der Bereitstellung rein formaler Techniken zu erschöpfen. Die überwiegend aus dem Bereich der profanen Hermeneutik entlehnten technischen Interpretationsregeln blieben im Gegenteil stets eingebettet in eine philosophisch-theologische Gesamtkonzeption und dienten so von vorneherein dazu, inhaltliche Auslegungsprinzipien zur Geltung zu bringen. Herausragendstes Beispiel dieser frühen theologischen Hermeneutik

ist die Position des Origines, der seine Lehre vom dreifachen Schriftsinn ontologisch begründet und so nicht zuletzt der an den Schriften
Homers erprobten und von dem hellenistischen Juden Philon von
Alexandrien zur Meisterschaft entwickelten allegorischen Auslegungsmethode auch im kirchlichen Raum zum Durchbruch verhilft[3]. Origines erkennt freilich zugleich die der Allegorese drohende Gefahr will-
kürlicher Texteinlegungen und haltloser Spekulation. Um sie zu
bannen, betont er nicht nur, «beste antike philologische und hermeneutische Tradition fortsetzend»[4], die Notwendigkeit strenger wissenschaftlicher Arbeit am Text, sondern greift darüber hinaus in seinem
Spätwerk auf ein hermeneutisches Kriterium zurück, das vor ihm bereits Irenäus und Tertullian gegen die Gnosis ins Spiel gebracht hatten: die kirchliche Lehrautorität[5]. Vor allem Tertullian kommt das
Verdienst zu, die innere Beziehung zwischen Schriftinterpretation und
Lehre der Kirche in aller Klarheit aufgedeckt zu haben. Während Irenäus an der allgemeineren Frage interessiert gewesen war, wie sich die
Echtheit einer den Anspruch auf Apostolizität erhebenden Tradition
erweisen läßt und in diesem Zusammenhang auf das episcopale «charisma veritatis certum» abhebt[6], spitzt Tertullian diese Auffassung
interpretationstheoretisch zu, indem er behauptet, alle rechte und
rechtmäßige Schriftexegese habe in Übereinstimmung mit der regula
fidei zu geschehen und an dieser ihren absoluten Maßstab[7]. – Damit
ist der Grundansatz kirchlich-theologischer Schriftauslegung festgelegt. Auch Augustinus, der, aufgrund seiner rhetorischen Ausbildung
für eine derartige Aufgabe geradezu prädestiniert, die theologische
Hermeneutik einem neuen Höhepunkt zuführt, bewegt sich innerhalb
des während der ersten Jahrhunderte abgesteckten Rahmens[8]. Er er-
weitert und vertieft wohl das ontologische, erkenntnistheoretische und
sprachphilosophische, nicht aber das theologische Fundament der
Exegese, das er in der knappen Feststellung zusammenfaßt, die Kirche selbst sei die Voraussetzung für den Glauben an die Schrift[9]. –
Einige Jahrzehnte nach Augustin bringt Vincenz von Lerin das Traditionsprinzip auf die prägnante und einprägsame Formel, als katho-
lisch müsse festgehalten werden, «was überall, was immer und was
von allen geglaubt wird». Um diese entscheidende Präzisierung ergänzt, behält die hermeneutische Theorie des Augustinus über ein
Jahrtausend fast unverändert und nahezu unangefochten Gültigkeit[10],
bis die Situation der theologischen Hermeneutik durch die Reformation eine einschneidende Veränderung erfährt. Als sich deshalb das
Konzil von Trient sowohl in Reaktion auf die reformatorische Her-

150

ausforderung, als auch wegen akuter Mißstände beim Gebrauch der Heiligen Schrift im kirchlichen Leben, gezwungen sieht, erstmals offiziell zur Problematik der Schriftauslegung Stellung zu nehmen, kann es dies tun in dem Bewußtsein, eine lange Geschichte hermeneutischer Reflexion fortzusetzen und dabei deren sachliche Kontinuität durchaus wahren zu können[11].

Die Stellungnahme des Konzils beinhaltet vor allem zwei wesentliche Festsetzungen: es bestimmt zum einen, jede Auslegung der Bibel sei an den Schrifttext einerseits sowie den von der Kirche festgehaltenen Schriftsinn andererseits gleichermaßen gebunden und besitze daher als unabänderliche Richtschnur «die gesamte in der Kirche anerkannte theologische Tradition»[12]. Zum anderen wird erklärt, die Entscheidung darüber, ob eine bestimmte vorliegende Interpretation der Heiligen Schrift nach Maßgabe dieser Norm legitim sei oder nicht, obliege ausschließlich den kirchlichen Amtsträgern. Unbeschadet der auf diese Weise festgehaltenen prinzipiellen Notwendigkeit einer solchen richterlichen Funktion des Lehramtes begnügen sich die Konzilsväter jedoch damit, deren konkreten Vollzug recht allgemein, ja sogar vage zu beschreiben. Demnach beschränkt sich das Lehramt, ohne selbst interpretierend tätig zu werden, auf eine Art negative Assistenz, indem es garantiert, daß die Exegese die durch die Tradition gesetzten Grenzen nicht überschreitet. Das Vatikanum I hat an der gleichen Stelle weniger Zurückhaltung geübt. Es spricht nämlich den Amtsträgern nicht mehr bloß das Recht zu, darüber zu urteilen, *ob* eine konkrete Auslegung der Schrift dem sogenannten sensus ecclesiae widerspricht, sondern begreift es darüber hinaus auch «als die Aufgabe des (zentralen) Lehramtes, zu entscheiden, *wie* die Schrift und einzelnen Schriftstellen zu interpretieren sind»[13]. – Das Erste Vatikanische Konzil bestätigt also zunächst einmal das bereits in Trient dogmatisch verankerte Traditionsprinzip in seiner Rolle als wichtigstes konfessionelles Unterscheidungsmerkmal einer verbindlichen katholischen Hermeneutik, aber es geht zugleich einen bedeutsamen Schritt über das Tridentinum hinaus, insofern dem Lehramt eigene Auslegungsaktivitäten zugebilligt werden, wodurch sich zumindest der Möglichkeit nach das Miteinander von Schrift, Tradition und Lehramt in ein Gegenüber von Lehramt einer- und Schrift und Tradition andererseits verwandelt.

Damit hat das Vatikanum I endgültig das Koordinatensystem festgelegt, innerhalb dessen sich eine katholische Hermeneutik zu bewegen hat. Auch das Vatikanum II hat daran im Grundsatz nichts geändert:

151

das Urteil des kirchlichen Lehramtes bleibt als regula proxima den regulae remotae, Schrift und Tradition, vorgeordnet. Im übrigen scheint sich freilich in «Dei Verbum» eine beweglichere Auslegung dieses Prinzips und insofern in der Praxis eine Rückkehr zu Trient abzuzeichnen[14].

Nun steht es außer Frage, daß die Beschlüsse des Zweiten Vatikanischen Konzils in einem anderen Klima und unter anderen Voraussetzungen zustande kamen als die Entscheidungen des Vatikanum I. Gerade deshalb zwingt ihre inhaltliche Übereinstimmung dazu, sich den problemgeschichtlichen Hintergrund ins Gedächtnis zu rufen, vor dem die in diesem Zusammenhang maßgebliche Konstitution «Dei Filius» zu lesen ist[15]. Denn aufgrund des unbezweifelbaren zwischenkirchlichen Stimmungswandels, den das Vatikanum II ebenso bezeugt wie es ihn vorangetrieben hat, gerät nur allzuleicht in Vergessenheit, in welchem Maße der Ausbau der vom Konzil übernommenen Hermeneutik von gegenreformatorischen Motiven geleitet war. Nicht zuletzt auch in dieser Hinsicht steht das Vatikanum I in der treuen Nachfolge des Tridentinums. Schon in den durch Pius IX. während der Vorbereitungsphase des Konzils eingeholten Gutachten herrscht die Tendenz vor, in der vom Protestantismus in Gang gesetzten Leugnung der unbedingten Autorität des Lehramtes die Quelle aller modernen Irrtümer zu sehen, die aufzudecken und abzuwehren eine Hauptaufgabe der kommenden Kirchenversammlung sein müsse[16]. Im gleichen Sinne urteilen die ausführlichen Voten der beiden einflußreichen Konsultoren Pecci und Franzelin. – Obgleich es der endgültige Text von «Dei Filius» vermeidet, den Protestantismus namentlich zu nennen[17], trägt die Konstitution insgesamt immer noch einen unverkennbaren gegenreformatorischen Akzent. Dennoch ist das Schweigen der Konzilsväter nicht gänzlich ohne Belang. Es kann nämlich zwanglos als Symptom einer Motiv-Überlagerung gedeutet werden, zu der es kam und kommen mußte, weil sich die Problemlage seit Trient doch erheblich verschoben hatte und infolgedessen die Abkehr von der Reformation allein nicht mehr ausreichte, um sie bewältigen zu können. Was die Konzilsväter zusätzlich im Auge hatten, läßt sich bereits aus der Tatsache ableiten, daß die Konstitution nicht an das gläubige Volk, sondern an die katholischen Wissenschaftler und Theologen adressiert war[18]. Das heißt: Es ging um das Phänomen «moderne Wissenschaft», die ihm zugrundeliegende Philosophie sowie beider Auswirkungen innerhalb der katholischen Theologie, insbesondere die dort an Einfluß gewinnende historisch-kritische

Schriftforschung. Die Zielsetzung, welche das Konzil in der Auseinandersetzung mit den dadurch aufgeworfenen Problemen verfolgt, läßt an Klarheit nichts zu wünschen übrig: es will «gegen das Eindringen der Methoden und Ansprüche der modernen Wissenschaft in die Theologie, speziell in die Exegese, einen Schutzwall errichten»[19]. Aus der Perspektive der Konzilsväter betrachtet erscheint diese ausschließlich defensive Grundhaltung durchaus als gerechtfertigt und notwendig. Denn

«vor allem der Wert der Tradition schien durch die neue Exegese bestritten zu werden. Während bis dahin ein Problem im scholastischen Sinne durch Sammlung und Erforschung der Aussagen der Tradition entscheidbar war, brachten die Neueren bis dahin völlig unbekannte Gesichtspunkte zur Geltung. Die neue psychologische Belastung erschien besonders schmerzlich, weil sie nicht nur den Wert der traditionellen Erkenntnis leugnete, sondern zugleich eine Haltung forderte, die dem Neuen zugewandt den jeweiligen Erkenntnisstand zum Ausgangspunkt nimmt und die Tradition nur noch insoweit gelten läßt, als sie mit den eigenen Erkenntnissen übereinstimmt. Diese Geisteshaltung wurde als unvereinbar mit den Denkgesetzen der christlichen Überlieferung empfunden. Das Hauptmotiv für eine Ablehnung der neuen Forderungen dürfte gewesen sein, daß die neue Wissenschaft eine neue antitraditionelle Haltung erforderte.»[20]

Gerade diese letztgenannte Schlußfolgerung muß, ungeachtet der richtigen Diagnose, in Zweifel gezogen werden. Die Schärfe, mit der das Konzil selbst, vor allem aber die nachkonziliare Kirche, gegen die «neuen Forderungen» vorging, bleibt letzten Endes unverständlich, wenn man sie vornehmlich als psychologisch begründete Abwehrreaktion zu erklären versucht. Denn einerseits darf nicht übersehen werden, daß das Vatikanum I trotz aller Kritik doch die prinzipielle Legitimität von Philosophie und Wissenschaft anerkannt und vor allem die Notwendigkeit der Philosophie im Blick auf die Möglichkeit einer rationalen Gotteserkenntnis nachdrücklich bekräftigt hat; andererseits – und dies ist der springende Punkt – können die Konzilsväter die «neuen Forderungen» als so neu gar nicht empfunden haben, weil sie in dem in Wissenschaft und Philosophie der Neuzeit verkörperten Streben nach absoluter Autonomie und Unabhängigkeit von jeglicher Tradition und äußerer Autorität eben Geist vom Geist der Reformation wiederzuerkennen glaubten. Aus diesem Blickwinkel besehen mußte sich vor allem die historisch-kritische Exegese als eine Art trojanisches Pferd darstellen, in dem verborgen reformatorisches Gedankengut und reformatorische Geisteshaltung in die katholische Kirche einzudringen und, gedeckt durch das Ansehen, das die Wissenschaft allenthalben genoß, nun doch einen Sieg zu erringen drohte. Nicht von ungefähr beginnt das auf das Problem der Schriftsinne bezogene Kapitel des im Rahmen der theologisch-dogmatischen Vorbereitungskommission von Martinelli erstellten Votums über die Irrtümer bezüglich der Heiligen Schrift unmittelbar mit massiver konfessioneller Polemik, wobei der genetisch auf das protestantische Schriftprinzip zurückgeführten historisch-kritischen Exegese in der gleichen Weise wie dem Protestantismus überhaupt reiner Subjektivismus und interpretatorische Willkür vorgeworfen wird[21]. Kurzum, hinter der Ablehnung des antitraditionell orientierten wissenschaftlichen Denkens verbarg sich als eigentliche Ursache ein tiefer sitzendes sowohl psychologisches wie theologisches Problem: das trotz eines wiedererstarkten katholischen Selbstbewußtseins noch keineswegs überwundene «Trauma der Kirchenspaltung und der Ablehnung der kirchlichen Lehrautorität»[22]. In welchem Maße von da her die gesamte Problematik angstbesetzt war, wird verdeutlicht durch die Tatsache, daß der einzige offene Konflikt während der gesamten Konzilsdauer aufbrach, als Bischof Stroßmayer als Vertreter einer kleinen Minderheit von Bischöfen dagegen protestierte, dem Protestantismus die Schuld an sämtlichen Übeln der modernen Welt zuzuschreiben[23]. Die in diesem Ereignis zutage tretende Protestantismus-Furcht war es in der Hauptsache, die sowohl eine nüchterne Gegenwartsanalyse verhinderte als auch – gewissermaßen als Vorbedingung dafür – eine simplifizierende Sicht der komplexen Entstehungsfaktoren der damaligen Situation begünstigte.

Man darf dabei allerdings nicht vergessen, daß den vereinfachenden Vorstellungen der Konzilsväter das im außerkatholischen Bereich vorherrschende Verständnis des Übergangs vom Mittelalter zur Neuzeit sehr weitgehend entgegenkam. Hegels These, mit und durch die Reformation sei der Gedanke der Freiheit des Subjekts erstmals als bestimmendes religiöses und später auch politisches Prinzip in der Menschheitsgeschichte zur Geltung gebracht worden, deckt sich recht genau mit dem Bild, das sich der Protestantismus des 19. Jahrhunderts selbst auch, nicht ohne den Einfluß Hegels natürlich, von der kirchen- und welthistorischen Rolle der Reformation machte[24]. Nun begann sich im Übergang vom 19. zum 20. Jahrhundert, vor allem im Gefolge der Forschungen von E. Troeltsch, eine differenziertere Betrachtungsweise durchzusetzen, und man lernte nicht nur, die geschichtliche Sendung der katholischen Kirche hinsichtlich der kulturellen und politischen Einheit Europas sowie der kirchlichen Einheit selber zu würdigen, sondern es fanden mehr als bisher auch die Unterschiede innerhalb des Protestantismus Interesse, wobei sich immer deutlicher herauskristallisierte, daß die Verschiedenartigkeit der protestantischen Bewegungen aufs engste zusammenhing mit dem jeweiligen Grad ihrer Verbundenheit mit dem mittelalterlichen Denken und Fühlen bzw. umgekehrt mit den Denk- und Wahrnehmungsweisen, die man als charakteristisch neuzeitlich ansah.

Dabei schien es zunächst, als würde gerade auch die protestantische Hermeneutik mit dem für sie konstitutiven Schriftprinzip in die Phase des ausgehenden Mittelalters zurückversetzt werden. Im Blick auf die Geschichte der hermeneutischen Theorie im Sinne einer wissenschaftlichen Hermeneutik fällt auf, daß Dilthey, einer ihrer ersten und sachkundigsten Erforscher, ihr «unvergeßliche(r) Förderer(s) und Vorkämpfer(s)»[25] den diesbezüglichen Beitrag Luthers offenbar nicht allzu hoch veranschlagte. In dem 1900 verfaßten Aufsatz über die «Entstehung der Hermeneutik» wird Luther selbst noch nicht einmal erwähnt und im Blick auf die frühprotestantische Theologie lediglich vermerkt, «das am meisten dringende Geschäft für einen damaligen Lutheraner» habe darin bestanden, die katholische Lehre von der Tradition zu widerlegen, «welche eben damals neu formuliert worden war.»[26]

Für Dilthey stand außer Zweifel, daß die protestantische Hermeneutik darin erfolgreich war, doch er hielt es für ebenso gewiß, daß ihr Sieg mit der Aufrichtung eines neuen dogmatischen Prinzips erkämpft worden war, nämlich des Postulats von der Ganzheit und Klarheit der Schrift[27]. Der Ausbau einer wirklich allgemeinen, weil wissenschaftlichen Hermeneutik konnte deshalb nur unter Preisgabe des reformatorischen Schriftprinzips erfolgen. Dilthey sah sich deshalb durch die Entwicklung der historisch-kritischen Schriftauslegung in der Überzeugung bestätigt, daß das Festhalten an einer dogmatischen Bindung der wissenschaftlichen Exegese, gleichgültig, in welcher Form, die Verständigung zwischen den verschiedenen Kirchen in dieser Hinsicht nicht nur erschwerte, sondern im Grunde unmöglich machte.

Diltheys Einschätzung hat sich nun – und das ist für den hier in Frage stehenden Zusammenhang wichtig – innerhalb der protestantischen Theologie nicht durchzusetzen vermocht. Und es waren gerade die der Neuen Hermeneutik verbundenen Theologen, die den Nachweis zu erbringen versuchten, daß protestantisches Schriftprinzip und historisch-kritische Methode sich nicht nur miteinander in Einklang bringen lassen, sondern überdies allein das Schriftprinzip es ermöglicht, den Anspruch der historisch-kritischen Forschung unverkürzt einzubehalten.

Die katholische Theologie geriet dadurch offensichtlich in eine überaus prekäre Situation. Denn sie mußte sich ja fragen, ob nicht tatsächlich das Vatikanum I im Recht war, wenn es die katholische wissenschaftliche Exegese dem Verdacht aussetzte, Vorreiter einer geheimen Protestantisierung der katholischen Theologie zu sein. Das Problem bestand folglich darin, ob innerhalb des Dreiecksverhältnisses von katholischer, protestantischer und allgemeiner Hermeneutik sich durch die philosophische Hermeneutik Gadamers die Gewichte zugunsten des katholischen Traditionsprinzips verschoben hatten.

Der folgende Abschnitt wird zeigen, wie sich diese Frage aus der Sicht Gadamers darstellt.

2. Philosophische Hermeneutik und Schriftprinzip. Die exemplarische Bedeutung der protestantischen Hermeneutik in der Sicht Gadamers

Gadamers Auseinandersetzung mit der protestantischen Hermeneutik vollzieht sich, sieht man zunächst einmal von dem Anhang über «Hermeneutik und Historismus» ab[28], an zentraler Stelle innerhalb von «Wahrheit und Methode», und zwar im entscheidenden zweiten Hauptteil[29], der die «Ausweitung der Wahrheitsfrage auf das Verstehen in den Geisteswissenschaften» zum Gegenstand hat und die im dritten Teil vollzogene «Ontologische Wendung der Hermeneutik am Leitfaden der Sprache» vorbereitet. Dieser zweite Teil ist noch einmal in zwei größere Abteilungen untergliedert, deren erste den Titel «Geschichtliche Vorbereitung» trägt und somit ersichtlich einem mehr historischen Interesse dienen soll[30], während die zweite eindeutig systematischen Charakter besitzt und mit: «Grundzüge einer Theorie der hermeneutischen Erfahrung» überschrieben ist[31]. In beiden Abschnitten nimmt Gadamer auf die protestantische Hermeneutik Bezug, wobei der fundamentale Rang, welchen er dieser zuerkennt, bereits dadurch zum Ausdruck kommt, daß sich deren systematische Erörterung in der Mitte desjenigen Kapitels findet, das der «Wiedergewinnung des hermeneutischen Grundproblems» gewidmet ist[32]. Unterstrichen wird dies alles noch durch die Tatsache, daß Gadamer dem gesamten zweiten Hauptteil ein Luther-Zitat als Motto voranstellt, das folgendermaßen lautet: «Qui non intelligit res, non potest ex verbis sensum elicere.»[33] – Insgesamt also zeigt schon die formale Einordnung der protestantischen Hermeneutik in den Gesamtzusammenhang von

156

«Wahrheit und Methode», daß Gadamer sich von ihr einigen Auf-
schluß bezüglich der hermeneutischen Problematik als solcher verspricht. Da jedoch die Zielsetzung seines eigenen Entwurfs entschieden über die Ausarbeitung einer konfessionellen Hermeneutik
hinausgreift, können eigentlich – so ist zunächst zu vermuten – nur
diejenigen Aspekte der protestantischen Hermeneutik Gadamers Interesse beanspruchen, die sie entweder mit der katholischen Hermeneutik gemeinsam hat oder die, obgleich sie vielleicht in der katholischen Hermeneutik fehlen, dennoch universale Geltung besitzen und
daher grundsätzlich auch von der katholischen Hermeneutik in Anschlag gebracht werden müßten. Dies gilt natürlich auch in der umge-
kehrten Richtung, d. h. es könnte sehr wohl sein, daß in der katholischen Hermeneutik Einsichten festgehalten sind, denen unabhängig
von ihrer konfessionellen Herkunft universaler Charakter zugesprochen werden muß und die infolgedessen, sofern sie dort nicht oder
nicht mehr vorhanden sind, von der protestantischen Hermeneutik zu
berücksichtigen wären. – Zieht man zusätzlich noch in Betracht, daß
Gadamer sein Unternehmen klar von der Hermeneutik Diltheyscher
Prägung abgrenzt, so steht zu erwarten, daß für ihn vor allem diejenigen Komponenten der protestantischen Hermeneutik besondere Bedeutung erlangen, die Dilthey nur kritisch würdigen konnte. Daß Gadamer nun in der Tat dem hier rein theoretisch, allein mit Rücksicht
auf den speziellen Anspruch seiner Theorie entwickelten Analyse-
Schema zu folgen gedenkt, beweisen die knappen Bemerkungen, mit
denen er die Aufgabenstellung der Rückbesinnung auf die Geschichte
der Hermeneutik umreißt. Gadamer schreibt:

«Wenn wir als Aufgabe erkennen, mehr Hegel als Schleiermacher zu folgen, muß die
Geschichte der Hermeneutik ganz neu akzentuiert werden. Sie hat dann ihre Vollendung nicht mehr im Freiwerden des historischen Verstehens von *allen dogmatischen Voreingenommenheiten*, und man wird die Entstehung der Hermeneutik nicht
mehr unter dem Aspekt sehen können, unter dem Dilthey sie in der Nachfolge
Schleiermachers dargestellt hat. Es gilt vielmehr, den von Dilthey gebahnten Weg
aufs neue zu gehen und dabei nach anderen Zielen auszuschauen, als sie Diltheys historischem Selbstbewußtsein vorschwebten. Dabei sehen wir ganz von dem dogmatischen Interesse an dem hermeneutischen Problem ab, das das Alte Testament schon
für die alte Kirche bot, und begnügen uns, die Entwicklung *der hermeneutischen Methode* in der Neuzeit zu verfolgen, die in der Entstehung des historischen Bewußtseins
mündet.» (WuM 162; Hervorhebungen von mir, HGS)

Wohl um die Gründe für diese programmatisch verkündete Abkehr
von Diltheys Sichtweise besser verdeutlichen zu können, beginnt Gadamer dennoch, indem er zunächst dessen Perspektiven skizziert. Da-

bei unterläuft ihm sogleich ein Fehlurteil, das zwar als solches nicht erwähnt zu werden brauchte, aber Beachtung verdient, weil es einen wichtigen Hinweis auf Gadamers eigenen Standort und dessen Problematik liefert. Er behauptet nämlich, es sei «von entscheidender Bedeutung geworden, daß sich durch Luther und Melanchthon die humanistische Tradition mit dem reformatorischen Antrieb vereinigte» (WuM 163). – Diese Aussage gibt jedoch, was Luther betrifft, Diltheys wirkliche Meinung teilweise verkürzt und zum anderen Teil verkehrt wieder. Denn nach Diltheys Auffassung hat Luthers in Anbetracht der geschichtlichen Umstände ebenso verständlicher wie in der Sache verhängnisvoller religiöser Dogmatismus die an sich geforderte Synthese zwischen Reformation und Humanismus sowohl be- als auch verhindert: behindert in bezug auf die wissenschaftliche Schriftauslegung, also in methodologischer Hinsicht, verhindert bezüglich der rationalen Grundlegung der Theologie, also in erkenntnistheoretischer Hinsicht. – Gadamers Darstellung findet daher, wenn überhaupt, nur dann einen schwachen Anhalt, wenn entweder der erkenntnistheoretische Aspekt der Luther-Kritik Diltheys stillschweigend ausgeklammert oder aber in seiner Eigenständigkeit gegenüber dem methodologischen gar nicht wahrgenommen wird – und vielleicht gar nicht wahrgenommen werden kann, weil Gadamer selbst zwischen beiden nicht klar genug trennt. Daß eher Letztgenanntes der Fall sein dürfte, muß nach der ausführlichen Analyse der Theorie Gadamers als zumindest wahrscheinlich gelten. Um Klarheit zu gewinnen, empfiehlt es sich, besonders auf die Eigenart der Einwände zu achten, die Gadamer gegen Dilthey und, wegen dessen unmittelbarer Abhängigkeit von ihm, gegen Schleiermacher ins Feld führt.

Im Blick auf Dilthey setzt Gadamer, nachdem er kurz Luthers Schriftprinzip und seine hermeneutischen Konsequenzen referiert hat, seine Schilderung folgendermaßen fort:

«Indem sich die reformatorische Theologie für die Auslegung der Heiligen Schrift auf diesen Grundsatz (sc.: daß die Einzelheiten eines Textes aus dem Sinnganzen des Textes zu erheben seien, HGS) beruft, bleibt sie freilich ihrerseits in einer *dogmatisch begründeten Voraussetzung* befangen. Sie macht die Voraussetzung, daß die Bibel selbst eine Einheit ist. Von dem im 18. Jahrhundert errungenen historischen Standpunkt aus geurteilt, ist also auch die reformatorische Theologie *dogmatisch* und verlegt einer gesunden Einzelinterpretation der Heiligen Schrift den Weg, die den relativen Zusammenhang einer Schrift, ihren Zweck und ihre Komposition je gesondert im Auge hätte.

Ja, die reformatorische Theologie erscheint nicht einmal als konsequent. Indem sie schließlich die protestantischen Glaubensformeln als Leitfaden für das Verständnis der Einheit der Bibel in Anspruch nimmt, *hebt* auch sie *das Schriftprinzip auf* – zugunsten einer allerdings kurzfristigen *Tradition*. So hat darüber nicht nur die gegenreformatorische Theologie, sondern auch Dilthey geurteilt.» (WuM 164/165; Hervorhebungen von mir, HGS)

Damit ist in der Tat der Kern der Diltheyschen Kritik an der reformatorischen Theologie getreulich herausgearbeitet – wenn auch beschränkt auf das Problem der Schriftinterpretation. Im Anschluß daran nun formuliert Gadamer erstmals seine eigenen Bedenken:

«Er (sc.: Dilthey, HGS) glossiert diese Widersprüche der protestantischen Hermeneutik aus dem vollen Selbstgefühl der historischen Geisteswissenschaften heraus. Wir werden uns noch zu fragen haben, ob dieses *Selbstbewußtsein* – gerade auch im Blick auf den theologischen Sinn der Bibelexegese – wirklich berechtigt ist und ob nicht der philologisch-hermeneutische Grundsatz, Texte aus sich selbst zu verstehen, selber etwas Ungenügendes hat und einer *meist nur uneingestandenen Ergänzung durch einen dogmatischen Leitfaden immer bedarf!*» (WuM 165; Hervorhebungen von mir, HGS)[34]

Anders gewendet:

«In Diltheys Augen kommt also die Hermeneutik erst in ihr eigentliches Wesen, wenn sie ihre Stellung im Dienste einer dogmatischen Aufgabe – die für den christlichen Theologen die rechte Verkündigung des Evangeliums ist – in die Funktion eines historischen Organons verwandelt. Wenn sich hingegen das Ideal der historischen Aufklärung, dem Dilthey anhing, als eine Illusion erweisen sollte, dann wird auch die von ihm skizzierte Vorgeschichte der Hermeneutik eine ganz andere Bedeutung erhalten; die Wendung zum historischen Bewußtsein ist dann nicht ihre Befreiung von den Fesseln des Dogmas, sondern ein Wandel ihres Wesens.» (WuM 166)

Um die Pointe und zugleich die ganze Schwierigkeit der Ausführungen Gadamers verstehen zu können, ist es nunmehr nötig, sich des zu Beginn dieses Kapitels entworfenen Analyse-Rasters zu erinnern: Gadamers historische wie systematische Besinnung auf die Geschichte der Hermeneutik muß sich, so wurde behauptet, zwischen den Polen «protestantische Hermeneutik», «katholische Hermeneutik» und «Diltheysche Hermeneutik» hin und her bewegen. Hinsichtlich der Beziehung zu Dilthey ist dies eine völlig klar: Gadamers hypothetisch eingeführte Gegenfragen nach der Notwendigkeit einer dogmatischen Ergänzung der Interpretation und dem illusionären Charakter des Selbstbewußtseins der Geisteswissenschaften finden gerade durch die philosophische Hermeneutik eine eindeutig positive Antwort – und zwar, wie unter Verweis auf bereits Gesagtes festgestellt werden kann, beide durch den Nachweis der wirkungsgeschichtlichen Bedingtheit allen Verstehens, der einen universalen Geltungsanspruch erhebt. – Dieser Befund führt nun unmittelbar zu der entscheidenden Frage: Bedeutet Gadamers Kritik an Dilthey die Rückkehr zum katholischen Traditionsprinzip, durch die jetzt allerdings dieses ursprünglich gegenreformatorische und damit konfessionelle Prinzip seines konfessionellen Charakters entkleidet und als notwendiges Grundprinzip jeglicher Hermeneutik in Geltung gesetzt wird? – Ohne Zweifel hat diese Auslegung etwas Einleuchtendes, sie enthält jedoch eine nicht unerhebliche Schwierigkeit. Die philosophische Hermeneutik beschränkt sich nämlich, folgt man den Selbstaussagen Gadamers, auf die Demonstration der faktischen Traditionsgebundenheit von Interpretation, ohne darüber hinaus den jeweiligen Interpreten auf einen ganz bestimmten «dogmatischen Leitfaden» verpflichten zu wollen und zu können. Im Vergleich dazu behauptet die katholische Hermeneutik klassischer Prägung zwar nicht, das Verstehen von Texten sei als solches seiner Möglichkeit nach an die Zugehörigkeit zu einer Tradition gebunden, wohl aber hält sie im Blick auf das sachgemäße Verständnis der Heiligen Schrift mit Nachdruck daran fest, daß in diesem speziellen Fall der Interpret im Sinne einer conditio sine qua non auf dem Boden einer ganz konkreten, d. h. der durch die katholische Kirche repräsentierten Tradition stehen müsse. Sie behauptet weiterhin, daß die in diesem Sinne absolut erforderliche Zugehörigkeit des Interpreten zur katholischen Tradition als Ergebnis einer freien und bewußten Glaubensentscheidung begriffen und von seiten des kirchlichen Lehramtes anhand bestimmter Kriterien überprüft werden könne. – Mit anderen Worten: weder darf die katholische Hermeneutik als bloßer Anwendungsfall der philosophischen Hermeneutik betrachtet werden, noch stellt diese umgekehrt eine einfache Generalisierung der katholischen Position dar.

Bleibt also zu fragen, ob Gadamers Hermeneutik, wenn sie auch kein direktes und positives Argument für den katholischen Standpunkt liefert, sie ihn doch wenigstens indirekt stützt, indem sie die protestantische Hermeneutik als unhaltbar erweist. Läßt sich folglich Gadamers Zwischenstellung etwa auf die Formel bringen: Widerlegung des Schriftprinzips zugunsten eines allgemeinen Traditionsprinzips?

Obgleich gegen diese weitaus vorsichtigere Fassung der obengenannten Deutung von den zitierten Texten her kaum mehr etwas einzuwenden scheint, ist sie nichtsdestoweniger ebenso falsch wie diese selbst. Denn liefe Gadamers Argumentation tatsächlich auf einen Gegenbeweis gegen die protestantische Hermeneutik hinaus, dann hätte er gewiß nicht ihr, sondern der katholischen Hermeneutik den Platz eingeräumt, den sie aber nun einmal nach Ausweis der formalen Analyse von «Wahrheit und Methode» inne hat. Diese Einsicht zwingt dazu, die Ausgangsfrage nach dem Verhältnis der philosophischen zu den konfessionell-theologischen Hermeneutiken anders zu fassen. Das eigentliche Problem besteht sonach darin, einsichtig zu machen, wie Gadamer auf der einen Seite Dilthey vorhalten kann, dessen Dogmatismus-Vorwurf gegenüber der protestantischen Theologie täusche über die Unumgänglichkeit eines dogmatischen Leitfadens der Schriftauslegung hinweg, ohne auf der anderen Seite darauf zu verzichten, der protestantischen Hermeneutik exemplarische Bedeutung zuzusprechen und dadurch Gefahr zu laufen, dieselbe Widersprüchlichkeit zu reproduzieren, an der diese von allem Anfang an zu scheitern drohte. Anders ausgedrückt lautet die entscheidende Frage kurz: Wie lassen sich das protestantische Schriftprinzip und das Prinzip Wirkungsgeschichte widerspruchsfrei zusammen denken? – Um der Antwort einen ersten Schritt näherzukommen, gilt es zunächst, sich die Überlegungen zu vergegenwärtigen, die Gadamer im Zusammenhang der Revision der protestantischen Hermeneutik durch Schleiermacher anstrengt.

Für Gadamer bildet Schleiermachers Hermeneutik das erste und zugleich hervorragendste Beispiel für den von ihm postulierten Funktions- und Wesenswandel der hermeneutischen Reflexion von einer der Praxis des Philologen und Theologen dienenden Kunstlehre zu einer allgemeinen hermeneutischen Theorie. Währenddem in den älteren Hermeneutiken die grundsätzliche Möglichkeit des Verstehens stillschweigend vorausgesetzt blieb, wird durch Schleiermacher zum ersten Mal «das Verstehen als solches zum Problem gemacht» (WuM 167). Der Grund dafür ist, daß Schleiermacher im Gegensatz zu seinen Vorgängern das Gelingen von Verstehen und Verständigung keineswegs für an sich selbstverständlich hält, sondern umgekehrt davon ausgeht, daß gerade «die Erfahrung der Fremdheit und die Möglichkeit des Mißverständnisses eine universelle ist» (WuM 167). Völlig konsequent schreibt er deshalb der Hermeneutik die Aufgabe zu, «Mißverstand zu vermeiden». Soll die hermeneutische Theorie die ihr so gestellte Aufgabe lösen können, muß sie nicht nur von der Verschiedenartigkeit der Überlieferungsformen, sondern auch von den inhaltlichen Besonderheiten der Überlieferungen selbst abstrahieren.

Sie findet deshalb ihre Einheit einzig in der Idee eines gegenüber allen Überlieferungsinhalten gleichgültigen und somit verselbständigten methodischen Verfahrens, das sich zu «einem Kanon grammatischer und psychologischer Auslegungsregeln» differenziert (WuM 173)[35]. Das aber bedeutet: obschon der theoretische Impuls Schleiermachers einer Situation entspringt, die sich dadurch auszeichnet, daß «weder ein biblisch noch ein rational begründetes Einverständnis den dogmatischen Leitfaden alles Textverständnisses mehr bildet» (WuM 168), reagiert er nicht auf diese Sachlage, indem er sich bemüht, die bleibende Notwendigkeit eines inhaltlichen Einverständnisses aufzuzeigen, sondern indem er die Aufgabe der Hermeneutik darauf beschränkt, «das von anderen in Rede und Text Gemeinte verständlich zu machen» (WuM 173) und sie von derjenigen einer «Sachforschung» dispensiert. Statt der Einsicht in die Wahrheit des Gesagten dient die Hermeneutik nur noch dem Verständnis der Meinung des Autors, die somit zur alleinigen Norm des Verstehens aufrückt. Der Autor-Sinn, nicht mehr die Sache selbst, stellt von nun an dessen Gegenstand dar[36].

Man braucht gar nicht tiefer in die Einzelheiten der Auslegungstheorie Schleiermachers einzudringen, um die sachliche Distanz zwischen ihr und der philosophischen Hermeneutik ausmessen zu können: ein Vergleich der soeben umrißhaft gezeichneten Auffassung von der Struktur des hermeneutischen Problems mit derjenigen, die Gadamer durch das von Luther übernommene Leitmotiv: Qui non intelligit res, non potest ex verbis sensum elicere, andeutungsweise zum Ausdruck bringt, zeigt, daß die Kluft kaum größer sein könnte. – Gadamer beläßt es jedoch, was seinen tiefgreifenden Vorbehalt gegenüber «Schleiermachers Entwurf einer universalen Hermeneutik» angeht, nicht bei bloßen Andeutungen. Im Gegenteil unterbricht er sogar den Gang seiner historischen Darlegungen und erläutert in einem ausführlichen Einschub, der von Rechts wegen in den Rahmen der später folgenden kritisch-systematischen Analyse gehört, seine eigene Position in direkter Konfrontation mit der Schleiermachers:

«Um der eigentlichen Wendung, die Schleiermacher der Geschichte der Hermeneutik gibt, den rechten Hintergrund zu verschaffen, stellen wir eine Überlegung an, die bei Schleiermacher gar keine Rolle spielt, und die seit Schleiermacher aus der Fragestellung der Hermeneutik gänzlich verschwunden ist (was auch Diltheys historisches Interesse an der Geschichte der Hermeneutik eigentümlich verengt), die aber in Wahrheit das Problem der Hermeneutik beherrscht und Schleiermachers Stellung in der Geschichte der Hermeneutik erst verständlich macht. Wir gehen von dem Satz aus: Verstehen heißt zunächst, sich miteinander verstehen. Verständnis ist zunächst Einverständnis. So verstehen einander die Menschen zumeist unmittelbar bzw. sie verständigen sich bis zur Erzielung des Einverständnisses. Verständigung ist also immer: Verständigung über etwas. Sich verstehen ist Sichverstehen in etwas. Die Sprache sagt es schon, daß das Worüber und Worin nicht nur ein an sich beliebiger Gegenstand der Rede ist, von dem unabhängig das wechselseitige Sichverstehen seinen Weg suchte, sondern vielmehr Weg und Ziel des Sichverstehens selber. Und wenn von zwei Menschen unabhängig von solchem Worüber und Worin gilt, daß sie einander verstehen, dann meint das: sie verstehen sich nicht nur in diesem und jenem, sondern in allem Wesentlichen, das Menschen verbindet. Eine eigene Aufgabe wird das Verstehen nur da, wo dieses natürliche Leben im Mitmeinen des Gemeinten, das ein Meinen der gemeinsamen *Sache* ist, gestört wird. Wo Mißverständnisse entstanden sind oder eine Meinungsäußerung als unverständlich befremdet, da erst wird das natürliche Leben in der gemeinten Sache derart gehemmt, daß die Meinung als Meinung, das heißt die Meinung des anderen, des Du oder des Textes, überhaupt zur fixen Gegebenheit kommt. Und auch dann noch wird im allgemeinen die Verständigung – und nicht bloß Verständnis – gesucht und das so, daß man aufs neue den Weg über die Sache geht. Erst wenn alle diese Wege und Rückwege umsonst sind, die die Kunst des Gesprächs, der Argumentation, des Fragens und Antwortens, Einwendens und Widerlegens ausmachen und die auch einem Text gegenüber als innerer Dialog der das Verständnis suchenden Seele geführt werden, wird sich die Fragestellung umwenden. Erst dann wird die Bemühung des Verstehens auf die Individualität des Du aufmerksam werden und seine *Eigenheit* in Betracht ziehen. Sofern es sich um eine fremde Sprache handelt, wird freilich der Text immer schon Gegenstand einer grammatisch-sprachlichen Auslegung sein, aber dies ist nur eine Vorbedingung. Das eigentliche Problem des Verstehens bricht offenbar auf, wenn sich bei der Bemühung um inhaltliches Verständnis die Reflexions-Frage erhebt: Wie kommt er zu seiner Meinung? Denn es ist klar, daß eine solche Fragestellung eine Fremdheit ganz anderer Art bekundet und letztlich einen Verzicht auf gemeinsamen Sinn bedeutet.» (WuM 168/169; Hervorhebungen im Original, HGS)

Wenn es in Anbetracht dessen als ausgemacht gelten muß, daß sich Verstehen – im Vollsinn dieses Wortes genommen – in Form eines Gespräches vollzieht, dann fragt sich eben, ob ein Interpret, der Schleiermachers Direktiven folgt, «nicht gerade das Verständnis schuldig bleibt, das von einem verlangt wird». Denn:

«Es ist genauso wie im Gespräch, das wir mit jemandem nur zu dem Zweck führen, um ihn kennenzulernen, d. h. um seinen Standort und seinen Horizont zu ermessen. Das ist kein wahres Gespräch, d. h. es wird darin nicht die Verständigung über eine Sache gesucht, sondern alle sachlichen Inhalte des Gespräches sind nur ein Mittel, um den Horizont des anderen kennenzulernen. Man denke etwa an das Prüfungsgespräch oder bestimmte Formen der ärztlichen Gesprächsführung. Das historische Bewußtsein tut offenbar Ähnliches, wenn es sich in die Situation der Vergangenheit versetzt und dadurch den richtigen Horizont zu haben beansprucht. So wie im Gespräch der andere, nachdem man seinen Standort und seinen Horizont ermittelt hat, in seinen Meinungen verständlich wird, ohne daß man sich deshalb mit ihm zu verstehen braucht, so wird für den, der historisch denkt, die Überlieferung in ihrem Sinn verständlich, ohne daß man sich doch mit ihr und in ihr versteht. In beiden Fällen hat sich der Verstehende gleichsam aus der Situation der Verständigung zurückgezogen. Er ist selber nicht antreffbar. Indem man den Standpunkt des anderen von vorneherein in das miteinrechnet, was er einem zu sagen beansprucht, setzt man seinen eigenen Standpunkt in eine sichere Unerreichbarkeit. . . . Der Text, der historisch verstanden wird, wird aus dem Anspruch, Wahres zu sagen, förmlich herausgedrängt. Indem man die Überlieferung vom historischen Standpunkt aus sieht, d. h. sich in die historische Situation versetzt und den historischen Horizont zu rekonstruieren sucht, meint man zu verstehen. In Wahrheit hat man den Anspruch grundsätzlich aufgegeben, in der Überlieferung für einen selber gültige und verständliche Wahrheit zu finden. Solche Anerkennung der Andersheit des anderen, die dieselbe zum Gegenstand objektiver Erkenntnis macht, ist insofern eine grundsätzliche Suspension seines Anspruchs.» (WuM 286/287)

Die Hermeneutik Schleiermachers – und in ihrer Nachfolge diejenige Diltheys – erhebt also im Grund die Verweigerung des Gespräches zum hermeneutischen Ideal und stellt damit die wahren Verhältnisse auf den Kopf: dies und nichts weniger ist der kritische Befund, zu dem man nach Gadamers Meinung gelangen muß, sobald das Verstehen als unter dem Primat der Sache stehend begriffen wird[37]. Der springende Punkt bei dieser Diagnose ist, daß sie es Gadamer erlaubt, in der Auseinandersetzung um Recht oder Unrecht des von Dilthey gegen die protestantische Hermeneutik vorgetragenen Dogmatismus-Vorwurfs elegant die Rollen zu vertauschen und Dilthey wie Schleiermacher von Angreifern zu Angegriffenen zu machen. Denn das Wesen des Dogmatismus besteht gerade in der Unfähigkeit, sich durch etwas wirklich treffen und infragestellen zu lassen, weil ein krankhaft übersteigertes Sicherheitsbedürfnis jede Versicherung verbietet. Der «Dogmatiker» ist sich seiner selbst und der Sache so sicher, daß er glaubt, sich nichts mehr sagen lassen und sich nicht mehr ändern zu müssen. – So betrachtet, erweist sich nicht die protestantische, sondern die historische Hermeneutik als dogmatisch befangen. Zwar ist die protestantische Hermeneutik als «Kunst der Schriftauslegung auf die dogmatische Tradition der katholischen Kirche und ihre Lehre von der Werkgerechtigkeit bezogen» und besitzt insofern «selber einen dogmatisch-konfessionellen Sinn». Doch bedeutet das keineswegs,

«daß eine solche theologische Hermeneutik dogmatisch voreingenommen ist, so daß sie herausliest, was sie hineingelegt hat. Sie setzt sich vielmehr wirklich aufs Spiel. Aber sie setzt voraus, daß das Wort der Schrift trifft und daß nur der Betroffene – glaubend oder zweifelnd – versteht.» (WuM 315)

Die protestantische Hermeneutik beruht demnach in der Tat auf einer Voraussetzung und weicht infolgedessen tatsächlich auch vom Ideal-

164

bild einer wissenschaftlichen, d. h. dem Prinzip der Voraussetzungslosigkeit verpflichteten Hermeneutik im Sinne Diltheys im entscheidenden Punkt ab. Darin liegt der wahre Kern seiner Kritik. Aber Dilthey irrte, als er sich aufgrund der konfessionell-polemischen Funktion, welche diese Voraussetzung im Kontext des innertheologischen Streites erhielt, zu dem Schluß verleiten ließ, es handle sich dabei um eine Voraussetzung theologisch-dogmatischer Natur. Diesen Irrtum zu durchschauen, mußte Dilthey um so schwerer fallen, als er sich mit seiner Meinung nicht nur mit den Katholiken, sondern auch mit den Protestanten einig wissen konnte. Dennoch ging und geht es in Wahrheit um etwas gänzlich anderes, nämlich um die gewiß theologisch motivierte, der Sache nach jedoch an keine Theologie gebundene und somit allgemein philosophische Einsicht in die Applikationsstruktur allen Verstehens. Was die protestantische Hermeneutik voraussetzt, besagt nur dies eine: daß sich «der zu verstehende Sinn» erst «konkretisiert und vollendet» in der Auslegung des Textes auf die jeweilige Situation des Auslegers hin und «daß aber gleichwohl dieses auslegende Tun sich vollständig an den Sinn des Textes gebunden hält» (WuM 315).

Sich dergestalt an den Text bindend, setzt der Interpret den Text als das für ihn Verbindliche und stellt sich unter das Gesetz der Sache. Seine Voraus-Setzung behindert das Verstehen deshalb in keinster Weise, sondern konfrontiert im Gegenteil den Interpreten überhaupt erst mit dem eigentlichen hermeneutischen Problem: der Applikation als der Erschließung der dem Text eignenden Wahrheit. Denn die

«Aufgabe des Verstehens und Auslegens besteht eben nur dort, wo etwas so gesetzt ist, daß es als das Gesetzte unaufhebbar und verbindlich ist.» (WuM 312)

Anders ausgedrückt: die Verbindlich-Setzung des Textes, kraft derer der Text der Beliebigkeit einer bloßen Meinung entnommen wird, ist ihrerseits nicht in das Belieben des Interpreten gestellt, sie bildet vielmehr die notwendige Entsprechung zu dem autoritativen Anspruch, den der Text von sich aus erhebt. Erreicht dieser Anspruch den Interpreten durch die Überlieferung und nur durch die Überlieferung, dann ist die Zugehörigkeit zur Überlieferung *die* Bedingung der Möglichkeit, den zu verstehenden Text auch wirklich zu verstehen.

«Die Zugehörigkeit des Auslegers zu seinem Text ist wie die Zugehörigkeit des Augenpunktes zu der in einem Bild gegebenen Perspektive. Es handelt sich nicht darum, daß man diesen Augenpunkt wie einen Standort suchen und einnehmen sollte, sondern daß der, der versteht, nicht beliebig seinen Blickpunkt wählt, sondern seinen Platz *vorgegeben* findet.» (WuM 312; Hervorhebung von mir, HGS)

Genau das beinhaltet das Prinzip der Wirkungsgeschichte, denn es besagt, daß der Interpret, noch bevor er sich als Subjekt die Überlieferung als Objekt entgegenzusetzen vermag, von dieser bereits voreingenommen ist. Daß es für Gadamer offenkundig keine Rolle spielt, ob man von der Zugehörigkeit des Interpreten zur Überlieferung oder seiner Zugehörigkeit zum Text spricht, hat seinen Grund in der Eigenart der Wirkungsgeschichte selbst. Sie nämlich ist nichts anderes als das Tun der Sache des Textes selbst, jene ineinandergreifende Folge von Applikationen, durch die und in der sich der Text im Wandel der Situationen, obgleich stets neu erscheinend, doch als derselbe durchhält.

Dessen eingedenk muß das Prinzip der Wirkungsgeschichte sehr wohl vom katholischen Traditionsprinzip unterschieden werden. Und zwar nicht in dem Sinn, als ob das wirkungsgeschichtliche Prinzip als universales Prinzip das Traditionsprinzip als besonderen Fall in sich begreifen würde, der Unterschied liegt vielmehr im Inhaltlichen begründet. Der «Sinn der Zugehörigkeit, d. h. das Moment der Tradition im historisch-hermeneutischen Verhalten» erfüllt sich «durch die Gemeinsamkeit grundlegender und tragender Vorurteile»[38]. Die «erste aller hermeneutischen Bedingungen», die Voraus-Setzung der Verbindlichkeit des Textes, bestimmt sich von da her als das «Vorurteil der Vollkommenheit», das nicht nur dies enthält,

«daß ein Text seine Meinung vollkommen aussprechen soll, sondern auch, daß das, was er sagt, die *vollkommene Wahrheit* ist.»[39]

Die wirkungsgeschichtliche Bedingtheit des Interpreten erweist sich nun darin, daß dieser «Vorgriff auf Vollkommenheit» letzten Endes die Wirkung des Textes darstellt, der durch die den historisch-zeitlichen Abstand überbrückenden Tradition den Interpreten in seiner konkreten Situation anspricht. Eben deshalb verbietet es sich, die Tradition, welcher der Interpret zugehören muß, wenn er den Text verstehen können will, als etwas vom Text Verschiedenes zu denken. Gleichgültig, ob die katholische Hermeneutik davon ausgeht, die kirchliche Tradition ergänze die Heilige Schrift, oder ob sie beider inhaltliche Identität postuliert, in jedem Fall widerspricht sie dem Prinzip der Wirkungsgeschichte, weil und insofern sie dabei voraussetzt und voraussetzen muß, das Geschehen der Tradition vollziehe sich in relativer Unabhängigkeit von dem, was philosophisch-hermeneutisch die «Wirkungsgeschichte» der Heiligen Schrift heißt. Wäre es anders, bliebe völlig im Dunkeln, wie etwa eine Problematik wie die der materialen Suffizienz oder Insuffizienz der Bibel überhaupt entstehen kann. Vom Standort des wirkungsgeschichtlichen Prinzips aus zielt eine derartige Fragestellung absolut ins Leere: die Wirkungsgeschichte ist der Ort, an dem die Sache selbst bleibend präsent und allen historischen Situationen gleichzeitig ist.

Wenn nun aber vor diesem Hintergrund die Wirkungsgeschichte der Heiligen Schrift prinzipiell von all dem geschieden werden muß, was die katholische Hermeneutik üblicherweise mit dem Begriff «Tradition» bezeichnet[40], dann erhebt sich zwangsläufig die Frage, wo und wie die Wirkungsgeschichte der Heiligen Schrift, wo und wie das Verstehen der Heiligen Schrift geschieht. – Mit Rücksicht auf die Applikationsstruktur des Verstehens kann die Antwort einzig lauten: das Verstehen der Bibel geschieht dort, wo sie in der Auslegung auf die Situation des Verstehenden hin ihre letztmögliche Konkretisierung erfährt und den Verstehenden gerade so in unüberbietbarer Weise mit ihrem Wahrheitsanspruch konfrontiert. Da es keinen anderen Ort gibt, auf den diese formale Beschreibung besser zutreffen würde, verbleibt nur die Möglichkeit, die Auslegung der Heiligen Schrift in der homiletischen Verkündigung als den gesuchten Ort anzunehmen.

Die Richtigkeit dieser aus den Grundthesen der philosophischen Hermeneutik abgeleiteten Annahme wird durch Gadamer selbst vollauf bestätigt, wobei der unmittelbare Zusammenhang, in dem sich alle hier entfalteten Motive wiederfinden, zugleich erkennen läßt, zu welcher Form theologischer Hermeneutik Gadamers hermeneutischer Entwurf in sachlicher Beziehung steht. Es ist, wie zu erwarten war, eine zusammenfassende Betrachtung der theologischen Hermeneutik, «wie sie von der protestantischen Theologie geschaffen worden ist», an deren Beginn Gadamer zunächst, im Sinne des eben Gesagten, feststellt: die «eigentliche Konkretisierung der Verkündigung geschieht in der Predigt» (WuM 313)[41]. So wenig die Applikation im allgemeinen den Sinn eines Textes ergänzt, sondern ihn allererst erschließt, so wenig ist deshalb auch die Predigt im besonderen «eine produktive Ergänzung des Textes, den sie auslegt». Weil demnach aus der Predigt «der Heilsbotschaft nichts inhaltlich» zuwächst, verhält es sich keineswegs so, als ob «die Heilsbotschaft aus dem Gedanken des Predigers heraus erst ihre nähere Bestimmung erführe» und der Prediger vor der Gemeinde «mit dogmatischer Autorität» spräche.

«Zwar geht es auch in der Predigt um die Auslegung einer gültigen Wahrheit. Aber diese Wahrheit ist Verkündigung, und ob diese gelingt, entscheidet sich nicht durch die Gedanken des Predigers, sondern durch die *Kraft des Wortes selbst*, das z. B. auch durch eine schlechte Predigt zur Umkehr rufen kann. Die Verkündigung läßt sich nicht von ihrem Vollzug ablösen. Alle dogmatische Fixierung der reinen Lehre ist sekundär. Die Heilige Schrift ist Gottes Wort, und das bedeutet, daß die Schrift vor der Lehre derer, die sie auslegen, einen schlechthinnigen Vorrang behält.» (WuM 313)[42]

Somit kann jetzt mit Bestimmtheit behauptet werden: Die Wirkungsgeschichte der Heiligen Schrift, das ist nach Gadamer die Geschichte der im Predigtgeschehen sich selbst Geltung verschaffenden Autorität des Wortes; das ist die Geschichte der sich selbst durchsetzenden Sache der Schrift – Jesus Christus, der durch das Medium der Wortverkündigung hindurch zugleich zum glaubenden Gehorsam ruft und Glauben bewirkt; Wirkungsgeschichte der Heiligen Schrift, das ist endlich die Geschichte der Selbstinterpretation der Schrift, die in den wechselnden Verkündigungssituationen immer neu verkündigt und ausgelegt werden muß, aber gerade so und nicht anders sie selbst bleibt[43].

«Die Verkündigung des Heils, der Inhalt der christlichen Botschaft, ist selbst ein eigenes Geschehen in Sakrament und Predigt und bringt doch nur zur Aussage, was in der Erlösungstat Christi geschehen ist. Insofern ist es ein einziges Wort, von dem doch immer wieder in der Predigt gekündigt wird. Offenbar liegt in seinem Charakter als Botschaft bereits der Verweis auf die Vielfalt seiner Verkündigung. Der Sinn des Wortes ist vom Geschehen der Verkündigung nicht ablösbar. *Der Geschehenscharakter gehört vielmehr zum Sinne selbst.* . . . Christi Kreuzestod und Auferstehung ist der Inhalt der Heilsverkündigung, der in jeder Predigt gepredigt wird. Der auferstandene und der gepredigte Christus sind ein und derselbe. (WuM 404; Hervorhebung im Original, HGS)

Ruft man sich vor diesem Hintergrund Gadamers Ausführungen zum «Prinzip der Wirkungsgeschichte» im Verhältnis zur geisteswissenschaftlichen Forschung ins Gedächtnis, dann sticht die Übereinstimmung zu dem hier Gesagten geradezu ins Auge. Gadamers Darstellung der protestantischen Hermeneutik läßt deshalb nur einen einzigen Schluß zu: Luthers Schriftprinzip befindet sich in bestem Einklang mit dem philosophischen Prinzip der Wirkungsgeschichte, weil es im Grunde nur die philosophisch zu bestätigende hermeneutische Einsicht vorwegnimmt, daß die Heilige Schrift einzig und allein dann wirklich verstanden werden kann, wenn ihr vorweg im Sinne des «Vorurteils der Vollkommenheit» absolute Verbindlichkeit und Wahrheit zugebilligt und dieses Vorurteil selbst noch einmal als Wirkung der Schrift begriffen wird. So bestätigt sich tatsächlich, was die Überlegungen zu Beginn dieses Abschnitts bereits erwarten ließen: Nicht die katholische, sondern die protestantische Hermeneutik muß aus der Sicht Gadamers als diejenige betrachtet werden, die «der Formalstruktur nach von hermeneutischer Allgemeinheit ist» (WuM 495). Dieses Ergebnis vor Augen, gilt es nun, sich der Frage zuzuwenden, wie Gadamers Hermeneutik von katholischen Autoren verstanden worden ist.

II. Konfessionelle Apologetik und «Produktives Mißverstehen»

Kritische Fallstudien zur Rezeption der philosophischen Hermeneutik in der katholischen Theologie

1. Exegese und Glaubenstradition. Die hermeneutische Rechtfertigung der konfessionellen Differenzen bei Rudolf Schnackenburg

Einer der ersten katholischen Theologen, die sich zur kontroverstheologischen Relevanz der philosophischen Hermeneutik äußerten, war der Würzburger Exeget Rudolf Schnackenburg. Seine Stellungnahme stellt insofern fast einen Glücksfall dar, weil sie es erlaubt, den Vorgang der Gadamer-Rezeption gleichsam in actu zu analysieren. Denn Schnackenburg hatte sich vor dem 1964 veröffentlichten Aufsatz «Zur Auslegung der Heiligen Schrift in unserer Zeit»[44], in dem er ausdrücklich auf Gadamer Bezug nimmt, schon einmal mit der kontroverstheologischen Problematik der Schriftinterpretation beschäftigt, und zwar in dem Beitrag «Der Weg der katholischen Exegese», der im Jahr 1958, also vor «Wahrheit und Methode» erschienen war[45]. – Den unmittelbaren Anstoß für Schnackenburg, im Rahmen dieses historischen Rückblicks auf die Entwicklung der katholischen Exegese auch auf deren Verhältnis zur kirchlichen Tradition einzugehen, gab Gerhard Ebeling. Ebeling hatte in seiner großen Abhandlung über «Die Bedeutung der historisch-kritischen Methode für die protestantische Theologie und Kirche» behauptet, die Position der römischen Kirche habe sich, allem Anschein zum Trotz, in Sachen Schriftauslegung nicht im geringsten verändert und die unleugbare Liberalisierung in den entsprechenden lehramtlichen Dokumenten sei «zweifellos» darauf zurückzuführen, daß sich die römische Kirche ihrer «auf der Macht der Tradition» beruhenden Stellung so sicher sei, «daß sie eine ernsthafte Gefahr von seiten historisch-kritischer Schriftauslegung, wenigstens in den Grenzen, wie sie diese zuläßt, nicht mehr meint befürchten zu müssen»[46].

Dieser mit etwas provozierender Beiläufigkeit vorgetragenen Erklärung Ebelings tritt Schnackenburg nun entschieden entgegen. Der katholische Exeget, so Schnackenburg, sei eben nicht durch «die äußerlich im Papsttum angesammelten Kräfte der Tradition» gebunden, sondern durch «das innere theologische Prinzip der Tradition». Diesem inneren Prinzip zufolge hält der katholische Exeget «eine wahre

170

und gültige Auslegung der Bibel gar nicht für möglich, wenn sie nicht durch die lebendige Tradition legitimiert wird»[47]. Nimmt man es damit genau, dann heißt das nichts anderes, als daß sich der Wahrheitsgehalt einer Auslegung am Grad ihrer Übereinstimmung mit der Tradition bemißt und demnach nicht die Sache selbst, sondern eben die Tradition als das ausschlaggebende Wahrheitskriterium der Schriftinterpretation gelten muß. Dennoch steht für Schnackenburg unverrückbar fest, daß auch der katholische Exeget «nie die Sauberkeit der wissenschaftlichen Methode opfern darf»[48]. Obgleich er «aus innerster theologischer Überzeugung» heraus die autoritative Auslegung der Kirche «braucht», «gebraucht» er sie

«nicht in methodischer Weise bei der Auffindung des Literalsinnes. Sie dient ihm als hermeneutischer Grundansatz, als Regulativ und Kontrolle, aber nicht als Arbeitsmethode»[49].

Die kirchliche Tradition erscheint somit vor allem als exegetische Tradition, als Überlieferung von Deutungshypothesen, deren Wahrheitsanspruch nicht durch ihre traditionale Herkunft als solche verbürgt wird, sondern strikt nach den Grundsätzen der historisch-kritischen Methode geprüft werden muß. Infolgedessen ist es, laut Schnackenburg, auch falsch zu meinen, daß für den katholischen Exegeten aufgrund seiner Orientierung an der kirchlichen Auslegungstradition das Ergebnis seiner exegetischen Arbeit «schon immer feststehe».

«Nur geht der katholische Exeget behutsamer vor, hört stärker auf die Stimme der *exegetischen* Tradition (ist die früh an einen Text sich anschließende Auslegung nicht auch für das historisch-kritische Denken ein beherzigenswerter Gesichtspunkt?) und vertraut seinem Glaubenssinn; doch könnten ihn gewichtige Gründe auch zu einer Entscheidung gegen den Strom *herkömmlicher Meinungen* zwingen.» (Hervorhebungen von mir, HGS)[50]

Schnackenburgs Bemühen, den wissenschaftlicher Forschung immanenten Anforderungen Genüge zu tun, berührt also eindeutig den autoritativen Status der ohnehin bereits auf ihren exegetischen Aspekt eingeschränkten kirchlichen Tradition: vom Standpunkt des wissenschaftlichen Exegeten aus betrachtet, wird diese zwangsläufig zu einem Strom überlieferter Meinungen, deren Geltungsanspruch nur so lange als legitim gilt, als nicht gewichtige Gründe gegen ihn sprechen. Als solche legitimiert die Tradition weder sich selbst, noch begründet sie letztendlich die Legitimität bestimmter Auslegungen. Ist aber die kirchliche Auslegungstradition nicht per se für den Exegeten verbindliche Autorität, sondern bedarf wie jede andere Interpretation der Begründung, dann ist das Traditionsprinzip im Grundsatz durchbrochen und reduziert sich auf die Verpflichtung, der kirchlichen Auslegung besondere Aufmerksamkeit zu schenken bzw. sie nicht per se zu verwerfen.

In Anbetracht dieser prinzipiellen Unabhängigkeit der wissenschaftlichen Exegese von jeder kirchlichen Tradition, gleichgültig ob katholischer oder protestantischer Natur, wird verständlich, weshalb die historisch-kritische Methode, sobald und sofern sie Allgemeingut der Konfessionen geworden ist, über kurz oder lang eine «Angleichung der verschiedenen Fronten» nach sich zieht und sich an ihr fortan nicht mehr eine Konfession von der anderen, sondern «nur noch Wissenschaft von Spekulation oder Primitivität» scheidet[51]. Nicht durch die Verbindlichkeit einer bestimmten Tradition erklärt sich die ökumenische Bedeutung der historisch-kritischen Methode, sondern allein durch «das schlichte Faktum, daß die Verbindlichkeit der genannten Methode heute von keinem Bibelwissenschaftler mehr in Zweifel gezogen wird»[52]. Erst vor dem Hintergrund des durch die konfessionelle Neutralität der historisch-kritischen Methode grundsätzlich möglichen und faktisch weithin bereits erreichten Konsenses der Exegeten werden die dogmatischen Differenzen zwischen den Konfessionen zu einem wirklich brennenden Problem. – Schnackenburgs zweiter Beitrag zur Frage der Schriftauslegung hat genau darin sein zentrales Thema:

«Außenstehende, die die Problematik der Schriftinterpretation nicht kennen, werden sich fragen, wie es möglich sei, daß die gleichen Texte zu so unterschiedlichen Auffassungen und *Bekenntnissen* führen können. Unser Erstaunen wird noch gesteigert, wenn wir beobachten, daß sich die Exegeten über die *Aussagen der Texte selbst,* über das, *was die Verfasser der Schriften sagen wollten,* immer mehr verständigen und daß sie sich dennoch in ihren eigenen *Glaubensaussagen* kaum näherzukommen scheinen. Ist das böser Wille, konfessionelle Verhärtung, *Gebundenheit durch die jeweilige kirchliche und theologische Tradition?* Fehlt es hier also trotz allem an einem *echten wissenschaftlichen Bemühen,* d. h. an einem Suchen *nach der Wahrheit,* das bisherige Positionen in Frage stellt und sich allein von den gewonnenen Erkenntnissen leiten läßt? So einfach liegen die Dinge nicht, und wir können diese merkwürdigen Erscheinungen nur begreifen, wenn wir etwas tiefer in die Problematik *jeglicher Text*interpretation hineingeblickt haben.» (Hervorhebungen von mir, HGS)[53]

Auf den ersten Blick scheint es, als verstehe sich Schnackenburgs Problemstellung angesichts der von ihm geschilderten Situation ganz von selbst. In Wirklichkeit jedoch ist sie alles andere als selbstverständlich. Daß Schnackenburg als Exeget sich nicht mit der in der Exegese vor-

172

handenen Übereinstimmung zufriedengeben kann und die Diskrepanz zwischen exegetischem Konsens und Glaubensdissens als erklärungsbedürftig empfindet, leuchtet nur ein, wenn man seiner unausgesprochenen Annahme zustimmen kann, ein exegetischer Konsens müsse eigentlich auch zu einer Übereinstimmung im Bekenntnis führen. Diese Voraussetzung aber ist höchst fragwürdig, weil sich der exegetische Konsens bzw. die exegetische Aussage nicht auf die gleiche Sache bezieht wie der Bekenntniskonsens bzw. die Glaubensaussage. Während die exegetische Aussage, wie Schnackenburg selbst feststellt, die Aussage des exegetisierten Textes zum Gegenstand hat, richtet sich das Bekenntnis auf dasjenige, worauf die Aussage des Textes zielt, nicht jedoch auf die Aussage als solche. Wird diese Differenz außer acht gelassen, entschwindet auch der Unterschied zwischen exegetischer und dogmatischer Schriftinterpretation und mit ihm die Frage, ob nicht beider Beziehung zur kirchlichen und theologischen Tradition unterschiedlich bestimmt werden muß.

Schnackenburg faßt nun in der Tat, ganz im Sinne der philosophischen Hermeneutik, Exegese und Dogmatik unter dem Oberbegriff «Schriftauslegung» zusammen und gerät folgerichtig in ein eigentümliches Dilemma, das durch die zweideutige Formulierung des von ihm ins Auge gefaßten Argumentationszieles nur notdürftig verdeckt wird. Das heißt: es bleibt zunächst völlig im Unklaren, ob der tiefere Einblick in die Problematik jeder Textinterpretation dazu dient, die konfessionellen Divergenzen in der Schriftauslegung zu erklären oder sie zu rechtfertigen. Eine Erklärung könnte sich mit dem Nachweis begnügen, daß der protestantischen und der katholischen Schriftauslegung jeweils verschiedene hermeneutische Prinzipien zugrundeliegen, ohne nach deren Berechtigung zu fragen. Eine Rechtfertigung hingegen müßte darüber hinaus zusätzliche Argumente für die Richtigkeit der katholischen Hermeneutik geltend machen[54]. – Da die Exegeten hinsichtlich ihrer Resultate allem Anschein nach einen Konsens erreicht haben, folgt daraus, daß zumindest die exegetische Forschung von den gleichen Prinzipien geleitet wird. Die konfessionellen Differenzen in der Schriftauslegung müssen also ihren Grund in einer unterschiedlichen Einschätzung der wissenschaftlichen Exegese als ganzer haben, die unmittelbar mit der Frage zusammenhängt, welcher Wert ihrem methodischen Charakter zuerkannt werden kann.

Genau an dieser Stelle zeigt sich, daß die Übernahme der hermeneutischen Prämissen Gadamers zwangsläufig eine Umwertung methodischen Vorgehens in der Exegese nach sich zieht:

«Im vorigen Jahrhundert glaubte man endlich den Weg gefunden zu haben, um die Geisteswissenschaften ‹objektiv›, mit aller wünschenswerten wissenschaftlichen Exaktheit, betreiben zu können. (...) Die Methode, die man für die Geisteswissenschaften, besonders die Historie, entwickelt hat, nennt man die ‹historisch-kritische Methode›, und sofern man darunter konkrete, *dem Gegenstand angepaßte* Anweisungen versteht, wie philologische Untersuchungen, historische Nachprüfungen an den Quellen, Vergleiche von Texten usw., ist diese Methode allgemein angenommen und unentbehrlich geworden. Aber es fragt sich, ob solche Methodik allein zu einem *wirklichen Verstehen* der Texte führt, ja, ob sie überhaupt rein für sich anwendbar ist und nicht schon von vorneherein wieder von anderen Faktoren abhängt oder wenigstens mit abhängt.

In dieser Hinsicht ist unser Jahrhundert über das vorige hinausgewachsen und erkennt nun den fast naiven Glauben an die *Objektivität* und Suffizienz der historisch-kritischen Methode als Irrtum.» (Hervorhebungen von mir, HGS)[55]

Unverkennbar schlägt Schnackenburgs Argumentation eine Richtung ein, die keineswegs der Logik der Sache entspricht, sondern in die er aufgrund eines vorgefaßten Verständnisses der Sache gedrängt wird. Denn angenommen, die historisch-kritische Methode ist ihrem Gegenstand angepaßt, angenommen weiterhin, ihre Ergebnisse würden in beiden Konfessionen akzeptiert werden müssen, weil sie ihrem Gegenstand angepaßt ist, und angenommen endlich, beides zusammen sei ein hinreichender Grund dafür, daß die historisch-kritische Methode Gemeingut der Konfessionen geworden ist, dann lautet die nächstliegende Frage mit Sicherheit nicht, ob sie auch zu einem wirklichen Verstehen führt, sondern sie muß umgekehrt lauten, was eigentlich dazu veranlassen sollte, daran zu zweifeln und den Glauben an ihre Objektivität – und das heißt doch: an die Allgemeingültigkeit ihrer Resultate – für einen Irrtum zu halten.

Schnackenburg jedoch, in Bann geschlagen von dem «bedeutsamen Werk «Wahrheit und Methode»[56], muß dem Konsens der Exegeten mißtrauen, weil «wirkliches Verstehen» eben, Gadamer zufolge, mehr sein soll als das Erfassen dessen, was der Autor eines Textes hat sagen wollen, und dieses «Mehr», das über die historisch-kritische Methode hinausreicht, in die Aufforderung mündet, das von diesem Autor als wahr Behauptete als Wahrheit für sich selbst zu übernehmen und weiter zu tradieren:

«Man muß einmal nachlesen, was Gadamer von hier aus zur ‹Rehabilitierung von Autorität und Tradition› sagt. Nur ein paar Sätze seien angeführt: ‹Sofern die Geltung der Autorität an die Stelle des eigenen Urteils tritt, ist auch Autorität in der Tat eine Quelle von Vorurteilen. Aber daß sieauch eine Wahrheitsquelle sein kann, ist damit nicht ausgeschlossen, und das hat die Aufklärung verkannt, als sie schlechthin alle Autorität diffamierte.› Oder zur Tradition, die in gewisser Weise eine Autorität ist: ‹Geisteswissenschaftliche Forschung kann sich zu der Weise, wie wir uns als geschichtlich Lebende zur Vergangenheit verhalten, nicht in einem schlechthinnigen Gegensatz denken. In unserem Verhalten zur Vergangenheit, das wir ständig betätigen, ist jedenfalls nicht Abstandnahme und Freiheit vom Überlieferten das eigentliche Anliegen. Wir stehen vielmehr ständig in Überlieferungen . . .›» (Auslassung im Original, HGS)[57]

Das alles scheint nun freilich nur gegen die Naivität der historisch-kritischen Methode zu sprechen und noch lange nichts mit den dogmatischen Differenzen zwischen der katholischen und der protestantischen Theologie zu tun zu haben. Aber dieser Eindruck muß täuschen, denn Schnackenburg fährt fort:

«Solche Überlegungen sind nötig, wenn wir das Zusammengehen evangelischer und katholischer Exegese in konkreten Methodenfragen, die Übereinstimmung in vielen Ergebnissen im eigentlichen, für den Glauben relevanten Verständnis der Texte begreifen wollen.»[58]

Damit ist klar, welchen Zweck Schnackenburg mit seiner Bezugnahme auf die philosophische Hermeneutik Gadamers verfolgt: er will aufzeigen, daß der protestantischen Exegese im Gegensatz zur katholischen das wirkliche Verstehen der Texte nicht gelingen kann – und zwar nicht trotz, sondern gerade wegen ihrer Festlegung auf die historisch-kritische Methode, die, wie Schnackenburg selbst demonstriert hat, den Exegeten prinzipiell von der Autorität der kirchlichen Auslegungstradition entbindet. – Der Wille, zum wirklichen Verständnis der Bibel vorzustoßen, bedingt deshalb einen grundsätzlich anderen Ansatz, der für die katholische Exegese spezifisch ist:

«Die entscheidende und unterscheidende Grundeinstellung dürfte die sein, daß der katholische Exeget die neutestamentlichen Texte nicht einfach *aus ihnen selbst* verstehen will, sondern als Ausdruck und Niederschlag der lebendigen Verkündigung der Urkirche, deren *Glaubenszeugnis* die heutige Kirche aufnimmt, bei aller Entfaltung *festhält* und unverfälscht *bewahrt*.» (Hervorhebungen von mir, HGS)[59]

Nun ist es unbestreitbar die Funktion von Tradition, etwas Wahres oder für wahr Gehaltenes festzuhalten und zu bewahren. Zu fragen ist nur, ob dies auch die Aufgabe der Exegese ist und sein kann. Falls das bejaht werden muß, dann ist nicht einzusehen, worin sich die katholische Exegese im Grunde noch von der kirchlich-dogmatischen Überlieferung unterscheidet. Die gleiche Frage läßt sich logischerweise auch in umgekehrter Richtung stellen: vorausgesetzt, die katholische

Exegese erfüllt wirklich im Prinzip die Aufgabe der kirchlich-dogmatischen Tradition, welche Funktion kann diese dann eigentlich noch haben? – Schnackenburgs Antwort lautet:

«Die Tradition, die dem in der Schrift Gesagten nicht entgegensteht, sondern es erhellt und in seinem wahren und tiefen Sinn erschließt, ist das Mittel, um die Schrift dort richtig zu erschließen, wo *sie selbst für verschiedene Verständnismöglichkeiten offen ist.* Gerade weil ein volles Verständnis und eine sichere Interpretation in der Schrift in vielen für den Glauben bedeutsamen Fragen *aus ihr selbst* nicht möglich ist, bedarf es der *unterstützenden Interpretation* durch die den Christusglauben bewahrende, verkündigende, vom Heiligen Geist selbst geleitete Kirche. Der katholische Exeget untersucht also die neutestamentlichen Texte ebenso wie alle anderen Forscher zunächst nach den Methoden und Regeln der Philologie und Historie und will den Literalsinn, *das von den Autoren Gemeinte, feststellen;* aber wo es um die *tiefere Glaubensinterpretation* geht, die kein Forscher ohne persönliche Stellungnahme vornehmen kann, hält er sich an das Verständnis der Kirche, die *für ihn* in lebendiger Tradition das Erbe der Urkirche und der Apostel bewahrt und legitim entfaltet.» (Hervorhebungen von mir, HGS)[60]

Die im Anschluß an Gadamer vollzogene Entdifferenzierung von wissenschaftlicher Exegese und kirchlicher Glaubenstradition, die ursprünglich gedacht ist zur Begründung der Kirchlichkeit der Exegese und die hermeneutische Funktion der Überlieferung sichern soll, führt somit ersichtlich zu der paradoxen Konsequenz, daß, solange an der prinzipiellen Zuständigkeit der historisch-kritischen Methode festgehalten wird, diese Funktion auf eine bloß subsidiäre reduziert werden muß: die kirchliche Tradition springt nur ein, wenn die historisch-kritische Exegese gewissermaßen mit ihrem Latein am Ende ist. Dem widerspricht wiederum Schnackenburgs Behauptung, die historisch-kritische Methode sei grundsätzlich inkompetent, sobald es um die tiefere Glaubensinterpretation geht[61]. Entweder braucht die kirchliche Lehrautorität nur im Zweifelsfall Hilfestellung leistend in den exegetischen Forschungsprozeß einzugreifen oder aber ohne sie ist jedes wirkliche Verstehen der Heiligen Schrift unmöglich – ein Mittleres kann es in dieser Sache nicht geben.

Die Lösung des Problems wäre denkbar einfach. Sie bestünde in der Anerkenntnis der Tatsache, daß es eine Sache ist, das von den Autoren Gemeinte festzustellen, und eine andere, die Meinung des Autors als verbindliche Wahrheit zu akzeptieren, und es deshalb notwendig in die Irre führt, diese beiden unterschiedlichen Weisen, auf den Text der Heiligen Schrift Bezug zu nehmen, mithilfe des Begriffs «Auslegung» zu einer Einheit zusammenzwingen zu wollen.

176

«*Wenn* Bibelinterpretation mehr ist als einfache philologische und Erklärung dessen, was dem Wortlaut nach dasteht, *wenn* sie zu einer für den Glauben bedeutsamen Deutung des sachlich Gemeinten, des für uns auch heute Verbindlichen, des uns persönlich Betreffenden werden soll, muß ein tieferes Verstehen der Texte gefunden werden, das aber von mehr als einem nur wissenschaftlichen Bemühen abhängt.» (Hervorhebungen von mir, HGS)[62]

Kein Zweifel: wenn die Exegese all das leisten soll, muß sie mehr sein als historische Wissenschaft. Dann muß sie das Geschäft der historisch-kritischen Forschung, der Fundamentaltheologie und der Dogmatik gleichzeitig und ineins betreiben. Die traditionelle katholische Theologie allerdings hat diese unterschiedlichen Teilvollzüge der theologischen Reflexion stets säuberlich zu scheiden versucht, und es gehört zu den charakteristischen Merkmalen gerade der hermeneutisch orientierten Typen moderner protestantischer Theologie, die Grenzen zwischen ihnen verwischt zu haben. Insofern entbehrt, wie das Beispiel Schnackenburgs zeigt, die katholische Gadamer-Rezeption nicht einer gewissen Ironie: sie, die der Widerlegung der protestantischen Hermeneutik dienen sollte, endigt schließlich in einer «Protestantisierung» der katholischen Hermeneutik, weil man sich in apologetischem Übereifer durch rein verbale Übereinstimmung blenden ließ und infolgedessen blind war für die strukturelle Übereinstimmung zwischen philosophischer und protestantischer Hermeneutik (vgl. Exkurs II).
Diese Kritik mag als ungebührliche Psychologisierung empfunden werden. Es gilt deshalb, sie anhand weiterer Beispiele zu erhärten.

2. Verkündigung, Exegese und Glaubenstradition. Die Entdifferenzierung der hermeneutischen Problematik durch das Prinzip der Wirkungsgeschichte bei Franz Mußner

Neben Schnackenburg hat sich, ebenfalls vergleichsweise früh, ein weiterer Exeget recht eingehend mit der philosophischen Hermeneutik befaßt: Franz Mußner. – Mußners Beispiel ist vor allem deswegen sehr lehrreich, weil der Regensburger Exeget, noch bevor er sich im Kontext theoretisch-hermeneutischer Überlegungen mit Gadamer auseinandersetzte, den Versuch unternommen hatte, dessen Einsichten für die exegetische Praxis fruchtbar zu machen. Im ersten Kapitel seines Buches «Die johanneische Sehweise und die Frage nach dem historischen Jesus», das einen knappen Aufriß der gestellten Aufgabe enthält, gesteht Mußner abschließend, «erst die Bekanntschaft mit Gadamers Werk» habe ihm den Mut verliehen, die «johanneische Frage» aufzunehmen[63]. Worum handelt es sich dabei?

Den Ausgangspunkt der gesamten Untersuchung bildet die These, daß Johannes in seiner theologiegeschichtlichen Situation vor der Aufgabe stand, «Jesus zu ‹verstehen›». Das heißt:

> «Er muß sich mit einer Gestalt beschäftigen, deren Tod schon über 60 Jahre zurückliegt; er muß zudem diese Gestalt und ihr Werk so auslegen, daß diese Auslegung eine Antwort auf die christologischen Fragen ist, die zu seiner Zeit in der Kirche aufgebrochen waren. Er muß, kurz gesagt, für die Kirche die Frage beantworten: Wer war ‹eigentlich› Jesus Christus?»[64]

Das Problem, mit dem sich Johannes konfrontiert sah, war also hermeneutischer Natur, und dieses Problem hatte sich für ihn im Vergleich zu den Synoptikern aufgrund des vergrößerten Zeitenabstandes zum historischen Jesus erheblich verschärft. – Obgleich sich diese Schwierigkeit vor jedem erhebt, der einen historischen Text oder eine historische Gestalt zu verstehen sucht, war doch der Zeitenabstand «für Johannes von besonderer Art. Er hatte ja kein bloßes ‹ab-ständiges› Verhältnis zu seinem Gegenstand, sondern stand in der *lebendigen Glaubenstradition der Kirche*»[65] (Hervorhebung von mir, HGS). Weil daher

> «Johannes mit Hilfe des inspirierenden Gottesgeistes in das Geheimnis Jesu und die vorausliegende Tradition über ihn tiefer einzudringen versucht, wird sein Verstehen der Person und des Werkes Jesu und der Überlieferung darüber zu einem produktiven Prozeß. So wird der Zeitenabstand zu einer positiven und schöpferischen Möglichkeit des Verstehens. Johannes stand *nicht* vor der Aufgabe, den Zeitenabstand zu überwinden und gewissermaßen zum geschichtlichen Jesus zurückzuspringen; der Abstand der Zeit war ja kein ‹gähnender Abgrund, sondern ist ausgefüllt durch die Kontinuität des Herkommens und der Tradition, in deren Lichte uns alle Überlieferung sich zeigt› (Gadamer).»[66]

Damit ist Mußners Einstieg in die hermeneutische Problematik skizziert und angedeutet, unter welchem Gesichtspunkt sein Rückgriff auf die Hermeneutik Gadamers erfolgt. Gadamers Theorie soll helfen, den Prozeß des Verstehens, der sich bei Johannes abgespielt und in seinem Evangelium niedergeschlagen hat, in seiner inneren Struktur verständlich zu machen. – Gegen ein solches Unterfangen ist an sich nichts einzuwenden, nur: das «Verstehen» des Johannes zielt auf die Verkündigung, ist mithin kerygmatischer und/oder dogmatischer, auf jeden Fall nicht geschichtswissenschaftlicher Natur. Vom Standpunkt

178

der philosophischen Hermeneutik aus betrachtet fällt dieser Unterschied kaum ins Gewicht, weil sie beansprucht, die Bedingungen der Möglichkeit allen Verstehens reflektiert zu haben. Wird diese transzendentale Fragerichtung durchgehalten, so muß die philosophische Hermeneutik, sofern sie auf die Zugehörigkeit zur Tradition, also die wirkungsgeschichtliche Vermitteltheit als der entscheidenden Bedingung von Verstehen abhebt, offen lassen, welche konkrete Tradition zu einem wahren Verständnis führt. Auf den Fall des Johannes angewendet, bedeutet das: Gadamers Theorie gibt kein Kriterium an die Hand, mithilfe dessen entschieden werden könnte, ob die Entscheidung des Johannes, sich an die kirchliche Tradition anzuschließen, richtig oder falsch war. Da Mußner jedoch daran gelegen ist, genau dies – und zwar im Anschluß an Gadamer – zu demonstrieren, ist er zu einer Argumentation gezwungen, die weder historischer noch philosophisch-hermeneutischer Kritik standhält und doch, paradoxerweise, gerade so die hoffnungslose Widersprüchlichkeit der Theorie Gadamers ans Licht bringt.

Worum es geht, ist die Tatsache, daß Johannes gezwungen war, sich mit häretischen Interpretationen der Person Jesu auseinanderzusetzen. Sowohl der Evangelist als auch die Häretiker sind vom historischen Jesus durch den gleichen Zeitenabstand getrennt.

«Aber der Häretiker ist im Unterschied zum Apostel und Evangelisten nach 2 Joh 9 ein ‹Fortschrittling›, der sich um *die* Tradition nicht kümmert, oder, wie Johannes an derselben Stelle sagt, der nicht in der (apostolischen) ‹bleibt›. So ist das hermeneutische Unternehmen des Häretikers voller Willkür; er legt Jesus Christus so aus, wie es seiner Privatgnosis entspricht. Wie die moderne Hermeneutik erkannt hat, steht Verstehen unter Vor-Urteilen; *das gilt in unserem Fall sowohl für Johannes wie für seine christologischen Gegner.* Die wahren, richtigen Vor-Urteile vermittelten dem Johannes sowohl die eigene Augen- und Ohren-Zeugenschaft (...) als auch die vorausliegende Glaubenstradition der Kirche. Da der Häretiker kein Augenzeuge ist, *die* Tradition aber ausdrücklich ablehnt, führt bei ihm *der Zeitenabstand* zu einem *falschen Verstehen* der Gestalt und des Werkes Jesu. M.a.W.: *Die* Tradition schafft auch einen *Verstehenshorizont*, der zum Begriff der hermeneutischen Situation wesentlich gehört.» (Hervorhebungen von mir, HGS)[67]

Geht man wie Mußner von der Richtigkeit der philosophisch-hermeneutischen These von der Traditionsbedingtheit allen Verstehens als der Bedingung der Möglichkeit von Verstehen überhaupt aus, dann läßt sich unmöglich behaupten, die Häretiker hätten jede Tradition abgelehnt. Folglich kann mit dem, was Mußner einfach als «die» Tradition anspricht, nur eine bestimmte, nämlich die kirchliche Tradition gemeint sein.

Nun ist es natürlich das gute Recht des Theologen Mußner anzunehmen, daß einzig die kirchliche Tradition die wahren Vor-Urteile über Jesus vermittle und Johannes deshalb gut daran getan habe, sich dieser Tradition anzuschließen. Nur sollte er sich eigentlich von seiten des Philosophen Gadamer keine Hilfe bezüglich der Rechtfertigung dieser Annahme erwarten dürfen. Denn die philosophische Hermeneutik beschränkt sich (angeblich) auf den Nachweis, daß jedes Verstehen, also auch das des Häretikers, wirkungsgeschichtlich bedingt sei. Dieser Nachweis betrifft indessen den Häretiker nur insoweit, als er fälschlicherweise glaubt, Jesus ohne Bezug auf irgendeine Tradition verstehen zu können. Im Blick auf die rationalistischen Häresien der Neuzeit mag das von Bedeutung sein, hinsichtlich der gnostischen Gegner des Johannes ist es in dieser Form sicherlich irrelevant. Im Grunde liefert deshalb Gadamers Hermeneutik weder ein Argument für die «johanneische Sehweise», noch eines gegen die gnostische Interpretation Jesu. Mußners angestrengtes Bemühen, dennoch aus der philosophischen Hermeneutik apologetisches Kapital zu schlagen, muß ihn infolgedessen früher oder später dazu verleiten, das an sich formale Prinzip der Wirkungsgeschichte positiv inhaltlich zugunsten der kirchlichen Tradition umzuinterpretieren und für diesen Schritt eine reichlich gequälte Begründung zu konstruieren. In einem ersten Zwischenschritt bereitet Mußner sein entscheidendes Argument vor, indem er zunächst aufweist, daß sich «auch die johanneische Auslegung des Christusereignisses, hermeneutisch gesehen, in einem Zirkel» bewegte, weil die kirchliche Tradition dem Johannes «ein bestimmtes Verständnis des Christusereignisses» vermittelt hatte, «das dann in seiner Auslegung wirksam blieb»[68]. Diesem «Eingeständnis» fügt Mußner – und darin liegt der zweite Zwischenschritt – Heideggers berühmte Rechtfertigung der Zirkelstruktur des Verstehens an:

«Aber in diesem Zirkel ein vitiosum sehen und nach Wegen Ausschau halten, ihn zu vermeiden ... heißt das Verstehen von Grund aus mißverstehen ... Das Entscheidende ist nicht, aus dem Zirkel heraus-, sondern in ihn nach der rechten Weise hineinzukommen ... In ihm verbirgt sich eine positive Möglichkeit ursprünglichsten Erkennens (Heidegger)»[69].

Erst jetzt hat Mußners Argumentation den Punkt erreicht, von dem aus er die Jesus-Auslegung der Häretiker glaubt hermeneutisch aus den Angeln heben zu können. Denn, so Mußner:

180

«Der προάγων sucht aus dem Zirkel herauszukommen. Er bringt zwar auch sein Vor-Verständnis und seinen Vor-Griff mit, wenn er die Christusgestalt auslegt, aber er hält den ‹Zirkel› der *apostolischen* Tradition der Kirche für vitios; in seinem Geschäft der Auslegung wirken andere ‹Traditionen›, etwa philosophischer oder mythologischer Art. *So* wird sein Christus als eine völlig neue Gestalt entworfen, die sich wesentlich von jener der Tradition unterscheidet, ja ihr entgegengesetzt ist. Gerade dies geschieht bei Johannes nicht; er gewinnt sein ‹Vor-Urteil›, das in seiner Interpretation der Christusgestalt wirksam ist, aus der vorausliegenden christologischen Tradition der Kirche.» (Hervorhebung im Original, HGS)[70]

Im Übergang vom ersten zum zweiten Satz des Zitats geschieht der Sprung von der philosophisch-hermeneutischen zur theologisch-hermeneutischen Ebene, auf den alles ankommt: sieht es zunächst so aus, als beschränke sich Mußner darauf, den gnostischen Widersachern des Johannes entgegenzuhalten, was ihnen – aus Heideggers bzw. Gadamers Perspektive betrachtet – einzig und allein angelastet werden könnte, daß sie nämlich den vergeblichen Versuch unternahmen, aus dem hermeneutischen Zirkel auszubrechen, so lautet sein Vorwurf plötzlich, die Häretiker hätten sich dem Zirkel der apostolischen Tradition verweigert. – Abgesehen davon, daß es etwas schwer fällt, sich Genaueres unter dem Ausdruck «Zirkel der apostolischen Tradition» vorzustellen (weshalb Mußner wohl auch den Begriff des Zirkels in Anführungszeichen setzt), bleibt unerfindlich, was sich philosophisch gegen diese theologisch sicherlich fragwürdige Entscheidung der Gnostiker einwenden ließe, da doch auch in ihrem «Geschäft der Auslegung» bestimmte Traditionen wirkten und sie demnach keineswegs jede Tradition ablehnten. In formaler Hinsicht entsprach also sowohl die «johanneische Sehweise» als auch die gnostische Interpretation des Christusereignisses den Prinzipien der philosophischen Hermeneutik, so daß Mußners Rückgriff auf sie überhaupt nichts austrägt. – Als ob er recht gut gespürt hätte, auf welch schwachen hermeneutischen Beinen seine Kritik in Wirklichkeit steht, fühlt Mußner sich allem Anschein nach gedrängt, ihr durch einen kleinen Kunstgriff eine zusätzliche Stütze zu verleihen, indem er die Traditionen, auf welche die Häretiker sich bezogen, durch Anführungszeichen zu gewissermaßen uneigentlichen Traditionen abwertet und zugleich, mithilfe desselben Verfahrens, den Eindruck zu erwecken versucht, als sei das christologische Vor-Urteil des Johannes eben doch, schon rein hermeneutisch besehen, mehr als nur ein bloßes Vor-Urteil.

Es wäre freilich ungerecht, wollte man verschweigen, daß sich diese kritische Beurteilung der Gadamer-Rezeption Mußners im Grunde bestenfalls zum Teil auf Gadamer selbst berufen kann. Die innere

Widersprüchlichkeit der philosophischen Hermeneutik, aufgrund derer es Gadamer gar nicht möglich ist, den Bezug auf konkrete Traditionen gänzlich zu vermeiden, leistet solchem apologetischen Mißbrauch Vorschub genug. Der Begriff der Tradition ist ebenso wie der des Verstehens selbst doppeldeutig: meint dieser das wahre und falsche Verstehen zugleich, so bezeichnet jener sowohl Traditionen, die Verstehen ermöglichen, als auch solche, die Verstehen behindern. Insofern umgreift die philosophische Hermeneutik den Prozeß des häretischen und des orthodoxen Verstehens gleichermaßen. Auf der anderen Seite führt die Identifizierung von Sprache und Sein dazu, das Gespräch mit der Überlieferung per se als Wahrheitsgeschehen begreifen zu müssen, in das der Interpret sich einzufügen hat, sofern er die Wahrheit der Tradition nicht verspielen will. Mit Rücksicht darauf kann Mußner behaupten:

«*Weil die* Überlieferung *ein* Vor-Verständnis vermittelt, vermittelt sie jenen, die in ihrem Strom stehen, *Erkenntnis*. Wer *eine* Überlieferung ‹bewahrt› *(τηρεῖν)* – ein wichtiger Begriff des johanneischen Denkens! – und seinen Auslegungshorizont von ihr bestimmt sein läßt, für den bedeutet die Überlieferung nichts Wesensfremdes. Der Bezug auf sie macht das Erkennen *fast* zu einem Wiedererkennen, in dem das Vergangene ganz zum Eigenen wird. *Die* Überlieferung wird so im Auslegungsprozeß hermeneutisch produktiv, die schöpferische Kraft des Auslegers dabei nicht gelähmt. *Gerade dies* bestätigt das vierte Evangelium *in exemplarischer Weise*. In souveräner Art verarbeitet es Stücke der vorausgehenden Jesusüberlieferung der Kirche und verfällt dennoch nicht der Subjektivität, rückt vielmehr im Auslegungsvorgang in *das* Überlieferungsgeschehen ein.» (Hervorhebungen von mir, HGS)[71].

Um zu erkennen, daß Mußners Beweisführung nicht, wie er selbst meint, philosophisch-hermeneutischer, sondern durch und durch theologisch-hermeneutischer Natur ist und ihre Triftigkeit allein einer dogmatischen Vorentscheidung verdankt, genügt es, sich kurz zu fragen, ob er seinem eigenen Gedankengang auch noch in folgender Formulierung zustimmen würde: Weil *irgendeine* Überlieferung *irgendein* Vor-Verständnis vermittelt, vermittelt sie Erkenntnis. Wer *irgendeine* Überlieferung bewahrt, der legt die zu verstehende Sache richtig aus. – Die Frage stellen, heißt, sie zugleich beantworten. Ohne jeden Zweifel würde Mußner *diesen* Behauptungen energisch widersprechen und ihnen entgegenhalten, natürlich könne nur ein richtiges, durch eine bestimmte Überlieferung bewirktes Vor-Urteil Erkenntnis vermitteln. Daß er trotzdem den «philosophischen» Teil seiner Argumentation so allgemein formulieren kann, wie er es tut, hat einen einfachen Grund: Mußner hat von vornherein nicht die hermeneutische

Problematik im allgemeinen, sondern die spezielle Problematik der theologischen Hermeneutik im Auge; er denkt «Überlieferung» nicht abstrakt, sondern konkret, nämlich als kirchlich-dogmatische Tradition. Seine Behauptung besagt deshalb eigentlich: weil und sofern es die kirchliche Tradition ist, die ein bestimmtes Vor-Verständnis bewirkt, vermittelt dieses Vor-Verständnis Erkenntnis. Denn die apostolische Tradition hat es mit der Sache selbst, Jesus Christus, zu tun und deshalb bewahrte «das aus der Überlieferung übernommene und bejahte Vorverständnis» Johannes davor, «in seinem Werk eine Fehlinterpretation der Christusgeschichte vorzulegen»[72]. – Das aber bedeutet: das Beispiel des Evangelisten, Modellfall traditionsbewußter theologischer Überlieferung, eignet sich vor allem deshalb so gut als Paradigma, an dem sich die Grundannahmen der philosophischen Hermeneutik exemplifizieren lassen, weil Mußner diese von Anfang an zugunsten der katholisch-theologischen Hermeneutik interpretiert, ohne auch nur einen Augenblick lang der Tatsache Beachtung zu schenken, daß Gadamer selbst gerade nicht der katholischen, sondern der protestantischen Hermeneutik exemplarische Bedeutung beimißt. Fasziniert von der Möglichkeit, der eigenen Position philosophische Rückendeckung verschaffen zu können, übersieht Mußner völlig, daß sich für Gadamer das theologische Problem der Schriftinterpretation im Predigtgeschehen, nicht in der autoritativen Lehrverkündigung und Auslegungstradition der Kirche zuspitzt und deshalb die Wirkungsgeschichte der Bibel, der zuzugehören Bedingung der Möglichkeit sachgemäßer Schriftauslegung ist, nicht – oder wenigstens nicht unmittelbar – mit einer bestimmten Tradition gleichgesetzt werden darf. Er übersieht auch, daß Gadamer sich für seine Auffassung auf Ebeling als theologischen Gewährsmann beruft[73], und so unterläuft ihm das fast schon peinliche Mißgeschick, seinerseits Gadamer als philosophischen Kronzeugen ausgerechnet gegen Ebeling zu bemühen: nachdem er, in seinem Überblick über die Geschichte der Hermeneutik seit Schleiermacher ausdrücklich festgestellt hat, nach Bultmann hätten sich vornehmlich Ernst Fuchs und Gerhard Ebeling «um die Weiterentwicklung der Hermeneutik bemüht», und zwar «vor allem durch Aufnahme der sprachphilosophischen Überlegungen Gadamers (‹Wahrheit und Methode›) (!) und des späten Heidegger»[74], bescheinigt er Ebeling, den er in ganzen sechzehn Zeilen abhandelt, großzügig, dieser habe «wahrscheinlich recht», wenn er glaube «im Bereich einer bewußt protestantischen Hermeneutik zu bleiben», denn «hier bleibt kaum Raum für die von Gadamer gesehene Funktion der Überlieferung im hermeneutischen Prozeß»[75]. – Mit anderen Worten: Gadamers bedeutende Gedanken zum hermeneutischen Problem bestätigen die hermeneutischen Auffassungen der katholischen Theologie, in der sie allerdings bisher «noch kaum zum Einsatz gekommen» sind. Denn:

«Zur ‹kirchlichen Existenz› des Gläubigen gehört, jedenfalls nach katholischer Auffassung, seine Bindung an die *Überlieferung*, die Glaubenstradition. (...) Was speziell die Bedeutung der Tradition für die Auslegung der Heiligen Schrift angeht, so hat sie nach katholischer Auffassung die Funktion einer Auslegungsnorm. Jeder katholische Priester und Lehrer der Heiligen Schrift verpflichtet sich, bei ihrer Auslegung jenes *sensus* zu beachten, den die Mutter Kirche in ihrer Tradition festgelegt hat. Nur wer diese Verpflichtung rein gesetzlich versteht, ohne sie von der Sache her zu bedenken, kann von ‹dogmatischer Befangenheit› des katholischen Exegeten reden.» (Hervorhebungen im Original, HGS)[76]

Was aber ist hier eigentlich die «Sache», von der her es zu denken gilt? Geht es, wie bei Johannes, um die theologisch zu verantwortende zeitgemäße Verkündigung des Evangeliums, oder handelt es sich um die wissenschaftlich zu verantwortende Exegese der Heiligen Schrift? Gewiß wäre es verfehlt, beides so zu trennen, als hätte das eine mit dem anderen nichts zu tun, oder sogar Exegese und Verkündigung als radikalen Gegensatz zu verstehen. Nichtsdestoweniger ist der Exeget kein Verkündiger und die kerygmatische Verkündigung kein wissenschaftlicher Kommentar. Das sind, so sollte man annehmen dürfen, Banalitäten, die weder von Gadamer noch von Mußner bestritten werden. Gerade deshalb jedoch muß es verwirrend wirken, wenn man wie Gadamer genau zu unterscheidende Verstehensweisen unter dem Oberbegriff «Verstehen», oder wie Mußner unter dem Oberbegriff «Auslegung» zusammenfaßt. Mangelnde Präzision der Terminologie erregt zwangsläufig den Verdacht, Symptom mangelnder Klarheit in der Sache zu sein. Zwar hat Gadamer mit Recht die Frage aufgeworfen, ob sich das historisch-kritische Denken nicht fälschlicherweise als in radikaler Antithese zu anderen Formen der Vergegenwärtigung der Geschichte stehend begriff. Seine Antwort freilich läuft auf eine unvermittelte Identifikation von Wissenschaft und Tradition hinaus, weil er aufgrund seiner Sprachontologie von der Sprachgebundenheit sowohl der Wissenschaft als auch der naiv vollzogenen Überlieferung zu dem Postulat gezwungen ist, die wirkungsgeschichtliche Bedingtheit habe hier wie dort die gleiche hermeneutische Funktion.

Die Fragwürdigkeit der katholischen Gadamer-Rezeption, wie sie sich weithin vollzogen hat, beruht hauptsächlich darauf, daß die ka-

184

tholische Hermeneutik aus zweifelhaften kontroverstheologisch begründeten Motiven heraus nicht nur Gadamers Problemstellung auf-,
sondern auch seinen Lösungsvorschlag übernahm. Im Falle Mußners
führt das – wie schon vorher bei Schnackenburg – folgerichtig zur
Gleichsetzung von Verkündigung und Exegese. Obgleich Mußner diesen Vorwurf entschieden von sich weisen dürfte, hat er dennoch einen
indirekten Beweis für seine Richtigkeit geliefert. – Was damit gemeint
ist, erschließt sich durch einen Vergleich zweier Textstellen, die nicht
nur dem Inhalt, sondern auch im Wortlaut weitgehend übereinstim-
men.

Der erste Text wurde bereits zitiert, denn er stammt aus Mußners
Buch über die johanneische Sehweise. Um der Pointe willen sei er
trotzdem noch einmal in voller Länge wiederholt. Er lautet:

«Weil die Überlieferung ein Vor-Verständnis vermittelt, vermittelt sie jenen, die in
ihrem Strome stehen, Erkenntnis. Wer eine Überlieferung ‹bewahrt› *(τηρεῖν)* – ein
wichtiger Begriff des johanneischen Denkens! – und seinen Auslegungshorizont von
ihr bestimmt sein läßt, für den bedeutet die Überlieferung nichts Wesensfremdes.
Der Bezug auf sie macht das Erkennen fast zu einem Wiedererkennen, in dem das
Vergangene ganz zum Eigenen wird. Die Überlieferung wird so im Auslegungsprozeß hermeneutisch produktiv, die schöpferische Kraft des *Auslegers* dabei nicht gelähmt. Gerade dies bestätigt das vierte *Evangelium* in exemplarischer Weise.»[77] (Hervorhebungen von mir, HGS)

Der Kontext läßt keinen Zweifel daran, daß der Ausleger, den Mußner hierbei im Auge hat, der Evangelist Johannes ist, der durch sein
Verkündigungswerk an die Überlieferung anschließend diese zugleich
fortsetzt. Vor diesem Hintergrund muß nun betrachtet werden, was
Mußner in einem 1966 gehaltenen Vortrag zum Thema «Aufgaben
und Ziele der biblischen Hermeneutik» aus katholischer Sicht ausgeführt hat:

«Die Überlieferung hat eine hermeneutische Funktion. Denn sie schafft einen Verstehenshorizont, der zum Begriff der hermeneutischen Situation wesentlich gehört.
Die Überlieferung vermittelt ja ein Vor-Verständnis. Wer eine Überlieferung ‹bewahrt› – ein wichtiger Begriff des johanneischen Denkens! – und seinen Auslegungshorizont von ihr bestimmt sein läßt, für den bedeutet die Überlieferung nichts Wesensfremdes. Die Überlieferung wird im Auslegungsvorgang hermeneutisch
produktiv, die schöpferische Kraft des *Exegeten* dabei nicht gelähmt.»[78] (Hervorhebung von mir, HGS)

Der springende Punkt, auf den es ankommt, liegt auf der Hand. Nach
Mußners Verständnis des hermeneutischen Problems befinden sich
der Evangelist Johannes und der moderne, mit den Mitteln und Me-

thoden der historisch-kritischen Forschung arbeitende Exeget prinzipiell in der gleichen hermeneutischen Situation, sie stehen vor der gleichen hermeneutischen Aufgabe, deren Bewältigung den gleichen hermeneutischen Bedingungen unterliegt. Folglich kann sich auch ein exegetischer Kommentar des Johannes-Evangeliums nicht grundsätzlich von diesem selbst unterscheiden, sofern sich der Exeget bei seiner Arbeit wirklich hat von dem ihm durch die Glaubenstradition der Kirche vorgegebenen Vor-Verständnis leiten lassen. Das aber bedeutet nichts anderes, als daß die Exegese zur eigentlichen Trägerin der Verkündigung aufgewertet wird, deren Aufgabe es ist, die Überlieferung der Kirche unter den heutigen Bedingungen in ihrem wahren Sinn aufzuschließen und ihn gerade in der Applikation auf die heutige Situation zu bewahren. – Kraft dieser Verschmelzung von Glaubenstradition, Verkündigung und Exegese rückt diese zur theologischen Schlüsseldisziplin auf und erhält damit genau den Rang, der ihr in der protestantischen Theologie seit je zugebilligt wird. So macht sich trotz ihrer gegenreformatorischen Intention in der Übernahme der hermeneutischen Vorstellungen Gadamers am Ende doch deren Übereinstimmung mit der protestantischen Hermeneutik geltend. – Zugleich aber läuft die katholische Rezeption des Prinzips der Wirkungsgeschichte eindeutig auf die Behauptung hinaus, daß eine sachgemäße Exegese der Heiligen Schrift im Grunde nur innerhalb der katholischen Kirche geleistet werden kann. Soweit sich demnach innerhalb der exegetischen Forschung ein interkonfessioneller Konsens ergeben hat, muß er entweder, was die protestantischen Exegeten betrifft, auf einer von ihnen selbst nicht wahrgenommenen oder verleugneten Zugehörigkeit zur Tradition der katholischen Kirche beruhen, oder er muß sich früher oder später als Scheinkonsens erweisen. In jedem Fall ergibt sich eine fragwürdige Rekonfessionalisierung der Exegese, die es nicht mehr erlaubt, diesen Konsens als einen in sich ruhenden und gerade deshalb ökumenisch so bedeutsamen zu würdigen. Im nächsten Beispiel wird dieser Zugzwang, der sich bereits bei Schnackenburgs katholisierender Gadamer-Interpretation bemerkbar machte, unverhüllt zutagetreten, und es wird sich zeigen, daß die bei Schnackenburg wie bei Mußner unverkennbare Aufwertung der Exegese innerhalb des theologischen Fächerkanons lediglich die Kehrseite ihrer dogmatischen Domestizierung darstellt.

3. Theologisches Verstehen und Dogmatik als quasilehramtliche Interpretationsinstanz. Die philosophisch-hermeneutisch begründete Rückkehr zur gegenreformatorischen Position des Vatikanum I bei Leo Scheffczyk

Die Tatsache, daß die katholische Rezeption der philosophischen Hermeneutik zunächst innerhalb der Exegese einsetzte, bestätigt die traditionelle «Prädominante der bibelhermeneutischen Fragestellung» im Rahmen der theologisch-hermeneutischen Diskussion[79]. Sowohl aufgrund des universalen Anspruchs der philosophischen Hermeneutik als auch wegen der in der Theologie selbst virulenten, keineswegs auf die Schriftinterpretation einzuschränkenden hermeneutischen Problematik mußte sich allerdings gerade für die katholische Theologie über kurz oder lang die Frage nach der Relevanz der Hermeneutik auch für die Dogmatik und Dogmengeschichte stellen. Trotz der Dringlichkeit und der Vielzahl der in diesem Zusammenhang anstehenden Sachfragen[80] steht jedoch ein systematisch ausgearbeiteter Entwurf für eine dogmatische Hermeneutik bis heute aus[81]. Immerhin hat der Münchener Dogmatiker Leo Scheffczyk es gewagt, in seinem im Jahr 1973 veröffentlichten Werk «Dogma der Kirche – heute noch verstehbar? Grundzüge einer dogmatischen Hermeneutik»[82] «auf diesem Feld erste Schritte» zu unternehmen[83]. Dabei betont Scheffczyk mit Nachdruck, daß er die «Verstehensfrage nur unter dem eigentlich dogmatischen Aspekt» erörtern wolle, obgleich er grundsätzlich die Auffassung vertrete, «daß das von der Hermeneutik zu bedenkende Geschehen von der ersten Wortwerdung der Offenbarung bis hin zur Applikation in der jetztzeitigen Verkündigung reicht»[84]. – Auf diese Weise wird von Anfang an ausgeklammert der an sich notwendige «Vorbau einer Reflexion über die Sprache» einerseits sowie die «Applikation auf die letzte praktische Phase des Verstehensprozesses in der Predigt und Katechese» andererseits[85].

Schon diese auf den ersten Blick recht unverfänglich wirkende Eingrenzung der Thematik läßt bei näherem Zusehen eine Unklarheit erkennen, die sich im Vorblick auf die zu erwartende Rezeption der Hermeneutik Gadamers durch Scheffczyk durchaus als die dieser innewohnende Grundaporie ansprechen läßt. – Vorausgesetzt, es ist richtig, davon auszugehen, daß es sich bei dem von der Offenbarung bis zur gegenwärtigen Verkündigung reichenden Geschehen um einen einheitlichen Verstehensprozeß handelt, dann wird man annehmen müssen, daß sich die philosophische Hermeneutik auf diesen Prozeß in seiner Ganzheit bezieht. Mit Rücksicht darauf erscheint es von vorneherein als bedenklich, das Gesamtgeschehen in einzelne Phasen zerlegen zu wollen, zumal in Anbetracht der Gadamerschen These, daß sich das Verstehen allererst in der Applikation, also im Falle der Heiligen Schrift in der Predigt, vollende. Durch die von Scheffczyk vorgenommene Begrenzung der Verstehensfrage wird demnach, aus der Perspektive der philosophischen Hermeneutik betrachtet, das hermeneutische Problem gerade um seine entscheidende Dimension verkürzt. – Abgesehen davon wirft Scheffczyks Phasenschema zum einen die Frage auf, ob etwa Dogmatik, Exegese und Verkündigung als solche Phasen zu sehen sind und wie, falls dies zu bejahen ist, deren Beziehung zueinander gedacht werden muß. Zum anderen erhebt sich im Anschluß daran das Problem, ob diesen Phasen jeweils eine regionale Hermeneutik entspricht und wie im positiven Falle deren Verhältnis zur universalen philosophischen Hermeneutik zu bestimmen wäre. – An sich bereitet eine solche Verhältnisbestimmung keinerlei Schwierigkeiten, denn sie kann eigentlich nur besagen, daß die von einer allgemeinen Hermeneutik aufgewiesenen strukturellen Merkmale und Bedingungen des Verstehens in allen speziellen und regionalen Hermeneutiken wiederkehren müssen. In diesem Sinne stellt Scheffczyk mit Blick auf die Theorien Bettis und Heideggers fest:

«Es ist allgemein anerkannt, daß die Prinzipien dieser allgemeinen Hermeneutik als theoretische Grundlagen in jede spezielle Verstehenslehre eingehen müssen.»[86]

Unter dieser Voraussetzung würde die Annahme, daß jeder Phase des Verstehensprozesses eine gesonderte Hermeneutik zugeordnet werden muß, zu der widersinnigen Schlußfolgerung führen, das allgemeine Strukturmoment der Applikation sei innerhalb der selbst schon applikativen Phase der Verkündigung noch einmal in Rechnung zu stellen und zudem auch bei den Phasen des dogmatischen und exegetischen Verstehens zu berücksichtigen. Solange man daran festhält, daß der gesamte Verstehensprozeß auf das Verständnis der Offenbarung hinzielt und demnach nur einen einzigen «Gegenstand» hat, hieße dies nichts anderes, als daß die Offenbarung im Grunde dreimal appliziert und verstanden wird.

Wie um diese offenkundig absurde Konsequenz zu vermeiden, hütet sich Scheffczyk, von einer dogmatischen Phase des Verstehens zu sprechen und bestimmt statt dessen sein Vorhaben dahingehend, den dogmatischen «Aspekt» der Verstehensfrage untersuchen zu wollen. – Wenn aber das Dogmatische lediglich einen Aspekt des hermeneuti-

188

schen Gesamtgeschehens ausmacht, bedarf es dann überhaupt einer eigenen dogmatischen Hermeneutik? Würde es unter solchen Umständen nicht genügen, diesen einen Aspekt neben möglichen anderen Aspekten, etwa dem historischen oder exegetischen, im Rahmen einer umfassenden, weil eben den Gesamtprozeß des theologischen Verstehens thematisierenden theologischen Hermeneutik zur Geltung zu bringen?

Tatsächlich begründet Scheffczyk die Notwendigkeit einer eigenständigen dogmatischen Hermeneutik neben der biblischen Hermeneutik mit einem zusätzlichen Argument. Er behauptet nämlich, die biblische Hermeneutik könne nicht nur nicht «alle Fragen einer theologischen Hermeneutik» beantworten, sondern müsse sogar «zu den eigentlichen Grundsatzfragen schweigen», so zum Beispiel zur «Frage nach der Möglichkeit eines Verstehens im Glauben und nach der Verbindlichkeit von Glaubensaussagen»[87]. – In diesem Sinne fragt die dogmatische Hermeneutik gerade «nach den Voraussetzungen und Bedingungen der Möglichkeit des Verstehens des kirchlichen Dogmas»[88]. Das aber bedeutet, daß die dogmatische Hermeneutik sich von der biblischen doch nicht bloß dadurch unterscheidet, daß sie einen anderen Aspekt des Verstehensprozesses als diese reflektiert, sondern vor allem aufgrund der Verschiedenartigkeit ihres Gegenstandes:

«Die biblische Hermeneutik hat das Schriftwort oder die Heilige Schrift als solche zum Gegenstand, die dogmatische Hermeneutik das Dogma als von der Kirche formulierte und verpflichtend gemachte Glaubensaussage.»[89]

Muß jedoch von der Existenz zweier spezieller Hermeneutiken mit je spezifischen Aufgabenstellungen ausgegangen werden, dann gilt es, die Grundsätze einer allgemeinen Hermeneutik sowohl innerhalb der dogmatischen als auch in der biblischen Hermeneutik anzuwenden. Dient dabei die Hermeneutik Gadamers als Modellfall einer allgemeinen Hermeneutik, so betrifft dies in der Hauptsache die beiden Strukturmomente der wirkungsgeschichtlichen Bedingtheit einerseits sowie der Applikation andererseits. Damit droht indessen unmittelbar die postulierte Einheit des hermeneutischen Gesamtprozesses auseinanderzubrechen. Um dieser Gefahr zu entgehen, erlegt Scheffczyk der Exegese eine einschneidende Beschränkung auf, indem er behauptet, es sei «letztlich nicht Sache des Exegeten, die Offenbarungsaussage *der Schrift* auf die gegenwärtige Situation der Kirche und *der Verkündigung* zu *applizieren*. Dazu bedarf es eines *systematischen* Bemühens, das auf den *eigentlichen Sinn* der Offenbarungsaussage achtet und sie in den Zusammenhang mit dem gegenwärtigen Glauben der Kirche stellt.

Das aktuelle Glaubensbewußtsein der Gegenwart ist aber nur aus gewachsener Herkunft zu verstehen. So ist das *dogmatische Glaubens*-verstehen gehalten, ein ‹altes› Dogma in all seinen Ausformungen innerhalb der Dogmengeschichte, die zugleich die *Wirkungsgeschichte* der betreffenden *Wahrheit* ist, zu erfassen und es in der Bahn der bisherigen *Auslegungsgeschichte legitim* zu deuten.» (Hervorhebungen von mir, HGS)[90]

Die Grenze der Exegese liegt also, nach Scheffczyk, in ihrer Unfähigkeit, den eigentlichen Sinn der Heiligen Schrift zu erfassen, der mit ihrer Wahrheit zusammenfällt und sich erst in der Applikation des Schriftwortes auf die gegenwärtige Situation erschließt, die ihrerseits durch die Wirkungsgeschichte der Wahrheit der Schrift bedingt ist, wobei die Wirkungsgeschichte unmißverständlich mit der Dogmengeschichte, verstanden als Auslegungsgeschichte, identifiziert wird. Infolgedessen kann eine sachgemäße Auslegung der Heiligen Schrift, die sich der Aufgabe stellt, «im menschlichen Wort des Hagiographen den göttlichen Sinn oder die göttliche Sache freizulegen»[91], auf keinen Fall durch eine Exegese geleistet werden, die sich «nur als historisch-kritische Wissenschaft versteht»[92]. Denn mit «den Mitteln der historisch-kritischen Wissenschaft kommt man nämlich nicht an einen Glaubensgehalt oder an ein Glaubensfaktum des Textes heran»[93]. «Mit Philologie und historischer Kritik allein kann man in der Schrift keine göttlichen Taten und Wahrheiten fassen.»[94]

Trotzdem liegt Scheffczyk natürlich nichts ferner, als die Bedeutung der historisch-kritischen Methode leugnen oder auch nur herunterspielen zu wollen. Weder eine allein vom Glaubensstandpunkt her argumentierende Exegese noch die Aufspaltung der theologischen Exegese in einen historisch-kritischen und einen daran anschließenden Arbeitsgang kommen für ihn ernsthaft in Frage[95]. Nach seiner Ansicht hilft hier

«letztlich nur die Forderung, daß Exegese von vornherein beide Standpunkte vereinigen muß, daß sie historisch-kritisch vorgehen und eine gläubige Haltung bezeigen muß.»[96]

Wie aber läßt sich diese Forderung einlösen? Bedeutet sie «nicht das Zusammenzwingen von an sich unvereinbaren Gegensätzen»?[97]

Klar ist zunächst einmal, daß der Glaube «bei der exegetischen Arbeit

190

nicht als Methode verstanden und verwandt werden» darf, denn in diesem Falle wäre der Glaube «an die Stelle einer Methode getreten, und die historische Methode käme nicht mehr zum Zuge»[98].
Welche Rolle spielt der Glaube dann in der Exegese bzw. welche Rolle kann er dann noch spielen? – Die Antwort ist unschwer zu erraten. Er kann

«für den Exegeten *nur* eine *Voraussetzung*, nur eine *Grundhaltung* sein und die Bedeutung eines *Vorverständnisses* für die Textinterpretation, die die historisch-kritische sein muß, beanspruchen.» (Hervorhebungen von mir, HGS)[99]

So bleibt für den Exegeten die historisch-kritische Methode «führend, auch wenn er unter dem Vorverständnis des Glaubens arbeitet»[100]. Zugleich jedoch gilt es festzuhalten, daß der Exeget mithilfe der historisch-kritischen Methode, selbst «wenn sie in der Offenheit für das Göttliche gehandhabt wird», dieses Göttliche «mit dieser Methode niemals endgültig bestimmen und definitiv festlegen» kann[101]. Daraus folgt:

«Weil der Exeget mit der historischen Methode an *das zu Glaubende* des Textes nur *annäherungsweise* herankommt, kann das Ergebnis seiner Arbeit nicht in einer *verbindlichen Glaubensaussage* bestehen.» (Hervorhebungen von mir, HGS)[102].

Damit hat Scheffczyk die Nahtstelle seiner Argumentation erreicht, an der sich biblische, dogmatische und allgemeine Hermeneutik mühelos miteinander verschweißen lassen. Denn an

«dieser Stelle wird im vorliegenden Zusammenhang erstmals erkennbar, daß es noch eine andere Instanz geben muß, die das von der Exegese Aufgewiesene und approximativ Erbrachte als Gotteswort erkennbar machen und verpflichtend vorlegen kann. Es ist die Kirche mit ihrer Überlieferung und ihrem Dogma. Hier tut sich dann der Blick auf für eine notwendige Offenheit der Exegese gegenüber der Instanz des Dogmas der Kirche, das offenbar auch eine *hermeneutische Funktion* am Schriftwort zu erfüllen hat.» (Hervorhebung von mir, HGS)[103]

Die Notwendigkeit einer solchen Offenheit hat ihren letzten Grund in der Geschichtlichkeit des Schriftwortes, die dazu nötigt, auch die «Wirkungsgeschichte des Schriftwortes» ernstzunehmen.

«Die Wirkungsgeschichte, die der Exeget, wenn er auf dem Boden der Bibel als auf dem ihm zugewiesenen Ort verbleibt, nicht aufnehmen kann, ist in der Sprache der Theologie die ‹Tradition›. Eine systematische Besinnung auf das hermeneutische Problem kann deshalb von der in der Kirche fortgehenden Tradition nicht absehen.»[104]

Spätestens an diesem Punkt wird die Frage dringlich, von welchem hermeneutischen Problem Scheffczyk eigentlich redet. Denn obgleich er zu Beginn seiner Überlegungen nachdrücklich die in der Differenz ihrer Gegenstände wurzelnde Verschiedenartigkeit der hermeneutischen Aufgabenstellung im Rahmen der biblischen Hermeneutik auf der einen und der dogmatischen Hermeneutik auf der anderen Seite hervorgehoben hatte, zeigt sich jetzt mit einem Male, daß man zwischen beidem einen gleichsam stufenlosen Übergang annehmen muß. Zwar soll die Exegese für das Verständnis der Schrift unabdingbar notwendig sein, aber «letztlich» vermag sie deren wahren Sinn doch nicht zu verstehen. Zwar muß sie von einem gläubigen Vorverständnis ausgehen, wenn sie überhaupt etwas vom wahren Sinn der Schrift erfassen will, doch selbst wenn sie das tut, kann sie immer nur «annäherungsweise» an ihn herankommen. Zwar ist es ihr möglich, den wahren Sinn der Schrift «freizulegen» (– ein Lieblingsausdruck von Scheffczyk), sie kann ihn jedoch «niemals endgültig bestimmen und definitiv festlegen», ihn unmöglich «einfangen und mit Glaubensgewißheit fixieren»[105]. – Kurzum: die Exegese erweist sich als ungenügend, und dennoch liegt paradoxerweise gerade in diesem Ungenügen ihr eigentlicher Wert, weil und insofern sie aufgrunddessen über sich selbst hinausdrängt und hinweist auf die hermeneutische Notwendigkeit der Tradition. – Die Einführung des Traditionsprinzips erscheint so als ein mit innerer Logik aus der exegetischen Problematik heraus erfolgender Schritt, der keineswegs zu einer dogmatischen Überfremdung der historisch-kritischen Methode führt, sondern diese erst zu sich selbst bringt.

Was Scheffczyk indessen in Wirklichkeit erreicht hat, ist die Aufhebung der Differenz zwischen biblischer und dogmatischer Hermeneutik. Daraus erklärt sich nicht nur die Tatsache, daß er trotz seiner anfänglichen Eingrenzung seiner Untersuchungsabsicht auf den dogmatischen Aspekt des Verstehens weiteste Teile seiner Ausführungen doch wieder dem Problem des Schriftverständnisses widmet, das eigentlich Gegenstand der biblischen Hermeneutik sein sollte, sondern macht vor allem verständlich, weshalb er überwiegend überhaupt auf die Unterscheidung von biblischer und dogmatischer Hermeneutik verzichten und beides unter dem Oberbegriff «theologische Hermeneutik» zusammenziehen kann.

Die Aufgabe der theologischen Hermeneutik besteht nun aber darin, die Bedingungen der Möglichkeit des Verstehens von *Offenbarung* zu klären. *Dies* ist das hermeneutische Problem, das Scheffczyk disku-

192

tiert[106], und das sich in der Frage nach dem Verstehen der Schrift und der nach dem Verstehen des Dogmas lediglich konkretisiert. Daraus folgt, daß die Tradition in bezug auf die Schriftinterpretation und die Interpretation des Dogmas die gleiche hermeneutische Funktion haben muß. Mit Rücksicht darauf kann Scheffczyk sagen:

«Was in bezug auf die allgemeine Geschichte und Geistesgeschichte die sogenannte Wirkungsgeschichte leistet, das leistet für das Verstehen des *Offenbarungsglaubens* die Tradition.» (Hervorhebung von mir, HGS)[107]

Die eigentliche Exegese, die die Heilige Schrift als Offenbarungswort nimmt und so ihre Wahrheit aufschließt, kann demnach nur eine theologische Exegese sein, der eine bloß historisch-kritisch verfahrende gegenübersteht, welcher der wahre Sinn der Schrift qua Methode unzugänglich bleibt[108].

In seinen Erörterungen der Problematik der Schriftinterpretation schwankt Scheffczyk deshalb beständig zwischen beiden Formen der Auslegung hin und her und verwickelt sich, da ja für beide das Traditionsprinzip gelten soll, entweder in Widersprüche, oder er mildert dessen Anspruch hinsichtlich der historisch-kritischen Methode. – Entscheidend jedenfalls bleibt zunächst

«die Frage, wie die theologische Bedeutung der Exegese genau zu bestimmen ist, wenn sie einerseits wirklich das Gotteswort im Wort der Schrift freilegen soll *und kann,* wenn sie andererseits aber als menschliche Wissenschaft nicht zur Norm des Glaubens erhoben werden darf und nicht einmal (wie das kirchliche Lehramt) eine letztgültige *Interpretationsinstanz* für Glauben und Offenbarung sein kann.» (Hervorhebung von mir, HGS)[109]

Diese Frage drängt sich umso nachdrücklicher auf angesichts der Tatsache, daß wenn

«man im Zusammenhang der Hermeneutik und von der Schrift herkommend das Prinzip der Tradition einführt, ... sich heute leicht der Verdacht einstellen (kann), daß man von der Normativität der Schrift abgehen wolle. Es meldet sich leicht auch der Vorwurf, daß man nun schon einer zwanghaften Systematik Tribut zolle, daß man ferner von einem kirchlichen Machtanspruch vorbestimmt sei und daß man in dieser Frage schließlich nur ein katholisch-dogmatisches Prinzip zur Geltung bringe ohne Rücksicht auf das scheinbar ganz gegensätzliche reformatorische Denken. Faßt man diese Verdachtsmomente zusammen, so sind sie alle auf die Vermutung zu bringen, daß das Traditionsprinzip kein legitimes hermeneutisches Prinzip sei, daß es das Verstehen des ursprünglichen, genuinen Textes störe und eher wie ein Vorurteil wirke, denn als positiver Verstehensfaktor fungieren könne. *Diesen Verdacht hat nun allerdings die moderne Hermeneutik mit ziemlicher Gründlichkeit ausgemerzt.*» (Hervorhebung von mir, HGS)[110]

Gadamers zentrale These, wonach Verstehen nicht als Handlung der Subjektivität, sondern als Einrücken in ein Überlieferungsgeschehen zu denken sei, in dem sich die Vermittlung von Vergangenheit und Gegenwart immer schon vollzieht, hat im Blick auf das Verstehen der Schrift zur Konsequenz,

«daß der Interpret der Schrift auf die *Kenntnisnahme* der Überlieferung nicht verzichten kann. Es gibt dann für den Schriftausleger keine Unmittelbarkeit zur Schrift in dem Sinne, daß er sie unter Absehen von ihrer Überlieferungsgeschichte, die auch in die gegenwärtige Situation hineinragt und den *Maßstab* für *legitime Weiterentwicklungen* abgibt, sachgemäß verstehen und interpretieren könnte. Der Ausleger würde in einem angeblich unmittelbaren Zugriff nach der Schrift unter Übergehen der Überlieferung nur seiner *Subjektivität* verfallen und seiner *interpretatorischen Willkür* erliegen.» (Hervorhebungen von mir, HGS)[111]

Wer sich demzufolge der Verbindlichkeit der Tradition zu entziehen sucht, der macht

«aus dem Vorgang des Verstehens, wie H. G. Gadamer zur Warnung sagt, eine Handlung der Subjektivität, die keine Garantie bei sich hat, der *Sache selbst* ansichtig zu werden, weil sie *die Sache* außerhalb ihres lebendigen geschichtlichen Zusammenhangs haben will und sie so gerade verfehlt.» (Hervorhebungen von mir, HGS)[112]

Damit bestätigt sich, dank der philosophisch-hermeneutischen Einsicht in die wirkungsgeschichtliche Bedingtheit des Verstehens, die Richtigkeit des bereits vom Vatikanum I vorgetragenen Doppelangriffs gegen die historisch-kritische Methode einerseits und das protestantische Schriftprinzip andererseits: da sowohl die Wissenschaft als auch der Protestantismus die Gültigkeit des katholischen Traditionsprinzips bestreitet, führen beide zwangsläufig zum Subjektivismus. Insbesondere die protestantische Theologie landet hier

«offenbar in einer Aporie, die sich letztlich daraus ergibt, daß man de facto eine Interpretationsinstanz für die Schrift nicht anerkennt und der Schrift etwas abfordert, was sie nicht zu leisten vermag: nämlich sich selbst auszulegen und sich den Gläubigen als wahr zu imponieren.»[113]

Eine rein historisch-kritische Exegese verkennt ebenso wie der streng protestantische Theologe,

«daß man nicht durch einen unmittelbaren Rückgriff über zwei Jahrtausende hinweg zum Verstehen des Schriftwortes gelangen kann. Das geht deshalb nicht, weil dieses Wort im Leben der Kirche bis zum heutigen Tag lebendige Wirkungen entfaltet, die mit aufgenommen werden müssen, um das Wort lebendig zu verstehen und nicht nur ein totes Gerippe auszugraben.»[114]

Mit anderen Worten:

«Die Überbrückung des Zeitenabstandes zwischen dem geschichtlichen ‹Urgeschehen› des Glaubens und seinem ‹Urtext› und der Gegenwart leistet die lebendige Überlieferung der Kirche.»[115]

So scheint es also, «daß der katholischen Auffassung zunächst schon das natürliche Wesen von Tradition nähersteht und ihr allein entspricht»[116], und vom «Standpunkt der modernen philosophischen Hermeneutik» die «Funktion des Traditionsprinzips durchaus gewahrt» ist[117]. Es kann demnach keine Rede davon sein, «daß das Traditionsprinzip von der Dogmatik erfunden ist und von ihr zwanghaft postuliert wird»[118], und dies um so weniger, als es «heute gerade die Exegese» ist, «die den Blick für die Notwendigkeit der Tradition, der Überlieferung in der Gemeinde schärft.»[119] Und man weiß mittlerweile «auch auf exegetischer Seite, daß die Schrift als solche nicht eindeutig und einleuchtend ist»[120]. Ja, die Exegese geht sogar

«noch einen Schritt weiter und kommt, auf dem Boden dieser Gemeinde stehend, auch zur Forderung, die Überlieferungsgeschichte der Texte bei der Auslegung mitzuhören – was offensichtlich eine echt hermeneutische Forderung ist.»[121]

Damit stimmt sie grundsätzlich, «und zwar über die Grenzen der Konfessionen hinweg» – man höre und staune! – mit Luther überein. Denn zumindest an einer Stelle

«wird von Luther die an die Gemeinde gebundene lebendige Überlieferung ganz eindeutig als Verstehensprinzip der aus der Schrift kommenden Offenbarung und des Glaubens ausgegeben»[122].

Ohnehin macht die evangelische Exegese, «die an sich ein viel distanzierteres Verhältnis zur Tradition besitzt», was Luther und die übrigen Reformatoren angeht, «in diesem einen Punkt mit dem ‹Mithören der Auslegungsgeschichte› tatsächlich größeren Ernst als vergleichsweise die katholische Bibelwissenschaft», bei der es dazu «keinen vergleichbaren Vorgang» gibt.[123] Von da her ist nun, wie erfreulich die Entwicklung der Exegese ansonsten auch sein mag, doch wiederum kritisch zu fragen, ob sie mit dieser von ihr selbst erhobenen Forderung «wirklich ernst macht». Denn:

«Ein Studium heutiger exegetischer Werke wird zweifelsohne zu der Feststellung gelangen, daß das Aufnehmen der Daten der Auslegungsgeschichte praktisch von der Exegese nur spurenhaft erfüllt wird und faktisch gar nicht anders als nur ansatzweise erfüllt werden kann. Die Exegese nimmt die Auslegungsgeschichte eines Textes nur punktuell auf und meistens nur bei umstrittenen Texten.»[124]

Darüber hinaus zeigt eine Analyse solcher strittiger Beispiele,

«daß die Aufnahme der Auslegungsgeschichte meistens eine kritisch-absetzende ist und mehr dem Nachweis gilt, daß die Tradition die Texte falsch interpretierte.»[125]

Zu guter Letzt wird der wirklich kritische Theologe natürlich weder den ökumenischen Konsens der Exegeten bezüglich der notwendigen Einbeziehung der Tradition, noch die faktisch – laut Scheffczyk – dem Traditionsprinzip durchaus entsprechende Orientierung der protestantischen Exegeten an den Reformatoren «unbesehen und unkritisch als Beweis dafür nehmen, daß die evangelische Exegese insgesamt das Traditionsprinzip rein und unverkürzt zur Geltung bringt»[126].

Alles in allem also erweist das zunächst so hoffnungsfroh stimmende Bild, das die gegenwärtige Exegese auf den ersten Blick bietet, sich am Ende doch als recht enttäuschend, denn es führt zu der Einsicht, «daß die Exegese eigentlich den Stellenwert der Überlieferung bei der Interpretation der Schrift nur unzureichend anzugeben vermag»[127].

Wenn man verstehen will, wie Scheffczyk zu einem solchen Urteil gelangen kann, nachdem er kurz vorher behauptet hatte, es sei gerade die Exegese, die «die hermeneutische Notwendigkeit der Tradition verdeutlicht»[128], dann muß man im Blick behalten, daß er die hermeneutische Problematik der Exegese als theologisch-hermeneutische betrachtet und betrachten muß, weil es ihm um das Verstehen der Offenbarung geht und die Schrift deshalb «nur» als eine «der beiden Fundstellen des Offenbarungsglaubens», deren andere die Tradition ist[129], erscheinen kann. Die Auslegungsgeschichte, auf die Scheffczyk mit solchem Nachdruck abhebt und die er von seiten der Exegese nicht genügend berücksichtigt findet, fällt demnach mit der Dogmengeschichte als der Wirkungsgeschichte der Wahrheit der Schrift zusammen.

Durch diese Identifizierung, die das spezifische hermeneutische Problem der historisch-kritischen Schriftinterpretation von Anfang an verdeckt, gerät Scheffczyk in eine eigentümliche Zwangslage: auf der einen Seite muß er der Tatsache Rechnung tragen, daß die historisch-kritische Exegese, wenn sie nicht ihres Wissenschaftscharakters verlustig gehen will, auf die Auslegungs-, sprich: Dogmengeschichte, nur insoweit Bezug zu nehmen braucht, als diese beansprucht, in einem wie streng auch immer verstandenen Sinne historische Auslegung zu sein, die als solche mehr oder minder hypothetisch bleibt und deren Prüfung jedenfalls gemäß den Kriterien historisch-wissenschaftlicher Forschung zu erfolgen hat. Auf der anderen Seite verbietet sich für ihn als katholischen Theologen von vorneherein jeder Gedanke, durch den die absolute Verbindlichkeit dogmatischer Entscheidungen angetastet würde und damit zugleich jedes Zugeständnis in Richtung auf eine mögliche Revidierbarkeit des durch die dogmatische Tradition dem Exegeten vermittelten Vor-Verständnisses. – Auf einen kurzen Nenner gebracht, besteht die unlösbare Aufgabe Scheffczyks darin, das theologische Traditionsprinzip als konstitutives Moment einer theologischen Hermeneutik so zu interpretieren, daß es zu keiner «dogmatischen» Bevormundung und Voreingenommenheit der Exegese führt, zugleich aber den Exegeten absolut bindet. Noch einmal anders gewendet: er muß zeigen, daß eine gemilderte Fassung des Traditionsprinzips für die Exegese ausreicht und doch nicht ausreicht. – In diesem Sinne bewegt sich seine gesamte Argumentation auf die Feststellung zu,

«daß die *eigentliche* und *vollkommene* Bewertung der Überlieferung und ihrer hermeneutischen Funktion weder unter philosophischem Aspekt noch unter dem historisch-kritischen Aspekt der Exegese möglich ist.» (Hervorhebungen von mir, HGS)[130]

Was die Exegese angeht, so liegt das weder an einem Fehler der Exegese oder eines einzelnen Exegeten, sondern das

«liegt vielmehr an dem Charakter der Exegese als positiv-historischer Wissenschaft. Eine positiv-historische Disziplin kann mit eigenen Mitteln schon (?!) nicht sagen, was Überlieferung *im theologischen Sinne eigentlich* ist.» (Hervorhebung von mir, HGS)[131]

Mit dem gleichen Recht läßt sich freilich auch behaupten, die Physik sei nicht imstande, theologische Aussagen über das Wesen der Überlieferung zu machen. Das heißt: was Scheffczyk feststellt, ist zwar richtig, aber schon aus Gründen der Logik trivial. Daß er diese Trivialität präsentiert, als handle es sich um eine Einsicht, derer man nur durch verwickelte Überlegungen teilhaftig werden könne, verrät deutlich genug, welche Mühe es kostet, der philosophischen Hermeneutik und der Logik zugleich treu zu bleiben. Darüber hinaus jedoch muß sie als gewichtig erscheinen, weil an ihr in der Tat die ganze Beweiskraft der Argumentation Scheffczyks hängt. Das von der Grammatik her völlig unmotivierte «schon» zeigt dabei sehr klar sein Argumentationsziel: Scheffczyk will und muß den Eindruck erwecken, als genüge eben «schon» der Hinweis auf diesen Tatbestand, um die Unzulänglichkeit der exegetischen Perspektive darzulegen – für die es im übrigen, so wird suggeriert, noch weitaus tiefere Gründe zu nennen gäbe. Scheffczyk indessen beläßt es, nicht von ungefähr, bei seinem Hinweis und bietet statt einer tieferen Begründung den wiederum einigermaßen banalen Schluß, der Exeget als Exeget sei unfähig, zu

«bestimmen, welche Normativität oder Verbindlichkeit der Tradition im Ganzen des Glaubenslebens und des Strebens nach Glaubensverständnis zukommt»

und er könne deshalb

«aus seinem eigenen Blickwinkel heraus nur sagen, welche Bedeutung für ihn als wissenschaftlichen Exegeten die Überlieferung besitzt.»[132]

Käme nicht alles auf den Nachweis an, daß die Exegese das Traditionsprinzip anerkennt und doch nicht anerkennt, dann dürfte man dem Gesagten gewiß hinzufügen: mehr, in der Tat, vermag der Exeget nicht zu sagen, mehr aber braucht er auch nicht zu sagen, solange er sich darauf beschränkt, nur diejenigen hermeneutischen Probleme zu reflektieren, die sich im Zusammenhang der exegetischen Forschung stellen. Für Scheffczyk jedoch sieht das etwas anders aus. Zwar räumt er zunächst ein, der Exeget werde

«unter dem ihm zukommenden Aspekt gar nicht scharf zwischen den exegetischen Traditionen, also zwischen der Auslegungsgeschichte als Überlieferungsinstanz und zwischen der von der Dogmatik so bezeichneten göttlich-apostolischen Überlieferung, der traditio divino-apostolica, unterscheiden,»

denn er könne und brauche diese «dogmatische Überlieferung, zu der als entscheidende Festpunkte die Glaubensdefinitionen oder die Dogmen der Kirchen gehören», nicht «als methodische Prinzipien» verstehen. Sie bilde lediglich eine «allgemeine Grundeinstellung im Sinne eines Vorverständnisses».[133]. – Mit diesem Zugeständnis scheint die Unabhängigkeit und Selbständigkeit der exegetischen Forschung unwiderruflich sichergestellt zu sein. Doch bereits im nächsten Schritt sieht sich Scheffczyk gezwungen, die Freigabe der Exegese wiederum dogmatisch zu unterlaufen. Betrachte nämlich, so Scheffczyk, der Exeget sowohl «seine eigene Wissenschaft» als auch «die Überlieferung der Gemeinschaft des Glaubens» als «zwei Hilfen für den Gläubigen zum verständigen Hören der Schrift», dann werde damit «der

198

wissenschaftlichen Exegese dieselbe Bedeutung für das *Verstehen der Schrift* zugesprochen wie der Überlieferung der Kirche» (Hervorhebung von mir, HGS). Diese «Gleichordnung» sei wohl, «unter exegetischem Aspekt betrachtet», zutreffend, unter dogmatischem Aspekt aber «nicht statthaft; denn eine Glaubensnorm wie die göttliche Überlieferung muß eine höhere Bedeutung besitzen als eine menschliche Wissenschaft». Da man vom Exegeten eine «höhere Bewertung der Überlieferung» nicht verlangen kann, «wenn man ihn nicht von seiner Methode abbringen und ihn am Ende um die Ergebnisse seiner Arbeit bringen will», kann diese «nur unter dem systematisch-theologischen Aspekt geschehen». Unter ihm «sind die Bedeutung und der Stellenwert der Überlieferung für das *Glaubensverstehen* noch grundsätzlicher und radikaler zur Geltung zu bringen» (Hervorhebung von mir, HGS).[134].

Damit schließt sich erneut der Kreis und wiederum hat es den Anschein, als würde der Gedankengang, ausgehend von der hermeneutischen Problematik der Exegese, beständig vertieft und so bis an den Punkt vorangetrieben, an dem sich der Überstieg zum katholischen Traditionsprinzip als die einzig logische Konsequenz geradezu aufdrängt. Was sich jedoch auf den ersten Blick als eine ausgewogene Verhältnisbestimmung von Exegese und Dogmatik liest, bedeutet im Klartext: der Exeget mag ruhig glauben, er verstehe die Heilige Schrift und könne den Gläubigen das Ergebnis seiner Arbeit als Verständnishilfe anbieten, denn er weiß es nicht besser und kann es als Exeget auch nicht besser wissen. Der Dogmatiker hingegen weiß es besser, weil er tiefer blickt und radikaler denkt. Sein hermeneutisches «Fragen verlangt von dem, der sich mit ihm befaßt, eine besondere Denkleistung», die durch einen «hohen Grad der Reflexion auf die theoretischen Grundlagen des dogmatischen Glaubens gekennzeichnet» ist[135]. Ihm ist deshalb klar, daß die Exegese, weil sie den eigentlichen Stellenwert und die eigentliche hermeneutische Funktion der Überlieferung nicht zu erfassen vermag, dem wahren Sinn der Heiligen Schrift trotz aller Anstrengung immer nur näherungsweise beikommen kann und sie nie und nimmer als Arbeitsresultat eine Glaubensaussage wird erreichen können.

In dieser ironisch verfremdeten Form enthüllen sich die Vorstellungen Scheffczyks als das, was sie hinter der Fassade der Ausgewogenheit wirklich sind, nämlich die bloße Umkehrung jener theologischen Aufwertung und Überfrachtung der Exegese, die bei Schnackenburg und Mußner als Folge ihrer Gadamer-Rezeption zu beachten war[136].

Der von seiten der Exegese mithilfe der philosophischen Hermeneutik wider die Vormachtstellung der Dogmatik betriebenen Palastrevolution wird durchaus die Waage gehalten durch die von der Dogmatik bewerkstelligten Domestizierung der Exegese, bei der sich die Dogmatik des gleichen Verbündeten erfreuen kann[137]. Was auf der Strecke bleibt, ist, um im Bild zu bleiben, die Waffenbrüderschaft zwischen den Exegeten in den konfessionsverschiedenen Lagern. Denn wenn die historisch-kritische Methode, auf deren Verbindlichkeit die ökumenische Bedeutung der exegetischen Forschung beruht, nicht – und zwar qua Methode nicht – zu einem echten Verständnis der Heiligen Schrift führt, wenn also, positiv ausgedrückt, echtes Verstehen der Schrift nur möglich ist, sofern und insoweit, als das katholische Traditionsprinzip interkonfessionelle Anerkennung findet, dann verliert der interkonfessionelle Konsens hinsichtlich der Resultate der historisch-kritischen Forschung letzten Endes seinen Wert. Die angebliche Vertiefung der hermeneutischen Reflexion vertieft auf diese Weise nichts anderes als den hermeneutischen Graben, der die Konfessionen trennt.

Der weitere Fortgang der Überlegungen Scheffczyks zeigt nicht nur, welche tragende Rolle die Hermeneutik Gadamers dabei spielt, sondern darüber hinaus, daß sie diese Rolle nur auf Kosten der historisch-kritischen Methode spielen kann. Es soll freilich, im Interesse einer möglichst getreuen Darstellung, nicht versäumt werden, darauf aufmerksam zu machen, daß Scheffczyk in einem Punkt von seiner philosophisch-hermeneutischen Vorlage abweicht: während für Gadamer die Idee der Methode unabdingbar mit dem Gewißheitsideal der neuzeitlichen Philosophie verknüpft und so teleologisch hingeordnet ist auf die Idee absolut sicheren Wissens, legt Scheffczyk ganz im Gegenteil allen nur erdenklichen Nachdruck auf die prinzipielle Ungesichertheit wissenschaftlich-methodischer Erkenntnis, dank derer die Wissenschaft dem Glaubenden grundsätzlich schuldig bleiben muß, wonach dieser verlangt, das heißt, die absolute Sicherheit und Gewißheit des Glaubens. Daß sich Scheffczyk dennoch ohne Schwierigkeit auf Gadamer berufen kann, hat seinen Grund darin, daß sich beide sowohl hinsichtlich des kritischen Befundes, als auch im Blick auf die gebotene Therapie wieder treffen. Für Gadamer wie für Scheffczyk liegt das entscheidende Problem, das nach ihrer Sicht der Dinge aus der Eigenart der Wissenschaft erwächst, im Subjektivismus: ist für Gadamer die Wissenschaft subjektivistisch, weil sich das Subjekt der Wissenschaft kraft der Fixierung auf die Methode auf

einen Weltentwurf festgelegt hat, der lediglich seinem Sicherheitsbedürfnis entspricht, so führt sie in den Augen Scheffczyks zu einem
Dezisionismus in der Glaubensentscheidung, weil sie aufgrund der
prinzipiellen Fallibilität und Revidierbarkeit ihrer Erkenntnisse keine
«letzte Wahrheit» kennt[138]. Beide stimmen darin überein, daß dieser
je verschieden gelagerte Subjektivismus nur überwunden werden
kann, indem der Autoritätsanspruch der Tradition eine hermeneutische Rechtfertigung erfährt.

In diesem Sinne sieht sich Scheffczyk durch den protestantischen
«Grundsatz von der ‹sich selbst auslegenden Schrift›», der nach seiner
Ansicht «letztlich auf den Glaubensentscheid des einzelnen» zurückführt, herausgefordert, «das katholische Verständnis des Verpflich-
tungscharakters und der Normativität der Überlieferung darzulegen»[139]. Diesem Verständnis zufolge ist die Tradition

«eine echte Interpretationsinstanz, die einerseits sachlich unter der Schrift steht, die
andererseits aber als Interpretationsinstanz erkenntnismäßig und gnoseologisch der
Schrift vorgeordnet ist. In diesem Sinne darf sie auch eine interpretative Funktion gegenüber der Schrift entfalten.»[140]

Nach katholischem Verständnis sind deshalb «die Tradition und ihre
hervorragenden Vermittler ... wirkliche Lehrer, die sagen, wie die
Schrift zu verstehen ist»[141]. – Wird aber katholischerseits der Tradition eine derartige Autoritätsstellung gegenüber der Schrift zugebilligt, haben dann nicht doch die Protestanten recht mit ihrem Vorwurf,
«daß so die Schrift in ihrer Autorität entwertet oder gemindert»
werde?[142]

Nun braucht man sich als katholischer Theologe gewiß nicht um einer
fragwürdigen ökumenischen Gesinnungsdemonstration diesen Vorwurf in eilfertiger Bußwilligkeit ohne weiteres zu eigen zu machen.
Auf der anderen Seite war es ebenso gewiß nicht die geringste der Ursachen für die durch das Vatikanum II bewirkte ökumenische Annäherung, daß man auf protestantischer Seite den Eindruck gewinnen
konnte, das Konzil habe es der katholischen Theologie immerhin ermöglicht, diese ernsthafte Anfrage als eine ernstzunehmende Pro-
blemanzeige zu verstehen. – Von da her gesehen wirft es ein grelles
Licht auf die fatalen Folgen der katholischen Gadamer-Rezeption,
daß sich Scheffczyk, nachdem er sein theologisch-hermeneutisches
Rückgrat durch ein philosophisch-hermeneutisches Korsett gestützt
fühlt, noch nicht einmal mehr die Mühe macht, den Einwand, das katholische Traditionsprinzip unterhöhle die Autorität der Heiligen

Schrift, entkräften zu wollen, sondern statt dessen geradewegs zum Gegenangriff antritt und sich anschickt, die Inferiorität der Schrift gegenüber der Tradition positiv zu begründen. Denn Gadamer habe dieses Verhältnis, so Scheffczyk, «in rein hermeneutischer Weise an dem Grundsatz klargemacht, daß das ‹nachkommende Verstehen der ursprünglichen Produktion gegenüber eine prinzipielle Überlegenheit besitzt›[143].»

Er sei dabei «sehr vorsichtig zu Werk» gegangen und habe

«erklärt, daß unter dem *Besserverstehen* keineswegs ein überhebliches *Besserwissen* gemeint sei, sondern nur die der Gegenwart entsprechende Weise des Verstehens, die, weil sie eben der Gegenwart entspricht, für den gegenwärtigen Menschen adäquater ist als die alte Verständnisweise. Deshalb korrigiert Gadamer den Ausdruck vom ‹Besserverstehen› in dem gleichen Gedankenzusammenhang dahingehend, daß er erklärt: ‹Es genügt zu sagen, daß man anders versteht, wenn man überhaupt versteht›, nämlich einen vorgegebenen Text oder ein altes Kunstwerk. Damit aber ergibt sich aus der Natur der Sache heraus eine faktische Überlegenheit, eine Verbindlichkeit und eine gewisse Autorität des nachkommenden Verstehens, das heißt konkret der Überlieferung sogar gegenüber der Schrift. Wenn man das leugnet, wie es im Zuge des Denkens der reformatorischen Theologie liegt, muß man sich die Frage gefallen lassen, ob man die Tradition überhaupt braucht.» (Hervorhebungen im Original, HGS)[144]

Lernen die Protestanten auf diese Weise in der ersten Hermeneutik-Lektion, die Notwendigkeit des Traditionsprinzips zu begreifen, so werden sie in der zweiten Lektion mit der hermeneutischen Funktion des Lehramtes vertraut gemacht:

«Die Verbindlichkeit der Tradition und sogar ihre interpretatorische Autorität treten, was von Gadamer ebenfalls recht gut erklärt wird, besonders auch im Rechtsbereich sehr deutlich hervor. Er zeigt auf, daß durch jeden ergehenden Gerichtsspruch das Recht und das Gesetz entfaltet werden und daß Gesetzesauslegung in gewisser Hinsicht ein rechtsschöpferisches Tun ist. In der richterlichen Funktion weiß sich der Richter gegenüber dem ursprünglichen Gesetzestext immer auch zur Rechtsergänzung legitimiert, die das Gesetz nicht verändert, aber es auf den gegebenen Fall appliziert. Eine solche Applikation kann aber weitere richterliche Entscheidungen binden und normieren. Der Richter leistet damit etwas, was grundsätzlich *für alles nachvollziehende Verstehen* gilt und was auf höherer Ebene auch in der Theologie seine Geltung hat.» (Hervorhebung von mir, HGS)[145]

Solche verbindliche Interpretation stellt freilich «niemals» die Leistung eines einzelnen Menschen dar, sondern vollzieht sich stets innerhalb einer Gemeinschaft, also im Falle der Theologie im Leben der gläubigen Gemeinde und der ganzen Kirche, die «bei bestimmten

202

Anlässen» genötigt ist, ihren Glauben an das Wort Gottes «auch förmlich und feierlich» zu bekennen. Diese Bekenntnisse bilden fortan «bestimmte Fixpunkte der Überlieferung», «die dann verbindlichen Charakter haben»[146].

«So öffnet sich die Problematik nochmals und läßt aus dieser Öffnung eine neue Frage hervortreten. Es ist die Frage: Wann und wo gewinnt die Tradition eine solche Festigkeit, daß sie verbindlich wirken und als sichere, untrügliche und authentische Interpretation der Schrift angenommen werden kann? Das tut sie offenbar nicht aufgrund ihrer einfachen Gegebenheit oder ihres schlichten Daseins. Sie vermag sich ja genauso wenig selbst als authentisch zu erklären wie die Schrift, weil kein Text sich selbst interpretiert, vielmehr eines Interpreten bedarf.»[147]

Man sieht: so einfach, wie Protestanten sich das für gewöhnlich vorstellen, liegen die Dinge nun wirklich nicht. Es genügt keinesfalls, die Schrift der interpretatorischen Autorität der Tradition unterzuordnen, vielmehr bedarf die Tradition als Interpretationsinstanz ihrerseits wiederum einer übergeordneten Instanz, welche die Festigkeit der Tradition beurteilt. Das «Wesen dieses Beurteilungsvorganges» liegt darin, «die Tradition und die in sie sozusagen eingelassene Schrift zum Sprechen zu bringen, sie das Rechte sagen zu lassen»[148]. Das Lehramt der Kirche als die der Tradition übergeordnete Instanz leistet diese «letzte entscheidende Beurteilung des Traditionsprozesses, in dem ein Traditionsstück als authentisch und als *Interpretationsmaßstab der Schrift* erklärt wird» (Hervorhebung von mir, HGS), in einem «Akt der Erklärung, den man heute Dogma nennt»[149].

«Daß dabei die Autorität der Schrift wie auch der Überlieferung nicht angetastet wird, kann man begrifflich noch klarer herausheben, wenn man sagt: Die Kirche fungiert bei ihrer verbindlichen Beurteilung der Überlieferung wie der Schrift oder bei der Dogmatisierung *nicht* als *Norm* der *Schrift*, sondern als Norm des *menschlichen Verständnisses* der Schrift und des menschlichen Glaubens an die Schrift.» (Hervorhebungen im Original, HGS)[150].

Wer allerdings trotzdem

«für die Autorität der Schrift fürchtet, muß . . . sich mit dem Gedanken abfinden, der in allen diesen Zusammenhängen als die große Klippe auftaucht: Wenn die Kirche keine Urteilskraft bezüglich der Tradition und der Schrift besitzt, dann besitzt sie der einzelne Exeget oder letztlich der einzelne Gläubige. Ohne eine menschliche Instanz, die freilich aus göttlichem Charisma urteilt, geht es nicht.»[151]

Damit hat Scheffczyk sein wichtigstes Ziel erreicht, nämlich auf rein philosophisch-hermeneutischem Wege die protestantische Hermeneutik zu widerlegen und zu zeigen, daß allein die vom Vatikanum I in ihren Grundzügen festgelegte katholische Hermeneutik mit den drei Komponenten: Schrift, Tradition und Lehramt, dem natürlichen Vorgang des Verstehens entspricht.

Die Freude ob dieses Erfolgs währt freilich nicht allzu lange. Denn auch Scheffczyk kann sich den Auswirkungen, die die unreflektierte Rezeption einer Theorie zur Folge haben muß, deren sachliche Nähe zur protestantischen Hermeneutik er im übrigen durchaus ahnt[152], nicht entziehen. Immerhin sieht der Dogmatiker Scheffczyk sehr viel klarer als die Exegeten Schnackenburg und Mußner den neuralgischen Punkt, an dem die kontroverstheologische Problematik nunmehr innerhalb der katholischen Theologie selbst aufbrechen muß: die Zuordnung von Exegese und Dogmatik im Gesamt der Theologie. Die in der Konsequenz des hermeneutischen Universalismus unausweichliche Entgrenzung beider Disziplinen, die sich wechselweise, je nach Bedarf, als Verexegetisierung der Dogmatik oder als Verdogmatisierung der Exegese interpretieren läßt, erscheint aus der Perspektive der Exegeten als willkommener Prestige-Gewinn, der die Exegese endlich vom Odium des bloß Historischen befreit, ihr einen tragenden Part bei der Aktualisierung der christlichen Botschaft sichert und sie gar zu einer Art Verkündigung erhebt. Für den Dogmatiker Scheffczyk hingegen birgt eben diese Tendenz, die nach seiner Ansicht bei Bultmann am deutlichsten zu erkennen ist, die Gefahr einer unfreiwilligen strukturellen Annäherung der katholischen an die protestantische Theologie in sich. Da er jedoch ihren Ursprung nicht wahrhaben kann, hat er selbst seine liebe Not damit, den Unterschied zwischen Exegese und Dogmatik plausibel zu machen. – Worin das Problem genauerhin liegt, hatte sich bereits bei seinem anfänglichen Versuch, die spezifische Aufgabe einer dogmatischen Hermeneutik herauszuarbeiten, deutlich gezeigt. Faßt man das theologische Verstehen der Offenbarung als einen zusammenhängenden und einheitlichen hermeneutischen Prozeß, der als ganzer seiner Struktur nach mit Hilfe der durch die philosophische Hermeneutik bereitgestellten Kategorien analysiert wird, dann bleibt nur die Möglichkeit, das exegetische und das dogmatische Verstehen als unterschiedliche Aspekte dieses Prozesses und die Verkündigung als seine letzte, sprich: applikative, also entscheidende Phase zu betrachten. In der Folge entfällt die Notwendigkeit einer eigenen dogmatischen Hermeneutik. – Dessen eingedenk schlug Scheffczyk zunächst einen anderen Weg ein, indem er die Differenz zwischen dogmatischer und biblischer Herme-

neutik an der Verschiedenartigkeit der Gegenstände des dogmatischen und des exegetischen Verstehens festmachte. Daraus ergab sich die Einsicht, daß – von der Verkündigung einmal ganz abgesehen – die Prinzipien einer allgemeinen Hermeneutik sowohl in der biblischen als auch in der dogmatischen Hermeneutik zur Geltung gebracht werden müssen. Um jedoch das Prinzip der Wirkungsgeschichte hier wie dort im gleichen Sinne einbringen zu können, sah sich Scheffczyk alsbald gezwungen, zumindest in gewisser Weise die Idee eines in sich einheitlichen hermeneutischen Prozesses wieder aufzunehmen. Zur Begründung rekurrierte er auf den Offenbarungscharakter, der Schrift und Dogma gleichermaßen zukommt, und dem das Glaubensverständnis korrespondiert, welches das exegetische und das dogmatische Verstehen als konstitutive Momente in sich enthält. Die Frage, welche hermeneutische Funktion der kirchlichen Überlieferung in bezug auf das Verstehen der Schrift zuerkannt werden muß, nimmt infolgedessen die Gestalt eines Problems der theologischen Hermeneutik an. Da Scheffczyk dennoch, um der Wissenschaftlichkeit der historisch-kritischen Exegese willen, dieser ein besonderes Verhältnis zur Tradition zuzugestehen genötigt ist, unterscheidet er zwischen einem eigentlichen Verstehen der Schrift, das Sache einer theologischen Exegese sein soll, und eben der historisch-kritischen Exegese sei, die zwar nicht grundsätzlich inkompetent bezüglich solchen Verstehens ist, aber sich dem wahren Sinn der Schrift immer nur anzunähern und daher als Ergebnis ihrer Arbeit auch keine Glaubensaussage zu erzielen vermag. Die Situation stellt sich also als einigermaßen verworren und verwirrend dar. So viel freilich ist klar: gleichgültig, ob der Akzent auf der Einheit von Exegese und Dogmatik im Rahmen des Gesamtprozesses theologischen Verstehens liegt, oder ob man ihn mit Rücksicht auf die Verschiedenartigkeit ihrer Gegenstände mehr auf die Differenz setzt, stets wird, so oder so, das hermeneutische Strukturmoment der Applikation zum entscheidenden Problem. Entweder ist es nur einmal, nämlich im Blick auf den Gesamtprozeß, in Anschlag zu bringen. Dann fragt sich, von wem oder wo die Applikation der Schrift vollzogen wird. Oder aber das applikative Moment eignet sowohl dem exegetischen, als auch dem dogmatischen Verstehen. In diesem Fall stellt sich die Frage, wie sich beides zueinander und zur Verkündigung verhält.
Scheffczyk macht sich die Antwort auf diese Fragen nicht leicht. Er stellt zunächst fest, die Erörterungen zur Normativität der Schrift und zum Stellenwert der Überlieferung in der Exegese ergäben

«für den kritischen Betrachter eine Verhältnisbestimmung zwischen Exegese und Dogmatik, die man mit dem Bild von ‹Anziehung und Abstoßung› deuten könnte. Es gibt hier offenbar Einheitlichkeit *und* Verschiedenheit in der *Methode wie* im Gegenstand. So darf der Blick zuerst auf das Gemeinsame in diesen Disziplinen, die *beide* der *Auslegung* der *Glaubenswahrheit* dienen, gelenkt werden. *Gemeinsam* ist ihnen zunächst der *Gegenstand*, wenn man ihn im weitesten Sinne faßt: nämlich das ‹Wort Gottes›. Auch das Dogma drückt ja Gotteswort aus, wenn auch in einer späteren geschichtlichen und kirchlichen Form. Exegese *und* Dogmatik haben *beide* die Aufgabe, dieses Gotteswort *verstehbar* zu machen und in dem menschlich Gesagten das göttlich Gemeinte aufzuweisen. Beide arbeiten deshalb auch, *unter Voraussetzung des Glaubens*, an Zeugnissen und Dokumenten des lebendigen Glaubens und der Verkündigung.» (Hervorhebungen von mir, HGS)[153]

Nun spitzt sich die Aufgabe der theologischen Hermeneutik offenkundig zu

«in der Frage nach der Überführung des ursprünglichen Textes und des vom Text Gemeinten in die Sprache und damit in das Verstehen der Gegenwart. Diese allgemein *jeder* Hermeneutik gestellte Aufgabe, die sich u.a. auch in der Rechtssprechung deutlich abzeichnet, erhält in der Theologie ihr besonderes Gewicht durch den *Verkündigungsauftrag* der Kirche und des Theologen.» (Hervorhebungen von mir, HGS)[154]

So liegt der «eigentliche Knoten des hermeneutischen Problems» darin,

«wie der biblische *oder* dogmatische Text als geschehene Verkündigung zu einem Wort geschehender *Verkündigung* gemacht und *aktualisiert* werden kann. Das *Gotteswort* wird eigentlich erst vollkommen es selbst, wenn es den Menschen jetzt in seiner Situation anspricht.» (Hervorhebungen von mir, HGS)[155]

Diesen «für die Hermeneutik zentralen Vorgang» der verstehenden «Aneignung des Damaligen im Verständnishorizont des ‹Heute›», der «Umsetzung in die Gegenwart und eine Assimilierung des Vergangenen mit dem Gegenwärtigen», hat H. G. Gadamer «mit dem Bildwort der ‹Horizontverschmelzung› umschrieben». Man kann jedoch auch «schlicht von Interpretation» sprechen[156].
Angesichts dieser Sachlage

«kann man der Exegese nicht im üblichen Sinne allein die historische Aufgabe zuschreiben, der Dogmatik dagegen die zeitbezogene, aktuelle. Als Verkündigungswort wollte das Schriftwort ganz anders als etwa ein Text Platos für alle Zeit gesprochen sein. Die Schrift und ihre Exegese treten deshalb von vornherein mit einem legitimen Anspruch an die Gegenwart auf, auch wenn die Exegese dabei nicht vergessen kann und wird, daß sie die Vergegenwärtigung des tief in der Geschichte liegenden Ur-

sprungs betreibt und daß dies ihr Anliegen ist. Aber eine *bestimmte* Gegenwartsbezogenheit ist der Exegese nicht abzusprechen. Das geht auch aus *rein hermeneutischen
Gründen* nicht, was man sich unter Berücksichtigung der hermeneutischen Grunder-
kenntnisse, die schon entwickelt wurden, leicht erklären kann.» (Hervorhebungen
von mir, HGS)[157]

Obgleich er bereits hier durch die abschwächende Formulierung «bestimmte Gegenwartsbezogenheit» andeutet, daß die applikative Aufgabe der Dogmatik sich, allem Anschein zum Trotz, doch noch wesentlich von derjenigen der Exegese unterscheidet, bekräftigt
Scheffczyk nochmals, es sei

«davon auszugehen, daß die Exegese das Alte ja neu übersetzen und interpretieren
muß. Der Übersetzungs- und Interpretationsvorgang muß aber das alte, vorgegebene
Dokument in eine andere, neue Sprache transponieren oder transformieren. (...) Das
besagt dann: Der Exeget muß das ursprünglich Gemeinte aufnehmen und aufheben.
Aber er kann es nur mit Hilfe seines heutigen Daseinsverständnisses tun, mit Hilfe
der heutigen Erfahrung und des gegenwärtigen Welthorizontes. (...) Er muß das Da-
malige als Damaliges auf die heutige Ebene des Verstehens heben. Er muß es als Damaliges heute verstehbar machen. Hermeneutisch gesprochen heißt das: Es kommt
hier zu einer Angleichung der Ebenen und zu dem, was H. G. Gadamer eine ‹Horizontverschmelzung› nennt, ...
Mit all dem ist gesagt, daß der Übersetzungsprozeß auch beim Exegeten zeitbezogen
und aktualisierend sein muß, und zwar *aufgrund der unabdingbaren hermeneutischen
Gegebenheiten*.» (Hervorhebungen von mir, HGS)[158]

Läßt sich aber, wegen der unabänderlichen Struktur des Verstehens
im allgemeinen, auch im besonderen Falle des in der Schrift niedergelegten Gotteswortes die Erhebung des Historischen einerseits und
seine Aktualisierung andererseits nicht im Sinne einer Arbeitsteilung
zwei verschiedenen Disziplinen zuweisen, dann erhebt sich allerdings
unausweichlich

«die Frage, ob die Exegese nicht überhaupt die Arbeit der Dogmatik übernehmen
könne, wenn sie ja auch aus der Zeit heraus und für diese sprechen und denken
muß.»[159]

Gerade, wenn man bedenkt, daß Dogma und Schrift «im Wesen eins
sind, nämlich Zeugnis vom Gotteswort», wird man den Unterschied
zwischen Exegese und Dogmatik als

«gar nicht so gravierend empfinden und vielleicht sagen, daß der Exeget mit seiner
Freilegung der Wurzel und der Quelle eigentlich inhaltlich und implizit alles schon
sagt, was der Dogmatiker später nur noch ausfalten und wiederholen kann. Wenn
man dann, wie hier geschehen, dem Exegeten auch noch die Aufgabe der Aktualisie-

rung des Ursprünglichen überläßt, stellt sich wirklich die Frage, ob man eine eigene dogmatische Interpretation überhaupt noch brauche.»[160]

Es ist dabei wichtig zu sehen, daß dies «alles keine rhetorischen Fragestellungen», sondern «vielmehr aus der Gegenwart kommende Erfahrungen» sind[161]. Denn die

«heutige, vor allem die evangelische Exegese, neigt dazu, sich an die Stelle der Systematik, der philosophisch-theologischen Durchdringung des ganzen Glaubensbewußtseins zu setzen.»[162]

Wohl als Folge des Ökumenismus ist es deshalb zu betrachten, daß überhaupt das «theologische Bewußtsein der Gegenwart» dazu neigt, «mit der Schrift gleich in die Gegenwartsproblematik einzugreifen und das Dogma zu überspringen»[163].

So unbestritten die applikative Aufgabe der Exegese ist und bleibt, und so sehr sich Dogmatik und Exegese darin gleichen, so klar stellen derartige Beobachtungen dies vor Augen:

«Gerade auf diesem Gebiet der Gegenwartsbezogenheit muß aber der Unterschied gesucht und angegeben werden, wenn die Dogmatik nicht ihre eigentümliche Bedeutung verlieren will.»[164]

Mit dieser Schlußfolgerung bestätigt Scheffczyk die mit Rücksicht auf den von der philosophischen Hermeneutik ausgehenden Argumentationszwang der Darstellung seines Gedankenganges vorausgeschickte These, daß es völlig gleichgültig ist, welchen Weg man bei der Verhältnisbestimmung von Exegese und Dogmatik zunächst einschlägt, weil alle Wege sich an einem Punkt, nämlich dem Vollzug der Applikation, kreuzen und es erst dort, dort aber unabdingbar, zum hermeneutischen Schwur kommt. Wie aber läßt sich begründen, worauf man nun schwören soll?

«Den Weg dazu bereitet die Erkenntnis, daß die Exegese, weil sie nicht vom Dogma der Kirche ausgeht, keine letztlich für den Glauben glaubensverbindlichen Aussagen machen kann. *An sich* kann das die Dogmatik als Wissenschaft auch nicht. Sie tut es *faktisch* nur dann, wenn sie den verbindlichen dogmatischen Glauben der Kirche *auslegt*, was die Exegese weder tun kann noch auch tun will.» (Hervorhebungen von mir, HGS)[165]

In der Tat scheint die dogmatische Hermeneutik, wie Scheffczyk meint, «eine besondere Denkeinstellung» zu verlangen. Denn eine ganz normale Denkeinstellung wird zweifelsohne überfordert, wenn es darum geht, zu erklären, wie es der Dogmatik gelingt, etwas zu

208

können, was sie an sich nicht kann. Vielleicht aber wird man hier an den Beistand des Heiligen Geistes denken müssen, weil das, was die Dogmatik nach Scheffczyk faktisch kann, obgleich sie es an sich nicht kann, an sich nur das Lehramt kann, nämlich kraft Heiligen Geistes den Gläubigen Aussagen vorzulegen, die diese in ihrem Glauben verpflichten. Der dogmatischen Auslegung des Dogmas eignet mithin die gleiche Verbindlichkeit wie dem Dogma selbst, und zwar aufgrund der Tatsache, daß die Dogmatik das Dogma eben nicht nur auslegt, sondern in der Auslegung zugleich vom Dogma ausgeht. – Somit erhebt sich die Frage, ob die Besonderheit der Dogmatik nicht doch letztlich in ihrem Gegenstand begründet ist, zumal Scheffczyks Meinung zufolge beachtet werden muß, daß die Exegese, «obgleich sie die urtümliche, erste hermeneutische Instanz ist», nicht kann, was die Dogmatik an sich auch nicht, faktisch aber doch kann, weil dies «noch tiefer mit ihrem spezifischen Gegenstand» zusammenhängt, «von dem ja ihre Arbeit mensuriert und spezifiziert wird»[166].

Was also ist der Gegenstand der Exegese und was der Gegenstand der Dogmatik? Eine erste Antwort könnte lauten: Gegenstand der Exegese ist die Schrift, Gegenstand der Dogmatik das Dogma. Das wäre freilich, obschon durchaus im Einklang mit Scheffczyks Auffassung, zu vordergründig gedacht. Denn ihrem Wesen nach sind Dogma und Schrift, wiederum nach Scheffczyk, eins, insofern beide Wort Gottes sind. Wenn aber Exegese und Dogmatik schlußendlich beide das Wort Gottes auslegen, droht sich dann nicht doch der Unterschied zwischen ihnen zu verflüchtigen? – Da es schlechterdings unmöglich ist, die Unterlegenheit der Exegese gegenüber der Dogmatik «noch tiefer» zu verankern als im Wesen ihres Gegenstands, sie sich dort aber nicht verankern läßt, bleibt es notgedrungen bei der Einsicht, daß der Grund dieser Differenz dem «Bezug auf die Aktualität beider Dienstleistungen für den Glauben zu entnehmen» ist.

«Man kann das kurz auf die Formel bringen: Die Exegese kann und soll das ursprüngliche Gotteswort für den heutigen Glauben interpretieren und verstehen lehren. Sie kann dabei immer auch sagen, was ein Glaube, der an seinen Ursprüngen haftet, realisieren sollte oder vor welchen Mangelerscheinungen er sich hüten sollte. Die Exegese kann und soll also das, was als *Auslegen, Interpretieren* der Schrift bezeichnet wird, für die gegenwärtige Zeit leisten. Aber sie kann nicht die *volle, verbindliche Applikation* des so Verstandenen auf die Gegenwart leisten, das heißt, sie kann auch die *verbindliche Aneignung* für die Kirche der Gegenwart nicht fordern. Das kann sie nicht nur deshalb nicht, weil sie als menschliche Wissenschaft dazu nicht die Autorität einer *Glaubensinstanz* besitzt. Sie kann es schon deshalb nicht, weil sie mit ihren Mitteln nicht sagen kann, *was die Gegenwart überhaupt braucht.* Sie kann die gläubige Diagnose der Gegenwart mit ihren Mitteln nicht leisten. Sie ist also wohl zur *Interpretation* der Schrift für die Gegenwart befähigt, nicht aber zur vollkommenen, verbindlichen *Applikation* für die Gegenwart.» (Hervorhebungen von mir, HGS)[167]

Es ist hier, wohlgemerkt, nicht vom Unterschied zwischen Exegese oder Theologie und Lehramt, sondern vom Unterschied zwischen Exegese und Dogmatik die Rede. Er läßt sich jetzt endlich präzis benennen: die Exegese ist rein menschliche Wissenschaft, die Dogmatik mehr als das. Sie besitzt die Autorität einer Glaubensinstanz und kann die verbindliche Aneignung ihrer Auslegung für die Kirche fordern. – Mit anderen Worten: Scheffczyks Versuch, der drohenden Gefahr der protestantischen Überfremdung der katholischen Theologie zu wehren, indem er gegen die schon fortgeschrittene Paralysierung der Disziplin-Grenzen die gegen Infektionen dieser Art immunisierenden Abwehrkräfte der philosophischen Hermeneutik mobilisiert, führt lediglich zu einer Symptomverlagerung. Zwar sind jetzt Exegese und Dogmatik wieder klar voneinander geschieden und zu unterscheiden, aber einzig und allein deshalb, weil der Dogmatik lehramtliche Funktionen zugeschrieben werden.

Man muß sich angesichts der theologischen Absurdität dieses Verfahrens, die Scheffczyk im Grunde kaum wird bestreiten wollen, vergegenwärtigen, daß sie in Anbetracht der Problemsituation, in die sich Scheffczyk selbst hineinmanövriert hat, unvermeidlich ist. Je konsequenter nämlich die Grundprinzipien der philosophischen Hermeneutik innerhalb des traditionellen Dreier-Schemas von Schrift, Tradition und Lehramt zur Geltung gebracht werden, desto mehr gleichen sich exegetisches und dogmatisches Verstehen ihrer formalen Struktur nach an. Wer deshalb, wie Scheffczyk, daran interessiert sein muß, beides dennoch zu differenzieren und klar voneinander abzugrenzen, dem bleibt eigentlich nur die Möglichkeit, die notwendigen Unterscheidungsmerkmale zu gewinnen, indem er bestimmte Merkmale des Lehramtes auf das exegetische oder dogmatische Verstehen überträgt. Da Scheffczyks Anliegen gerade darin besteht, eine sich selbst überschätzende Exegese in die Schranken zu weisen, ergibt sich die Richtung, in der er diese Übertragung vollziehen muß, ganz von selbst. So rächt es sich zwangsläufig an der Dogmatik, wenn man den Teufel mit Beelzebub austreiben will.

Paradoxerweise führt nun aber diese Operation unmittelbar zu einer Aufhebung der strukturellen Kongruenz zwischen Exegese und Dogmatik und sprengt damit das hermeneutische Grundkonzept. Bei Scheffczyk zeigt sich das in der hermeneutisch völlig illegitimen Tren-

210

nung von Verstehen bzw. Interpretation einerseits und Applikation andererseits, mithilfe derer er die Differenz zwischen Exegese und Dogmatik begründen zu können glaubt – wobei sich die Applikation an dem ausrichten soll, was die Gegenwart braucht.

Nun wäre an sich gegen ein solches Verständnis der applikativen Aufgabe nichts einzuwenden und aufgrund bestimmter Differenzierungen zu einer Theorie in Widerspruch zu geraten, die mit Differenzierungen auf Kriegsfuß steht, würde man normalerweise eher als gutes, denn als schlechtes Zeichen werten. Fragwürdig wird das Ganze erst in dem Augenblick, in dem der gleiche Autor, der diese Auffassungen vertritt, sie gleichzeitig bei einem anderen Autor kritisiert und ihm «Vereinfachung der Problematik» vorwirft. Genau das tut Scheffczyk gegenüber dem italienischen Hermeneutiker Betti, der zu den entschiedensten Gegnern der philosophischen Hermeneutik gehört.

Nach Bettis Ansicht stellt die Applikations-Theorie des Verstehens, insbesondere in der von Gadamer vorgelegten Form, nur eine Neuauflage des längst überholten Subjektivismus dar. Um dieser subjektivistischen Gefährdung zu entgehen, «fordert Betti, daß der Historiker sich bescheiden und von eigentlichen ‹Applikationsleistungen› Abstand nehmen solle» und

«daß der historisch sauber arbeitende Interpret die Preisgabe eines vorgängigen Gegenwartsinteresses und irgendeiner Aktualisierungstendenz leisten müsse. Dieser könne man an zweiter Stelle, sozusagen in einem zweiten Arbeitsgang, ihr Recht einräumen. Bei diesem zweiten Arbeitsgang handelt es sich aber wesentlich um das praktische Verfahren, was man aus dem Text oder aus dem vorliegenden geschichtlichen Produkt an werthaften Elementen auswählt, was *für die Gegenwart und ihre Bedürfnisse noch praktisch von Bedeutung ist.*» *(*Hervorhebung von mir, HGS)[168]

All das, versteht sich, wird man sich natürlich «von einem nüchternen Denker gesagt sein lassen und es bedenken»[169]. Auf der anderen Seite jedoch läßt sich, «bei genauerem Hinblick», doch nicht verkennen, daß Betti «einmal die Problematik wohl vereinfacht und daß er zum anderen gerade für die Theologie *und Dogmatik* negative Folgerungen heraufführt.» (Hervorhebung von mir, HGS)[170] Und wer noch genauer hinblickt, «dem scheint Betti doch noch zu stark von dem Entwurf Schleiermachers beeinflußt zu sein, den er bezeichnenderweise gegen die Angriffe der modernen Hermeneutik verteidigt».

Hinsichtlich der Theologie und vor allem der Dogmatik zeigt Bettis Ansatz insbesondere «dort seine Klippe, wo davon die Rede ist, daß der Interpret in dem hier sogenannten ‹zweiten Arbeitsgang› der Applikation sich einfach danach richten solle, was die gegenwärtige Ordnung und die menschliche Gemeinschaft für die Ordnung des Zusammenlebens verlange und notwendig habe.»[171]

Denn «auf diesem Wege kommt es zu einer Reduktion der Fülle des Textes auf das, was den praktischen Erfordernissen der Gegenwart und der Gemeinschaft entspricht.»[172] – Es wäre freilich verfehlt, in Anbetracht dessen anzunehmen, daß Betti deshalb irrt, weil er vielleicht übersehen hat, daß die Dogmatik, wenn *sie* einen Text appliziert und sich dabei an dem orientiert, was die Gegenwart braucht, solchen Gefahren, kraft ihres besonderen, d. h. nicht rein menschlichen Wesens, nicht ausgesetzt ist. Nein, der

«Fehler dieses hermeneutischen Ansatzes liegt wohl zuletzt darin, daß die Zeitbezogenheit oder das Gegenwartsinteresse *nicht sofort in den Interpretationsvorgang einbezogen wird* und daß *Interpretation und Applikation voneinander getrennt werden* oder, anders ausgedrückt, daß die Applikation etwas Zweitrangiges und im Grunde Beliebiges wird.» (Hervorhebung von mir, HGS)

Eine derartige Argumentationsweise spricht für, oder besser gesagt: gegen sich selbst und bedarf keines kritischen Kommentars mehr. Nur eine einzige Frage soll daher abschließend noch geklärt werden. Sie ergibt sich aus dem Gesagten und lautet: Aus welchem Grund ist es eigentlich so selbstverständlich, daß eine Trennung von Interpretation und Applikation diese sofort zweitrangig und beliebig macht?
Die Frage ist deswegen von Bedeutung, weil sich an Scheffczyks Antwort und ihrer Begründung zeigt, daß das Prinzip des Verstehens auch in der Theologie den Abschied von Kritik und Freiheit nach sich zieht. Hält man nämlich Interpretation und Applikation auseinander, dann, so Scheffczyk, muß man

«sogar mit der Möglichkeit rechnen, daß er (sc.: der Interpret, HGS) überhaupt nichts an ihm (sc.: dem Text, HGS) und von ihm für die Gegenwart nutzen und verwerten kann. Das kann für normative Texte, mit denen es die Theologie bei der Schrift und beim Dogma zu tun hat, nicht zugegeben werden.»[173]

Das ist nur dort möglich,

«wo ein fremdes Werk, eine künstlerische oder literarische Gestalt nicht mit einem normativen und verbindlichen Anspruch an den Interpreten herantreten. Der Philologe, der Rechtsgeschichtler und der Kunsthistoriker, die alte Texte oder Kunstwerke interpretieren, treten weder für sich noch für die anderen als Herolde oder Propheten auf, *deren* Aussage *verpflichtenden, normativen* Charakter beanspruchen will . . . Das ist nun aber bei den *normativen Aussagen,* die die *Theologen* machen, und zwar in diesem Punkt sowohl der *Exeget* wie der *Dogmatiker* anders. Wegen der Normativität dieser Aussagen, *die ja aus der Offenbarung kommen,* gehört zu ihnen die Aneignung, die vollkommene Übertragung in die eigene geistige Welt, mit hinzu, sonst können sie nicht vollkommen verstanden werden.» (Hervorhebungen von mir, HGS)[174]

Man darf sich hier nicht durch die Erinnerung daran irritieren lassen, daß Scheffczyk an anderer Stelle der Exegese die Fähigkeit, glaubensverbindliche Aussagen zu machen, rundheraus abgesprochen hat. Auch nicht dadurch, daß nun zu guter Letzt doch noch die Theologen in die Nähe von Propheten und Herolden rücken oder das für sich in Anspruch nehmen, was eigentlich Sache des Lehramtes ist. Worauf es ankommt, ist die These, daß ein Text, der von sich aus normativ sein will, einzig und allein unter der Voraussetzung wirklich verstanden werden kann, wenn der Interpret vorbehaltlos, also ohne überhaupt mit einer anderen Möglichkeit zu rechnen, diesen vom Text erhobenen Anspruch akzeptiert und das, was der Text sagt, unbesehen als Wahrheit übernimmt. Mit anderen Worten: der Wahrheits- und Autoritätsanspruch des Textes ist selbst sein eigener Bürge und Rechtsgrund, jede Frage nach seiner Legitimität kommt deshalb zu spät und bedeutet per se ein Mißverständnis des Textes. Fällt aber auf diese Weise die Dimension der Glaubensbegründung, die immer ein Moment distanzierter Stellungnahme einschließt, aus der Struktur gläubigen Verstehens von Offenbarung heraus, dann wird deren Anspruch, gläubiges Gehör zu finden, zur autoritären Zumutung. Nicht zu Unrecht rügt Scheffczyk das als einen Mangel der reformatorischen Theologie. Doch wer anderen eine philosophisch-hermeneutische Grube gräbt, der fällt am Ende selbst hinein. Und das war es, was es zu beweisen galt.

III. Abschließende und weiterführende Thesen

1. Bei der philosophischen Hermeneutik Gadamers handelt es sich um eine aporetische, logisch widersprüchliche und in ihren Konsequenzen untragbare Konzeption. Aporien, Widersprüche und Konsequenzen gründen gleichermaßen in Gadamers Sprachontologie, die deshalb einer radikalen Kritik unterzogen werden muß. Ohne sein sprachontologisches Fundament bricht auch der Universalitätsanspruch der Hermeneutik in sich zusammen. Mit ihm geht die postulierte Einheit der hermeneutischen Problematik verloren. Sie zerfällt in eine Vielzahl gesondert zu untersuchender Probleme.

2. Die katholische Rezeption der philosophischen Hermeneutik, soweit sie dem Zweck dient, das protestantische Schriftprinzip auf philosophischem Wege zu widerlegen und das katholische Traditionsprinzip philosophisch zu rechtfertigen, entbehrt – in Anbetracht der strukturellen Übereinstimmung zwischen philosophischer und protestantischer Hermeneutik – jeder sachlichen Grundlage in der Theorie Gadamers.

3. Durch eine unkritische Übernahme der Grundthesen Gadamers werden die Aporien der philosophischen Hermeneutik in die katholische Hermeneutik eingeschleppt. Der interkonfessionelle Charakter der exegetischen Forschung wird infragegestellt, und die Grenzen zwischen den Disziplinen der Theologie werden aufgelöst.

4. Bei der kontroverstheologischen Auseinandersetzung um die hermeneutische Plausibilität des protestantischen Schriftprinzips muß die katholische Theologie künftig gerade von der Fragwürdigkeit der philosophischen Hermeneutik ausgehen und die Frage stellen, ob und inwieweit sich die Kritik an dieser auf die protestantische Hermeneutik übertragen läßt.

5. Die Kritik an der philosophischen Hermeneutik nötigt außerdem dazu, die wirkungsgeschichtlichen und personellen Zusammenhänge zwischen historisch-kritischer Forschung und neuzeitlicher Philosophie auf ihre sachliche Grundlage hin zu überprüfen. Daraus könnte sich die Einsicht ergeben, daß das, was bis heute unter der Oberbezeichnung «historisch-kritische Forschung» zusammengefaßt wird, in Wirklichkeit ein problematisches Ineinander von exegetischer und historischer Wissenschaft einerseits sowie philosophischer und theologischer Kritik andererseits darstellt.

6. Eine der dringendsten Aufgaben für die Zukunft ist die Klärung der Begriffe «Sinn», «Bedeutung» und «Wahrheit», deren fast belie-

214

bige Verwendungsweise eine sachbezogene Diskussion kaum mehr erlaubt.

Exkurs I:

Über die Beziehung zwischen Hermeneutik und Ästhetik

Der Sinn dieses Exkurses besteht darin, zu verdeutlichen, daß die meisten der Kernaussagen Gadamers aus dem Bereich der Ästhetik entnommen und im dortigen Kontext durchaus plausibel sind. In gewisser Weise läßt sich der Universalitätsanspruch der philosophischen Hermeneutik schlicht als unzulässige Verallgemeinerung der ästhetischen Erfahrung mit Texten verstehen. Gadamer selbst macht nachdrücklich darauf aufmerksam, daß und weshalb die Ästhetik für die Konzeptualisierung seiner Hermeneutik bedeutsam gewesen ist: «Daß ich die Fragestellung einer universalen philosophischen Hermeneutik an der Kritik des ästhetischen Bewußtseins und an der Reflexion über die Kunst entwickelte – und nicht sogleich an den sogenannten Geisteswissenschaften –, bedeutete in keiner Weise ein Ausweichen vor der Methodenforderung der Wissenschaft, sondern vielmehr eine erste Ausmessung der Reichweite, die die hermeneutische Frage besitzt und die nicht so sehr gewisse Wissenschaften als hermeneutische auszeichnet, als eine allem Methodengebrauch der Wissenschaft vorgeordnete Dimension ins Licht rückt. Dafür war die Erfahrung der Kunst in mehrfachem Sinne wichtig. Was hat es mit der Zeitüberlegenheit auf sich, die die Kunst als Inhalt unseres ästhetischen Bildungsbewußtseins in Anspruch nimmt? Erhebt sich hier nicht der Zweifel, ob dieses ästhetische Bewußtsein, das die ‹Kunst› meint – wie der ins Pseudoreligiöse gesteigerte Begriff ‹Kunst› selber –, eine ebensolche Verkürzung unserer Erfahrung am Kunstwerk ist, wie das historische Bewußtsein und der Historismus einer Verkürzung der geschichtlichen Erfahrung sind? und ebenso unzeitmäßig? Das Problem konkretisiert sich an Kierkegaards Begriff der ‹Gleichzeitigkeit›, der gerade nicht Allgegenwart im Sinne der historischen Vergegenwärtigung meint, sondern eine Aufgabe stellt, die ich später die der Applikation genannt habe.» (WuM 534/535) Denn in der Tat besteht zwischen dem Werk und seinem jeweiligen Betrachter eine absolute Gleichzeitigkeit, die sich aller steigenden historischen Bewußtheit zum Trotz unangefochten erhält.

Die Wirklichkeit des Kunstwerks und seine Aussagekraft läßt sich nicht auf den ursprünglichen historischen Horizont eingrenzen, in dem der Betrachter mit dem Schöpfer des Werkes wirklich gleichzeitig war. Es scheint vielmehr zu der Erfahrung der Kunst zu gehören, daß das Kunstwerk immer seine eigene Gegenwart hat, daß es seinen historischen Ursprung nur sehr bedingt in sich festhält und insbesondere Ausdruck einer Wahrheit ist, die keineswegs mit dem zusammenfällt, was sich der geistige Urheber eines Werks eigentlich dabei dachte» (KS II 1). Durch diese «besondere Gegenwärtigkeit des Kunstwerks», diese spezifische Form «zeitloser Gegenwart», reicht jedes Werk eines Autors in seinem eigentlichen Sein «über jede geschichtliche Beschränktheit grundsätzlich hinaus.» Für «immer neue Integrationen grenzenlos» offenstehend, bietet es sich «in schlechthinniger Präsenz» dar, ohne doch «beliebige Auffassungsformen» zu gestatten, sondern indem es «bei aller Offenheit und aller Spielweite seiner Auffassungsmöglichkeiten einen Maßstab der Angemessenheit anzulegen erlaubt, ja sogar fordert» (ebd. 2).
Worin aber ist, beispielsweise im Falle eines Gedichtes, dieser «Maßstab der Angemessenheit» gelegen?
«Wir sind hier an einem für alle Auslegungskunst entscheidenden Punkte, der den hermeneutischen Beitrag der Wissenschaft betrifft. Die Sache verlangt äußerste Klarheit. Man muß hier verschiedene Dinge auseinanderhalten.
Es ist nicht widerspruchsvoll, wenn man – im einen Falle – die eine Interpretation präziser findet und deswegen für ‹die richtige› halten muß. Es handelt sich da um verschiedene Dinge, den Annäherungsprozeß in der Richtung auf ‹das Richtige›, den jede Interpretation anstrebt, und die Konvergenz und Äquivalenz von Verständnisebenen, die alle ‹richtig› sind. . . . Präzision ist scharfe Anmessung an ein zu messendes. Letzteres gibt das Maß der Anmessung . . . Die Präzision im Verstehen des Gedichts, die der ideale Leser aus nichts als aus dem Gedicht selbst und aus den Kenntnissen, die er besitzt, erreicht, wäre ganz gewiß der eigentliche Maßstab.» (H. G. Gadamer, Wer bin Ich und wer bist Du? Ein Kommentar zu Paul Celans Gedichtfolge «Atemkristall», Frankfurt/Main 1973, 129/130). Muß angesichts dessen «noch gesagt werden, wie eng sich der Anspruch einer jeden Interpretation begrenzt? Es kann überhaupt keine Interpretation geben, die Endgültigkeit besitzt. Eine jede will nur Annäherung sein und wäre nicht, was sie sein kann, wenn sie nicht selber ihren wirkungsgeschichtlichen Ort einnähme – und damit in das Wirkungsge-

216

schen des Werkes einrückte» (ebd. 133/134). «Aber gerade diese Angewiesenheit auf einen bewahrenden Willen besagt, daß das Kunstwerk in demselben Sinne überliefert wird, in dem sich die Überlieferung unserer literarischen Quellen vollzieht. Jedenfalls ‹spricht› es nicht nur, wie die Überreste der Vergangenheit zu dem historischen Forscher sprechen, und auch nicht nur, wie es historische Urkunden tun, die etwas fixieren. Denn was wir die Sprache des Kunstwerks nennen, um derentwillen es erhalten und überliefert wird, ist die Sprache, die das Kunstwerk selber führt, ob es nun sprachlicher Natur ist oder nicht. Das Kunstwerk sagt einem etwas ... es sagt einem jeden etwas, als wäre es eigens ihm gesagt, als etwas Gegenwärtiges und Gleichzeitiges.» (KS II 5) «Das Kunstwerk, das etwas sagt, konfrontiert uns mit uns selbst. ... Verstehen, was einem das Kunstwerk sagt, ist also gewiß Selbstbegegnung. Aber als eine Begegnung mit dem Eigentlichen, als eine Vertrautheit, die Übertroffenheit einschließt, ist die Erfahrung der Kunst in einem echten Sinne *Erfahrung* und hat je neu die Aufgabe zu bewältigen, die Erfahrung stellt: sie in das Ganze der eigenen Weltorientierung und des eigenen Selbstverständnisses zu integrieren. Das eben macht die Sprache der Kunst aus, daß sie in das eigene Selbstverständnis eines *jeden* hineinspricht – und das tut sie als je gegenwärtige und durch ihre eigene Gegenwärtigkeit.» (ebd. 6; Hervorhebungen im Original, HGS) «Die Vertrautheit, mit der das Kunstwerk uns anrührt, ist zugleich auf rätselhafte Weise Erschütterung und Einsturz des Gewohnten. Es ist nicht nur das ‹Das bist Du›, das es in einem freudigen und furchtbaren Schreck aufdeckt – es sagt uns auch ‹Du mußt Dein Leben ändern!›.» (ebd. 8)

Diese Äußerungen lassen keinen Zweifel daran, daß die beherrschenden Themen der hermeneutischen Reflexion ihren Ursprung in der Erfahrung des Kunstwerks haben. Und es ist alles andere als abwegig, sich die Frage vorzulegen, ob Gadamer nicht eigentlich die Welt des Menschen als Kunstwerk zu denken versucht. Es scheine, so formuliert Gadamer in seiner Einführung zu M. Heidegger, Der Ursprung des Kunstwerks, Stuttgart 1960, 125 vorsichtig, die «Vorgängigkeit der Sprache» nicht nur «die besondere Auszeichnung des dichterischen Kunstwerks auszumachen, sie scheint über alles Werk hinaus für jedes Dingsein der Dinge selber zu gelten.» Wenn gegenüber einer solchen Ästhetisierung des Daseins Bedenken angemeldet werden, so nicht bloß wegen der darin liegenden Gefahr des Zynismus, sondern, um es in abrupter Kürze zu sagen, aufgrund der einfachen Beobachtung, daß wir uns zwar, bei entsprechender Begabung, zur Not endreimend

unterhalten können, aber eine Verständigung im Sinne von Alltagskommunikation durch Gedichte im Stile Celans kaum gelingen
dürfte, obgleich es dabei sicherlich um Sprache handelt. Den Grund
dafür hat Gadamer selbst genannt: Kunstwerke haben «eine spezifische, offene Unbestimmtheit an sich», «eine unbestimmte Erfüllungs-
möglichkeit» (KS II 12), sie sind also, in der Terminologie strukturaler
Analyse, «unter-determiniert» (Althusser). Ihnen eignet von der «Objekt»-Seite her gesehen eine «Polyfunktionalität», welcher auf der
«Subjekt»-Seite eine «Polyvalenz» entspricht. Daher kommt es, «daß
eine Rezeptionsweise, die einen polyfunktional aufgebauten Text allein auf eine persönliche Erfahrungssituation des Rezipienten oder
ausschließlich auf nur ein Interpretationssystem beziehen will, sich als
inadäquat erweist für die Aufgabe, einen Text als ästhetischen Text zu
realisieren» (S. J. Schmidt, Elemente einer Textpoetik. Theorie und
Anwendung, München 1974 [= Grundfragen der Literaturwissenschaft 10] 42). Auf genau diese Rezeptionsweise ist jedoch jeder an
alltäglicher Kommunikation Teilnehmende notwendigerweise einge-
stellt. Denn wir verständigen uns im Normalfall durch mono-
funktionale Äußerungen, Äußerungen, die dazu dienen, etwas Bestimmtes zum Ausdruck zu bringen. Weil es in Alltagssituationen
«sozial entscheidend darauf ankommt, den Sinn eines Textelements
und eines Textes möglichst direkt und eindeutig zu decodieren», ge-
deiht in ihnen «kein ästhetischer Text» (ders., Ästhetische Prozesse.
Beiträge zu einer Theorie der nicht-mimetischen Kunst und Literatur,
Köln-Berlin 1971, 13/14). Würde sich unter diesen Umständen jemand ernsthaft an Gadamers, von der ästhetischen Erfahrung abgezo-
gene hermeneutische Regel halten, «daß die mens auctoris, die Ver-
ständnisaufgabe», die alltägliche Äußerungen stellen, nicht begrenzt
(vgl. KS II 6/7), der würde alsbald als Narr oder als Philosoph gelten.
– Nun ist Gadamer für solche Unterschiede keineswegs blind, wie
etwa P. D. Juhl, Zur Interpretation eines literarischen Werkes und
ihrer Begrenzung durch die Anschauungen des Autors, in: Zeitschrift
für Literaturwissenschaft und Linguistik 2 (1973) Heft 12: Interpretation – Theorie und reflektierte Praxis, 37–52, der davon ausgeht, literarische wie nicht-literarische Äußerungen hätten gleichermaßen
einen bestimmten Sinn (vgl. a.a.o., 51). Zwar kann man nach seiner
Ansicht auch bei der Auslegung eines dichterischen Werkes «gar nicht
genau genug erwägen und ermitteln, was die Rede ‹zunächst› sagt»,
denn darin ist «Eindeutigkeit, die allem Sprechen mit Notwendigkeit
eignet, auch dem der poésie pure.» (Gadamer, Wer bin ich, und wer

218

bist Du? 113). Aber das, was in der Alltagskommunikation durchaus genügt, trifft im Falle des Kunstwerks nur die «allererste Ebene des Verstehens» (ebd.). Von da her gilt: «Die Vieldeutigkeit der Dichtung ist mit der Eindeutigkeit des meinenden Wortes unauflöslich verwoben.» (KS II 12) Eben diese «spannungsvolle Interferenz» (ebd.) läßt es fraglich erscheinen, ob im dichterischen Gebilde wirklich die Sprache «in ihrer vollendeten Autonomie» heraustritt und sie allein für sich steht, «während sonst Worte durch die Intentionsrichtung der Rede überholt werden, die sie hinter sich läßt.» (Gadamer, in L. P. Pongratz [Hrsg.] Philosophie in Selbstdarstellungen 99). Mehr noch: Wenn es stimmt, daß für die Alltagssprache eine bestimmte «Intentionsrichtung» und die «Eindeutigkeit des meinenden Wortes» kennzeichnend ist, dann läßt sich eben nicht länger (unter ausdrücklicher Berufung auf den Satz «Sein, das verstanden werden kann, ist Sprache») behaupten, es werde «gerade an der Ausdehnung des hermeneutischen Gesichtspunktes auf die Sprache der Kunst deutlich, wie wenig die Subjektivität des Meinens ausreicht, um den Gegenstand des Verstehens zu bezeichnen» und dies habe «eine prinzipielle Bedeutung» (KS II 6/7).

Exkurs II:

Zwei Beispiele protestantischer Gadamer-Rezeption (Ebeling/Stuhlmacher)

An zwei Beispielen sei kurz demonstriert, daß man auf katholischer Seite, wäre nicht das Bedürfnis nach einer philosophischen Bestätigung des eigenen Standpunktes so übermächtig gewesen, durch die Lektüre protestantischer Autoren gut hätte merken können, daß sich «Wahrheit und Methode» auch anders lesen läßt.

So hat etwa in bezug auf das Kanon-Problem, in dem sich die allgemeine Frage nach dem Verhältnis von Schrift und Tradition zweifelsohne zuspitzt, G. Ebeling – und zwar unter ausdrücklicher Berufung auf Gadamer – folgendes geschrieben:

«Denn statt von zwei getrennten Prinzipien (sc.: Material- und Formalprinzip, HGS) auszugehen, käme es darauf an, sich auf die Bewegung einzulassen, in der die kanonischen Schriften *selbst sich* als kanonisch zur Geltung bringen. Damit, daß diese Schriften als Kanon, als Heilige Schrift bezeichnet und rezipiert sind, ist nur ein Anspruch erhoben, den es einzulösen gilt, oder – vielleicht sachgemäßer formuliert –

eine Verheißung ausgesprochen, die es wahrzunehmen gilt, jedenfalls eine Aufgabe gestellt, die im *auslegenden* Umgang mit der Schrift in Angriff zu nehmen ist. Die Bezeichnung als Kanon ist im genauen Sinne des Wortes ‹Vor-Urteil›, das der Erprobung und Bewährung an der Schrift selbst auszusetzen ist. Wenn aber das Verständnis der Schrift als Kanon in eine *Auslegungsaufgabe* hineintreibt, in der an der Fülle der Schriftaussagen deutlich zu machen ist, inwiefern sie ‹kanonisch› sind und was überhaupt Kanonizität dieser Texte besagt, dann ist unbestreitbar die durch den Kanon als Kanon gestellte Aufgabe eine kritische, die ständig gegen falschen Gebrauch des Kanons und falsches Kanonsverständnis wahrzunehmen ist. Das reinigende, klarstellende Zur-Geltung-Kommen des Kanons als Kanon vollzieht sich in erster Linie und eigentlich durch die *Verkündigung* an der menschlichen Wirklichkeit, um derentwillen die Verkündigung und darum auch der Kanon notwendig sind.» (G. Ebeling, Wort Gottes und Tradition. Studien zu einer Hermeneutik der Konfessionen, Göttingen [2] 1966 [= Kirche und Konfession Bd. 7] 110). Die Schlußfolgerung Ebelings lautet: «Das Kernproblem, auf das das Stichwort der inneren Kanonskritik weist, ist von der Existenz des Kanons, in welcher Umgrenzung auch immer, unabtrennbar, also durch keine Kanonsrevision zu eliminieren. Denn es ist identisch mit der Aufgabe, den Kanon als Kanon zu gebrauchen, *also* das ‹sola scriptura› zu praktizieren.» (ebd. 122; Hervorhebungen alle von mir, HGS)

Der Vergleich z. B. mit den als ökumenischer Gesprächsbeitrag gedachten Darlegungen bei Kasper, Dogma unter dem Wort Gottes 112–114 läßt erkennen, wie konsequent reformatorisch Ebeling hier argumentiert.

Weniger klar, aber ebenso aufschlußreich im Blick auf die Möglichkeiten der Gadamer-Interpretation sind die Überlegungen, die verschiedentlich P. Stuhlmacher vorgetragen hat. Auch er bringt die Idee der Wirkungsgeschichte im Zusammenhang mit dem Kanon-Problem zur Sprache und meint dann, auch die Protestanten sollten von da her «von vorneherein das Phänomen des Kanons als eines im kirchlichen Gebrauch befindlichen Buches (zu) bedenken. Indem die sogenannte katholische Hermeneutik zu eben dieser Reflexion anhält, ist sie für die derzeit ihrem kirchlichen Wurzelboden und einem traditions- und wirkungsgeschichtlichen Bewußtsein entfremdete protestantische Exegese Korrektiv und wirksame Provokation zugleich.» (P. Stuhlmacher, Zur Methoden- und Sachproblematik einer interkonfessionellen Auslegung des NT, in: Evangelisch-Katholischer Kommentar zum Neuen Testament, Vorarbeiten Heft 4, Zürich u. a. 1972, 11–55, dort 50). Im gleichen Sinne hatte Stuhlmacher ein Jahr vorher schon einmal nachdrücklich gefordert, «H. G. Gadamers Forderung nach einem wirkungsgeschichtlichen Bewußtsein in die Exegese aufzunehmen und unser Vorverständnis für die Dimension der Wirkungsgeschichte zu öffnen.» (Stuhlmacher, Schriftauslegung 35), d. h. genauerhin, die von

Troeltsch her bekannten Grund- und Strukturprinzipien der historischen Methode zu ergänzen, und zwar durch ein Prinzip des «Verneh-
mens», denn dies sei das «heute notwendige Pendant zum methodischen Zweifel.» (ebd., 36). Dies deutete bereits in der Wortwahl an,
daß hier an mehr gedacht war als nur die Idee, mehr als bisher die
«Auslegungs- und Wirkungsgeschichte der Bibel» in der exegetischen
Forschung zu berücksichtigen (vgl. in diesem Sinne etwa F. Hahn,
Exegese, Theologie und Kirche, in: ZThK 74 (1977) 25–37, dort 31).
In der Tat stellt Stuhlmacher in einem späteren Beitrag die Frage, was
eine solche «Hermeneutik des Einverständnisses» (vgl. Stuhlmacher,
Schriftauslegung 120–122) theologisch leiste (vgl. ebd., 124) und
kommt zu dem Schluß: «Denken wir an die Geschichte der kirchlichen und protestantischen Bibelauslegung, scheint mir die Antwort
eindeutig zu sein. Mit der Hermeneutik des Einverständnisses gewinnen wir auf unsere heutige, wissenschaftlich reflektierte Weise wieder
Anschluß an das hermeneutische Modell der reformatorischen Bibelauslegung.» (ebd.; letzter Satz im Original hervorgehoben, HGS) Mit
anderen Worten: Die «wirksame Provokation» seitens der «sogenannten katholischen Hermeneutik» führt die protestantische Hermeneutik
nicht näher an diese heran, sondern zurück zur Reformation. Vgl.
zum Ganzen neuerdings die ausführlicheren Überlegungen in
P. Stuhlmacher, Vom Verstehen des Neuen Testaments, Eine Hermeneutik, Göttingen 1979 (= Grundrisse zum Neuen Testament Bd. 6)
205–225.

ANHANG

EINLEITUNG

1 *R. Bubner*, Dialektik und Wissenschaft, 89.

2 *N. Henrichs*, Bibliographie der Hermeneutik und ihrer Anwendungsbereiche seit Schleiermacher.

3 Zur Illustration und Information verweise ich auf eine Reihe von Publikationen, die überwiegend erst nach Fertigstellung der vorliegenden Arbeit erschienen sind: *H.-G. Gadamer/ G. Boehm (Hrsg.)*, Seminar: Philosophische Hermeneutik; Frankfurt/Main 1976; *F. Platzer*, Geschichte-Heilsgeschichte-Hermeneutik; *A. Diemer*, Elementarkurs Philosophie Hermeneutik; *M. Frank*, Das individuelle Allgemeine; *U. Japp*, Hermeneutik; *B. J. Hilberath*, Theologie zwischen Tradition und Kritik; *H.-G. Gadamer/G. Boehm (Hrsg.)*, Seminar: Die Hermeneutik und die Wissenschaften; *M. Riedel*, Verstehen oder Erklären? *F. D. E. Schleiermacher*, Hermeneutik und Kritik; *U. Nassen (Hrsg.)*, Studien zur Entwicklung einer materialen Hermeneutik.

4 *R. Simon-Schäfer/W. Ch. Zimmerli (Hrsg.)*, Wissenschaftstheorie der Geisteswissenschaften, 7.

5 *J. Zimmermann*, Wittgensteins sprachphilosophische Hermeneutik, 260.

6 *K. Weimar*, Historische Einleitung zur literaturwissenschaftlichen Hermeneutik, 1.

7 *G. Boehm*, Einleitung zu: *H.-G. Gadamer/G. Boehm (Hrsg.)* Seminar: Die Hermeneutik und die Wissenschaften, 7–60, dort 7.

8 *W. Schulz*, Anmerkungen zur Hermeneutik Gadamers, 306.

9 *H. J. Sandkühler*, Die Geschichte besser verstehen – die Wirklichkeit besser gestalten, 65.

10 *M. J. Siemek*, Marxismus und hermeneutische Tradition, 45.

11 *W. Kern/J. Splett*, Hermeneutik: Nachholbedarf und Forschungsprojekt, 129.

12 In: Philosophie in Selbstdarstellungen (hrsg. von L. J. Pongratz) Band III, Hamburg 1975, 58–101, dort 78.

13 Ebd.

14 Ebd.

15 *H. J. Sandkühler*, Praxis und Geschichtsbewußtsein, 64/65.

16 Ebd., 65.

17 Vgl. dazu *H.v. Hentig*, Die Sache und die Demokratie, 85–131. («Über die Schwierigkeit, eine Gesellschaft aufzuklären, die sich für aufgeklärt hält.»)

18 *Sandkühler*, Praxis und Geschichtsbewußtsein, 67.

19 So *Gadamer* in: Philosophie in Selbstdarstellungen, 95.

20 *H.-G. Gadamer*, Einführung zu: *ders./G. Boehm (Hrsg.)* Philosophische Hermeneutik, 7.

21 Ich verweise lediglich auf *F. Gogarten*, Verhängnis und Hoffnung der Neuzeit. *E. Rosenstock-Huessy*, Des Christen Zukunft oder Wir überholen die Moderne; *A. Weber*, Der dritte oder der vierte Mensch; *R. Guardini*, Das Ende der Neuzeit.

22 Vgl. dazu insgesamt die ausgezeichnete Diskussion der jeweiligen Positionen bei *R. Maurer*, Revolution und Kehre.

23 *H. Lefebvre*, Metaphilosophie, 130.

24 *E. Husserl*, Formale und transzendentale Logik, 10.

25 *E. Husserl*, Die Krisis der europäischen Wissenschaften und die transzendentale Phänomenologie, 3.

26 Ebd., 4.

27 Vgl. *K. Bühler*, Die Krise der Psychologie, 1–28.

28 Vgl. *Th. Kuhn*, Die Struktur wissenschaftlicher Revolutionen, bes. 96–109; zur Diskussion vgl. die Darstellung von *E. Ströker*, Geschichte als Herausforderung, 27–66. Zu der hier ge-

troffenen Unterscheidung von innerwissenschaftlicher Krise und Krise der Wissenschaft als solcher vgl. *Ch. Thiel,* Grundlagenkrise und Grundlagenstreit, 21–29.

29 Vgl. *H. Lorenz,* Das Bewußtsein der Krise und der Versuch ihrer Überwindung bei Wilhelm Dilthey und Graf Yorck von Wartenburg, 59–68, bes. 59: «Es ist bisher kaum beachtet worden, daß das umfängliche Lebenswerk Diltheys unter dem Bewußtsein einer nahenden Katastrophe steht. Bei ihrer Überwindung Hand anzulegen, war einer der tiefsten Antriebe seines Schaffens.»

30 *H.-H. Schrey,* Existenz und Offenbarung, 29, meint sogar «ein leises Grauen» aus Diltheys Äußerungen heraushören zu können.

31 *Dilthey,* GS VIII, 194.

32 *Dilthey,* GS V, 9.

33 *Dilthey,* GS VIII, 194.

34 Ebd.

35 Ebd.

36 Zur Klärung des Historismus-Begriffs vgl. *H. Schnädelbach,* Geschichtsphilosophie nach Hegel, 19–30; zur Genese und Geschichte des Historismus vgl. *G. G. Iggers,* Deutsche Geschichtswissenschaft.

37 Vgl. *J. G. Droysen,* Historik, 287.

38 *W. Benjamin,* Illuminationen, 277.

39 Vgl. *F. Nietzsche,* Unzeitgemäße Betrachtungen, 150., sowie 190 u. 192. Zu Nietzsches Historismus-Kritik vgl. *Röttges,* Nietzsche und die Dialektik der Aufklärung, 37–57.

40 Vgl. *Schnädelbach,* Geschichtsphilosophie nach Hegel, 9.

41 Vgl. folgendes Urteil Diltheys: «Es ist wahr, daß die Untersuchung der Handlungen der Menschen, der Veränderungen ihrer Gewohnheiten wie des Stetigen in denselben ganz wertlos ist für die Grundlegung der Ethik. Keine Brücke führt von der Anschauung menschlicher Charaktere und ihres verworrenen Handelns zu dem Sollen, dem Ideal.» (*Dilthey,* GS V, 67) – Man wird jedoch sagen müssen, daß Diltheys eigene Versuche auf diesem Gebiet, vor allem das «System der Ethik» (= GS Bd. X), mit Sicherheit zum schwächsten Teil seiner Philosophie gehören, ja sogar so weit gehen dürfen, zu behaupten, er habe die eigentliche ethische Problematik verfehlt. Vgl. zu dieser Problematik bes. *H. Ineichen,* Erkenntnistheorie und geschichtlich-gesellschaftliche Welt, 33–41, 172–181; sowie *ders.,* Von der ontologischen Diltheyinterpretation zur Wissenschaftstheorie in praktischer Absicht, bes. 217.

42 Vgl. dazu *M. Asendorf,* Einleitung: Die Deutsche Geschichtswissenschaft, zu: *ders.* (Hrsg.) Aus der Aufklärung in die permanente Restauration, 15–50 (völlig verfehlt jedoch die Dilthey-Kritik von Asendorf, vgl. a.a.O., 37).

43 Vgl. *H. Reichenbach,* Der Aufstieg der wissenschaftlichen Philosophie, 88: «Hegels System hat mehr als jede andere Philosophie dazu beigetragen, die Wissenschaftler von den Philosophen zu trennen, und hat die Philosophie zu einem Gegenstand der Verachtung gemacht, mit dem der Wissenschaftler nichts zu tun haben will.» Einen Überblick über die Entwicklung des Verhältnisses von Erfahrungswissenschaft und Hegelscher Philosophie und zugleich den Versuch einer Ehrenrettung Hegels bietet *A. Hager,* Subjektivität und Sein, 106.

44 *K. Löwith,* Von Hegel zu Nietzsche, 78.

45 Vgl. *S. Kierkegaard,* Abschließende und unwissenschaftliche Nachschrift zu den philosophischen Brocken, Erster Teil, 200, sowie 111.

46 Zur Gesamtentwicklung vgl. *A. von der Stein,* System als Wissenschaftskriterium, 99–107, bes. 107.

47 Vgl. *Th.W. Adorno,* Aufsätze zur Gesellschaftstheorie und Methodologie, 171/172.

48 Vgl. zu diesem Umbruch *A. Diemer,* Die Begründung des Wissenschaftscharakters der Wissenschaft im 19. Jahrhundert – Die Wissenschaftstheorie zwischen klassischer und moderner Wissenschaftskonzeption, bes. 33, 36–49.

49 *R. Carnap,* Überwindung der Metaphysik durch logische Analyse der Sprache, 167.

50 *L. Wittgenstein*, Tractatus logico-philosophicus, 41 (These 4.112).
51 *Carnap*, Überwindung, 168.
52 Vgl. zum Beispiel *Reichenbach*, Aufstieg, 321/322; *R. Carnap*, Theoretische und praktische Entscheidungen, bes. 174; *Wittgenstein*, Tractatus, 111/112; Zusammenfassend *Th.W. Adorno/M. Horkheimer*, Die Dialektik der Aufklärung, 107: «Die Unmöglichkeit, aus der Vernunft ein grundsätzliches Argument gegen den Mord vorzubringen, hat den Haß entzündet, mit dem gerade die Progressiven Sade und Nietzsche heute noch verfolgen. Anders als der logische Positivismus nahmen beide die Wissenschaft beim Wort.»
53 Vgl. dazu *Th.W. Adorno*, Kierkegaard, 157, 171–175, 191–194.
54 *G. Picht*, Wahrheit – Vernunft – Verantwortung, 198/199; vgl. auch *O. Marquard*, Schwierigkeiten mit der Geschichtsphilosophie, 17/18.
55 *Picht*, Wahrheit – Vernunft – Verantwortung, 200; vgl. vor allem die transzendentalphilosophische Neopositivismus-Kritik von *G. Scherer*, Verlust des Subjektes – Transzendentalphilosophie – Sinnbegriff, 177–231.
56 Nach meinem Dafürhalten liegt in dieser Um- bzw. Neudefinition des Vernunft-Begriffes die Pointe des sogenannten Kritischen Rationalismus (vgl. *H. Spinner*, Pluralismus als Erkenntnismodell, 56). Der konsequenteste Versuch in dieser Richtung ist jedoch zweifellos von der Spieltheorie unternommen worden und zwar insofern, als dort auch noch die ethische Komponente aus dem Rationalitäts-Begriff gestrichen und rein von der individuellen Nutzenmaximierung her gedacht wird (vgl. *H. Arnaszus*, Spieltheorie und Nutzenbegriff aus marxistischer Sicht, 125–163).
57 Vgl. dazu *J. Habermas*, Theorie und Praxis, 307–335, bes. 316–321.
58 Nicht umsonst betont *Sir K. R. Popper* in der Einführung zur deutschen Ausgabe von «Die offene Gesellschaft und ihre Feinde I: Der Zauber Platons»: «Kein Name ist mehr mißbraucht worden als der Kants.» Denn er meint selbstverständlich «den kritischen Philosophen der Aufklärung und nicht den des Deutschen Idealismus» (a.a.O., 5).
59 Vgl. etwa *Th.W. Adorno*, Einleitung, zu: ders., u.a., Der Positivismusstreit in der deutschen Soziologie, 7–79, bes. 67/68.
60 *K.-O. Apel*, Die Erklären-Verstehen-Kontroverse in transzendentalpragmatischer Sicht, 319; ausführlicher dazu vgl. *ders.*, Transformation der Philosophie, Bd. I, 9–76, bes. 12–22.
61 Vgl. *R. Lauth*, Zur Idee der Transzendentalphilosophie, 153/154.
62 Vgl. dazu insgesamt *W. Schneiders*, Die wahre Aufklärung bes. 7–13; zu den Verhältnissen in Frankreich vgl. *B. Burmeister/E. Richter*, Die französische Aufklärung – Historische Bedingungen und Hauptetappen ihrer Entwicklung, 8–59.
63 Vgl. *W. Oelmüller*, Was ist heute Aufklärung?, 31; die Kontinuität des Sachverhalts beweist die Feststellung von *N. Hinske* in seiner Einleitung zu: *ders., (Hrsg.)* Was ist Aufklärung: «Hinter allen Härten und Gegensätzen aber steht ein Fundus gemeinsamer Überzeugungen, von denen zumindest die deutsche Aufklärung des 18. Jahrhunderts als ganze getragen ist. Sie bilden den gemeinsamen Horizont, vor dem selbst noch die erbittertsten Auseinandersetzungen geführt werden.» (a.a.O., XVI).
64 Vgl. dazu *Ch. Link*, Subjektivität und Wahrheit, 32–40.
65 *O. Marquard*, Skeptische Methode im Blick auf Kant, 83.
66 Ebd.
67 *J. Ritter*, Subjektivität, 126.
68 Man vgl. unter dieser Rücksicht etwa Diltheys Kritik an Hegel vgl. *Dilthey*, GS I, 104/105, die allerdings größter Hochachtung nicht widersprach (vgl. *ders.*, GS VII, 99–101).
69 Vgl. *Link*, Subjektivität und Wahrheit, 21.
70 *M. Heidegger*, Holzwege, 101/102.
71 *M. Foucault*, Wahnsinn und Gesellschaft, 68.
72 *Adorno/Horkheimer*, Dialektik der Aufklärung, 36.
73 *Foucault*, a.a.O., 70.

74 Vgl. ebd., 71–98.
75 *G. Scalia,* Der Sinn des Wahnsinns, 140.
76 Ebd., 142.
77 *H. Mayer,* Außenseiter, 11.
78 Vgl. dazu etwa die Ausführungen über die Licht/Dunkel-Metaphorik bei Kant in *M. Sommer,* Die Selbsterhaltung der Vernunft, 245–249.
79 *Adorno/Horkheimer,* Dialektik der Aufklärung, 38.
80 *H. Blumenberg,* Die Legitimität der Neuzeit, 99.
81 Ebd., 100.
82 *Gadamer,* in: *L. J. Pongratz (Hrsg.)* Philosophie in Selbstdarstellungen, 82.
83 Vgl. dazu *M. Landmann,* Anklage gegen die Vernunft, 44–71, sowie insgesamt *ders.,* Entfremdende Vernunft, bes. 9–31.
84 *J. Möller,* Hermeneutisches Denken als Problem und Aufgabe; *W. Kern/J. Splett,* Hermeneutik: Nachholbedarf und Forschungsprojekt.
85 *E. Feil,* Zur hermeneutischen Diskussion in Philosophie und Theologie, dort 294; zur weiteren Entwicklung der nichttheologischen Hermeneutik vgl. *ders.,* Die «Neue Hermeneutik» und ihre Kritiker; sowie *ders.,* Sprachanalyse und Tiefenpsychologie. Vgl. dazu auch *F. Zetlinger,* Neue Hermeneutik. Zum Vergleich mit der protestantischen Theologie etwa *J. M. Robinson,* Die Hermeneutik seit Karl Barth; sowie *R. Schäfer,* Die hermeneutische Frage in der gegenwärtigen evangelischen Theologie.
86 Erschienen in Mainz.
87 Dort Bd. II, Sp. 676–684.
88 Ich verweise über die bei *Feil,* Zur hermeneutischen Diskussion, 297 genannten Arbeiten hinaus auf z. B. *F. Mußner,* Aufgaben und Ziele der biblischen Hermeneutik, in: *ders.* Praesentia Salutis, 9–19; *E. Simons,* Die Bedeutung der Hermeneutik für die katholische Theologie; *A. Keller,* Hermeneutik und christlicher Glaube; *E. Schillebeeckx,* Auf dem Weg zu einer katholischen Anwendung der Hermeneutik, in: *ders.,* Gott – Die Zukunft des Menschen, 9–48; *W. Löser,* Hermeneutik oder Kritik?; *K. Lehmann,* Die dogmatische Denkform als hermeneutisches Problem. Prolegomena zu einer Kritik der dogmatischen Vernunft (1969), in: *ders.,* Gegenwart des Glaubens, 35–53; sowie *ders.,* Der hermeneutische Horizont der historisch-kritischen Exegese (1971), in: a.a.O., 54–93.
89 Dort Sp. 242–262.
90 *Robinson,* Die Hermeneutik seit Karl Barth, 61.
91 Vgl. WuM, 481.
92 Vgl. dazu *Th. Lorenzmeier,* Exegese und Hermeneutik, 21–59; sowie *Robinson,* Die Hermeneutik seit Karl Barth, 39–54.
93 In: *J. Moltmann (Hrsg.)* Anfänge der dialektischen Theologie, 47–72.
94 Die entscheidenden, in allen nachfolgenden Spielarten hermeneutischer Theologie wiederkehrenden Thesen sind: 1. es gibt keine neutrale Exegese (vgl. a.a.O., 56), 2. das methodische Vorgehen garantiert nicht die Objektivität der Exegese, sondern stellt nur eine neuartige Form des Subjektivismus dar (vgl. a.a.O., 57/58) 3. Theologie und Exegese bzw. systematische und historische Theologie fallen im Grunde zusammen (vgl. a.a.O., 68).
95 So auch *Feil,* Zur hermeneutischen Diskussion, 287; vgl. auch die scharfe, aber treffende Kritik an der Hermeneutik des Vatikanum II bei *Möller,* Hermeneutisches Denken, 398: «Das aber heißt, daß die moderne hermeneutische Gesamtproblematik (die sich ja nicht auf die Bibelauslegung beschränken kann) im Zweiten Vatikanischen Konzil gar nicht erscheint, sondern daß das hermeneutische Problem, sofern es auftaucht, sich in der Vermittlung der traditionellen Theologie und den Ansätzen einer kritischen Exegese bewegt. So wird man sagen können, daß das, was in *Dei verbum* hinsichtlich des hermeneutischen Problems steht, wohl im 17., vielleicht auch noch im 18. Jahrhundert durchaus eine anerkennenswerte Leistung gewesen wäre. Es aber heute noch als bedeutend und hoffnungsfreudig

herauszustellen, zeigt nur die Anspruchslosigkeit, an die man sich im katholischen Raum schon so gewöhnt hat, daß auch das nicht Unmögliche (zum Unmöglichen würden wir die ersten Entwürfe zum Vatikanum II rechnen) schon als beachtenswert gelten kann.»

96 Vgl. dazu R. *Schaeffler*, Frömmigkeit des Denkens? 48–84.

97 In: *J. Moltmann* (Hrsg.) Anfänge der dialektischen Theologie, Teil I, 323–347.

98 So *Barth*, a.a.O., 325.

99 Vgl. *Bultmann*, Das Problem einer theologischen Exegese, 67: «Die rechte Befragung des Textes kann nur eine glaubende sein, d. h. eine im Gehorsam gegen die Autorität der Schrift gegründete. . . . Die Tat dieses Gehorsams ist die Voraussetzung der Exegese . . .».

100 *G. Ebeling*, Wort und Glaube, 43/44.

101 Vgl. ebd., 43.

102 Ich empfehle dazu die aufmerksame Lektüre der «Thesen zum Verhältnis von Philosophie und Theologie» in: *G. Ebeling*, Wort und Glaube, Zweiter Band, 92–98.

103 *G. Stachel*, Die neue Hermeneutik, 60.

104 Der Ausdruck stammt von *G. Casalis*, Die theologischen Prioritäten des nächsten Jahrzehnts, 317.

105 *Stachel*, Die neue Hermeneutik, 10; ähnlich urteilt *F. Mußner*, Geschichte der Hermeneutik von Schleiermacher bis zur Gegenwart, 2, Anm. 3; katholische Theologen nahmen auch teil an den beiden Veranstaltungen, die dokumentiert sind in: *V. Warnach (Hrsg.)* Hermeneutik als Weg heutiger Wissenschaft; sowie *U. Gerber (Hrsg.)* Hermeneutik als Kriterium für Wissenschaftlichkeit?

106 Einer der frühesten Belege für die Gadamer-Rezeption in diesem Zusammenhang findet sich wohl bei *E. Biser*, Glaubensvollzug, 42, wobei allerdings dort der Akzent stärker auf die Glaubensbegründung gesetzt ist. Biser hat den dort vorgelegten Ansatz dann entfaltet in: *ders.*, Glaubensverständnis (vgl. dort 66). Am deutlichsten ist das Anliegen vertreten von *Hilberath*, Theologie zwischen Tradition und Kritik (vgl. dort 12).

107 Hierzu am eindringlichsten *E. Simons/K. Hecker*, Theologisches Verstehen, 17–30. Weniger beeindruckend *W. Kasper*, Die Methoden der Dogmatik, 56 u. 68 (Gadamer).

108 Vgl. dazu wiederum eines der frühesten Zeugnisse der Gadamer-Rezeption, nämlich *W. Kasper*, Dogma unter dem Wort Gottes, 116/117.

109 *Hilberath*, Theologie zwischen Tradition und Kritik, 12.

110 Die Arbeit von B. J. Hilberath lag bei der Niederschrift dieser Untersuchung noch nicht vor. Sie bietet die bislang ausführlichste Darstellung der Hermeneutik Gadamers (vgl. a.a.O., 41–221), die als derzeit informativste und verläßlichste Einführung in die philosophische Hermeneutik gelten darf (vgl. dazu allerdings auch die kritischen Anmerkungen in meiner Rezension in: Theologische Revue 75 (1979) Sp. 46–49).

TEIL I
PHILOSOPHISCHE HERMENEUTIK GEGEN HERMENEUTISCHE METHODOLOGIE

1 Eine sehr breit angelegte Studie zur Geschichte und Aktualität der Vorurteilsproblematik hat verfaßt *W.-G. Jankowski*, Philosophie und Vorurteil. – Im Blick auf die philosophische Hermeneutik bietet die Arbeit einige klärende Beobachtungen, auf die noch im einzelnen hingewiesen wird, insgesamt wird zu wenig auf die Eigenart des Verhältnisses von Voraussetzung und Vorurteil einerseits und Erkenntnis andererseits, wie es sich in der Wissenschaft darstellt, geachtet. Sich hier allein auf Popper zu beschränken (vgl. a.a.O., 213–218), tut diesem in dieser Hinsicht entschieden zu viel Ehre an.

2 Vgl. dazu *M. Heidegger*, Sein und Zeit, 152/153.

3 Vgl. dazu *J. C. Maraldo*, Der hermeneutische Zirkel. Maraldo zeichnet sehr genau den Umschlag von der methodologischen zur ontologischen Interpretation des hermeneutischen Zir-

kels nach, wobei er allerdings im «Endpunkt der Untersuchungen Diltheys ein erstes ontologisches Fragen» zu entdecken meint, das auf «den Ansatzpunkt vom (!) Denken Heideggers» hinweise (a.a.O., 79; der Nachweis findet sich ebd., 75–79). – Auf die Fragwürdigkeit
dieses geläufigen Auslegungsschemas, wonach Dilthey stets als eine Art hermeneutischer
Moses erscheint, der das gelobte Land wohl schauen, nicht aber betreten konnte (vgl. dazu
auch *v. Kempski*, Brechungen, 287), braucht hier nicht näher eingegangen zu werden. In dieser Sache hat vor Jahrzehnten schon *G. Misch*, Lebensphilosophie und Phänomenologie ein
deutliches Wort gesprochen (vgl. a.a.O. etwa 12/13; 16–30; 44–53; 114/115; 151; 178/179;
194; 216/217; 271/272; 279/280; 325!), ohne sich freilich ausreichend Gehör verschaffen zu
können. Erst die neueren wissenschaftstheoretisch orientierten Dilthey-Interpretationen
(Riedel, Krausser, Johach, Ineichen etc.) beginnen diesbezüglich eine Wende einzuleiten.
Davon noch gänzlich unberührt beispielsweise *P. Hünermann*, Der Durchbruch geschichtlichen Denkens im 19. Jahrhundert, 206/207: «In der ‹Einleitung in die Geisteswissenschaften› bahnt sich nun . . . eine philosophisch-geschichtliche Besinnung an, die einen Vorblick
auf Neuland freigibt. [. . .] Die in den einzelnen Aporien auftauchenden Einsichten schließen sich mühelos zusammen, es ergibt sich ein durch die Diltheyschen Verwinkelungen hin-
durchführender Ariadnefaden, der zur Schwelle einer terra incognita geleitet.»

4 Es ist noch einmal ausdrücklich hervorzuheben, daß damit Gadamers Gedankengang insofern unvollständig, in gewisser Weise sogar «falsch» wiedergegeben wird, als Gadamer mit
Heidegger auf dem ontologischen Charakter des hermeneutischen Zirkels beharrt – freilich
darin, aus noch zu erläuternden Gründen, nicht konsequent verfährt. – Eine rein methodologische Deutung der Zirkelstruktur, wie sie m.E. hinsichtlich der Wissenschaft allein angemessen ist, hat vertreten *W. Stegmüller*, Der sogenannte Zirkel des Verstehens. – Auf der
gleichen Linie liegt die Argumentation von *H. Göttner*, Logik der Interpretation, die sehr genau die verschiedenartigen Explikationen des hermeneutischen Zirkels herausarbeitet (vgl.
a.a.O., 126–175) und meint, Gadamer vertrete «ziemlich genau das, was man unter Perspek-
tivismus versteht: die Betrachtung eines Sachverhalts unter immer neuen Aspekten, die man
aus der Veränderung der geschichtlichen Umgebung gewinnt. Hierbei zeigt das betrachtete
Objekt je nach dem Wechsel der Perspektive immer neue Züge» (ebd., 136).
Eine solche Interpretation liegt zwar, wie man einräumen muß, nahe, trifft jedoch nach meiner Überzeugung deshalb nicht zu, weil sie mit dem Gedanken einer wechselseitigen Ergänzung der unterschiedlichen Perspektiven zwangsläufig darauf hindrängt, auch für die
Geisteswissenschaften die Idee eines Erkenntnisfortschritts anzunehmen, die Gadamer, wie
später deutlich werden wird, gerade kritisiert.
Präzise Analysen der Argumentationsstruktur kontroverser Lyrik-Interpretationen und der
Rolle, die dabei Bezugsrahmen, Einzelhypothesen, Vorverständnisse, Evidenzappelle etc.
spielen, finden sich bei *G. Meggle/M. Beetz*, Interpretationstheorie und Interpretationspraxis, bes. 123–158.

5 Vgl. *Jankowitz*, Philosophie und Vorurteil 253: «Der Unterschied zwischen den ‹wahren›
und ‹falschen› Vorurteilen ist sonach nicht der zwischen ‹verstehen› und ‹mißverstehen›,
was den Vergleich zwischen *Inhalten* implizierte, sondern der Unterschied stellt sich eher als
der zwischen gewußten und vorbewußten Vorurteilen dar.» (Hervorhebung im Original,
HGS) – Die anhand der Analyse der Entstehung von Mißverständnissen gewonnene Klassifikation zeigt, daß diese Vorhaltung gegenüber Gadamer nur bedingt richtig ist: die Bezugs-
nahme auf Inhalte läßt sich nicht umgehen.

6 Hinter dieser vorsichtigen Formulierung («durchaus nicht alle») verbirgt sich bereits das
Kernproblem, auf das im folgenden immer wieder abgehoben werden wird, nämlich die
Verhältnisbestimmung von philosophischer Hermeneutik und hermeneutischer Methodologie: Wenn das methodisch Vollziehbare nur einen Teil des gesamten Verstehensprozesses
ausmacht, dann stellt sich die Frage, wie sich dieser Teil zu dem verhält, der sich nicht methodisch vollzieht und vollziehen läßt. Angenommen, letztgenannter bilde sogar den wesent-

lichen und entscheidenden, welcher Wert kann dann noch dem ersten beigemessen werden? Welche Rolle spielt dann Methodik überhaupt, und läßt sich in diesem Fall «Verstehen» noch als Aufgabe der Geisteswissenschaften begreifen?

7 Unter Bezug auf das gleich zu behandelnde Problem, nämlich die Verhältnisbestimmung von Form und Inhalt in der transzendentalen Reflexion hat *R. Bubner* seine eigene «etwas vorschnelle Übernahme des transzendentalen Anspruchs (sc.: der philosophischen Hermeneutik, HGS) in einem früheren Beitrag» (gemeint ist *R. Bubner*, Dialektik und Wissenschaft, 94) kritiert (vgl. *ders.*, 69, Anm. 4). Ein, wie ich meine, nur teilweise berechtigtes Schuldbekenntnis.

8 Vgl. *J. Simon*, Philosophie und linguistische Theorie, 9.

9 Das bedeutet jedoch nicht, daß die transzendentale Logik mit der formalen Logik identisch wäre. Zwar abstrahieren beide von allen konkreten Inhalten spezieller Aussagen. Aber während die transzendentale Logik gerade die Beziehung zwischen Aussage-Form und möglicher Inhaltlichkeit überhaupt reflektiert, blendet die formale Logik diesen formal-semantischen Aspekt auch noch ab und konzentriert sich ausschließlich auf die syntaktischen Verknüpfungen von Aussage-Formen. Kant betrachtet deshalb die Widerspruchsfreiheit lediglich als «die conditio sine qua non, mithin die negative Bedingung aller Wahrheit» *(I. Kant*, Werke III, 103). Die «Analytik» ist «eben darum der wenigstens negative Probierstein der Wahrheit, indem man zuvorderst alle Erkenntnis, ihrer Form nach, an diesen Regeln prüfen und schätzen muß, ehe man sie selbst ihrem Inhalt nach untersucht, um auszumachen, ob sie in Ansehung des Gegenstandes positive Wahrheit enthalten» (ebd., 104). In dieser Beschränkung der formalen Logik gründet, weshalb nach Kants Meinung die Logiker angesichts der ‹alte(n) und berühmte(n) Frage ‹Was ist Wahrheit?› ihre Unwissenheit, mithin die Eitelkeit ihrer ganzen Kunst bekennen sollten» (ebd., 102). Vgl. dazu insgesamt *R. Stuhlmann-Laeiz*, Kants Logik, bes. 19–53; sowie *G. Prauß*, Zum Wahrheitsproblem bei Kant, bes. 76–83; endlich auch *Simon*, Philosophie, 6/7. – Die eingehendsten Erörterungen zum Verhältnis von formaler und transzendentaler Logik in philosophiegeschichtlicher wie systematischer Darstellung bietet m.W., *H. Krings*, Transzendentale Logik, bes. 15–41; sowie neuerdings *L. B. Puntel*, Transzendentalität und Logik, bes. 81–84.

10 Vgl. dazu *Jankowski*, Philosophie und Vorurteil, 242/243, der meint, wenn Gadamer die Unmöglichkeit behaupte, ein gegebenes Vorverständnis reflexiv bewußt zu machen, so sei damit «nicht an prinzipiell ... nicht in die Reflexion miteinzubeziehende Vorurteile gedacht, sondern an die Unvollkommenheit geschichtlich bedingter Wesen, die sich an ein Ideal von Verstehen nur annähern können. Beide Begründungen sind nicht dasselbe, weil im ersten Fall nur auf die reflexive, mit prinzipiellen Schranken behaftete Struktur von Reflexion auf Vorurteile abgehoben wurde, während im zweiten Fall das konkrete geschichtliche Verhaftetsein in bestimmten Traditionen als wesentliche Reflexionsschranke eingesehen wird».

Ich halte mit Jankowski diese Unterscheidung für wichtig und richtig, meine aber, daß sie von Gadamer durch die sprachontologische Wendung der Hermeneutik unterlaufen wird, insofern diese eine klare Trennung von Vorurteilsstruktur und bestimmten Vorurteilen nicht mehr erlaubt, und von da her immer schon auf deren inhaltliche Bestimmtheit reflektiert werden muß. – Einer der wenigen, die das immerhin bemerkt, wenn auch nicht in seiner Unabdingbarkeit erklärt haben, ist *M. Schecker*, Einleitung, zu: *ders. (Hrsg.)* Methodologie der Sprachwissenschaft, 11: «Noch Gadamer kennt die Unterscheidung zwischen Sprache als Menge von Meinungen und Sprache als Medium und Mittel und macht den Begriff des Verstehens explizit an den Meinungen bzw. an Sprache als Menge von Meinungen fest, wenn er ausführt, daß das Verstehen einer Sprache im Sinne einer Fremdsprache – mithin das Beherrschen eines Mittels – noch gar kein richtiges Verstehen im Sinne der philosophischen Hermeneutik sei. Hermeneutisches Verstehen im Sinne Gadamers hingegen bezieht sich *inhaltlich* auf jene Prozesse, die dasjenige, was Gadamer ‹Wirkungsgeschichte› nennt, zum Ergebnis haben: Wer Meinungen insbesondere des gleichen wirkungsgeschichtlichen Zusammenhangs, dem er selber zugehört, verstehen will und versteht, setzt diese Meinungen zugleich – wenn auch wirkungsgeschichtlich vermittelt – als Vor-Urteile voraus, mit Hilfe derer er ja erst die vorgegebenen Meinungen verstehen kann. Es ist klar, da(ß) ‹Verstehen› hier angegangen wird vom ‹*Was*› des Verstandenen oder zu Verstehenden her, nicht aber angegangen wird vom ‹*Wie*› des Verstehens her.» (Hervorhebungen im Original, Korrektur von mir, HGS).

11 So auch R. *Warning*, Rezeptionsästhetik als literaturwissenschaftliche Pragmatik, 21: «Gadamer setzt sich vom Methodenbegriff der modernen Wissenschaften ab. Mit seinen Grundzügen einer philosophischen Hermeneutik› will er demgemäß auch keine Methode vorschlagen, sondern nur ‹beschreiben, was ist› (WuM, 403). Gerade hierin aber hinterlassen sie einen zwiespältigen Eindruck. Die vorgebliche Beschreibung dessen, was ist, erhebt nämlich gleichwohl methodische Postulate. Sie fordert ein ‹mit methodischem Bewußtsein geführtes Verstehen›, das seine Antizipationen von Sinn ‹kontrolliert›, um ‹die wahren Vorurteile, unter denen wir verstehen, von falschen, unter denen wir mißverstehen, zu scheiden› (WuM, 254, 282). Eine Instanz aber, die diese Kontrollinstanz wahrnehmen könnte, wird nicht benannt.»

12 Im Verlaufe der nachfolgenden Darstellung werde ich immer wieder auf die Stellen aufmerksam machen, in denen als «Gegenstand» des Verstehens nicht nur, wie hier, der Sinn eines Textes genannt wird, sondern Gadamer völlig synonym die weiteren Begriffe «Wahrheit» und «Bedeutung» gebraucht. Das hängt einerseits mit dem Gesprächs-Modell des Verstehens zusammen, wonach es sich beim Verstehen um ein Gespräch um die Sache des Textes handelt, ist aber darüber hinaus bedingt durch Gadamers Applikations-These, derzufolge sich der Sinn/die Wahrheit/die Bedeutung eines Textes erst und nur in seiner Auslegung auf die Situation des Interpreten hin erschließt. – Wie Gadamer diese beiden Thesen begründet, wird ausführlich zu zeigen sein.

13 G. *Prauß*, Erscheinung bei Kant, 12, hat nachdrücklich auf diese bei Kant selbst schon auftretende Schwierigkeit aufmerksam gemacht.

14 *Dilthey*, GS VII, 85/86, Hervorhebungen von mir, HGS.

15 Von da aus kann Dilthey in einem historischen Rückblick feststellen, «das natürliche System der Geisteswissenschaften» im 18. Jahrhundert habe scheitern müssen, weil es zu stark an den Naturwissenschaften orientiert war! Aber: «Die verschiedene Natur des Gegenstandes auf den beiden Gebieten des Wissens machte sich geltend.» (Dilthey, GS VII, 97).

16 *Dilthey*, GS V, 46/47.

17 Vgl. dazu W. *van Orman Quine*, Bedeutung und Übersetzung.

18 E. D. *Hirsch Jr.,* Prinzipien der Interpretation, 305.

19 *Japp*, Hermeneutik, 10.

20 Geht man davon aus, daß mit dem Ausdruck «richtige(n) Auslegung ‹an sich›» eine von der Auslegungssituation unabhängige Auslegung gemeint ist, und beachtet man zudem, daß Gadamer hier vom «Text selbst» – und nicht, wie durchaus denkbar von der Wahrheit, dem Sinn, der Bedeutung des Textes spricht, dann besagt der erste Satz: Eine situationsunabhängige Interpretation kann es nicht geben, weil sich der Text *selbst* einzig in seiner Auslegung auf die Situation hin erschließt. Positiv formuliert: Verstehen *ist* Applikation, *ist Gespräch*, folgt der «Logik von Frage und Antwort». Daß jedoch, wie sich später zeigen wird, Verstehen als Methode qua Methode von so verstandenen Zeitlichkeit von Wahrheit/Sinn/Bedeutung abstrahiert, folgt daraus, daß die Anwendung einer Methode Verstehen weder ermöglicht, noch erleichtert, sondern unmöglich macht. Daß dieser Schluß richtig ist und keine überzogene Polemik darstellt, wird bald deutlich werden.

21 Da Gadamer sich an prominenter Stelle in «Wahrheit und Methode» auf den englischen Geschichtsphilosophen R. G. Collingwood als einen hervorragenden Gewährsmann in Sachen «Logik der Geisteswissenschaften» beruft («Fast der einzige, an den ich hier anknüp-

fen kann, ist R. G. Collingwood» [WuM, 352]), wird man ihm wohl nicht Unrecht tun, wenn man sich auch bezüglich der Konsequenzen seiner Hermeneutik an diesen hält. Das liest sich dann so: «Der heilige Augustin betrachtete die Geschichte unter dem Blickwinkel der frühen Christen; Tillemont unter dem eines Franzosen aus dem 17. Jahrhundert: Gibbon unter dem eines Engländers aus dem 18. Jahrhundert; Mommsen unter dem eines Deutschen aus dem 19. Jahrhundert. Da hat die Frage, welches nun der richtige Blickwinkel war, keinen Sinn. Jedem war nur der seine möglich.» (Zit. nach *K. Acham*, Probleme der Instrumentalisierung und Hypostasierung der Wissenschaft, 96; das Collingwood-Zitat, dem Vorwort des Herausgebers der englischen Ausgabe von «The Idea of History» entnommen, ist in der deutschen Ausgabe nicht enthalten).

Collingwoods Behauptung läßt sich mühelos als das Resultat einer Anwendung seiner Theorie historischen Erkennens auf den Erkenntnisprozeß der Geschichtsschreibung selbst erklären. Denn nach seiner Ansicht muß der Historiker «die Vergangenheit in seinem eigenen Geist nachvollziehen» (*R. G. Collingwood*, Philosophie der Geschichte, 295), daher sei umgekehrt Gegenstand der geschichtlichen Erkenntnis «alles, was im Geist des Historikers nachvollzogen werden kann» (ebd., 315).

Zur Kritik dieser Auffassung vgl. *E. H. Carr*, Was ist Geschichte? 26: «Anstelle der Theorie, Geschichte habe keinen Sinn, bietet man uns hier also die Theorie einer Unzahl von Bedeutungen an, wobei aber keine zu mehr Recht besteht als die andere – was beides ja wohl auf dasselbe hinausläuft. [...] Aus dem Umstand, daß ein Berg, je nachdem unter welchem Blickwinkel man ihn betrachtet, unter verschiedenen Formen erscheint, folgt nicht, daß er objektiv betrachtet entweder überhaupt keine Form oder aber eine Unzahl von Formen hat.»

Das trifft auch den hermeneutischen Nagel genau auf den Kopf.

22 Auf die aus dieser Selbstbeschränkung erwachsenden unlösbaren Probleme komme ich noch ausführlicher zu sprechen (vgl. Schlußerörterung).

23 Die von Habermas geäußerte Befürchtung, der «Anspruch, den Hermeneutik gegen den auch praktisch folgenreichen Absolutismus einer allgemeinen Methodologie der Erfahrungswissenschaften legitim zur Geltung» bringe, dispensiere «nicht vom Geschäft der Methodologie überhaupt» und werde «entweder *in* den Wissenschaften wirksam, oder gar nicht» (*J. Habermas*, Logik der Sozialwissenschaften, 281), trifft deshalb das Problem nur halb, weil sie sich einfach an der Selbstinterpretation Gadamers orientiert. Faktisch wird durch Gadamer das Geschäft der Methodologie relativiert – und das ist sicherlich eine Art von Wirkung, wenn auch nicht die von Habermas erhoffte.

24 Die These von der Untrennbarkeit von Form und Inhalt, die, wie sich sogleich herausstellen wird, auf der von Gadamer angenommenen Identität von Sein und Sprache beruht, hat auch zur Konsequenz, daß die «hermeneutische Aufgabe» «von selbst in eine sachliche Fragestellung» übergeht (WuM, 253).

25 Das ist sicherlich richtig, nur stellt der metaphysische Realismus nicht die einzige Möglichkeit dar, dem Anspruch der Forschung erkenntnistheoretisch gerecht zu werden. Eine beachtenswerte Alternative bietet beispielsweise der «hypothetische Realismus», den u. a. *G. Vollmer*, Evolutionäre Erkenntnistheorie, vertritt. Vollmer gibt (S. 35–40) einen Überblick der wichtigsten Argumente, die für eine realistische Erkenntnistheorie sprechen. Er hält es m. E. zu Recht mit K. R. Popper, der zum Realismus-Problem festgestellt hat: «Ich behaupte, daß der Realismus weder beweisbar noch widerlegbar ist. [...] Aber man kann für ihn argumentieren, und die Argumente sprechen überwältigend für ihn.» (*K. R. Popper*, Objektive Erkenntnis, 50).

26 Vgl. KS III 161.

27 Dies betrifft zum einen die Frage, ob sich die philosophische Hermeneutik überhaupt als eine modifizierte Form der Transzendentalphilosophie begreifen läßt, da sie nicht mehr auf ein transzendentales Subjekt Bezug nimmt und außerdem keine selbstreflexive Struktur auf-

weist; zum anderen das speziellere Problem, inwieweit sich nicht eine strikt konstitutionstheoretische Deutung des Vorurteils-Begriffs als unzureichend erweist. Beides gilt es im weiteren im Auge zu behalten.

28 Zur Bestätigung der Selbstinterpretation Gadamers hinsichtlich der «Wahrheit des Korrektivs» empfehle ich dem Leser seiner verschiedenen Schriften, einmal darauf zu achten, wie oft Gadamer die Wendung «in Wahrheit» gebraucht.

29 Da der Begriff der Anwendung auf ein bewußtes Tun schließen läßt, das Verstehen aber keine bewußte Handlung sein soll, folgt auch aus dieser Stelle, daß das methodische Vorgehen nach Gadamers Dafürhalten nicht den Kern des Verstehens betrifft. Das Geschehen des Verstehens spielt sich auf der ontologischen Ebene ab, die Anwendung der Methodik auf der ontischen. Das «Voraus» meint also ein ontologisches Prius und kein zeitliches.

30 E. Hufnagel, Einführung in die Hermeneutik, 65.

31 Vgl. VZW, 23: «Die zentrale Stellung des Selbstbewußtseins ist im Grunde erst von der deutschen Idealismus und seinem Anspruch, alle Wahrheit aus dem Selbstbewußtsein zu konstruieren, gefestigt worden, indem man Descartes' Auszeichnung der denkenden Substanz und ihres Gewißheitsvorranges als obersten Grundsatz aufbaute. Gerade hier aber hat das 19. Jahrhundert die Grundlagen erschüttert. Die Kritik der Illusionen des Selbstbewußtseins, die von den Antizipationen Schopenhauers und Nietzsches inspiriert, inzwischen in die Wissenschaft eingedrungen ist und der Psychoanalyse ihren Einfluß gegeben hat, steht nicht isoliert da, und Hegels Versuch, den idealistischen Begriff des Selbstbewußtseins zu überschreiten und die Welt des objektiven Geistes als eine höhere Dimension der Wahrheit aus der Dialektik des Selbstbewußtseins hervorgehen zu lassen, bedeutete eine Förderung in der gleichen Richtung, die Marx und die Ideologienlehre des Marxismus gegangen sind.»

32 Vgl. dazu die Aufzählung bei P. Ricoeur, Die Interpretation, 15. Zur Ergänzung siehe auch H. Kimmerle, Die Funktion der Hermeneutik in den positiven Wissenschaften, 57; sowie W. Stegmüller, Hauptströmungen der Gegenwartsphilosophie, XIV.

33 Bei der Durchsicht der Sekundärliteratur zur philosophischen Hermeneutik drängt sich einem fast unvermeidbar der Eindruck auf, Gadamer gehöre heute zu den Autoren, die zwar pflichtschuldigst von jedermann zitiert, aber kaum von jemandem wirklich gelesen werden. Anders ist schwerlich zu erklären, weshalb diese ontologische Grundthese Gadamers bislang praktisch unbeachtet blieb und nur seltenst auf ihre Stichhaltigkeit wie auf ihre Konsequenzen überprüft wurde. Eine Ausnahme in beiderlei Hinsicht macht Kimmerle, a.a.O., 58. Mit gewissen Abstrichen gleichfalls zu nennen wären W. Schulz, Anmerkungen zur Hermeneutik Gadamers, bes. 310/311; sowie Hilberath, Theologie zwischen Tradition und Kritik, 77/78, 89, 137, 181, 185, 205, 250, kritisch: 313/314 sowie 271 und 328. Zur Kritik an Hilberath vgl. meine Rezension in: Theologische Revue 75 (1979) Sp. 46–49, bes. 47/48. – Eine Auseinandersetzung mit Gadamers Rede von der Sprache als «Mitte» könnte mit der einfachen Frage beginnen, wozwischen diese «Mitte» eigentlich liegen soll. Eine Relation ohne Relata ergibt doch wohl keinen rechten Sinn. Vgl. dazu freilich die außerordentlich erhellenden Ausführungen Heideggers in: Unterwegs zur Sprache, 24–30.

34 Wittgensteins berühmte Schluß-These des «Tractatus»: «Wovon man nicht sprechen kann, darüber muß man schweigen» (Wittgenstein, Tractatus 115, These 7), ist, aus dieser Sicht betrachtet, sinnlos, denn Sein, das nicht auch zur Sprache gebracht werden könnte, «gibt» es nicht. Dagegen Wittgenstein, These 6.522: «Es gibt allerdings Unaussprechliches.»

35 Mit dieser These hat Gadamer der Entwicklung der Linguistik weit vorausgegriffen, die sich seit Chomsky immer stärker mit der Frage konfrontiert sah, ob sich der pragmatische Aspekt sprachlicher Kommunikation wirklich so konsequent in den Bereich einer Theorie der Performanz abschieben läßt, wie dies Chomsky noch in: Aspekte der Syntax-Theorie, bes. 13/14, tat. Vgl. dazu die grundsätzliche Kritik von H. J. Schneider, Pragmatik als Basis von Semantik und Syntax, 16/17. Welche umwälzenden Konsequenzen eine derartige Umkehrung der traditionellen linguistischen Hierarchie von Syntax-Semantik-Pragmatik nach

sich zieht, hat überzeugend dargelegt *H. Hörmann*, Meinen und Verstehen, bes. Kap. III und IV.

36 *W. Pannenberg*, Grundfragen systematischer Theologie, 116 faßt diesen Gedanken Gadamers wie folgt zusammen: «Im Gespräch geht es darum, die Sache zur Sprache, d. h. aber: zur Aussage zu bringen.» – Es wird im folgenden noch klarer werden, weshalb diese gewiß naheliegende Interpretation die eigentliche Intention Gadamers haarscharf verfehlt – und zwar schon deshalb, weil sie sich doch wieder primär an der Aussage orientiert. Bereits hier aber ist so viel deutlich: Während Pannenberg impliziert voraussetzt, daß die Gesprächspartner es sind, die eine Sache zur Aussage bringen, will Gadamer gerade zeigen, daß es eben nicht die Sprechenden sind, die etwas zur Sprache bringen, sondern die Sache selbst sich zur Sprache bringt. Auf diesen Unterschied derartiges Gewicht zu legen, mag als bloße Wortklauberei erscheinen. Aber ihn zu vernachlässigen bedeutet im Grunde, Gadamer die Pointe seines gesamten Unternehmens zu stehlen. Vgl. dazu KS IV, 102–107.

37 *W. Hellebrand*, Der Zeitenbogen, 60, hält Gadamers «fast etwas erstaunliche, aber äußerst fruchtbare Spieltheorie» für die «Basis» von «Wahrheit und Methode». Dieses Urteil scheint mir übertrieben. Meines Erachtens – und auf dieser Annahme basiert die gesamte Darstellung der Hermeneutik, um die ich mich bemühe – nimmt nicht die Spieltheorie, sondern die Sprachontologie diese Schlüsselstellung ein. Dennoch erfüllt die Spieltheorie in der Tat eine äußerst wichtige argumentative Funktion: sie soll nämlich einerseits den Primat des Bewußtseins brechen und andererseits, gleichsam als positive Kehrseite, den Geschehens-Charakter dialogischer Wahrheitsfindung plausibel machen. Gelingt dies nicht, dann bricht unter anderem das Problem einer Ethik des Dialogs und damit die Frage nach der Rolle auf, die die menschliche Freiheit im Prozeß dialogischer Verständigung spielt.

38 Vgl. die gleichlautende Aussage in WuM, 211, sowie insgesamt *H.-G. Gadamer*, Vom Zirkel des Verstehens, bes. 24–30. Der genannte Aufsatz ermöglicht einen guten Einstieg in die philosophische Hermeneutik Gadamers, weil er in geraffter Form eine Reihe seiner wichtigsten Gedanken enthält. Im Vergleich zu «Wahrheit und Methode» jedoch wird das systematische Gewicht der sprachontologischen Wende gerade auch hinsichtlich der Betrachtung und Einschätzung des hermeneutischen Zirkels weniger gut erkennbar (Neuabdruck in: KS IV, 54–61).

39 In WuM, 249 weist Gadamer ausdrücklich darauf hin, daß Heidegger sich völlig zu Recht auf Kant berufen habe und er im gleichen Sinn an Heideggers transzendentale Fragestellung anknüpfe, die «von vornherein alle empirischen Unterschiede und damit auch alle inhaltlichen Idealbildungen» übersteige. VZW, 140 ergänzt er allerdings, «daß die gesamte Denkform einer transzendentalen Begründung der Umbildung verfiel», weil Heideggers Begriff des Daseins nicht einfach den des transzendentalen Bewußtseins ersetze. – Die auf den ersten Blick etwas befremdlich wirkende These vom transzendental-philosophischen Charakter der Philosophie Heideggers hat erhärtet *C. F. Gethmann*, Verstehen und Auslegung. Für unsachgemäß hält Gethmann Heideggers Identifizierung von methodischem und wissenschaftlichem Denken (vgl. a.a.O., 329), die auch bei Gadamer vorliegt. Bedenkenswert auch für den hier infragestehenden Problemkreis seine Kritik: «Indem Heidegger das methodische Denken als für die Seinsfrage unangemessen qualifiziert, verliert das Seinsdenken sein kritisches Potential gegenüber dem methodischen Denken und gegenüber der übrigen Philosophie.» (ebd., 330; im Original hervorgehoben, HGS).

40 Klarer kann das Verschwinden des konkreten auslegenden Subjekts in der philosophischen Hermeneutik nicht zum Ausdruck gebracht werden. M.W. als einziger Interpret Gadamers hat diesen nicht nur, aber auch methodologisch höchst wichtigen Tatbestand bislang kritisch vermerkt *Frank*, Das individuelle Allgemeine, 23. – Die Fragwürdigkeit dieser Ansicht Gadamers läßt sich auch durch folgende Parallele illustrieren: Der französische Psychoanalytiker J. Lacan hat die im Falle des Wahnsinns vorliegende paradoxe Beziehung zwischen Sprechen und «Sprache im Subjekt» so charakterisiert: «Sprachlosigkeit (absence de la pa-

role) manifestiert sich hier in den stereotypen Formeln des Diskurses, in denen das Subjekt eher *gesprochen wird als spricht» (J. Lacan,* Schriften I, 121; Hervorhebung von mir, HGS). – Auf die Ähnlichkeiten zwischen den Anschauungen der beiden Autoren verweist gleichfalls, allerdings in positivem Sinn, *H. Lang,* Die Sprache und das Unbewußte, 39, sowie 79–108. Als «nur intentionell» vorhanden sieht *Frank,* a.a.O., 82, die «Homologie» zwischen Gadamer und Lacan, wobei er letzterem den Vorzug gibt.

41 Man muß auch hier wieder exakt auf die Formulierung achten: Verstehen, so heißt es, sei «eine Weise des *Seins*geschehens *selber»!* Einzig und allein unter dieser Voraussetzung läßt sich dann auch, wie noch aufzuzeigen ist, Verstehen als *Wahrheits*geschehen deuten.

42 Dies gilt allerdings nur für alle die Theorien, in denen Wesen und Verhältnis von Bewußtsein und Reflexion vom Modell des *Selbst*bewußtseins und der *Selbst*reflexion her gedacht werden. Daß Gadamer darauf abzielt, zeigt die Äußerung in KS I, 97, wonach das «Bewußtsein des einzelnen» nicht den Maßstab abgeben könne, an dem das Sein der Sprache sich messen läßt. Die Frage ist demnach, wie weit Gadamers Reflexionskritik noch reicht, wenn der Reflexionsbegriff vom Subjektbegriff unabhängig definiert wird. – Zur Problematik vgl. *G. Frey,* Sprache – Ausdruck des Bewußtseins, 15–18; sowie den fundamentalen Aufsatz von *D. Henrich,* Selbstbewußtsein, bes. 259–269. Neuerdings dazu auch *E. Tugendhat,* Selbstbewußtsein und Selbstbestimmung, der sich eingehend mit der Heidelberger Schule (Henrich, Pothast) auseinandersetzt. – Als nicht-egologische Alternativen wären zu nennen etwa *J.-P. Sartre,* Bewußtsein und Selbsterkenntnis, bes. 27–59; *ders.,* Die Transzendenz des Ego, 7–43, bes. 37; *N. Luhmann,* Selbst-Thematisierungen des Gesellschaftssystems. Über die Kategorie der Reflexion aus der Sicht der Systemtheorie, in: *ders.,* Soziologische Aufklärung, 2., 72–102; zusätzlich *ders.,* Reflexive Mechanismen, in: *ders.,* Soziologische Aufklärung, 139–155; aus kybernetischer Sicht ausführlich *G. Günther,* Das Bewußtsein der Maschinen. – Zu Luhmann vgl. die kritische Stellungnahme von *F. Maciejeski,* Sinn, Reflexion und System; zu Günther vgl. *P. K. Schneider,* Die wissenschaftsbegründende Funktion der Transzendentalphilosophie, 162–174; wie auch *M. Wetzel,* Erkenntnistheorie, 56–60.

43 Gadamer verdreht hier eindeutig das richtige Begründungsverhältnis: die «Selbstvergessenheit der Sprache» ergibt sich als notwendiges Postulat aus der Annahme der «Sachlichkeit der Sprache», die ihrerseits auf der Gleichsetzung von Sein und Sprache beruht. Zwar weist Gadamer hin auf «Ausnahmesituationen», «in denen einem die Sprache, in der man spricht, bewußt wird», «weil sie das Ihrige nicht tut» (KS I, 97). Aber aus dem Spiel-Struktur der Sprache folgt, daß sie das Ihrige, nämlich die Darstellung der Dinge, nur zu leisten vermag, solange sich die Sprechenden der «wesenhaften Selbstvergessenheit, die dem Sprechen zukommt» (ebd.), anheimgeben. – Nur so wird Gadamers Kritik an der Bewußtseinsphilosophie auch in ihrer erkenntnistheoretischen Notwendigkeit und Problematik verständlich.

44 Vgl. dazu die gegen Humboldt gerichtete Aussage: «Sprachliche Form und überlieferter Inhalt lassen sich in der hermeneutischen Erfahrung nicht trennen.» (WuM, 417; im Original hervorgehoben, HGS). Humboldts «Abstraktion auf die Form» (WuM, 416) muß nach Gadamer «rückgängig gemacht werden», und das bedeutet: «Anerkennung der *Einheit* von Sprache und Überlieferung» (WuM, 417; Hervorhebung von mir, HGS). – Damit ist der entscheidende Schritt getan, dessen Konsequenzen Gadamers gesamte Auseinandersetzung mit den Geisteswissenschaften bestimmen. Denn nunmehr ergibt sich folgender Syllogismus: Sprache ist Gespräch, Gespräch ist Tun der Sache selbst. Überlieferung ist Sprache. Also ist Überlieferung Gespräch und somit Wahrheitsgeschehen (wobei die Betonung auf «Geschehen» liegt). Also kommt alles darauf an, geschehen zu lassen, was geschieht, soll das Wahrheitsgeschehen der Tradition nicht unterbrochen werden. So tritt zwangsläufig an die Stelle von Distanz und Freiheit gegenüber der Überlieferung das Immer-schon-Eingenommen-sein von ihr und der Gehorsam ihr gegenüber.

45 Diese passive Umkehrung des idealistischen Gedankens autonomer Selbstkonstitution

spricht für sich. Im Verein mit einer ganzen Reihe gleichsinniger Formulierungen (vgl. z. B. WuM, 101/102; sowie KS I, 32/33, 78, 97) beweist sie nach meinem Dafürhalten, daß Gadamer sich nicht damit begnügt, den Idealismus zu korrigieren, indem er die von diesem propagierte Idee absoluter Freiheit auf das Maß menschlicher Endlichkeit zurückbringt, sondern die Idee der Freiheit als solche der Sache nach eliminiert, obschon er verbal Hegel konzediert: «Das Prinzip der Freiheit ist unantastbar und unwiderrufbar.» (VZW, 52).

46 Im Vergleich mit dem im letzten Kapitel Ausgeführten leuchtet die hier zitierte Argumentation Gadamers überhaupt nicht ein. Denn dort hieß es, die Sprache fixiere nicht bloß «mitunter» Vorurteile, sie sei vielmehr als «Vorausgelegtheit der Welt» Grund der Vorurteilsstruktur des Verstehens als solcher und damit der «vorgängigen Gerichtetheit all unseres Erfahrenkönnens». – Nimmt man die Vorurteile in diesem offenkundig transzendentalen Sinne, dann bleibt allerdings unerfindlich, wie in und durch die Sprache überhaupt Unwahrheit erscheinen kann. Auch der vorsichtige Hinweis, im Erlernen einer (der?) Sprache ereigne sich lediglich «erste Erschließung» und «weniger Beirrung», verliert dann jede Berechtigung. Sobald man die Möglichkeit des Beirrtwerdens durch Vorurteile einräumt, lassen sich Vorurteile nicht mehr im Sinne einer transzendentalen *Erkenntnis*theorie verstehen – es sei denn, man greift zu der Erklärung, Verstehen sei Entbergen und Verbergen von Welt zugleich. Daß diese so fern nicht liegt, beweist ein Seitenblick auf den zentralen Paragraphen 44 in *Heidegger*, Sein und Zeit, 220–222. Eine Analyse der kaum akzeptablen Ausführungen Heideggers bietet E. *Tugendhat*, Heideggers Idee von Wahrheit, 286–297.

47 Vgl. wiederum *Heidegger*, Unterwegs zur Sprache, 31/32.

48 Dies ist ersichtlich nur eine andere Formulierung für den von mir an früherer Stelle bereits hypothetisch vorweggenommenen Gedanken eines Fortschreitens ohne Fortschritt, der freilich aus der Sicht der Hermeneutik nicht resignativ zu verstehen ist, weil damit nichts Geringeres ausgesagt wird als die dauernde Präsenz der Sache selbst. – Das ist im Zusammenhang mit der Idee der Wirkungsgeschichte noch genauer zu belegen. Hier soll nur noch notiert werden, daß Gadamer an dieser Stelle Auslegung als Repräsentation von «Sinn» definiert.

49 Diese Beschreibung Gadamers deckt sich im wesentlichen mit der allerdings wesentlich präziseren Charakteristik der Funktion von Paradigmata bei *Kuhn*, Die Struktur wissenschaftlicher Revolutionen, 28–78. Sie enthält jedoch keinen Hinweis auf die prinzipielle Möglichkeit eines Paradigma-Wechsels, deren erkenntnistheoretische Konsequenzen sehr genau zu bedenken sind, wie die Diskussion der Thesen Kuhns gezeigt hat (vgl. dazu insgesamt *I. Lakatos/A. Musgrave (Hrsg.)* Kritik und Erkenntnisfortschritt; sowie *W. Diedrich (Hrsg.)* Theorien der Wissenschaftsgeschichte. Welcher der dabei vertretenen Positionen man dabei auch zuzuneigen mag, Gadamer selbst muß daran gelegen sein, die negative Seite von Paradigmata bzw. Vorurteilen zu akzeptieren, weil sonst seine Kritik an der Wissenschaft, insbesondere an der Idee eines Erkenntnisfortschritts erheblich an Gewicht verliert.

50 Dieser doppelten Aufgabenstellung der hermeneutischen Reflexion liegen offenkundig zwei verschiedene Begriffe von «Vorverständnis» zugrunde. Die erste Aufgabe bezieht sich auf Vorverständnisse (Plural!), die im Rahmen des wissenschaftlichen Forschungsprozesses selbst auftauchen. Die zweite Aufgabe hingegen nimmt Bezug auf dasjenige Vorverständnis (Singular!) – wie man sicher ergänzen darf: von Welt –, durch das sich Wissenschaft als Wissenschaft konstituiert. Gadamer zieht beides unter dem Leitbegriff «hermeneutische Reflexion» zusammen, obschon es sich im einen Fall um eine methodologische, im anderen Fall um eine erkenntnistheoretische Zielsetzung handelt, um dann in seiner Argumentation beständig zwischen diesen unterschiedlichen Bereichen hin und her zu pendeln.

51 Der Aufsatz findet sich in *Dilthey*, GS VIII, 73–118. O. *Marquard*, Schwierigkeiten mit der Geschichtsphilosophie, 107–121 geht der historischen Entwicklung der Weltanschauungstypologien im 19. und 20. Jahrhundert nach und deutet sie, wie ich meine, richtig, als «resignative Form der Geschichtsphilosophie», d.h. als «Geschichtsphilosophie unter den Bedingungen ihrer Unmöglichkeit und in der Form ihrer Preisgabe» (a.a.O., 117).

52 *E. Topitsch*, Die Voraussetzungen der Transzendentalphilosophie, 17; vgl. dazu auch *Dilthey*, GS VIII, 86.
53 Vgl. *Dilthey*, GS V, 376, sowie *ders.* GS VIII, 86 und 99.
54 Vgl. *Dilthey*, GS V, 27.
55 Diesen Aspekt hat ganz energisch herausgearbeitet *K. Ulmer*, Philosophie der modernen Lebenswelt, 32–64, bes. 33–37. Zu Diltheys Einstellung gegenüber der Tagespolitik und seiner politischen Orientierung vgl. *B. Peschken*, Versuch einer germanistischen Ideologiekritik, 57–69. Eine ungleich differenziertere historisch-materialistische Interpretation Diltheys bietet jedoch *Ch. Zöckler*, Dilthey und die Hermeneutik, (mit einer Rezension Peschkens, 184–194).
56 Zur Begründung bezieht sich Dilthey auf die Eigenart selbstregulierender Systeme, vgl. GS V, 215, 220, 267, 251. Die dabei tatsächlich unverkennbare Ähnlichkeit mit kybernetischen Modellen hat *P. Krausser*, Kritik der endlichen Vernunft bes. in den Kapiteln 3–8 herausgestrichen, sie aber m.E. auch unhistorisch überinterpretiert. Vgl. dazu auch *Ineichen*, Von der ontologischen Diltheyinterpretion zur Wissenschaftstheorie in praktischer Absicht, 212–215, bes. 214; in Auseinandersetzung mit dem Ansatz Kants vgl. *C.-F. Geyer*, Kant – hermeneutisch; von marxistischer Seite siehe *G. Herzberg*, Wilhelm Dilthey in der heutigen westdeutschen Philosophie, 89. Der konsequenteste Versuch, wenn auch ohne Bezugnahme auf Dilthey, aber doch der Sache nach auf der von diesem eröffneten Linie weiterzuarbeiten, stammt sicherlich von *J. Piaget* (Biologie und Erkenntnis, bes. 1–38).
57 Vgl. dazu auch *Zöckler*, Dilthey, 120–122.
58 Vgl. VZW, 144: «Es war eine große Einsicht, als Wittgenstein feststellte, daß die Sprache immer in Ordnung ist. Aber es würde ein technologisches Selbstmißverständnis implizieren, wenn diese Einsicht sich auf die Aufgabe einschränkte, Sprachspiele richtig auseinanderzuhalten und auf diese Weise Scheinprobleme zu lösen. In Wahrheit ist das In-Ordnung-Sein der Sprache weit mehr. Dort, wo sie das Ihre tut, d. h. ihre kommunikative Leistung vollbringt, fungiert sie nicht als eine Technik oder Organik des Sichverständigens, sondern *ist* diese Verständigung selbst – bis hin zum Aufbau einer gemeinsamen Welt, in der wir miteinander eine verständliche – nein: dieselbe Sprache sprechen. Das ist die sprachliche Verfassung unseres menschlichen Lebens, die durch keine Informationstechnik ersetzt oder verdrängt werden kann.» (Hervorhebung von mir, HGS).
59 Vgl. VZW, 123.
60 Ganz ähnlich und gleichfalls unter Hinweis auf die zerstörerischen Folgen der Rationalisierung *H. Marcuse*, Der eindimensionale Mensch. 161; die von *Habermas*, Technik und Wissenschaft als «Ideologie» 53 geltend gemachte Parallele zwischen Marcuse einerseits und Husserl und Heidegger andererseits halte ich nur für teilweise gegeben, weil für Heidegger im Gegensatz zu Marcuse – und zu Gadamer – die moderne Technik nur scheinbar «angewandte Naturwissenschaft» ist (vgl. *Heidegger*, Vorträge und Aufsätze I, 20), weil Technik wesenhaft im «Ge-stell» gründet und deshalb ihrerseits «erst» die Naturwissenschaft verwenden muß (vgl. ebd. 23). Zur Kritik an Heideggers Auffassung vgl. *S. Moser*, Kritik der traditionellen Technikphilosophie, 11–81, dort 61–81; zur Kritik an Marcuse vgl. *ders.*, Technologie und Technokratie bes. 135. – Der Vergleich von Gadamer und Marcuse ist hier deshalb von Interesse, weil Marcuse bezeichnenderweise aufgrund seiner Sicht der Dinge hin und her schwankt zwischen der radikalen Forderung nach einer neuen Naturwissenschaft und dem gemäßigten Anliegen einer Neuorientierung der Wissenschaft (vgl. etwa *H. Marcuse*, Kultur und Gesellschaft 2, 165/166) – ein Dilemma, das bei Gadamers Beurteilung der Geisteswissenschaften in gleicher Weise zu beobachten ist.
61 So *H. F. Fulda*, Theoretische Erkenntnis und pragmatische Gewißheit, 146.
62 *H.-G. Gadamer*, Über die Macht der Vernunft, 29.
63 Vgl. dazu die ganz anders motivierte, aber ähnlich gelagerte Kritik bei *H. Kilian*, Das enteignete Bewußtsein, 98/99.

238

64 Übereinstimmend dazu *J. Habermas,* Kultur und Kritik, 273, sowie *ders.,* Erkenntnis und Interesse, 176 und *ders.,* Vorbereitende Bemerkungen, 113, Anm. 19.

65 Neben der bereits in der Einleitung zitierten Stelle bei *Sandkühler,* Praxis und Geschichtsbewußtsein, 64/65; vgl. dazu auch *O. F. Bollnow,* Philosophie der Erkenntnis, 107.

66 Mir scheint Gadamers Gedanke, die kritische und problemgenerierende Funktion der Frage in den Mittelpunkt einer hermeneutischen Logik zu stellen und ihre Bedeutung im wissenschaftlichen Forschungsprozeß genauer als bisher zu untersuchen, einer der anregendsten seines gesamten Werkes zu sein. Leider verzichtet Gadamer fast völlig darauf, ihn weiter zu entfalten, obgleich eine Klärung angesichts des zentralen Stellenwerts, den diese Idee innerhalb seiner Kritik am Objektivismus hat, dringend vonnöten wäre. Ähnlich urteilt *H. Müller-Solger,* Zum Problem der Frage in der Textauslegung, 118/119. Solgers Beitrag stellt selbst einen ersten und interessanten Schritt in dieser Richtung dar, nicht zuletzt, weil es ihm anhand einer funktionalen Differenzierung gelingt, Gadamers Ausführung zu präzisieren und nachzuweisen, daß dieser sich auf das Problem jener Fragen konzentriert, mit denen der Auslegungsprozeß einsetzt und die Solger «erste» Fragen nennt. Mit Recht wendet er gegen Gadamer ein: «Gadamers Ausführungen über das Problem der ersten Frage verunklären den Sachverhalt dadurch, daß er den Begriff des Fragens teilweise metaphorisch verwendet, nämlich dort, wo er feststellt, daß der Text die erste Frage zu stellen habe.» (a.a.O., 129) – Daß diese Redeweise allerdings einen genau angebbaren Grund in der Verbindung von Wirkungsgeschichte und Gesprächsmodell bei Gadamer hat, übersieht Solger. Zur Funktion der Frage in der Wissenschaft vgl. auch *E. Lang,* Die methodische (!) Funktion der Frage in der Forschung. Bei *G. Pöltner,* Zu einer Phänomenologie des Fragens erscheint merkwürdigerweise «Wahrheit und Methode» nicht einmal im Literaturverzeichnis, und auch *H.-D. Bastian,* Theologie der Frage, beläßt es bei einem sehr knappen Hinweis (vgl. a.a.O., 146).

67 Auf die Möglichkeit, heuristische Computerprogramme zur Lösung von Problemen zu erstellen, weisen jedoch hin *F. Loeser/D. Schulze,* Erkenntnistheoretische Fragen einer Kreativitätslogik, 49.

68 *H.-G. Gadamer,* Hegels Dialektik, 52.

69 Dieser Rückgriff auf das Vorbild des Platonischen Sokrates verbindet die philosophische Hermeneutik mit Kamlah/Lorenzen (vgl. *Kamlah/Lorenzen,* Logische Propädeutik, 122 u. 124), die gleichfalls diese «Methode der interpersonalen Verifizierung» von der in der szientistischen Philosophie vollzogenen «Beschränkung moderner Wissenschaftlichkeit» abheben (vgl. ebd., 125).

70 *H.-G. Gadamer,* Platos dialektische Ethik u. andere Studien zur platonischen Philosophie, 13.

71 Ebd.

72 Gadamer, Hegels Dialektik, 92.

73 Ebd., 68.

74 So stellt Gadamer denn auch die Frage, ob der Begriff der Forschung überhaupt «ohne weiteres» auf die Geisteswissenschaften angewendet werden könne (vgl. KS I, 40) – wobei der Kontext zeigt, daß sie mehr oder minder rhetorisch gemeint ist. Daß dies konsequent gedacht ist, versuche ich hier einsichtig zu machen. Um so erstaunlicher nimmt es sich deshalb aus, von Gadamer hören zu müssen, ein «verbindendes Element» seines Denkens mit dem Poppers liege darin, «daß Popper die Forschung als einen Prozeß der Wahrheitsfindung und letztes Endes des Wahrheitskriteriums gelten läßt». Und dies sei, so fährt Gadamer fort, «mit Verlaub zu sagen, ein hermeneutischer Begriff: Der Prozeß der Forschung selber erweist sich als das einzig mögliche (!) Kriterium für die Wahrheitsfindung» (*C. Großner,* Verfall der Philosophie, 20 – Ausschnitt aus dem Gespräch Großners mit Gadamer, a.a.O., 219–233). – Die Schwierigkeit, sich auf solche Aussagen einen logischen Reim zu machen, brauche ich nach dem Gesagten und unter Verweis auf das Folgende nicht mehr ausführlich zu erläutern.

239

75 So bereits *E. Husserl*, Erfahrung und Urteil, 24/25, sowie *ders.*, Formale und transzendentale Logik, 194; desgleichen siehe *A. Schütz*, Das Problem der Relevanz, 181/182 und *ders./Th. Luckmann*, Strukturen der Lebenswelt, 23 u. 33.

76 Vgl. dazu die detaillierten Analysen bei *W. Kuhlmann*, Reflexion und kommunikative Erfahrung 94–112.

77 Ähnlich argumentieren *Kamlah/Lorenzen*, Logische Propädeutik, 123.

78 Auf eine allgemeine «Renaissance der Topik und im weiteren Sinn der Rhetorik als «Nova Rhetorica» hat aufmerksam gemacht *J. Kopperschmidt*, Allgemeine Rhetorik, 136. Unverständlicherweise schweigt sich Kopperschmidt bezüglich Gadamer völlig aus, obschon *K. Dockhorn*, Rez. zu «Wahrheit und Methode», durch ihn eine Wende im modernen Rhetorik-Verständnis eingeleitet sieht. – Dem hat Kopperschmidt neuerdings teils zugestimmt, teils widersprochen: Gadamer habe zwar wieder die Bindung der Rhetorik an die Wahrheitsfrage eingeschärft, jedoch nicht den Schritt zu einer dialektischen (= kritischen) Rhetorik gewagt; vgl. *J. Kopperschmidt*, Von der Kritik der Rhetorik zur kritischen Rhetorik, 217. – Für Gadamer, der noch im «Nachwort» zur vierten Aufl. von WuM beklagt, die zentrale Bedeutung der Rhetorik werde bislang verkannt, ist die Rhetorik vor allem deswegen wichtig, weil sie den «Bereich der überzeugenden Argumente (und nicht der logisch zwingenden)» mit der Hermeneutik teile. Die «hermeneutische Erfahrung» reiche «in Wahrheit so weit, wie die Gesprächsbereitschaft vernünftiger Wesen überhaupt reicht.» (WuM, 530) Nimmt man diesen Hinweis ernst, bedeutet er freilich eine einschneidende Beschränkung des hermeneutischen Universalitätsanspruchs. Denn bekanntlich reicht «die Gesprächsbereitschaft vernünftiger Wesen» nicht allzu weit. Ohne Ironie: Eine bei der Sprachlichkeit des Menschen ansetzende Hermeneutik duldet eine derartige Einschränkung nicht, sie muß auch all die Kommunikationsformen umfassen, die von keiner Gesprächsbereitschaft zeugen, dennoch aber sprachlicher Natur sind.

79 Vgl. dazu *L. Bornscheuer*, Topik 26/27, 29–27; zur Kritik an Gadamers Aristoteles-Rezeption vgl. ebd., 181–186.

80 Vgl. ebd., 44/45.

81 In dem bereits erwähnten Gespräch mit C. Großner definiert Gadamer den Begriff «sensus communis» folgendermaßen: «Sensus communis heißt auf deutsch Gemeinsinn, also nicht nur allgemeine Vernunft, sondern Verantwortung für das Ganze der Gemeinschaft, der Gesellschaft, also eine verantwortliche und empfängliche Art, seinen Verstand anzuwenden. Gemeinsinn ist eine alte Bürgertugend.» *(Großner*, Verfall der Philosophie, 224). – Gegenüber der Meinung, es sei notwendig und möglich, getroffene Entscheidungen auf die Bedingungen, unter denen sie zustande kamen, hin zu analysieren und durch eine solche kritische Analyse künftige Entscheidungen rationaler gestalten zu können, betont Gadamer: «Die kritische Funktion, die eine solche Analyse haben kann, ist unbestritten, nur – ich bin furchtbar altmodisch, Sie müssen entschuldigen. Ich glaube nicht, daß man den sensus communis durch irgendwelche neuen *Methoden* herbeiführen kann.» (ebd., 222, Hervorhebung von mir, HGS) Genau darin liege die Grenze der Wissenschaft und somit des wissenschaftlichen Expertentums. Aus diesem Grunde habe er, so Gadamer, «dem sensus communis, einer alten und ehedem sehr legitimen Erkenntnisweise, seine Legitimität zurückzugeben versucht». Denn er sei «überzeugt, daß wir in einem höchst kritischen Weltaugenblick stehen, in dem der Glaube an die Experten die Gefahr heraufbeschwört, daß Entscheidungsfähigkeit durch gesundes Urteilen aus der Welt verschwindet» (ebd., 221). – Wie immer man zu Gadamers Philosophie stehen mag, diese ihre gesellschaftskritische Seite ist ganz gewiß zu wenig beachtet worden.

82 So bedürfe auch ein Unternehmer, meint Gadamer, des sensus communis, wenn er nicht auf Dauer Bankrott anmelden wolle. Denn wenn «er nicht das Sensorium hat für die *konkreten Situationen* – natürlich unter Verwertung *des Ganzen* dieser *Informationen* –, dann wird er fehlentscheiden! Entscheidung bleibt, was sie war» *(Großner*, Verfall der Philosophie, 222,

Hervorhebungen von mir, HGS). Das Beispiel ist natürlich völlig schief. Denn es genügt nicht, das Ganze der Informationen zu berücksichtigen, man muß doch wohl – im Sinne des sensus communis – überdies das Wohl des Ganzen im Auge behalten.

83 Folgende Stelle belegt noch einmal den im Text aufgewiesenen Zusammenhang: «Gerade weil sich die ‹praktische Vernunft› immer zugleich als Konkretisierung dessen betätigt, was den Sinn des Lebens erfüllt, d. h. die Eudaimonia bildet, konnte sich die Einheit der ‹praktischen Wissenschaft› durch alle Wandlungen der gesellschaftlichen Verhältnisse halten – [...] – bis in unsere Tage hinein. Erst seit sich die Idee der Wissenschaft ganz dem Selbstverständnis der neuen Naturwissenschaft, ihrem Methodengedanken und ihrer Verifikationsforderung unterzuordnen beginnt, wird dem Wissen dieser ‹praktischen Wissenschaft› mehr und mehr die Legitimation entzogen.

Nun war es wirklich etwas Außerordentliches, was die neue Wissenschaft dem Menschen brachte: die Beherrschung der Natur in einem ganz neuen Ausmaß und ganz neuem Sinn. Denn das methodische Vorgehen, das in Galileis und Huygens Mechanik seine ersten großen Erfolge hatte und in Descartes' Methodenbegriff seinen philosophischen Ausdruck fand, veränderte das Verhältnis von Theorie und Praxis von Grund auf. [...] Die neue Wissenschaft, obwohl sie wie eh und je ausschließlich auf die bloße Erkenntnis der Natur gerichtet war, (...) war ein Wissen von Herrschaftsmöglichkeiten über Naturvorgänge und trat damit von selbst in den sich grenzenlos weitenden Bereich menschlicher Praxis über.» *(Gadamer, Über die Macht der Vernunft, 31/32).*

Vgl. dazu die Charakteristik der philosophischen Argumentation bei *Ch. Perelman,* Philosophie, Rhetorik, Gemeinplätze, 245: «Von der Wissenschaft unterscheidet sie sich insofern, als ihre Thesen weder rechnerisch noch experimentell überprüfbar sind und sie daher außerstande ist, sich einmütige Zustimmung zu sichern. Sie liefert theoretisch begründete Weltbilder, von denen jedoch keines imstande ist, Anerkennung als das einzig richtige zu erlangen und alle anderen als falsch zu erweisen.» – Gadamer wertet die Arbeiten von Perelman und seinen Schülern ausdrücklich «als einen wertvollen Beitrag zur philosophischen Hermeneutik» (WuM, 531, Anm. 1).

84 *Gadamer,* Über die Macht der Vernunft, 34.

85 Um wenigstens die Richtung der Argumentation Gadamers noch einmal anzuzeigen, sei hier wiedergegeben, wie er den eben zitierten Passus über die Wirkung der einnehmenden Rede fortführt: «Alles Selbstverständliche, selbstverständlich Gewordene, bis zur Selbstverständlichkeit Eingeredete liegt sogar der methodischen Arbeit der Forschung, der Wahl ihrer Fragestellung wie der Auswertung ihrer Ergebnisse notwendig voraus; und erst recht ist die Urteilsfähigkeit des Sachverständigen, der ihre Ergebnisse vertritt, und die der Öffentlichkeit, die ihm folgt, dadurch bestimmt und eingeschränkt. Wir nennen das, was unserer Urteilskraft so vorausliegt, unsere Vorurteile. Nun war es das Pathos der Aufklärung, gegen alle Vorurteile anzugehen: Die Parole der Aufklärung, die Vorurteilslosigkeit, hat als das Ideal der Voraussetzungslosigkeit der Wissenschaft ihre wissenschaftstheoretische Funktionalisierung gefunden. Liegt darin nicht der endgültige Sieg der Aufklärung? Ein echter Sieg?» *(Gadamer,* Über die Macht der Vernunft, 35).

86 Es mag zwar in der Tat «unsinnig» sein, aus dem Gesagten auf eine Ermutigung dazu zu schließen, «in der Wissenschaft unkritisch und subjektiv zu verfahren» (WuM, 518), aber eine Ermunterung zur Methode liegt darin gewiß auch nicht. Wodurch aber wird dann in den Geisteswissenschaften subjektive Willkür ausgeschlossen? Dazu Gadamer: «Helmholtz hatte das richtig angedeutet, wenn er, um den Geisteswissenschaften gerecht zu werden, Gedächtnis und *Autorität* hervorhob und vom psychologischen *Takt* sprach, der hier an die Stelle *bewußten Schließens* trete. Worauf beruht solcher Takt? Wie wird er erworben? Liegt das *Wissenschaftliche* der Geisteswissenschaften am Ende mehr in ihm als in ihrer *Methodik?*» (WuM, 5; Hervorhebungen von mir, HGS).

87 Vgl. dazu die folgenden Erläuterungen: «All das (sc.: die hermeneutische Eigenart der Wis-

senschaft, HGS) modifiziert sich nun, sofern das praktische Wissen des Menschen selber zum Gegenstand (!) der Wissenschaft wird. Das ist dann keine Wissenschaft mehr, die sich den Menschen selbst unmittelbar zum Gegenstand ihrer Forschung wählt – diese Wissenschaft nimmt sich vielmehr das Wissen des Menschen *von sich selbst* zum Gegenstand, das sich durch die geschichtliche und kulturelle *Überlieferung vermittelt.* In Deutschland nennt man das im Zuge der romantischen Tradition ‹die Geisteswissenschaften›. Deutlicher sind Ausdrücke anderer Sprachen wie ‹humanities› oder ‹lettres›, sofern der Unterschied der *Gegebenheitsweise* der hier und dort vorliegenden Erfahrung sich auch im Wort ausdrückt. Zwar ist in diesen Wissenschaften die *Methodik* wissenschaftlicher Forschung grundsätzlich dieselbe wie in *jeder* anderen Wissenschaft. Aber ihr *Gegenstand* ist ein anderer – (. . .). Das so übermittelte Wissen ist zwar nicht von Art und Rang der Naturwissenschaften und auch nicht etwa die eine bloße Fortsetzung über die Grenzen der naturwissenschaftlichen Erkenntnis hinaus. (. . .) In Wahrheit handelt es sich um eine ganz andere Art der *Belehrung,* die wir durch die Geisteswissenschaften über den Menschen bekommen. Hier spricht sich die ungeheure Vielfalt dessen, was menschlich ist, in überwältigender Breite aus.» (H.-G. Gadamer, Theorie, Technik, Praxis – Die Aufgabe einer neuen Anthropologie, dort XXXV; Hervorhebungen von mir, HGS) – Sich durch die Geisteswissenschaften belehren zu lassen, kann kaum etwas anders heißen als die Übernahme des überlieferten Wissens als ein dem eigenen Wissen gegenüber überlegenes, sprich: Tradition. Genau das soll aber ja laut Gadamer durch die Anwendung von Methoden qua Methode verhindert werden.

88 *Heidegger*, Sein und Zeit, 394 spricht von der ««Geburt› der Historie aus der eigentlichen Geschichtlichkeit» und stellt fest: «Der *Grund* des Fundaments der eigentlichen Historie . . . ist die *Zeitlichkeit* als der existenziale Seinssinn der Sorge.» (ebd., 397; Hervorhebungen im Original, HGS).

89 Mit anderen Worten: Wenn und sofern das endliche Wesen «Historiker» überhaupt etwas erkennt, dann kraft seiner wirkungsgeschichtlichen Bedingtheit und nicht dank der Anwendung von Methoden. Wenn aber diese Bedingtheit so oder so das Verstehen trägt, weshalb sollte dann die Leugnung dessen Verstehen unmöglich machen?

90 Die Rede vom «Sprechen» der Geschichte darf keinesfalls metaphorisch gedeutet werden, weil sonst die Gleichung: geisteswissenschaftliche Erkenntnis = Gespräch, hinfällig wird.

91 Die von *Habermas* Kultur und Kritik, 266, vorgetragene Interpretation des wirkungsgeschichtlichen Bewußtseins, wonach sich im «Belehrtwerden» ein neues Vorverständnis bilde, das den nächsten «hermeneutischen Schritt» leite, greift deshalb zu kurz. Richtig hingegen *Jankowski*, Philosophie und Vorurteil, 250: «Gemeint ist dagegen, daß *vor* allem Belehrtwerden immer schon eine ‹Vorstruktur› sagt, welcher ‹Schritt› als sinnvoll hermeneutischer erscheinen kann.» (Hervorhebung im Original, HGS).

92 Für den Gedanken der «Gleichzeitigkeit» beruft sich Gadamer auf Kierkegaard (vgl. WuM, 535). Was damit genau gemeint ist, zeigt am deutlichsten das noch zu behandelnde Beispiel des Klassischen.

93 Handelt es sich beim Text-Verstehen wirklich nur um eine «Art Gespräch», dann kommt alles darauf an, wie sich diese Art von Gespräch von einem «echten» Gespräch unterscheidet (vgl. WuM, 360), wie es wäre zu bedenken, daß dieser Unterschied nicht die Eigenart der Geisteswissenschaften begründet. Fraglich würde allerdings, ob das Gesprächs-Modell unter solchen Umständen noch die ganze Last der Kritik am Methodologismus tragen könnte.

94 Die unsinnige Schlußfolgerung, die sich daraus ergibt, lautet: Ein historisches Ereignis ist ein «Du», das uns anspricht, mit uns spricht und im Gespräch mit uns eine Wahrheit über uns übermittelt. Nun könnte man zwar sagen, daß wir aus der Erkenntnis historischer Vorgänge etwas lernen, doch dazu wäre es nicht nötig, die Geschichte als Gesprächspartner aufzufassen. Vgl. dagegen das folgende Zitat und die entsprechende Anmerkung.

95 Die auffällige Quasi-Personalisierung von Texten und Ereignissen beruht ersichtlich auf der

ontologischen Gleichung: Sprache = Gespräch. Die Sprachlichkeit von Überlieferung zwingt mit Rücksicht darauf dazu, Texte etc. als dialogische Gegenüber zu interpretieren. Dennoch: Selbst unter dieser Voraussetzung darf der «Sinngehalt» eines Textes nicht ohne weiteres «von aller Bindung an die Meinenden» gelöst werden, weil ohne sie ein echtes Gespräch überhaupt nicht möglich ist. – Das Problem liegt darin, daß Gadamer die Deutung ästhetischer Gebilde zum hermeneutischen Normfall erhebt, bei der in der Tat die Intention des Urhebers kein Maßstab sein kann (vgl. Exkurs I).

96 *E. Coreth*, Grundfragen der Hermeneutik, 174, möchte gegenüber Gadamer und Heidegger zwischen der Wahrheitsfrage im Blick auf das Verstehen auf der einen und hinsichtlich der Verständigung in der Sache unterschieden wissen. Gadamers Sprachontologie läßt jedoch eine Differenzierung zwischen historischem und systematischem «Verstehen», wie die Zitate zeigen, nicht zu. Vgl. auch WuM, XXI: «Der Gegensatz von historischer und dogmatischer Methode hat unter dem Gesichtspunkt einer philosophischen Hermeneutik keine schlechthinnige Geltung.»

97 Der von Habermas immer wieder geltend gemachte Einwand, die faktisch zustandegekommene Einigung müsse am Kriterium der idealen Sprechsituation gemessen werden, weil nur ein zwangsfreier Konsens Wahrheit verbürgen könne, trifft Gadamer deshalb nicht, weil genau genommen nicht die Dialog-Partner *sich* einigen, sie «geraten» vielmehr dank der Spiel-Struktur des Gesprächs «unter die Wahrheit der Sache» und erst dadurch *werden* sie zu «einer neuen Gemeinsamkeit» verbunden.

98 Ähnlich wie Coreth will *Bubner*, Dialektik und Wissenschaft, 97 «Verstehen als Erfassen von Sinn» und das Erzielen eines praktischen Konsenses auseinanderhalten, doch geht das Verstehen kraft seiner wirkungsgeschichtlichen Bedingtheit «von selbst» in Einverständnis über, und nur so konstituiert sich jene verbindende Verbindlichkeit, auf die sich Hermeneutik als praktische Philosophie berufen kann.

99 Vgl. dazu äußerst treffend *Baumgartner*, Kontinuität und Geschichte, 170: «Geschichtliche Kontinuität ist in diesem Sinne Kontinuität eines schicksalhaften Spiels der Überlieferung, das die Vorurteile des Verstehenden bedingt und die bestimmte konkrete Tradition für ihn festlegt, in der er steht und zu stehen hat.» – Die ontologische Hochstilisierung von Tradition als solcher zu einem Wahrheitsgeschehen führt in der Tat dazu, die Fortsetzung der je konkreten Traditionen zu einem sittlich geforderten Akt zu erklären.

100 *Hirsch*, Prinzipien der Interpretation, 310, fragt sich, wie überhaupt *ein* Interpret *zwei* Horizonte verschmelzen könne, wenn er sich doch den historischen noch gar nicht angeeignet hat. Darauf ist mit dem Hinweis auf den ontologischen Charakter der Wirkungsgeschichte zu antworten, die als Sprache bzw. Gespräch diese Verschmelzung von sich aus «immer schon» geleistet hat, also Vermittlung *ist*.

101 *Coreth*, Grundfragen der Hermeneutik, 134, hat gemeint, Gadamer auf «eine wesentliche Grenze der Horizontverschmelzung» hinweisen zu müssen. Betrachte man nämlich «das Phänomen selbst, abgehoben von seinem bildhaften Ausdruck», dann zeige sich, daß «eine Horizontverschmelzung nicht im eigentlichen Sinne möglich ist». Zur Begründung führt Coreth aus: «Sicher können *wir* einzelne Inhalte des Hintergrunds oder Zusammenhangs, die sinngebend in eine Aussage eingegangen sind, reflektierend oder rekonstruierend ermitteln. Aber *wir* können nie den fremden Verständnishorizont im ganzen einholen und ausdrücklich machen.» (Hervorhebungen von mir, HGS) – Jedoch zeigt sich für Gadamer eben darin die Endlichkeit des Menschen: Was *wir* nicht können, macht «die eigentliche Leistung der Sprache» aus. Nicht *wir* verstehen, sondern die Wirkungsgeschichte läßt uns sagen: Ich *habe* (immer schon) verstanden.

102 *H.-G. Gadamer*, Einleitung, in: *ders./G. Boehm (Hrsg.)*, Seminar: Philosophische Hermeneutik, 40.

103 Ebd.

104 Gadamer beruft sich zur Stützung dieser These auf die «exemplarische Bedeutung der juri-

stischen Hermeneutik» (WuM, 307), die keinen Sonderfall darstellt, sondern geeignet ist, «der historischen Hermeneutik ihre volle Problemweite wiederzugeben» (man wird sich vielleicht erinnern, daß diese Rolle eigentlich schon an die Ästhetik vergeben wurde). Denn hier «haben wir das Modell für das Verhältnis von Vergangenheit und Gegenwart, das wir suchen» (WuM, 311). Wie wenig präzise jedoch trotz seines enormen Gewichts Gadamers Analyse dieses Modells ausfällt und wie stark er die komplexe Problematik zugunsten seiner vorgefaßten Meinungen vereinfacht, zeigt ein Vergleich seiner Ausführungen mit *J. Rahlf,* Die Rangfolge der klassischen juristischen Interpretationsmittel in der strafrechtlichen Auslegungslehre, sowie *ders.,* Die Rolle der historischen Auslegungsmethode in der Rechtssprechung der BGH,; besonders jedoch mit *U. Neumann,* Der «mögliche Wortsinn» als Auslegungsgrenze in der Rechtssprechung der Strafsenate des BGH.

Habermas, Logik der Sozialwissenschaften, 275 hält den Nachweis der Applikationsstruktur des Verstehens für «Gadamers eigentliche Leistung» und meint, Gadamer überzeuge «uns davon, daß das applikative Verstehen ausgezeichneter und mit autoritativem Anspruch ausgestatteter Traditionen das Muster für hermeneutisches Verstehen abgibt». – Ich schließe mich demgegenüber aufgrund entwicklungspsychologischer Einsichten lieber dem Urteil Holensteins an: «Die von der existenzphilosophischen Hermeneutik thematisierte Unumgänglichkeit der Anpassung des Fremdartigen an die eigene Perspektive entspricht einer unterentwickelten Phase der kommunikativen Kompetenz» *(E. Holenstein,* Linguistik-Semiotik-Hermeneutik, 192) – die durch Gadamer ontologische Würden erhält.

105 Vgl. dazu auch die ausdrückliche Bekräftigung in WuM, 538: «Das war ja die Pointe des wirkungsgeschichtlichen Bewußtseins, Werk und Wirkung als Einheit eines Sinnes zu denken.»

106 Was aus dem Gesagten folgt, wenn man, wie Gadamer, den Autor-Sinn als Maßstab der Interpretation hat fallenlassen, belegt Löwith anhand eines Vergleichs der «Descartes-Interpretationen von Husserl und Heidegger, Valéry und Sartre»: Die Auslegungsgeschichte «wird dann zu einer Folge von mehr oder minder produktiven Mißverständnissen. . . . Eine universal und philosophisch seinwollende Hermeneutik widerlegt sich selbst, weil sie die Frage, wie etwas *an ihm selber* ist, gar nicht stellt, sondern statt dessen interpretiert, wie etwas jeweils verstanden wurde.» *(K. Löwith,* Gott, Mensch und Welt in der Metaphysik von Descartes bis zu Nietzsche, 67; Hervorhebung im Original, HGS).

107 In dieser gleichsam apriorischen Existenzbezogenheit von Texten und Geschichte als Text gründet, weshalb die philosophische Hermeneutik zugleich praktische Philosophie ist und sich im Verstehen Kognitives und Normatives nicht unterscheiden läßt: «Verstehen ist eben mehr als die kunstvolle Anwendung eines Könnens. Es ist immer auch Gewinn eines erweiterten und vertieften Selbstverständnisses. Das heißt aber: Hermeneutik ist Philosophie, und als Philosophie praktische Philosophie.

So scheint mir: Theoretische Bewußtheit über die Erfahrung des Verstehens und die Praxis des Verstehens, philosophische Hermeneutik und eigenes Selbstverständnis sind voneinander nicht zu trennen.» (VZW, 108/109).

108 Vgl. WuM, 284: «Es ist freilich keine hermeneutische Forderung im Sinne des traditionellen Begriffes der Hermeneutik. Denn die Meinung ist nicht die, als solle die Forschung eine solche wirkungsgeschichtliche Fragestellung entwickeln, die neben die auf das Verständnis des Werkes unmittelbar gerichtete trete. Die Forderung ist vielmehr theoretischer Art.» Und: «Es wird also nicht gefordert, daß man die Wirkungsgeschichte als eine neue selbständige Hilfsdisziplin der Geisteswissenschaften entwickeln solle.» (ebd., 285) «Wirkungsgeschichte» im Sinne Gadamers ist ein ontologischer, im Sinne einer historisch-empirischen Rezeptionsforschung ein ontischer Begriff. – Aus diesem Grunde beruhen alle Bemühungen, eine objektive Wirkungsforschung und/oder eine Rezeptionsästhetik zu konzipieren, soweit und insofern sie dabei an Gadamer anknüpfen, auf einem funtamentalen Mißverständnis. Als Beispiele seien genannt *K.R. Mandelkow,* Probleme der Wirkungsgeschichte,

bes, 77; sowie *R. Weinmann*, Gegenwart und Vergangenheit in der Literaturgeschichte, bes. 256; vor allem jedoch *H.R. Jauß*, Literaturgeschichte als Provokation, 144, bes. 185/186. Die bislang ausführlichste Darstellung solcher neueren Ansätze bietet m. *W. G. Grimm*, Einführung in die Rezeptionsforschung. Kritisch dazu *B. Zimmermann*, Der Leser als Produzent.

109 Angesichts dieser doch recht eindeutigen Aussage verwundert die etwas gereizte Reaktion gegenüber Habermas: «Daß Tradition als dabei einziger Grund der Geltung von Vorurteilen sein und bleiben solle – wie Habermas mir zuschreibt –, schlägt doch meiner These, daß Autorität auf Erkenntnis beruht, geradezu ins Gesicht. Der mündig Gewordene kann – aber muß doch nicht! – aus Einsicht übernehmen, was er gehorsam einhielt. Tradition ist kein Ausweis, jedenfalls nicht dort, wo Reflexion einen Ausweis verlangt.» (KS I, 124) – Wie verhält sich das freilich zu der Behauptung, wir kämen «gleichsam zu spät, wenn wir wissen wollen, was wir glauben sollen» (WuM, 465) und der Frage, ob es denn einer Begründung dessen bedürfe, «was uns immer schon trägt?» (WuM XXV)? Wenn die Momente «Wissen» und «Begründung» aus dem Akt «einsichtiger» Übernahme von Vorurteilen gestrichen werden, bleibt eben nichts anderes als blanker Gehorsam.

110 *Schulz*, Anmerkungen zur Hermeneutik Gadamers, 315/316 hält dies für den «Glückfund der hermeneutischen Reflexion» und meint: «Diese Reflexion bescheidet sich nicht nur, weil sie die Substantialität nie restlos in Subjektivität auflösen kann, sondern empfindet gerade dies(es) ihr Versagen als Positivum, denn nur *weil* sie immer «zu spät kommt», kann sie sich getragen wissen: ihre sich in dieser Verspätung zeigende Ohnmacht ist identisch mit der Macht der Vergangenheit, die mir voraus ist und mich solchermaßen zu umgreifen vermag.» – Demgegenüber ist festzuhalten: Die hermeneutische Reflexion weiß sich nicht deshalb positiv getragen, weil sie immer schon zu spät kommt, sondern weil sie das, demgegenüber sie zu spät kommt, als Wahrheitsgeschehen begreift.

111 Mit anderen Worten: Traditionskritik oder gar Bruch mit der Tradition ist den Geisteswissenschaften nicht erlaubt. Vgl. *Baumgartner*, Kontinuität und Geschichte, 171: «Verstehen ist nur durch Kontinuität und Kontinuität ist nur durch Verstehen möglich.»

112 Man vergleiche dazu die bereits zitierte Äußerung Gadamers, wonach «die im Verstehen geschehende Verschmelzung der Horizonte die eigentliche Leistung der *Sprache* ist» (WuM, 359; im Original insgesamt hervorgehoben, HGS). – Es muß schon erlaubt sein, zu fragen, wer nun die Horizonte verschmilzt: wir, indem wir tun (!), was wir sind, die Geisteswissenschaften oder die Sprache? Sollte es sich am Ende so verhalten, daß wir Sprache sind und das, was wir tun, «immer schon» Wissenschaft ist?

113 An der gleichen Stelle betont Gadamer, es sei «die Anerkennung von Autorität immer mit dem Gedanken verbunden, daß das, was die Autorität sagt, nicht unvernünftige Willkür ist, sondern im Prinzip eingesehen werden kann. Das Wesen der Autorität, die der Erzieher, der Vorgesetzte, der Fachmann in Anspruch nehmen, besteht darin. Die Vorurteile, die sie einpflanzen, sind zwar durch die Person legitimiert. Ihre Geltung verlangt Eingenommenheit für die Person, die sie vertritt. Aber eben damit werden sie zu sachlichen Vorurteilen, denn sie bewirken die gleiche Voreingenommenheit für eine Sache, die auf andere Weise, z. B. durch gute Gründe, die die Vernunft geltend macht, zustande kommen kann.» – Heißt das also, daß der «Extremismus der Aufklärung» lediglich ein frühreifes Stadium in der «Erziehung des Menschengeschlechts» (Lessing) darstellt? Eine derartige Pädagogisierung des Verhältnisses von Vernunft und Tradition ist nicht nur, wie *Hilberath*, Theologie zwischen Tradition und Kritik, 328, einwendet, in sich fragwürdig, sie verbietet sich angesichts der prinzipiellen Nichteinholbarkeit des in der Wirkungsgeschichte Übermittelten, wenn anders nicht das Konzept Gadamers zusammenbrechen soll (vgl. dazu treffend *J. Simon*, Sprache und Raum, 308/309).

114 Gegen die Verwendung des Klassik-Begriffs in der Philosophie hat scharfen Widerspruch eingelegt *E. Schmalzried*, Inhumane Klassik, bes. 27/28, und zwar unter Hinweis auf die

gefährlichen politischen und pädagogischen Folgen. Gadamer hält solchen Bedenken entgegen: «Es war kein bestimmter inhaltlicher Kanon von Klassizität, der mich veranlaßte, das Klassische als die wirkungsgeschichtliche Kategorie schlechthin auszuzeichnen. Ich wollte damit vielmehr die Besonderheit des Kunstwerks und vor allem jedes eminenten Textes gegenüber anderer verstehbarer und auszulegender Überlieferung auszeichnen.» (WuM, 539) Indessen ist beides zugleich nicht zu haben: Entweder läßt sich anhand der «Besonderheit des Kunstwerks» tatsächlich «eine allgemeine Frage wecken» (WuM, 274) und das Klassische ist «die wirkungsgeschichtliche Kategorie schlechthin», oder aber das «Prinzip der Wirkungsgeschichte» stellt eine unzulässige Generalisierung eines Sonderfalles dar.

115 Am Beispiel des Klassischen zeigt sich deshalb besonders eindringlich, weshalb es «in der Konsequenz des Selbstverständnisses (!) des historischen Bewußtseins liegt, daß *alle* normative Bedeutung der Vergangenheit schließlich von der souverän gewordenen historischen Vernunft zersetzt wird.» (WuM, 270) Dem soll durch «verfeinerte hermeneutische Besinnung» (ebd.) entgegengewirkt werden.

116 Die bei Kant auftretende Schwierigkeit, daß das, «was einerseits subjektabhängiges Phänomen ist», andererseits «auch noch als das gedacht werden (muß), was es, von dieser Subjektabhängigkeit abgesehen, selber ist» *(Prauß,* Erscheinung bei Kant, 21), die bei Gadamer analog in der Verhältnisbestimmung von Wirkungsgeschichte und Gegenstand auftaucht, läßt sich allenfalls dadurch umgehen, daß man Ding an sich und Erscheinung identifiziert. Was Gadamer denn auch tut.

117 *Pannenberg,* Grundfragen, 116 hat Gadamers Argumentationsweise sehr schön charakterisiert: «Es ist ein eigentümliches Schauspiel, zu erleben, wie ein scharfsinniger und tiefblickender Autor alle Hände voll zu tun hat, seine Gedanken davon abzuhalten, daß sie die in ihnen angelegte Richtung nehmen.»

118 Allem Anschein nach eignet sich der Sonnenuntergang in besonderem Maße für Demonstrationszwecke bezüglich dieser Problematik. Bereits Karl Marx zieht ihn im Rahmen seiner Mehrwertanalyse heran und betont, eine wissenschaftliche Analyse der Konkurrenz sei nur möglich, «sobald die innere Natur des Kapitals begriffen ist, ganz wie die scheinbare Allem der Himmelskörper nur dem verständlich, der ihre wirkliche, aber sinnlich nicht wahrnehmbare Bewegung kennt» *(K. Marx,* Das Kapital. Kritik der politischen Ökonomie. Erster Band Buch I, 335). Als Grund gibt Marx an anderer Stelle an, daß «in der Erscheinung die Dinge sich oft verkehrt darstellen» – was «ziemlich in allen Wissenschaften bekannt» sei, «außer in der politischen Ökonomie» (ebd., 559). Neuerdings hat der Behaviourist *B.F. Skinner,* Jenseits von Freiheit und Würde, das gleiche Beispiel verwendet, um die Leistungsfähigkeit wissenschaftlicher Sprache und die Ersetzbarkeit der Umgangssprache zu illustrieren (vgl. dazu allerdings die glänzende Kritik bei *L.W. Beck,* Akteur und Betrachter. Zur Grundlegung der Handlungstheorie, 43–82).

119 Vgl. *H. Albert,* Theorien in den Sozialwissenschaften, dort 14: «Auch unsere Alltagssprache ist durch und durch theoriegeprägt, wenn nicht durch moderne, dann eben durch frühere Theorien, die längst dem Erkenntnisfortschritt zum Opfer gefallen sein mögen.»

120 Vgl. dazu die eingehende Diskussion dieser Problematik am Beispiel des sogenannten Turmarguments, mit dem die Aristoteliker gegen die kopernikanische Theorie der Erdbewegung zu Felde zogen, bei *P. Feyerabend,* Wider den Methodenzwang, 108–137. Feyerabend nennt das, was bei Gadamer «sprachlicher Ausdruck des Augenscheins» heißen kann, «natürliche Interpretationen», also «Vorstellungen, die so eng mit Beobachtungen verbunden sind, daß es besonderer Anstrengung bedarf, ihr Vorhandensein zu erkennen und ihren Inhalt zu bestimmen» (ebd., 108). – Die unmittelbare Bedeutung dieser Thematik für eine sachgerechte Beurteilung der Theorie Gadamers erhellt aus folgender Feststellung Feyerabends: «In der Geistesgeschichte wurden natürliche Interpretationen entweder als *apriorische Voraussetzungen* der Wissenschaft betrachtet oder aber als *Vorurteile*, die zu beseitigen sind, ehe eine ernsthafte Untersuchung einsetzen kann. Die erste Auffassung ist die-

jenige Kants und, auf ganz andere Weise und aufgrund ganz anderer Fähigkeiten, diejenige einiger heutiger Sprachphilosophen. Die zweite Auffassung stammt von Bacon [. . .]» (ebd., 113) Feyerabend selbst hält es, wie ich meine, zu Recht mit Galilei, einem «der seltenen Denker, die natürliche Interpretationen weder für immer *beibehalten* noch vollständig *beseitigen* wollen» (ebd.; alle Hervorhebungen im Original, HGS.).

121 Das stimmt freilich, wie nicht verschwiegen werden soll, nicht ganz. In WuM, 523 findet sich nämlich folgende bemerkenswerte Stelle: «Ich darf mich aber darauf berufen, daß das Vorwissen, das aus unserer sprachlichen Weltorientierung uns zuwächst . . ., überall mitspielt, wo Lebenserfahrung verarbeitet wird, wo sprachliche Überlieferung verstanden wird und wo gesellschaftliches Leben im Gange ist. Solches Vorwissen ist gewiß keine kritische Instanz gegen die Wissenschaft und ist selber jeder kritischen Einrede seitens der Wissenschaft ausgesetzt – aber es ist und bleibt das tragende Medium alles Verstehens. Daher prägt es die *methodische Sonderart* der verstehenden Wissenschaften.» (Hervorhebung von mir, HGS.) – Ich vermag beim besten Willen nicht zu sehen, wie sich diese Anschauung mit dem eben Referierten verträgt.

122 «Wahrheit und Methode», das ja doch die Struktur der menschlichen Welterfahrung durch Sprache reflektieren will, dürfte kaum aufgrund solcher Einsichten «von oben» geschrieben worden sein. Das Problem, wie man über Sprache sprechen kann, ohne sie zu «objektivieren», ist offenkundig von Heidegger geerbt, der sich damit arg herumgequält und schließlich als Lösung entdeckt hat: «Nichts liegt daran, eine neue Ansicht über die Sprache vorzutragen. Alles beruht darin, das Wohnen im Sprechen der Sprache zu lernen.» *(Heidegger*, Unterwegs zur Sprache, 33) Einfacher scheint es mir da, von Hans Albert zu lernen: «Dadurch, daß man etwas zum Objekt der Erkenntnis macht, wird sein ontologischer Status in keiner Weise verändert.» *(Albert*, Träumereien, 49).

123 Aus diesem Grunde hat *Becker*, Hegels Phänomenologie des Geistes, 14, zwar Recht, wenn er feststellt, aus dem Prinzip der Wirkungsgeschichte resultiere «ein im Sinn des Erkenntnisrelativismus restringierter Begriff historischen Verstehens»; er geht aber fehl mit der anschließenden Behauptung, dieser bedeute «in Wahrheit jedoch ‹Nicht-Erkenntnis›».

124 Es ist allerdings bezeichnend, daß auch Dilthey sich im Grunde mit dieser Situation nur abzufinden vermag, indem er sie positiv umzudeuten versucht. Für ihn wirken Lebenserfahrung, historische Erkenntnis und Dichtung zusammen, «damit der Mensch freier werde und offen für die Resignation und das Glück der Hingebung an die großen Objektivitäten des Lebens» (GS V, 409). In diesem Beieinander von Resignation und Glück findet der «scheinbar unversöhnliche Gegensatz» zwischen historischem Bewußtsein und Streben nach Allgemeinheit, der «das eigenste still getragene Leiden der gegenwärtigen Philosophie» ist, seine Auflösung. (vgl. GS V, 364).

125 Das übersieht bei seiner an sich berechtigten Kritik *Baumgartner*, Kontinuität und Geschichte, 186/187.

126 Vgl. dagegen schon *K. Marx*, Das Kapital. Kritik der politischen Ökonomie. Dritter Band, Buch III; 825: «alle Wissenschaft wäre überflüssig, wenn die Erscheinungsform und das Wesen der Dinge unmittelbar zusammenfielen». Ein im Sinne Gadamers «klassischer» Hinweis . . .

127 Von daher hat es zweifellos etwas für sich, wenn *G. Pasternak*, Theoriebildung in der Literaturwissenschaft, für seine Absicht, eine pluralistische Literaturwissenschaft zu begründen, gerade auch Gadamer als philosophischen Kronzeugen in Anspruch nimmt: «Das wirkungsgeschichtliche Argument für den Interpretationspluralismus ist somit im Bereich der Gegenstandsbestimmung durch das entsubjektivierte ‹Sprachgeschehen› und im besonderen durch den ‹spekulativen› Charakter der Sprache begründet, im Bereich der Methodik durch die entsubjektivierte Geschehensstruktur der hermeneutischen Erfahrung, die Geisteswissenschaften prinzipiell dem ‹Kontrollbereich der wissenschaftlichen Methodik› enthebt, und im Rahmen des Überlieferungsgeschehens den verschiedenen ‹Aneignungen› Gültig-

keit verleiht.» (a.a.O., 56) – Ich frage mich allerdings, wie man mit diesen Argumenten der Literaturwissenschaft das Bemühen um «methodologische(n) Präzisierung» und gar «globale(n) Theoretisierung» erleichtern können soll.

128 In diesem Sinne auch *P. Janssen*, Die hermeneutische Bestimmung des Verhältnisses von Natur- und Geisteswissenschaft und ihre Problematik, 364: «Sofern Gadamer die hermeneutisch-geschichtlichen Wissenschaften der vorwissenschaftlichen Welterfahrung zuordnet, entzieht er sie einem unspezifisch allgemeinen Begriff von methodisch-wissenschaftlichem Erkennen. Sofern sie diesem Begriff trotzdem unterstehen, sollen sie als hermeneutisch-geschichtliche Wissenschaften ihrem ursprünglichen Charakter nicht mehr gerecht werden, gemäß dem sie in Wesensgemeinschaft mit dem vorwissenschaftlichen sprachlich-geschichtlichen Welterfahren stehen. Gleichwohl sollen ihre Verstehensleistungen den Charakter geisteswissenschaftlicher Erkenntnis haben. Anstatt sich für eine Gebrauchsweise des Ausdrucks Wissenschaft zu entscheiden, verwendet Gadamer den einen Teil Wissenschaft für zwei unverträgliche ‹Sachen›.»

129 Vgl. WuM, 517: «Die Zuschärfung der Spannung von Wahrheit und Methode hatte in meinen Unternehmungen einen polemischen Sinn. Am Ende gehört es, wie selbst Descartes anerkennt, zu der besonderen Struktur des Zurechtbiegens eines verbogenen Dinges, daß man es nach der Gegenrichtung beugen muß. Verbogen aber war das Ding – nicht so sehr die Methodik der Wissenschaften als ihr reflexives Selbstbewußtsein.»

130 Vgl. WuM, 523: «Man muß sich . . . der Einrede stellen, daß das vorwissenschaftliche Wissen, das man als traurigen Rest von Unwissenschaftlichkeit an diesen Wissenschaften gewahrt, gerade ihre Eigenart ausmacht und jedenfalls das praktische und gesellschaftliche Leben der Menschen, einschließlich der Bedingungen für das Betreiben von Wissenschaft überhaupt, weit stärker bestimmt als das, was man durch steigende Rationalisierung menschlicher Lebenszusammenhänge erreichen, ja wollen kann.»

131 Man vergleiche dazu den Abschnitt, der «Wahrheit und Methode» beschließt: «So gibt es gewiß kein Verstehen, daß von allen Vorurteilen frei wäre, so sehr auch immer der Wille unserer Erkenntnis darauf gerichtet sein muß, dem Bann unserer Vorurteile zu entgehen. Es hat sich im Ganzen unserer Untersuchung gezeigt, daß die Sicherheit, die der Gebrauch wissenschaftlicher Methoden gewährt, nicht genügt, Wahrheit zu garantieren. Das gilt im besonderen Maße von den Geisteswissenschaften, bedeutet aber nicht eine Minderung ihrer Wissenschaftlichkeit, sondern im Gegenteil die Legitimierung des Anspruchs auf besondere humane Bedeutung, den sie seit alters erheben. Daß in ihrer Erkenntnis das eigene Sein des Erkennenden mit ins Spiel kommt, bezeichnet zwar wirklich die Grenze der «Methode», aber nicht die der Wissenschaft. Was das Werkzeug der Methode nicht leistet, muß vielmehr und kann auch wirklich durch eine Disziplin des Fragens und Forschens geleistet werden, die Wahrheit verbürgt.» (WuM, 465).

132 Vgl. die schon angeführte Stelle: «Denn in der Konsequenz des Selbstverständnisses des historischen Bewußtseins liegt, daß alle normative Bedeutung der Vergangenheit schließlich von der souverän gewordenen historischen Vernunft zersetzt wird.» (WuM, 270).

133 So führt Gadamer denn auch aus: «Es scheint mi(r) trotzdem nach wie vor nicht überzeugend, daß das historische Bewußtsein und seine Ausformung in den historischen Wissenschaften der Grund dafür sein soll, daß die Macht der Tradition abgebaut wird und nicht vielmehr der Traditionsbruch selbst dafür bestimmend ist.» (KS IV, 129; Korrektur von mir – im Original steht «mit», HGS).

134 Im Gegenteil ermahnt Gadamer: «Man sollte es wirklich ernstnehmen, daß die von mir vorgelegte Analyse der hermeneutischen Erfahrung die erfolgreiche (!) Praxis der hermeneutischen Wissenschaft zum Gegenstand hat, (. . .)», (KS IV, 127) und schließt daraus: «Insofern ist eine philosophische Hermeneutik, wie sie zu entwickeln versucht habe, gewiß ‹normativ›, nämlich in dem Sinne, daß sie eine schlechte Philosophie durch eine bessere zu ersetzen trachtet. Aber sie propagiert nicht eine neue Praxis, (ebd.)» – In

welchem Sinne dürfen die Geisteswissenschaften als «erfolgreich» gelten? Wenn das heißen soll, daß sie die Überlieferung sachgerecht interpretieren, wozu dann ihr Selbstbewußtsein kritisieren?

135 Vgl. WuM, 343: «Wer seiner Vorurteilslosigkeit gewiß zu sein meint, indem er sich auf die Objektivität seines Verfahrens stützt und seine eigene geschichtliche Bedingtheit verleugnet, der erfährt die Gewalt der Vorurteile, die ihn unkontrolliert beherrschen, als eine vis a tergo.»

136 Um jeden Zweifel an der Richtigkeit dieser Feststellung zu beseitigen, dazu noch ein letzter Beleg: «Mag Dilthey noch so sehr die erkenntnistheoretische Selbständigkeit der Geisteswissenschaften verfochten haben – was man in der modernen Wissenschaft Methode nennt, ist überall ein und dasselbe und prägt sich in den Naturwissenschaften nur besonders vorbildlich aus. Es gibt keine eigene Methode der Geisteswissenschaften. Wohl aber kann man mit Helmholtz fragen, *wieviel* Methode hier *bedeutet*, und ob *die anderen Bedingungen, unter denen die Geisteswissenschaften stehen*, für ihre Arbeitsweise nicht vielleicht *viel wichtiger* sind als die induktive Logik. Helmholtz hatte das richtig angedeutet, wenn er, um den Geisteswissenschaften gerecht zu werden, Gedächtnis und *Autorität* hervorhob und vom psychologischen Takt sprach, der hier an die Stelle des bewußten Schließens trete. Worauf beruht solcher Takt? Wie wird er erworben? Liegt das *Wissenschaftliche* der Geisteswissenschaften am Ende mehr in ihm als in ihrer *Methodik?*» (WuM, 5; Hervorhebungen von mir, HGS.).

137 So präzis auch *M. Frank*, Das individuelle Allgemeine, 23: «Preisgegeben wird der Begriff des sinnkonstituierenden praktischen Einzelsubjekts, in welchem der Gang der ‹Sache selbst› punktuell intelligibel wird, ohne daß gleichzeitig mit ihm dem Konzept eines historischen Über-Subjekts (im Sinne Hegels) abgeschworen würde.» Man kann nun wahlweise entweder mit *Schulz*, Anmerkungen zur Hermeneutik Gadamers, 311, die Sprache, «und zwar in der Form des Gesprächs», d. h. genauer: «das Geschehen der Geschichte selbst», als «das absolute Subjekt» betrachten, oder mit *Platzer*, Geschichte-Heilsgeschichte-Hermeneutik, 235 die «konkrete Tradition», das Ergebnis bleibt sich immer gleich: Gadamer begeht offenkundig einen «ähnlichen Fehler, wie ihn einst Marx an Hegel gerügt hat: man macht ‹Verhältnisse› und ihre ‹Gesetze› zum Subjekt und das eigentliche, tätige Subjekt zum Prädikat. Das bedeutet in gewissem Sinne nichts Geringeres als eine Degradierung des Subjekts» *(H. Fleischer*, Sozialphilosophische Studien, 34).

138 Die «Verkehrung des geschichtlichen Verhältnisses von Frage und Antwort» in Gadamers Verständnis des Klassischen hat *Jauß*, Literaturgeschichte als Provokation, 187, als Widerspruch zum «Prinzip der Wirkungsgeschichte» gerügt, ohne zu merken, daß sie diesem genau entspricht. Gadamer selbst räumt ein, die Dialektik von Frage und Antwort werde hier zwar «nicht ungültig, aber sie modifiziert sich: Die ursprüngliche Frage, auf die ein Text als Antwort verstanden werden muß, hat hier ... von ihrem Ursprung her Ursprungsüberlegenheit und -freiheit an sich. ... Das bedeutet durchaus nicht, daß, was so spricht, an einem außergeschichtlichen Normbegriff gemessen würde. Es ist umgekehrt: was so spricht, setzt dadurch ein Maß. Die ursprüngliche Frage ... nimmt in solchem Falle eine Sinnidentität in Anspruch, die *immer schon* den Abstand zwischen Ursprung und Gegenwart vermittelt *hat*.» (WuM, 539/40; Hervorhebungen von mir, HGS) – Ich kann da nur Warning beipflichten, wenn er meint, ein «massiver Substantialismus» verschleiere «das fundamentale Dilemma dieser amethodisch sein wollenden Hermeneutik.» *(Warning*, Rezeptionsästhetik, 22).

139 Vgl. *Baumgartner*, Kontinuität und Geschichte, 181: «In der Rückwendung auf das Wahrheitsgeschehen der Überlieferung spricht sich dem Verstehenden zu, was er immer schon ist, erfährt der Verstehende Geschichte als Schicksal des endlichen Menschen. Geschichtliche Erkenntnis ist daher gedacht als Sichverstehen des Menschen als eines geschichtlichen Wesens durch Teilhabe am Geschick der Wahrheit.»

140 Vgl. WuM, 532: «In einem letzten formalen Sinne ist nun gewiß für alle menschliche Praxis

etwas vorentschieden, nämlich daß der Einzelne wie die Gesellschaft auf das ‹Glück› gerichtet ist.»

141 *Albert*, Traktat, 137 übernimmt diesen Terminus von Heidegger und wendet ihn kritisch gegen die Hermeneutik. Laut *Marquard*, Skeptische Methode im Blick auf Kant, 84, Anm. 27 wurde er von G. Krüger geprägt und dann auch von W. Kamlah gebraucht.

142 So paßt ausgezeichnet für die philosophische Hermeneutik, was *Marquard*, a.a.O., 84, mit Blick auf gewisse theologische Versuche, die Aufklärung zu bewältigen, ausgeführt hat: «Sie (sc.: diese Art theologischer Vernunft, HGS) will keine Rationalisierung, sondern Exegese, nicht Logik, sondern Hermeneutik, nicht Kalkül, sondern Überlieferung, nicht Autonomie, sondern Tradition. Sie will nicht setzen, sondern gehorchen. Sie ist *Obedienzvernunft*. Aber ist sie Vernunft? Das kann bezweifelt werden.» (Hervorhebung im Original, HGS).

143 Vgl. *Simon*, Sprache und Raum, 309: «Das Bewußtsein der ‹Geschichtlichkeit› und ‹Sprachlichkeit› der Vernunft impliziert ja gerade, daß das wirksame sprachlich-geschichtliche Vorverständnis nicht vom Bewußtsein ‹vor sich› gebracht und damit ausgeschaltet werden kann.»

144 Treffend spricht deshalb *Simon*, a.a.O., 311, davon, Gadamer setze «gewissermaßen ein autoritäres Vertrauen in die Zeit.»

145 Vgl. zusammenfassend Gadamers eigene Feststellungen: «Ein Spiel ist das Verstehen also nicht in der Weise, daß der Verstehende sich spielerisch zurückbehielte und dem Anspruch, der an ihn ergeht, die verbindliche Stellungnahme vorenthielte. Die Freiheit des Selbstbesitzes, die dazu gehört, sich so vorenthalten zu können, ist hier gar nicht gegeben, und das sollte durch die Anwendung des Spielbegriffs auf das Verstehen gesagt werden. Wer versteht, ist schon immer einbezogen in ein Geschehen, durch das sich Sinnvolles geltend macht. [. . .] Es bringt sich zur Geltung und hat immer schon von sich eingenommen, bevor einer sozusagen zu sich kommt und den Sinnanspruch, der an ihn ergeht, zu prüfen vermag.» (WuM, 464/465).

146 Vgl. *Bollnow*, Philosophie der Erkenntnis, 106: «Es gibt keine Kontrollinstanz, die die Auslegung zu überprüfen und zu berichtigen erlaubte. Und darum ist die Auslegung immer nur ein Bewußt-machen, ein Ausdrücklich-machen dessen, was man im Grunde ‹schon immer› verstanden hat.»

147 Ich halte deshalb die Ansicht von Habermas für falsch, die philosophische Hermeneutik habe zwar den absoluten Idealismus überwunden, sei aber dann in einem «relativen Idealismus» steckengeblieben (vgl. *Habermas*, Logik der Sozialwissenschaften, 287). Deshalb scheint mir auch die Kritik von Simons/Hecker überzogen scharf: Um einen «uneingestandenen, mit dem Aplomb weiser Bescheidung überspielten . . . Nihilismus» *(Simons/Hecker*, Theologisches Verstehen, 212) handelt es sich bei Gadamer wohl kaum, sondern eher um eine Art «Optimismus», d. h. den Glauben daran, «daß das, was ist, was sich als Sinnanspruch aus der Geschichte anmeldet, in der Tat auch das Gute und Sinnvolle sei» *(W. Simonis*, Der verständige Umgang mit der Welt, 300) Im Grunde fällt Gadamer in die von ihm kritisierte ästhetische Geschichtsbetrachtung des Historismus zurück (vgl. *Simonis*, ebd.; sowie *Baumgartner*, Kontinuität und Geschichte, 182–184).

148 Vgl. ähnlich *Schulz*, Anmerkungen zur Hermeneutik Gadamers, 311: «Geschichte, Sprache, Gespräch und Spiel. all dies sind – das ist das entscheidende – vertauschbare Größen. Zwischen ihnen gibt es keinen Bedingungszusammenhang mehr.»

149 *O. Pöggeler*, Die ethisch-politische Dimension der hermeneutischen Philosophie, 51.

150 *H.-G. Gadamer*, Philosophische Lehrjahre, 23.

151 *Kant*, Werke III, 20/21. Im gleichen Sinn, freilich in einer etwas verschrobeneren Sprache, *Hufnagel*, Hermeneutik, 94: «Dem grandiosen Überwinder alternativer Starrheit gerät so manches Mal die Übergegensätzlichkeit zum potenzierten Gegensatz. All-einheit wird der Gliederung von Bestimmtheiten nicht gerecht, weil sie funktionale Differenzierung zur Uneigentlichkeit reduziert, das heißt aber: in strengem Sinne überhaupt nicht integriert.»

152 Vgl. *Bormann*, Die Zweideutigkeit der hermeneutischen Erfahrung, 83: «Fast alle Bespre-
chungen werfen dem Werke Gadamers Ungenauigkeit vor.»

153 Vgl. WuM, 525: «Man hat gegen meine Untersuchungen öfters den Vorwurf geäußert, daß
ihre Sprache zu ungenau sei. Ich kann darin nicht nur die Aufdeckung eines Mangels sehen
– der es oft genug sein mag. Vielmehr scheint es mir der Aufgabe der philosophischen Be-
griffssprache angemessen, auch auf Kosten der genauen Umgrenzung von Begriffen die
Verwobenheit in das Ganze lebendig zu halten.»

154 *H. Link*, Rezeptionsforschung, 126.

155 Vgl. etwa noch *Hirsch*, Prinzipien der Interpretation, 303: «Die neue Hermeneutik, die Gadamer offeriert, um damit die Tradition Schleiermachers, Humboldts, Droysens, Boeckhs,
Steinthals, Diltheys und Simmels zu ersetzen, ist in ihren Implikationen vielleicht destruk-
tiver als er selbst glaubt. Jedenfalls enthält seine Theorie innere Konflikte und Widersprüche, die keiner der erwähnten Meister hätte in Druck gehen lassen.»

156 So *A. Wellmer*, Kritische Gesellschaftstheorie und Positivismus, 48.

157 Deswegen überzeugt mich auch der Versuch von C. v. Bormann nicht, die von ihm beob-
achteten Zweideutigkeiten aus dem Begriff der Erfahrung bei Gadamer abzuleiten, zumal er
selbst dann merkwürdigerweise – und m.E. gleichfalls zu Unrecht – behauptet, sie rührten
da her, daß in «Wahrheit und Methode» «jede Würdigung der Aufklärung fehlt, ja daß sie
in toto abgelehnt wird.» *(Bormann*, Die Zweideutigkeit der hermeneutischen Erfahrung,
115) Im übrigen jedoch argumentiert v. Bormann anhand sehr genauer Textanalysen, was
nicht eben häufig geschieht.

158 *E. Bloch*, Erbschaft dieser Zeit, 104.

159 *H. Schlaffer*, Die Entstehung des hermeneutischen Bewußtseins, 72/73.

TEIL II
PHILOSOPHISCHE HERMENEUTIK UND INTERKONFESSIONELLE
VERSTÄNDIGUNG

1 *E. Simons*, Die Bedeutung der Hermeneutik für die katholische Theologie, 278.

2 Vgl. zum Folgenden die knapp zusammenfassende Darstellung bei *R. Marlé*, Das theologische Problem der Hermeneutik, 9–18.

3 Vgl. dazu *G. Ebeling*, Art. «Hermeneutik», Sp. 247/248.

4 *P. Stuhlmacher*, Schriftauslegung auf dem Wege zur biblischen Theologie, 68.

5 Vgl. *G. Ebeling*, «Hermeneutik», Sp. 248.

6 Vgl. *Dilthey*, GS II, 111.

7 Vgl. dazu besonders *O. Kuss*, Zur Hermeneutik Tertullians, 64–72.

8 Vgl. dazu *G. Ebeling*, «Hermeneutik», Sp. 248/249.

9 Vgl. *Dilthey*, GS II, 111; *P. Stuhlmacher*, Schriftauslegung, 69; sowie bes. *J. Ernst*, Das hermeneutische Problem im Wandel der Auslegungsgeschichte, 23/24.

10 Vgl. *J. Ernst*, Das hermeneutische Problem, 24–26.

11 Vgl. dazu *Y. M. J. Congar*, Die Tradition und die Traditionen, bes. 192–217; sowie
J. R. Geiselmann, Das Konzil von Trient über das Verhältnis der Heiligen Schrift und der
nicht geschriebenen Traditionen. Geiselmann faßt das Ergebnis der Diskussionen um den
vorläufigen Textentwurf wie folgt zusammen: «Im vorläufigen Textentwurf müssen Schrift
und Tradition noch dazu dienen, das Evangelium in seiner Reinheit zu bewahren. Das
Evangelium wird dabei als die *regula* für die Kirche in constituendis dogmatibus bezeichnet.
Danach ist also das Evangelium für die Kirche die *Norm*, aus der sie die Glaubenswahrheiten erst zu schöpfen hat, um sie dann verkündigen zu können. Im endgültigen
Konzilstext aber ist das Evangelium *fons* veritas, aus der *Norm* ist die *Quelle* geworden. Fer-

251

ner heißt es: ut evangelium *in ecclesia* conservetur. Jetzt ist also die Bewahrung des Evangeliums nicht mehr der Heiligen Schrift und der Tradition, sondern der *Kirche* anvertraut. Schrift und Überlieferung haben der Kirche jetzt zu dienen in *confirmandis* dogmatibus, d. h. für die Bestätigung der von ihr verkündeten Glaubenswahrheiten. Die Kirche hat es also nicht nötig, die Glaubenswahrheiten aus dem in Schrift und Tradition niedergelegten Evangelium erst zu erheben, um sie dann verkündigen zu können. Sie ist in ihrer Verkündigung immer schon im Besitz der Wahrheiten des Evangeliums. Sie selbst ist die lebendige Überlieferung der Wahrheiten des Evangeliums in ihrer Verkündigung. Wenn das Evangelium die Quelle aller Wahrheit ist, dann ist die Kirche – das ist implicite ausgesprochen – die *regula* fidei.» (a.a.O., 135; Hervorhebungen im Original, HGS) Ob mit diesen Festlegungen wirklich die Kontinuität mit den Vätern gewahrt wurde, muß zweifelhaft erscheinen (vgl. zum herkömmlichen Begriff der regula fidei *Congar*, Tradition, 43–48), auf jeden Fall aber haben sie den Weg zum Vatikanum I geebnet.

12 *H. Kümmeringer*, Es ist Sache der Kirche, «iudicare de vero sensu et interpretatione scripturarum sanctarum», 286.

13 Ebd., 296; Hervorhebung im Original, HGS.

14 *O. Loretz*, Die hermeneutischen Grundsätze des Zweiten Vatikanischen Konzils, 486/487, 496/497.

15 Vgl. dazu besonders *H.-J. Pottmeyer*, Der Glaube vor dem Anspruch der Wissenschaft, 17–45, sowie 59–68.

16 Vgl. ebd., 38/39.

17 Vgl. *Kümmeringer*, Es ist Sache der Kirche, 290.

18 Vgl. ebd., 291.

19 Vgl. ebd., 293.

20 *O. Loretz*, Kirche und Bibelwissenschaft, 711.

21 Vgl. *H.-J. Pottmeyer*, Die historisch-kritische Methode und die Erklärung zur Schriftauslegung in der dogmatischen Konstitution Dei filius des I. Vatikanums, 90–92, sowie 108.

22 Vgl. *Pottmeyer*, Der Glaube vor dem Anspruch der Wissenschaft, 41.

23 Vgl. ebd., 40.

24 Vgl. dazu *H.-J. Birkner / H. Liebing / K. Scholder*, Das konfessionelle Problem in der evangelischen Theologie des 19. Jahrhunderts. Die einzelnen Beiträge über die entsprechenden Auffassungen bei Hegel und Schleiermacher (Birkner), Ferdinand Christian Baur (Liebing) und Karl von Hase (Scholder) zeigen allerdings, wie unterschiedlich dieser gemeinsame Topos nicht nur interpretiert, sondern auch begründet wurde und daß er keineswegs immer und von Anfang polemisch gemeint war, vielmehr erst, wie insbesondere im Falle Schleiermachers und von Hases (vgl. a.a.O., 14, sowie 47/48), durch die immer stärker werdende katholische Restaurationsbewegung eine polemische Zuspitzung nahegelegt wurde.

25 So bei *J. Wach*, Das Verstehen I, 12

26 *W. Dilthey*, GS V, 324.

27 Ähnlich urteilt *O. Kuss*, Über die Klarheit der Schrift, im Blick auf Luther selbst. Kuss hält Luthers Entgegnung auf Erasmus für keiner näheren Betrachtung wert, denn «es handelt sich ganz deutlich um ein erstklassiges Musterbeispiel unverfroren dogmatisierender Exegese» (a.a.O., 120).

28 Der Anhang enthält eine äußerst gedrängte Auseinandersetzung mit einer Vielzahl von Autoren (u.a. Betti, Collingwood, Rothacker, Strauss, Löwith), in der es teilweise um die Klärung von Mißverständnissen, teilweise um eine nochmalige Verdeutlichung der Problemsituation geht, auf welche die philosophische Hermeneutik Bezug nimmt. In der Theologie wie der Jurisprudenz beobachtet Gadamer «die gleiche Abkehr von einem naiven Methodologismus», «dem in der philosophischen Besinnung ausdrückliche Kritik am historischen Objektivismus oder Positivismus entspricht». (WuM, 480/481) Diese «Wendung» wird nach Gadamer überall von «besonderer Bedeutung», «wo sich mit der Wissen-

schaft ursprünglich normative Gesichtspunkte verbinden». «Die theologische Diskussion der letzten Jahrzehnte hat das Problem der Hermeneutik gerade dadurch in den Vordergrund gespielt, daß sie das Erbe der historischen Theologie mit den neu aufgebrochenen theologisch-dogmatischen Antrieben vermitteln mußte», und ist auch die «gegenwärtige Diskussion des hermeneutischen Problems innerhalb der Theologie» «durch die Auseinandersetzung der unabdinglichen theologischen Intention mit der kritischen Historie bestimmt.» (WuM, 481) Dabei ist diese Diskussion «wohl nirgends so lebhaft wie im Bereich der protestantischen Theologie» (WuM, 492). Zwar handelt es sich «in gewissem Sinne» «um über die Wissenschaft hinausgehende Interessen, in diesem Falle des Glaubens und der Verkündigung», aber der «Vorzug dieser Lage» ist für Gadamer unverkennbar: «den ‹Sinn› der jeweils zu verstehenden Texte nicht auf die imaginäre Meinung des Verfassers einschränken zu können» (ebd.). – Vor diesem Hintergrund entwickelt Gadamer seine Kritik an Schleiermacher und Bultmann, mit dem er sich früher schon ausführlicher beschäftigt hatte (vgl. den Aufsatz «Zur Problematik des Selbstverständnisses», in: KS I, 70–81). Die Linie der Argumentation wird in der folgenden Untersuchung am Beispiel Schleiermachers aufgezeigt, einzelne Argumente werden in den Anmerkungen wiedergegeben.

29 Vgl. WuM, 162–360.
30 Vgl. WuM, 162–250.
31 Vgl. WuM, 250–360.
32 Vgl. WuM, 290–323, dort 313–315.
33 Vgl. WuM, 162.
34 Wie sehr hier alles auf die exakte Analyse dessen ankommt, was Gadamer unter der wirkungsgeschichtlichen Bedingtheit des Verstehens und somit unter dem Prinzip der Wirkungsgeschichte versteht, zeigt sich daran, daß er einerseits dem «vollen Selbstgefühl» Diltheys nichts abzugewinnen vermag, auf der anderen Seite aber, was die Widersprüchlichkeit der protestantischen Hermeneutik betrifft, Diltheys Sicht ohne Abstriche übernimmt: «Ähnlich wie das Alte Testament für das frühe Christentum, wurde im Zeitalter der Reformation die ganze Heilige Schrift Gegenstand einer neuen hermeneutischen Bemühung und Anlaß zu hermeneutischer Reflexion. Überall sollte ja die allegorisierende Methode dogmatischer Schriftauslegung, die in der römischen Theologie herrschte und damit eine dogmatische Tradition über den Sinn der Schrift Herr werden ließ, zugunsten des ‹Wortes Gottes› überwunden werden. Nun aber erwies sich die neue Parole der ‹sola scriptura› ihrerseits als ein schwieriges Auslegungsprinzip. Auch die protestantische Exegese sah sich genötigt, so sehr sie den dogmatischen Charakter der katholischen Bibelauslegungstradition bekämpfte, einen gewissen dogmatischen Kanon auszubauen, das heißt über die dogmatischen Resultate zu reflektieren, die sich aus ihrem neuen Lesen der Heiligen Schrift in den Ursprachen ergaben. So wurde der neue Grundsatz: ‹sacra scriptura sui ipsius interpres› zum Ursprung der neuen theologischen Hermeneutik, aber was sich so herausbildete, war nicht einfach nur eine Kunstlehre, sondern umfaßte zugleich eine Glaubenslehre.» (VZW, 86/87).
Wenn angesichts dieser auf der Hand liegenden völligen Übereinstimmung Gadamers Kritik an Dilthey nicht völlig unsinnig sein soll, dann muß diese in einem unterschiedlichen Verständnis von «Tradition» gründen.
35 Vgl. KS I, 72: «Gerade dadurch wird die Hermeneutik zu einer *universalen methodischen Haltung*, daß sie die Fremdheit des zu verstehenden Inhaltes voraussetzt und damit deren Überwindung durch die Aneignung des Verstehens zur Aufgabe macht.» (Hervorhebung von mir, HGS).
36 Vgl. KS I, 72: «An die Stelle der *unmittelbaren* Sacheinsicht tritt als die eigentlich methodisch-wissenschaftliche Haltung das psychologisch-historische Verstehen.» (Hervorhebung von mir, HGS) – Diese Charakteristik ist insofern unpräzise, als es nach Gadamers eigener Theorie eine unmittelbare Sacheinsicht überhaupt nicht geben kann: jede solche Einsicht ist, aufgrund der sprachlichen Verfaßtheit menschlichen Daseins, durch Sprache und des-

halb auch durch Tradition vermittelt. Entsteht jedoch die «genetische Fragestellung» im
Sinne Schleiermachers, «deren Ziel darin besteht, eine *überlieferte* Meinung aus der geschichtlichen Situation zu erklären», nur dort, «wo die *unmittelbare* Einsicht in die *Wahrheit
des Gesagten* unerreichbar ist» (KS I, 71; Hervorhebungen von mir, HGS), dann bricht das
hermeneutische Problem zwangsläufig auf, sobald keine «machtvolle Tradition das eigene
Verhalten zu ihr in sich aufsaugt, sondern wo das Bewußtsein aufbricht, daß einer der *Überlieferung*, die auf ihn kommt, wie etwas Fremdem gegenübertritt, sei es, daß er ihr überhaupt *nicht zugehört*, sei es, daß die *Tradition*, die ihn mit *ihr verbindet*, ihn nicht mehr *frag-
los einnimmt.*» (ebd.; Hervorhebungen von mir, HGS).

37 Diese generelle Feststellung verlangt insofern eine gewisse Einschränkung, als Gadamer
mittlerweile, aller Wahrscheinlichkeit nach unter dem Eindruck der von Heinz Kimmerle
besorgten Neuedition der Berliner Manuskripte Schleiermachers, einräumt, daß sich bei
Schleiermacher, wenngleich «auf dem Hintergrund einer metaphysischen Konzeption von
der Individualisierung des All-Lebens», eine gegenläufige Tendenz beobachten läßt: «Die
Rolle der *Sprache* tritt damit hervor, und das in einer Form, die die philologische Einge-
schränktheit auf das Schriftliche grundsätzlich überwand. – Schleiermachers H(ermeneutik)
bedeutete wegen ihrer Begründung des Verstehens auf das Gespräch und die zwischen-
menschliche Verständigung überhaupt eine Tieferlegung ihrer Fundamente, die zugleich die
Errichtung eines auf hermeneutischer Basis errichteten Wissenschaftssystems gestattete.»
(H.-G. Gadamer, Art. ‹Hermeneutik›, 1064). Falls diese Darstellung die Sache trifft, besteht
zwischen dem Ansatz der universalen Hermeneutik Schleiermachers und der Gadamers
kein grundsätzlicher Unterschied mehr.

38 *Gadamer,* Vom Zirkel des Verstehens, 31.

39 Ebd., Hervorhebung von mir.

40 Vgl. dazu ausführlich *J. R. Geiselmann,* Die Tradition, 69–108, sowie *P. Lengsfeld,* Tradition
innerhalb der konstitutiven Zeit der Offenbarung, bes. 282–287. Einen Überblick über die
neuere Entwicklung des Begriffs bietet *O. Müller,* Zum Begriff der Tradition in der Theologie der letzten hundert Jahre.

41 Vgl. *Gadamer,* Art. «Hermeneutik», 1068: «So verdient die *pietistische* H(ermeneutik)
(A. H. Francke, J. J. Rambach) in dem Punkte noch immer Beachtung, daß sie in ihrer Aus-
legungslehre zu dem Verstehen und Explizieren die *Applikation* hinzufügte und damit den
Gegenwartsbezug der ‹Schrift› auszeichnete. Hier liegt das Zentralmotiv einer
H(ermeneutik) verborgen, die die Geschichtlichkeit des Menschen wirklich ernst nimmt.
Dem trägt gewiß auch die idealistische H(ermeneutik) Rechnung, insbesondere Betti durch
den ‹Kanon der Sinnentsprechung›. Doch scheint erst die entschlossene Anerkennung des
Begriffs des Vorverständnisses und des Prinzips der Wirkungsgeschichte bzw. die Entfaltung
des wirkungsgeschichtlichen Bewußtseins, eine zureichende methodische (sic!!) Basis zu bieten. Der Kanonbegriff der neutestamentlichen Theologie findet darin als ein Spezialfall
seine Legitimation. Es entspricht dieser Sachlage, daß die neueste Diskussion der
H(ermeneutik) auch auf die katholische Theologie übergegriffen hat (G. Stachel, E. Biser).»
(Hervorhebungen im Original, HGS) – Solche Äußerungen hätten eigentlich bei katholischen Theologen Zweifel erwecken müssen, ob sich der philosophisch-hermeneutische Begriff der Wirkungsgeschichte wirklich so nahtlos in das katholische Traditionsverständnis
einpassen läßt, wie das bei oberflächlicher Lektüre Gadamers der Fall zu sein scheint. Vgl.
dazu auch KS IV, 150; 156/157!

42 Vgl. KS I, 80: «Die Predigt und nicht der erklärende Kommentar oder die exegetische
Arbeit des Theologen steht im unmittelbaren Dienste der Verkündigung, indem sie das Verständnis dessen, was die Heilige Schrift sagt, nicht nur der Gemeinde vermittelt, sondern zugleich selbst bezeugt. Die eigene Vollendung des Verstehens liegt eben nicht in der Predigt
als solcher, sondern in der Weise, wie sie als Anruf vernommen wird, der an jeden ergeht.
Wenn das ein Selbstverständnis ist, das sich da ergibt, so ist es gewiß ein sehr paradoxes, um

nicht zu sagen negatives Verständnis seiner selbst, in dem man sich zur Umkehr gerufen hört.»

43 Daß Gadamers Prinzip der Wirkungsgeschichte zu einem prekären Verhältnis zwischen einer hermeneutischen Methodologie und dem, was er «Verstehen» nennt, führt, wurde in aller Breite dargelegt und begründet. Es bestätigt die hier aufgestellte Behauptung einer strukturellen Übereinstimmung zwischen philosophischer und protestantischer Hermeneutik, daß sich die gleiche Schwierigkeit schon bei Luther nachweisen läßt. *F. Hahn*, Luthers Auslegungsgrundsätze und ihre theologischen Voraussetzungen, 168, hat die Problematik auf die paradoxe Formel gebracht: «Luther fordert für die Schriftauslegung eine ganz besondere Verstehenstheorie, nämlich – keine.» – Mit Rücksicht auf diese Sachlage «haben die Gegner sich im Hinblick auf die hermeneutischen Bemühungen besonders der nachreformatorischen Zeit den Einwand nicht entgehen lassen: warum man denn angesichts der von den Protestanten behaupteten perspicuitas der Bibel noch Kunstregeln ihres Verständnisses nötig habe.» *(Wach,* Verstehen I, 13) – Die Frage ist nach wie vor aktuell und entscheidet nach wie vor über den Stellenwert, den die historisch-kritische Methode innerhalb der protestantischen Hermeneutik haben kann. Darauf wird bei einer Untersuchung der hermeneutischen Theologie Ebelings aufmerksam zu achten sein, vor allem deshalb, weil Ebeling bereits in seiner Luther-Interpretation, auf die gleiche Schwierigkeit stoßend, mit kühnen Formulierungen das Problem eher zu überspielen als zu lösen scheint. Grundlegend ist zunächst die Feststellung, die Ebeling gleich zu Beginn seiner Analyse trifft: «Es ist die Eigentümlichkeit von Luthers Schriftauslegung, daß er keinen grundsätzlichen Unterschied kennt zwischen Verkündigung und wissenschaftlicher Exegese.» (*G. Ebeling*, Evangelische Evangelienauslegung, 11) Wer mit Rücksicht darauf die Frage nicht unterdrücken kann, wie es demzufolge in methodischer Hinsicht mit der Exegese bestellt sein mag, der erhält von Ebeling die lapidare Auskunft: «Die Logik der Hermeneutik ist keine andere als die Logik der Christologie. Wer die Methoden der Evangelienauslegung lernen will, der muß sie von Christus selber lernen.»

44 Jetzt in *R. Schnackenburg*, Schriften zum Neuen Testament, 57–77.

45 Ebenfalls in: *Schnackenburg*, Schriften zum Neuen Testament, dort 15–33.

46 *G. Ebeling*, Wort und Glaube, 1–49, 43 Anm. 4.

47 *Schnackenburg*, Schriften zum Neuen Testament, 26.

48 Ebd., 28.

49 Ebd., 27.

50 Ebd.

51 Vgl. *E. Käsemann*, Exegetische Versuche und Besinnungen. Erster und zweiter Band, Göttingen 1970, 12 II.

52 *G. Bornkamm*, Gründe der Annäherung, 38. Der gleiche Aufsatz ist unter dem Titel «Die ökumenische Bedeutung der historisch-kritischen Bibelwissenschaft» erneut veröffentlicht in: *ders.*, Geschichte und Glaube. Zweiter Teil, 11–20, dort 13.

53 *Schnackenburg*, Schriften zum Neuen Testament, 57.

54 Was Schnackenburg tatsächlich tut, vgl. seine Einwände gegen das Schriftprinzip (*Schnackenburg*, Schriften zum Neuen Testament, 70–72), die allerdings nur eine Neuauflage dessen darstellen, was schon Tertullian zugunsten einer an die regula fidei gebundenen Exegese geltend machte.

55 Ebd., 57/58/59.

56 Ebd., 59.

57 Ebd., 60/61.

58 Ebd., 61.

59 Ebd., 74.

60 Ebd., 74/75.

61 Ebd., 66/67.

62 Ebd., 75. – Wie Schnackenburg sich das vorstellt, wird klarer durch eine andere Stelle: «Was zunächst wie ein Rückzug des Glaubens vor den Erkenntnissen wissenschaftlicher Forschung aussieht, wird, wenn man es recht bedenkt, zu einem befreienden Vorstoß in das weite und fruchtbare Land gläubiger Erkenntnis. Die Wissenschaft stößt überall auf ihre Grenzen und kann die eigentlichen Glaubensfragen nicht entscheiden. Sie zwingt uns aber, über die Grundlagen unseres Glaubens neu nachzudenken und tragfähigere Antworten zu finden. Das bedeutet in unserem Falle eine Neubesinnung auf die Verkündigung der Urkirche und das apostolische Zeugnis. Was wir für den Verzicht auf letzte *historische* Gewißheit eintauschen, ist die *Glaubens*gewißheit der Urkirche, die uns durch ihr Gesamtzeugnis, besonders für die Auferstehung Jesu Christi, *Grund genug gibt,* ihren Glauben *zu übernehmen.*» (*R. Schnackenburg,* Moderne Evangelienforschung und christlicher Glaube, dort 87; Hervorhebungen von mir, HGS) – Obgleich Schnackenburg so nachdrücklich auf die Grenzen der Exegese hinweist, ist es doch wiederum sie, die am Ende den Glauben ermöglicht, nämlich indem sie uns den Glauben der Urkirche vor Augen stellt. Er übersieht dabei allerdings, daß der von ihm geschilderte Tausch an der Problematik der Glaubensbegründung überhaupt nichts verändert. Denn vertauscht wird nicht die historische Gewißheit gegen die Glaubensgewißheit, sondern – wenn man so sagen darf – eine historische Gewißheit gegen eine andere: die historische Gewißheit, daß Jesus auferstanden ist, gegen die historische Gewißheit, daß die Urkirche an die Auferstehung glaubte. Es ist sehr zu bezweifeln, ob dadurch per se die Fundamente des Glaubens tiefer gelegt sind.

63 *F. Mußner,* Die johanneische Sehweise und die Frage nach dem historischen Jesus, 10.

64 Ebd., 13.

65 Ebd., 14.

66 Ebd., 15.

67 Ebd., 15/16.

68 Ebd., 70.

69 Ebd., 70/71.

70 Ebd., 71.

71 Ebd., 72.

72 Ebd., 74.

73 Vgl. WuM, 499.

74 *Mußner,* Geschichte der Hermeneutik, 19/20.

75 Ebd., 21.

76 *F. Mußner,* Aufgaben und Ziele der biblischen Hermeneutik, 20/21. Der Vortrag wurde wiederveröffentlicht in: *ders.,* Praesentia salutis. Gesammelte Studien zu Fragen und Themen des Neuen Testaments, 9–19, dort 15.

77 *Mußner,* Die johanneische Sehweise, 72, Hervorhebungen von mir.

78 *Mußner,* Aufgaben und Ziele, 24, Hervorhebungen von mir.

79 Vgl. *J. Rogge,* Zur Frage katholischer und evangelischer Dogmenhermeneutik, 641.

80 Vgl. dazu *G. Geißer,* Hermeneutische Probleme in der neueren römisch-katholischen Theologie. – Geißer behandelt folgende Problemkomplexe: Dogmatik und Exegese, Lehramt und Theologie, Tradition und Schrift, Dogmenentwicklung und Dogmeninterpretation. Sie werden allesamt auf die eine oder andere Weise im folgenden angesprochen werden.

81 Als Beispiel für überdenkenswerte Ansätze sei genannt *P. Schoonenberg [Hrsg.],* Die Interpretation des Dogmas, dort vor allem den Beitrag des Herausgebers «Geschichtlichkeit und Interpretation des Dogmas» (58–110). Obgleich im Vorwort auf die deutsche Hermeneutik-Diskussion verwiesen wird (vgl. a.a.O., 7), orientieren sich die vorgetragenen Überlegungen überwiegend an der Sprachanalyse angelsächsischer Herkunft und tragen mehr den Charakter einer dogmatischen Methodenlehre als den einer dogmatischen Hermeneutik. – Der Unterschied beider Aufgabenstellungen läßt sich sehr schön erkennen, wenn man zum Vergleich eine Studie heranzieht, die zwar vom Titel her den Grundriß einer dogmatischen

Methodologie verspricht, de facto jedoch über weiteste Strecken erkenntnistheoretische Erwägungen bietet. Gemeint ist *W. Kasper,* Die Methoden der Dogmatik, wo die Dogmatik als hermeneutisches Geschehen zwischen Exegese und missionarischer Verkündigung angesiedelt wird (vgl. a.a.O., 38/39 und 60). – Mit Rücksicht auf den universalen Charakter der philosophischen Hermeneutik muß an Kasper die gleiche Frage gerichtet werden, die sogleich auch Scheffczyk gestellt werden wird, nämlich ob diese folglich den Exegese, Dogmatik und Verkündigung umfassenden gesamten Verstehensprozeß als solchen reflektiert oder als allgemeine Grundlage spezieller Hermeneutiken dient.

82 Erscheinungsort ist Berlin
83 Vgl. *Scheffczyk,* Dogma der Kirche, 9.
84 Ebd., 11.
85 Vgl. ebd.
86 Ebd., 35.
87 Ebd., 37.
88 Ebd., 43.
89 Ebd., 37.
90 Ebd.
91 Ebd., 72.
92 Ebd.
93 Ebd.
94 Ebd., 73.
95 Vgl. ebd.
96 Ebd.
97 Ebd.
98 Ebd.
99 Ebd. Es ist bezeichnend für die Unklarheit der Argumentation Scheffczyks, daß er hier problemlos zwei grundverschiedene Dinge ineinssetzt, nämlich eine Haltung und ein Vorverständnis. Gegenüber einem Vorverständnis, das ja immer inhaltlich gefüllt ist, müßte die Frage gestellt werden, ob es sich an der Sache bewährt oder nicht. Es ist also stets vorläufig, der Erprobung bedürftig und prinzipiell falsifizierbar. Nun kann der Glaube, als Akt betrachtet, natürlich kein Vorverständnis sein. Soll aber der Glaube seiner inhaltlichen Seite nach als Vorverständnis das exegetische Verstehen leiten, so trägt er entweder den eben genannten vorläufigen Charakter oder er bestimmt im voraus dessen Ergebnis. Die entscheidende Frage lautet deshalb: in *welchem Sinn* muß der Exeget die dogmatische Tradition voraussetzen? – Wenn die Exegese nicht ihren Wissenschaftscharakter aufgeben will, kann die Antwort nur besagen, daß die einzige Funktion des Glaubens für den Exegeten darin besteht, daß er sich überhaupt nur mit der Auslegung der Schrift befaßt, weil dies als notwendige Forderung im Glauben der Kirche enthalten ist. Zwischen diesem Glauben und der Notwendigkeit einer wissenschaftlichen Exegese muß also ein systematisches Begründungsverhältnis aufweisbar sein, das als solches vom einzelnen Exegeten unabhängig ist. Für ihn als forschendes Individuum ist der kirchliche Glaube in Gestalt seiner persönlichen Aneignung nicht mehr als eine Motivationsbasis ohne jede forschungslogische Bedeutung. In diesem Sinne kann man dann von einer gläubigen Haltung als Voraussetzung der exegetischen Arbeit sprechen.

100 Ebd., 76.
101 Ebd.
102 Ebd. Was Scheffczyk da im Brustton der Überzeugung nicht nur als fundamentale Einsicht, sondern als Eckstein seiner Argumentation vorstellt, ist nichts anderes und nichts mehr als eine Banalität, versehen mit einer falschen Begründung. Die unbestreitbare Tatsache, daß die Exegese nicht zu verbindlichen Glaubensaussagen gelangen kann, hat einen ganz einfachen Grund, nämlich den, daß sie eben exegetische Aussagen «produziert». Exegetische

Aussagen aber beziehen sich auf sprachliche Äußerungen, genauerhin auf den Sinn von Texten und gehören folglich einer völlig anderen Sprachstufe an, sind metasprachliche Gebilde. Daß zu den von der Exegese auf der objektsprachlichen Stufe thematisierten Äußerungen teilweise verbindliche Glaubensaussagen gehören, tut hier überhaupt nichts zur Sache. Andernfalls müßte analogerweise angenommen werden, daß der Dogmatiker, weil er Dogmen interpretiert, selbst verbindliche Glaubensaussagen macht. Eine dogmatische Aussage – im Sinne einer Aussage der Dogmatik – ist jedoch kein Dogma, also auch keine verbindliche Glaubensaussage. Insofern existiert zwischen Exegese und Dogmatik nicht der geringste Unterschied. Woraus zu ersehen ist, daß die Unfähigkeit der Exegese, Glaubensaussagen zu machen, gar nicht mit ihrem Charakter als historisch-methodischer Forschung zusammenhängen kann.

103 Ebd., 77.

104 Ebd.

105 Ebd., 76.

106 Von da her kann Scheffczyk etwa sagen, daß die Sprachlichkeit des Menschen «schon beim Offenbarungsvorgang eine entscheidende Rolle spielt und daß das Problem der Hermeneutik seine Wurzeln bereits im Offenbarungsvorgang als Sprachgeschehen hat.» (a.a.O., 53) Oder: «Aus dem Ergehen von Gotteswort im Menschenwort ergeben sich wichtige Ableitungen und Folgerungen bezüglich der Erfassung und Interpretation des Offenbarungswortes.» (ebd., 58) Oder: «Der dialogische Charakter der Offenbarung prägt auch den Verstehensvorgang in einer Weise, die für alles theologische Verstehen von fundamentaler und durchgehender Bedeutung ist.» (ebd.) – Die Liste von Belegen könnte leicht fortgesetzt werden.

107 Ebd., 80.

108 Man könnte den gleichen Sachverhalt, um die Absurdität dieser Unterscheidung zu demonstrieren, auch so ausdrücken: um die Heilige Schrift wirklich *verstehen* zu können, muß der Exeget Theologe sein. Um sie aber *wirklich* verstehen zu können, ist er wiederum nicht Theologe genug. Dazu müßte er eigentlich Dogmatiker sein. Der Exeget aber, der nur historisch-kritisch versteht, ist kein Theologe und versteht folglich rein gar nichts: «Man kann sogar erkennen, daß ein Exeget, der keinen Glaubensstandpunkt einnimmt, gar keinen Zugang zum Verständnis der spezifischen Eigenart dieser Texte besitzt.» (a.a.O., 72)

109 Ebd., 75.

110 Ebd., 77/78.

111 Ebd., 87/88. Es liegt auf der Hand, daß Scheffczyk wiederum zwei gänzlich verschiedene Dinge miteinander vermengt. Denn es ist eine Sache, die Überlieferungsgeschichte der Schrift zur Kenntnis zu nehmen, und eine andere, die dort niedergelegten inhaltlichen Auslegungsversuche als verbindliche, die eigene Interpretation normierende Auslegungsinstanz zu akzeptieren. Ginge es nur um die Kenntnisnahme der exegetischen Tradition in der Exegese, der Streit um das Traditionsprinzip wäre längst gegenstandslos.

112 Ebd.

113 Ebd., 91.

114 Ebd., 82/83.

115 Ebd., 94.

116 Ebd., 92.

117 Ebd., 78.

118 Ebd., 80.

119 Ebd., 81.

120 Ebd.

121 Ebd., 82.

122 Ebd.

123 Vgl. ebd., 83.

124 Ebd., 83.
125 Ebd.
126 Ebd., 84.
127 Ebd.
128 Ebd., 82.
129 Vgl. ebd., 85.
130 Ebd.
131 Ebd., 84.
132 Ebd.
133 Ebd.
134 Ebd., 85.
135 Ebd., 43/44.
136 Dieser bei Mußners Vermengung von Exegese und Verkündigung besonders ins Auge stechenden Tendenz, hält Scheffczyk die kritische Frage entgegen, wie die theologische Bedeutung der Exegese präzis zu bestimmen sei und meint dazu: «Bei der Entscheidung dieser Frage ist wieder unter hermeneutischem Aspekt von der Leistungsfähigkeit des Wortes auszugehen, und zwar nun jenes Wortes, das der Exeget gebraucht und spricht. Auch Exegese ist ja ein Wortgeschehen, und zwar ein rein menschliches, selbst wenn es unter dem Licht des Glaubens steht. Das hat zur Folge, daß das Wort des Exegeten, in das er abschließend den heilstheologischen Sinn eines Schriftwortes einfaßt, selbstverständlich in keiner Weise für sich beanspruchen kann, «Gotteswort im Menschenwort» zu sein. Sonst würde der Exeget zum Propheten oder zum inspirierten Hagiographen, und sein Wort wäre dem Wort der Schrift noch überlegen. Das aber ist theologisch eine evident falsche Annahme.» (ebd., 75/ 76) In der Tat: diese Annahme ist theologisch falsch – vor allem aber ist sie unsinnig. Um das zu erkennen, bräuchte man kein «Wortgeschehen» bemühen und schon gar nicht die Unterscheidung von rein menschlichem und nicht rein menschlichem Wortgeschehen. Es würde völlig ausreichen, sich auf den Unterschied zwischen Wissenschaft und Verkündigung zu besinnen. Wer freilich, dank hermeneutischer Nachhilfe, solche Differenzierungen als vordergründig durchschaut hat, der muß sich notgedrungen in größere hermeneutische Tiefen begeben.
137 So wiegelt Scheffczyk vorsichtshalber das Gewicht seiner eigenen Wertschätzung der Exegese schnell wieder ab: «Allerdings ist damit die Aufgabe des Exegeten so gewichtig angesetzt, daß man meinen könnte, er und seine Arbeit würden schließlich zur entscheidenden Glaubensnorm in der Kirche. Tatsächlich stehen solche Auffassungen gerade heute oft im Raum, wo man gelegentlich schon das Wort hört, es gebe neben dem Lehramt der Kirche auch ein Lehramt der Professoren. Unter diesen Professoren als Lehramtsinhaber stünden dann natürlich die Exegeten an hervorragender Stelle, weil sie unmittelbar mit der Glaubensurkunde der Schrift zu tun haben und ihre Arbeit mit der größten fachlichen Kompetenz verrichten.» (ebd., 75) – Da sei natürlich zumindest Gadamer vor! Mit seiner Hilfe gilt es zu demonstrieren, daß den Exegeten auch die größte fachliche Kompetenz nur wenig nützt, weil sie die «Glaubensurkunde der Schrift» nicht wirklich verstehen können, wenn ihnen nicht der Dogmatiker beispringt. – Für weitaus weniger bedenklich hält es Scheffczyk allem Anschein nach, der Dogmatik lehramtliche Funktionen zuzuschreiben – wie sich gleich zeigen wird.
138 Vgl. ebd., 91.
139 Ebd.
140 Ebd., 91/92.
141 Ebd., 92.
142 Vgl. ebd.
143 Ebd.
144 Ebd.

145 Ebd., 93.
146 Vgl. ebd.
147 Ebd.
148 Ebd., 100.
149 Man braucht noch lange nicht für das protestantische Schriftprinzip votiert zu haben, wenn man zugesteht, daß die von Scheffczyk hier vorgetragene Auffassung, die sich ja auch auf das exegetische Verstehen bezieht, das Recht der protestantischen Kritik an der katholischen Hermeneutik vollauf bestätigt. Denn wenn sich die Richtigkeit einer Schriftinterpretation am «Interpretationsmaßstab» des Dogmas bemißt, dann ist die Schrift selbst als Maßstab außer Kraft gesetzt. Zugespitzt würde das bedeuten: es bleibt zwar notwendig, daß der Interpret – kantisch formuliert – von der Schrift «affiziert» wird und daß seine Interpretation bei dieser Berührung «anhebt», aber um die Sachgemäßheit seiner Interpretation zu prüfen, braucht er sie nicht mit der Sache selbst, der Schrift, zu konfrontieren, sondern es genügt für ihn festzustellen, daß sie mit der dogmatischen Tradition übereinstimmt. Genau gegen diese Möglichkeit richtet sich die protestantische Polemik. – Die im Text folgende begriffliche Klärung, vermittels derer Scheffczyk den Protestanten den Wind aus den Segeln nehmen will, führt daher keinen Schritt weiter, weil es überhaupt nicht darum geht, ob die Kirche oder das Dogma als «Norm der Schrift» fungiert oder nicht, sondern gerade darum, ob durch die katholische Hermeneutik das Dogma an die Stelle der Schrift als der allein maß-gebenden Norm des «menschlichen Verständnisses» gerückt wird. Da Scheffczyk eben dies bekräftigt, besteht für Protestanten kein Anlaß, sich durch seine klärenden Worte beirren zu lassen.
150 Ebd., 101.
151 Ebd., auch dieses Argument entbehrt jeglicher Überzeugungskraft. Zum einen nämlich werden exegetische Fragen ebensowenig wie dogmatische oder sonstige Fragen, die innerhalb einer Wissenschaft auftauchen, letzten Endes durch ein einzelnes Individuum entschieden, sondern «in the long run» (Ch. S. Peirce) des gesamten Forschungsprozesses, zum anderen ist, wenn man schon auf ein «göttliches Charisma» rekurriert, überhaupt nicht einzusehen, weshalb nicht auch, wie es Überzeugung der pietistischen Hermeneutik war, der einzelne Gläubige bei seiner Schriftauslegung von einem solchen Charisma geleitet sein soll. Daß dies mit absoluter Notwendigkeit zu interpretatorischer Willkür führen müßte, läßt sich weder logisch noch theo-logisch begründen. Logisch betrachtet, genügt die zusätzliche Annahme, daß in allen auslegenden Individuen das gleiche Charisma wirkt, um diese Gefahr zu bannen. In der Theologie ist denn auch diese logische Schlußfolgerung gezogen worden, und zwar nicht nur im Pietismus, sondern auch in der katholischen Theologie. Denn bei der Frage, welche Rolle der Glaubenssinn in der theologischen Erkenntnis spielt, handelt es sich im Grunde um das gleiche Problem – und die Tatsache, daß der Begriff des sensus fidei stets im Zusammenhang mit dem des consensus fidelium erörtert wurde, beweist hinlänglich, daß es prinzipiell möglich ist, ein individuelles Charisma, sofern es allen Gläubigen eignet, nicht subjektivistisch zu deuten. – Und um menschliche Instanzen, wenn sie denn notwendig sind, handelt es sich bei Exegeten und anderen Gläubigen allemal.
152 Scheffczyk bezieht sich dabei auf Gadamers Diktum, wonach der Verstehende zu spät komme, wenn er wissen wolle, was er glauben solle. Dazu meint er: «Darin berührt sich der Existentialismus mit der Grundhaltung der reformatorischen Theologie, die ebenfalls von einer Unausweisbarkeit des Glaubens spricht und die Begründung des Glaubens als einen Widerspruch zum Glauben ansieht.» (ebd., 157/158).
153 Ebd., 114.
154 Ebd., 148/149.
155 Ebd., 149.
156 Vgl. ebd., 150.
157 Ebd., 115.

158 Ebd. Scheffczyk schreibt hier das, was mit dem Begriff «Horizontverschmelzung» angezeigt ist, eindeutig dem Exegeten als Aufgabe und Leistung zu. Nach Gadamer aber leistet dies die Sprache bzw. hat es immer schon geleistet. Allerdings finden sich daneben eben auch, wie dargestellt, Aussagen, wonach die «Horizontverschmelzung» auch als Tun und Ziel der Geisteswissenschaften begriffen werden muß – und schließlich noch solche, denen zufolge, wir selbst, indem wir sind, diese «Horizontverschmelzung» vollziehen.

159 Ebd.
160 Ebd., 116.
161 Vgl. ebd.
162 Ebd., 117/118.
163 Ebd.
164 Ebd.
165 Ebd.
166 Ebd., 118.
167 Ebd., 152.
168 Ebd.
169 Ebd.
170 Ebd.
171 Ebd.
172 Ebd., 153.
173 Ebd.
174 Ebd., 30.

LITERATURVERZEICHNIS

Acham, K., Probleme der Instrumentalisierung und Hypostasierung der Wissenschaft, in: neue hefte für philosophie 10: Moderne Sophistik, 78–111

Adorno, Th. W., Einleitung zu: Der Positivismusstreit in der deutschen Soziologie, Neuwied-Berlin 1969 (= Soziologische Texte Bd. 58)

ders., Aufsätze zur Gesellschaftstheorie und Methodologie, Frankfurt/Main 1970

ders., Konstruktion des Ästhetischen (mit einer Beilage), Frankfurt/Main 1974

ders., Horkheimer, M., Die Dialektik der Aufklärung, Frankfurt/Main 1973

Akten des XIV. Internationalen Kongresses für Philosophie, Wien 2.–9. September 1968, Bd. VI: I. Öffentliche Vorträge, II. Beiträge zu den Plenarsitzungen, Kolloquien und Sektionen im Nachtrag zu den Bänden I–V, Wien 1971

Albert, H. (Hrsg.), Theorie und Realität. Ausgewählte Aufsätze zur Wissenschaftslehre der Gesellschaftswissenschaften, Tübingen ²1972 (= Die Einheit der Gesellschaftswissenschaften. Studien in den Grenzbereichen der Wirtschafts- und Sozialwissenschaften Bd. 2)

ders., Theorien in den Sozialwissenschaften, in: ders. (Hrsg.), Theorie und Realität. Ausgewählte Aufsätze zur Wissenschaftslehre der Gesellschaftswissenschaften, Tübingen ²1972 (= Die Einheit der Gesellschaftswissenschaften. Studien in den Grenzbereichen der Wirtschafts- und Sozialwissenschaften Bd. 2) 3–25

ders., Transzendentale Träumereien. Karl-Otto Apels Sprachspiele und sein hermeneutischer Gott, Hamburg 1975

Apel, K.-O., Die Erklären-Verstehen-Kontroverse in transzendentalpragmatischer Sicht, Frankfurt/Main 1979

ders., Transformation der Philosophie, Bd. I: Sprachanalytik, Semiotik, Hermeneutik, Frankfurt/Main 1973

Arnaszus, H., Spieltheorie und Nutzenbegriff aus marxistischer Sicht. Eine Kritik aktueller ökonomischer Theorien, Frankfurt/Main 1974

Asendorf, M., (Hrsg.), Aus der Aufklärung in die permanente Restauration. Geschichtswissenschaft in Deutschland, Hamburg 1974

ders., Einleitung: Die Deutsche Geschichtswissenschaft, zu: ders. (Hrsg.), Aus der Aufklärung in die permanente Restauration. Geschichtswissenschaft in Deutschland, Hamburg 1974, 15–50

Bastian, H.-D., Theologie der Frage. Ideen zur Grundlegung einer theologischen Didaktik und zur Kommunikation der Kirche in der Gegenwart, München ²1970

Bayrische Akademie der Schönen Künste (Hrsg.), Der Mensch und das Spiel in der verplanten Welt, München 1976

Beck, L. W., Akteur und Betrachter. Zur Grundlegung der Handlungstheorie, Freiburg/München 1976

Becker, W., Hegels «Phänomenologie des Geistes». Eine Interpretation, Stuttgart u.a. 1971

Birkner, H.-J./Liebing, H./Scholder, K., Das konfessionelle Problem in der evangelischen Theologie des 19. Jahrhunderts, Tübingen 1966 (= SgV 245/246)

Biser, E., Glaubensvollzug, Einsiedeln 1967

ders., Glaubensverständnis. Grundriß einer hermeneutischen Fundamentaltheologie, Freiburg u.a. 1975

Bismarck, K. von/Dirks, W. (Hrsg.), Neue Grenzen. Ökumenisches Christentum morgen, Bd. 1, Stuttgart u.a. 1966

Bloch, E., Erbschaft dieser Zeit, Frankfurt/Main 1973

Blumenberg, H., Die Legitimität der Neuzeit, Frankfurt/Main 1966

Bollnow, O., Philosophie der Erkenntnis. Das Vorverständnis und die Erfahrung des Neuen. Stuttgart u.a. 1970

Borbé, T. (Hrsg.), Der Mensch – Subjekt und Objekt. Festschrift für Adam Schaff, Wien 1973

Bormann, C. von, Die Zweideutigkeit der hermeneutischen Erfahrung, in: Hermeneutik und Ideologiekritik. Mit Beiträgen von K.-O. Apel, C. v. Bormann, R. Bubner,

H.-G. Gadamer, H.-J. Giegel, J. Habermas, Frankfurt/Main 1971, 83–119

Bornkamm, G., Geschichte und Glaube. Zweiter Teil, München 1971 (= Beiträge zur evangelischen Theologie Bd. 53

ders., Gründe der Annäherung, in: Bismarck K. v./Dirks W. (Hrsg.), Neue Grenzen. Ökumenisches Christentum morgen, Bd. 1, Stuttgart u.a. 1966, 36–45

Bornscheuer, L., Topik. Zur Struktur der gesellschaftlichen Einbildungskraft, Frankfurt/Main 1976

Bubner, R., Dialektik und Wissenschaft, Frankfurt/Main 1973

Bubner, R. u.a. (Hrsg.), Hermeneutik und Dialektik. Aufsätze I: Methode und Wissenschaft, Lebenswelt und Geschichte, Tübingen 1970

ders., Transzendentale Hermeneutik? in: Simon-Schaefer R./Zimmerli W. Ch. (Hrsg.), Wissenschaftstheorie der Geisteswissenschaften, Konzeptionen, Vorschläge, Entwürfe, Hamburg 1975, 56–70

ders., Zur Struktur eines transzendentalen Arguments, in: Kant-Studien 65. Jahrgang, Sonderheft: Akten des 4. Internationalen Kant-Kongresses Mainz, 6.–10. April 1974, Teil I, Berlin-New York 1974, 15–27

Bühler, K., Die Krise der Psychologie (mit einem Geleitwort von H. Rohracher) Frankfurt/Main-Berlin 1978

Bultmann, R., Glauben und Verstehen. Gesammelte Aufsätze, Zweiter Band, erw. [5]1968

ders., Glauben und Verstehen. Gesammelte Aufsätze, Dritter Band, Tübingen 1968

ders., Das Problem einer theologischen Exegese des Neuen Testaments, in: Moltmann, J. (Hrsg.), Anfänge der dialektischen Theologie, Teil II: Rudolf Bultmann-Friedrich Gogarten-Eduard Thurneysen, München [2]1967, 47–72

Carnap, R., Theoretische Fragen und praktische Entscheidungen, in: Schleichert H. (Hrsg.), Logischer Empirismus – Der Wiener Kreis, München 1975 (= Kritische Information Bd. 21) 173–176

ders., Überwindung der Metaphysik durch logische Analyse der Sprache, in: Schleichert H. (Hrsg.), Logischer Empirismus – Der Wiener Kreis, München 1975 (= Kritische Information Bd. 21) 149–171

Carr, E. H., Was ist Geschichte? Stuttgart u.a. [4]1974

Casalis, G., Die theologischen Prioritäten des nächsten Jahrzehnts, in: theologia practica 6 (1971) 316–324

Chomsky, N., Aspekte der Syntax-Theorie, Frankfurt/Main 1970

Collingwood, R. G., Philosophie der Geschichte, Stuttgart 1955

Congar, Y. M. J., Die Tradition und die Traditionen, Band I, Mainz 1965

Coreth, E., Grundfragen der Hermeneutik. Ein philosophischer Beitrag, Freiburg u.a. 1969 (= Philosophie in Einzeldarstellungen Bd. 3)

Diederich, W. (Hrsg.) Theorien der Wissenschaftsgeschichte. Beiträge zur diachronen Wissenschaftstheorie, Frankfurt/Main 1974

Diemer, A., Die Begründung des Wissenschaftscharakters der Wissenschaft im 19. Jahrhundert – Die Wissenschaftstheorie zwischen klassischer und moderner Wissenschaftskonzeption, in: ders. (Hrsg.) Beiträge zur Entwicklung der Wissenschaftstheorie im 19. Jahrhundert. Vorträge und Diskussionen im Dezember 1965 und 1966 in Düsseldorf, Meisenheim/Glan 1968 (= Studien zur Wissenschaftstheorie Bd. 1) 3–62

ders., (Hrsg.), Der Wissenschaftsbegriff. Historische und systematische Untersuchungen. Vorträge und Diskussionen im April 1968 in Düsseldorf und im Oktober 1968 in Fulda, Meisenheim/Glan 1970 (= Studien zur Wissenschaftstheorie Bd. 4)

ders., (Hrsg.), Beiträge zur Entwicklung der Wissenschaftstheorie im 19. Jahrhundert. Vorträge und Diskussionen im Dezember 1965 und 1966 in Düsseldorf, Meisenheim/Glan 1968 (= Studien zur Wissenschaftstheorie Bd. 1)

ders., Elementarkurs Philosophie: Hermeneutik, Düsseldorf-Wien 1977

Dilthey, W., Der Aufbau der geschichtlichen Welt in den Geisteswissenschaften, Stuttgart-Göttingen [6]1973 (= Gesammelte Schriften Bd. VII)

ders., Einleitung in die Geisteswissenschaften. Versuch einer Grundlegung für das Studium der Gesellschaft und der Geschichte. Erster Band, Stuttgart-Göttingen [6]1966 (= Gesammelte Schriften Bd. I)

ders., Die geistige Welt. Einleitung in die Philosophie des Lebens. Erste Hälfte: Abhandlungen zur Grundlegung der Geisteswissenschaften, Stuttgart-Göttingen ⁵1968 (= Gesammelte Schriften Bd. V)

ders., Weltanschauung und Analyse des Menschen seit Renaissance und Reformation, Stuttgart-Göttingen ⁸1969 (= Gesammelte Schriften Bd. II)

ders., Weltanschauungslehre. Abhandlungen zur Philosophie der Philosophie, Stuttgart-Göttingen ⁴1968 (= Gesammelte Schriften Bd. VIII)

Diwald, H., Wilhelm Dilthey. Erkenntnistheorie und Philosophie der Geschichte, Göttingen u.a. 1963 (= Veröffentlichungen der Gesellschaft für Geistesgeschichte Bd. 2)

Dockhorn, K., Rez. zu «Wahrheit und Methode», in: Göttinger Gelehrten Anzeiger 218 (1966) 169–206

Droysen, J. G., Historik. Vorlesungen über Enzyklopädie und Methodologie der Geschichte (hrsg. von R. Hübner), München-Wien ⁷1974

Ebeling, G., Evangelische Evangelienauslegung. Eine Untersuchung zu Luthers Hermeneutik, Darmstadt 1962

ders., Art. «Hermeneutik», in: RGG³ III (1959) Sp. 242–262

ders., Wort und Glaube, Tübingen ³1967

ders., Wort Gottes und Tradition. Studien zu einer Hermeneutik der Konfessionen, Göttingen ²1966 (= Kirche und Konfession Bd. 7)

ders., Wort und Glaube, Zweiter Band: Beiträge zur Fundamentaltheologie und zur Lehre von Gott, Tübingen 1969

Ernst, J., Das hermeneutische Problem im Wandel der Auslegungsgeschichte, in: ders. (Hrsg.), Schriftauslegung. Beiträge zur Hermeneutik des Neuen Testaments und im Neuen Testament, München u.a. 1972, 17–53

ders., *(Hrsg.)*, Schriftauslegung. Beiträge zur Hermeneutik des Neuen Testaments und im Neuen Testament, München u.a. 1972

Feil, E., Zur hermeneutischen Diskussion in Philosophie und Theologie. Eine Bestandsaufnahme neuerer katholischer Veröffentlichungen, in: HerKorr 26 (1972) 294–301

ders., Die «Neue Hermeneutik» und ihre Kritiker. Habermas und Albert contra Gadamer, in: HerKorr 28 (1974) 198–202

ders., Sprachanalyse und Tiefenpsychologie. Auf dem Weg zu einer «energetischen» Hermeneutik, in: HerKorr 28 (1974) 416–422

Feiner, J. u.a. (Hrsg.), Fragen der Theologie heute, Einsiedeln u.a. 1957

Feiner, J. / Löhrer, M. (Hrsg.), Mysterium Salutis. Grundriß heilsgeschichtlicher Dogmatik. Band 1: Die Grundlagen heilsgeschichtlicher Dogmatik, Einsiedeln u.a. 1965

Festschrift «Gottesreich und Menschenreich». Ernst Staehelin zum 80. Geburtstag, Basel-Stuttgart 1970

Feyerabend, P., Wider den Methodenzwang. Skizze einer anarchistischen Erkenntnistheorie, Frankfurt / Main 1976

Fleischer, H., Sozialphilosophische Studien, Berlin 1973

Foucault, M., Wahnsinn und Gesellschaft. Eine Geschichte des Wahns im Zeitalter der Vernunft, Frankfurt / Main 1973

Frank, M., Das individuelle Allgemeine. Textstrukturierung und -interpretation nach Schleiermacher, Frankfurt / Main 1977

Gadamer, H.-G., Vom Zirkel des Verstehens, in: G. Neske (Hrsg.), Martin Heidegger zum siebzigsten Geburtstag. Festschrift, Pfullingen 1959, 24–34

ders., Kleine Schriften I: Philosophie – Hermeneutik, Tübingen 1967

ders., Kleine Schriften II: Interpretationen, Tübingen 1967

ders., Über die Macht der Vernunft, in: Akten des XIV. Internationalen Kongresses für Philosophie, Wien 2.–9. September 1968, Bd. VI: I. Öffentliche Vorträge, II. Beiträge zu den Plenarsitzungen, Kolloquien und Sektionen im Nachtrag zu den Bänden I-V, Wien 1971, 28–38

ders., *(Hrsg.)*, Hegel-Tage in Urbino 1965. Vorträge, Bonn 1969 (= Hegel-Studien Beiheft 4)

ders., Kleine Schriften III: Idee und Sprache. Platon-Husserl-Heidegger, Tübingen 1972

ders., Theorie, Technik, Praxis – die Aufgabe einer neuen Anthropologie, in: Gadamer H.-P. / Vogler P. (Hrsg.), Neue Anthropologie, Band 1: Biologische Anthropologie, Erster Teil, Stuttgart 1972, LX-XXXVII

ders., *(Beitrag)* in: Pongratz, L. J. (Hrsg.), Philosophie in Selbstdarstellungen, Bd. III, Hamburg 1975, 58–101

ders., Wer bin Ich und wer bist Du? Ein

Kommentar zu Paul Celans Gedichtfolge «Atemkristall», Frankfurt/Main 1973
ders., Art. «Hermeneutik», in: Ritter, J. (Hrsg.), Historisches Wörterbuch der Philosophie, Band 3: G–H, Darmstadt 1974, 1062–1074
ders., Wahrheit und Methode. Grundzüge einer philosophischen Hermeneutik, Tübingen [4]1975
ders., Vernunft im Zeitalter der Wissenschaft. Aufsätze, Frankfurt/Main 1976
ders., Philosophische Lehrjahre. Eine Rückschau, Frankfurt/Main 1977
ders., Kleine Schriften IV: Variationen, Tübingen 1977
ders.,/Vogler, P. (Hrsg.), Neue Anthropologie, Band 1: Biologische Anthropologie, Erster Teil, Stuttgart 1972
ders.,/Boehm, G. (Hrsg.), Seminar: Philosophische Hermeneutik, Frankfurt/Main 1976
ders.,/Boehm, G. (Hrsg.), Seminar: Die Hermeneutik und die Wissenschaften, Frankfurt/Main 1978
Geiselmann, J. R., Das Konzil von Trient über das Verhältnis der Heiligen Schrift und der ungeschriebenen Traditionen, in: Schmaus, M. (Hrsg.), Die mündliche Überlieferung. Beiträge zum Begriff der Tradition, München 1957, 123–206
ders., Die Tradition, in: Feiner J. u.a. (Hrsg.), Fragen der Theologie heute, Einsiedeln u.a. 1957, 69–108
ders., Die Heilige Schrift und die Tradition. Zu den neueren Kontroversen über das Verhältnis der Heiligen Schrift zu den nichtgeschriebenen Traditionen, Freiburg u.a. 1962 (= Quaestiones Disputatae 18)
Geißer, H., Hermeneutische Probleme in der neueren römisch-katholischen Theologie, in: Lell J. (Hrsg.), Erneuerung der Einen Kirche. Arbeiten aus Kirchengeschichte und Konfessionskunde. Heinrich Bornkamm zum 65. Geburtstag gewidmet, Göttingen 1966, 200–229
Gerber, U. (Hrsg.), Hermeneutik als Kriterium für Wissenschaftlichkeit? Der Standort der Hermeneutik im gegenwärtigen Wissenschaftskanon. Kolloquium vom 11. bis 14. Oktober 1971, Loccum 1972 (= Loccumer Kolloquien Bd. 2)
Gerhardt, M. (Hrsg.), Die Zukunft der Philosophie, München 1975
Gethmann, C. F., Verstehen und Auslegung.

Das Methodenproblem in der Philosophie Martin Heideggers, Bonn 1974
Geyer, C.-F., Kant – hermeneutisch. Zu «Diltheys Revolution der allgemeinen Wissenschafts- und Handlungstheorie, in: Philosophische Rundschau 20 (1974) 201–205
Göttner, H., Logik der Interpretation. Analyse einer literaturwissenschaftlichen Methode unter kritischer Betrachtung der Hermeneutik, München 1973 (= Münchner Universitäts-Schriften, Reihe der philosophischen Fakultät)
Grau, G.-G. (Hrsg.), Probleme der Ethik zur Diskussion gestellt – auf der Wissenschaftlichen Tagung 1971 des Engeren Kreises der Allgemeinen Gesellschaft für Philosophie in Deutschland e.V., Freiburg/München 1972
Grimm, G., Einführung in die Rezeptionsforschung, in: ders. (Hrsg.), Literatur und Leser. Theorien und Modelle zur Rezeption literarischer Werke, Stuttgart 1975
ders., (Hrsg.), Literatur und Leser. Theorien und Modelle zur Rezeption literarischer Werke, Stuttgart 1975
Großner, C., Verfall der Philosophie. Politik deutscher Philosophen, Reinbek/Hamburg 1971
Günther, G., Das Bewußtsein der Maschinen. Eine Metaphysik der Kybernetik, Krefeld/Baden-Baden 1963

Habermas, J., Erkenntnis und Interesse. Mit einem neuen Nachwort, Frankfurt/Main 1973
ders., Kultur und Kritik. Verstreute Aufsätze, Frankfurt/Main 1973
ders., Zur Logik der Sozialwissenschaften. Materialien, Frankfurt/Main 1970
ders., Theorie und Praxis. Sozialphilosophische Studien, Frankfurt/Main erw. u. neu eingel. [4]1971
ders., Technik und Wissenschaft als «Ideologie», Frankfurt/Main 1973
Hager, A., Subjektivität und Sein. Das Hegelsche System als ein geschichtliches Stadium der Durchsicht auf Sein, Freiburg-München 1974 (= Symposion 46)
Hahn, F., Exegese, Theologie und Kirche, in: ZThK 74 (1977) 25–37
Hahn, F., Luthers Auslegungsgrundsätze und ihre theologischen Voraussetzungen, in: ZsystTh 12 (1935) 165–218

266

Heidegger, M., Holzwege, Frankfurt/Main
⁵1972
ders., Sein und Zeit, Tübingen ¹¹1967
ders., Unterwegs zur Sprache, Pfullingen
⁴1971
Hellebrand, W., Der Zeitbogen, in: Archiv
für Rechts- und Sozialphilosophie XLIX
(1963), 57–76
Henrich, D., Selbstbewußtsein. Kritische Einleitung in eine Theorie, in: R. Bubner u.a.
(Hrsg.), Hermeneutik und Dialektik. Aufsätze I: Methode und Wissenschaft, Lebenswelt und Geschichte, Tübingen 1970, 257–
284
Henrichs, N., Bibliographie der Hermeneutik
und ihrer Anwendungsbereiche seit Schleiermacher, Düsseldorf 1968
Hentig, H. von, Die Sache und die Demokratie. Drei Abhandlungen zum Verhältnis von
Einsicht und Herrschaft, Frankfurt/Main
1975
Herzberg, G., Wilhelm Dilthey in der heutigen westdeutschen Philosophie, in: Deutsche
Zeitschrift für Philosophie 18 (1970) 87–99
Hilberath, B. J., Theologie zwischen Tradi-
tion und Kritik. Die philosophische Herme-
neutik Hans-Georg Gadamers als Herausforderung des theologischen Selbstverständnis-
ses. Düsseldorf 1978
Hinske, N. (Hrsg.), Was ist Aufklärung? Beiträge aus der Berlinischen Monatsschrift,
Darmstadt 1973
Hörgl, Ch./Rauh, F. (Hrsg.), Grenzfragen
des Glaubens. Theologische Grundfragen als
Grenzprobleme, Einsiedeln u.a. 1967
Hörmann, H., Meinen und Verstehen.
Grundzüge einer psychologischen Semantik,
Frankfurt/Main 1976
Hohendahl, P. U. (Hrsg.), Sozialgeschichte
und Wirkungsästhetik. Dokumente zur em-
pirischen und marxistischen Rezeptionsfor-
schung, Frankfurt/Main 1974
Holenstein, E., Linguistik-Semiotik-Herme-
neutik. Plädoyers für eine strukturelle Phäno-
menologie, Frankfurt/Main 1976
Hübner, K./Menne, A. (Hrsg.), Natur und
Geschichte. X. Deutscher Kongreß für Philo-
sophie, Kiel, 8.–12. Oktober 1972, Hamburg
1973
Hünermann, P., Der Durchbruch geschichtlichen Denkens im 19. Jahrhundert. Johann
Gustav Droysen, Wilhelm Dilthey, Graf
York Paul von Wartenburg – Ihr Weg und

ihre Weisung für die Theologie, Freiburg u.a.
1967
Hufnagel, E., Einführung in die Hermeneutik, Stuttgart u.a. 1976
Huizinga, J., Homo ludens. Vom Ursprung
der Kultur im Spiel, Reinbek/Hamburg 1956
Husserl, E., Erfahrung und Urteil. Untersuchungen zur Genealogie der Logik, Hamburg ⁴1972 (= Philosophische Bibliothek Bd.
280)
ders., Die Krisis der europäischen Wissenschaften und die transzendentale Phänomenologie. Eine Einleitung in die phänomenologische Forschung (hrsg. von W. Biemel),
Den Haag ²1962 (= Husserliana Bd. VI)
ders., Formale und transzendentale Logik.
Versuch einer Kritik der logischen Vernunft
(hrsg. von P. Janssen), Den Haag 1974 (=
Husserliana Bd. XVII)

Iggers, G. G., Deutsche Geschichtswissenschaft. Eine Kritik der traditionellen Ge-
schichtsauffassung von Herder bis zur Gegenwart, München 1971
Ineichen, H., Von der ontologischen Diltheyinterpretation zur Wissenschaftstheorie
in praktischer Absicht. Neue Diltheyliteratur,
in: Philosophische Rundschau 22 (1975) 208–
221
ders., Erkenntnistheorie und geschichtlich-gesellschaftliche Welt. Diltheys Logik der
Geisteswissenschaften, Frankfurt/Main 1975
(= Studien zur Philosophie und Literatur des
neunzehnten Jahrhunderts Bd. 28)

Jankowski, W.-G., Philosophie und Vorurteil.
Untersuchungen zur Vorurteilshaftigkeit von
Philosophie als Propädeutik einer Philoso-
phie des Vorurteils, Meisenheim/Glan 1975
(= Monographien zur philosophischen Forschung Bd. 140)
Janssen, P., Die hermeneutische Bestimmung
des Verhältnisses von Natur- und Geisteswissenschaft und ihre Problematik, in: Hübner
K./Menne A. (Hrsg.), Natur und Geschichte.
X. Deutscher Kongreß für Philosophie, Kiel,
8.–12. Oktober 1972, Hamburg 1973, 363–370
Japp, U., Hermeneutik. Der theoretische Dis-
kurs, die Literatur und die Konstruktion
ihres Zusammenhanges in den philologischen
Wissenschaften, München 1977 (= Theorie
und Geschichte der Literatur und der schönen Künste, Bd. 47)

Jauss, H. R., Literaturgeschichte als Provokation, Frankfurt/Main 1970

Joest, W. u.a., Was heißt Auslegung der Heiligen Schrift, Düsseldorf 1967

Johach, H., Handelnder Mensch und objektiver Geist. Zur Theorie der Geistes- und Sozialwissenschaften bei Wilhelm Dilthey, Meisenheim/Glan 1974 (= Studien zur Wissenschaftstheorie Bd. 8)

Juhl, P. D., Zur Interpretation eines literarischen Werkes und ihre Begrenzung durch die Anschauungen seines Autors, in: Zeitschrift für Literaturwissenschaft und Linguistik 2 (1973), Heft 12: Interpretation – Theorie und reflektierte Praxis, 37–52

Käsemann, E., Exegetische Versuche und Besinnungen. Erster und zweiter Band, Göttingen 1970

Kant, I., Werke III: Kritik der reinen Vernunft I, Wiesbaden 1956 (= Suhrkamp Theorie-Werkausgabe Bd. 3)

Kasper, W., Dogma unter dem Wort Gottes, Mainz 1965

ders., Die Methoden der Dogmatik. Einheit und Vielfalt, München 1967 (= Kleine Schriften zur Theologie o. B.)

ders., Tradition als Erkenntnisprinzip. Systematische Überlegungen zur theologischen Relevanz der Geschichte, in: ThQ 155 (1975) 198–215

Keller, A., Hermeneutik und christlicher Glaube, in: Theologie und Philosophie 44 (1969) 25–41

Kempski, J. von, Brechungen. Kritische Versuche zur Philosophie der Gegenwart, Reinbek/Hamburg 1964

Kern, W./Splett, J., Hermeneutik: Nachholbedarf und Forschungsprojekt, in: StdZ 185 (1970) 129–135

Kimmerle, H., Die Funktion der Hermeneutik in den positiven Wissenschaften, in: Zeitschrift für allgemeine Wissenschaftstheorie V/1 (1974) 54–73

Kopperschmidt, J., Allgemeine Rhetorik. Einführung in die Theorie der Persuasiven Kommunikation, Stuttgart u.a. 1973

ders., Von der Kritik zur Rhetorik zur kritischen Rhetorik, in: Plett, H. F. (Hrsg.), Rhetorik. Kritische Positionen zum Stand der Forschung, München 1977, 213–229

Krausser, P., Kritik der endlichen Vernunft. Diltheys Revolution der allgemeinen Wissenschafts- und Handlungstheorie, Frankfurt/Main 1968

Krings, H., Transzendentale Logik, München 1964

Krüger, L., Über das Verhältnis der hermeneutischen Philosophie zu den Wissenschaften, in: Bubner, R. u.a. (Hrsg.), Hermeneutik und Dialektik. Aufsätze I: Methode und Wissenschaft – Lebenswelt und Geschichte, Tübingen 1970, 3–30

Kümmeringer, H., Es ist Sache der Kirche, «iudicare de vero sensu et interpretatione scripturarum sanctarum». Zum Verständnis dieses Satzes auf dem Tridentinum und Vatikanum I, in: ThQ 149 (1969) 282–296

Kuhn, Th. S., Die Struktur wissenschaftlicher Revolutionen, Frankfurt/Main 1967

Kuhlmann, W., Reflexion und kommunikative Erfahrung. Untersuchungen zur Stellung philosophischer Reflexion zwischen Theorie und Kritik, Frankfurt/Main 1975

Kuss, O., Zur Hermeneutik Tertullians, in: Ernst, J. (Hrsg.), Schriftauslegung. Beiträge zur Hermeneutik des Neuen Testaments und im Neuen Testament, München u.a. 1972, 55–87

ders., Über die Klarheit der Schrift. Historische und hermeneutische Überlegungen zu der Kontroverse des Erasmus und des Luther über den freien oder versklavten Willen, in: Ernst, J. (Hrsg.), Schriftauslegung. Beiträge zur Hermeneutik des Neuen Testaments und im Neuen Testament, München u.a. 1972, 89–149

Lakatos, I./Musgrave, A. (Hrsg.), Kritik und Erkenntnisfortschritt. Abhandlungen des Internationalen Kolloquiums über die Philosophie der Wissenschaft, London 1965, Band 4, Braunschweig 1974 (= Wissenschaftstheorie, Wissenschaft und Philosophie Bd. 9)

Landmann, M., Entfremdende Vernunft, Stuttgart 1975

ders., Anklage gegen die Vernunft, Stuttgart 1976

Lang, E., Die methodische Funktion der Frage in der Forschung, in: Parthey, H. (Hrsg.), Problem und Methode in der Forschung, Berlin (Ost) 1978 (= Wissenschaft und Gesellschaft Bd. 15), 71–96

Lang, H., Die Sprache und das Unbewußte. Jacques Lacans Grundlegung der Psychoanalyse, Frankfurt/Main 1973

Lauth, R., Zur Idee der Transzendentalphilosophie, München-Salzburg 1965

Lefebvre, H., Metaphilosophie. Prolegomena, Frankfurt/Main 1975

Lehmann, K., Gegenwart des Glaubens, Mainz 1974

Lell, J. (Hrsg.), Erneuerung der Einen Kirche. Arbeiten aus Kirchengeschichte und Konfessionskunde. Heinrich Bornkamm zum 65. Geburtstag gewidmet, Göttingen 1966

Lenk, H./Moser, S. (Hrsg.), Techne-Technik-Technologie. Philosophische Perspektiven, Pullach/München 1973

Lenk, H. (Hrsg.), Technokratie als Ideologie. Sozialphilosophische Beiträge zu einem politischen Dilemma, Stuttgart u.a. 1973

Link, H., Rezeptionsforschung. Eine Einführung in Methoden und Probleme, Stuttgart u.a. 1976

Link, Ch., Subjektivität und Wahrheit. Die Grundlegung der neuzeitlichen Metaphysik durch Descartes, Stuttgart 1978

Loeser, F./Schulze, D., Erkenntnistheoretische Fragen einer Kreativitätslogik, Berlin (Ost) 1976

Löser, W., Hermeneutik oder Kritik? StdZ 188 (1971) 51–59

Löwith, K., Gott, Mensch und Welt in der Metaphysik von Descartes bis zu Nietzsche, Göttingen 1967

Lorenz, H., Das Bewußtsein der Krise und der Versuch ihrer Überwindung bei Wilhelm Dilthey und Graf York von Wartenburg, in: Zeitschrift für Religions- und Geistesgeschichte 9 (1959) 59–68

Lorenz, R., Das Problem der Hermeneutik in der Theologie im Hinblick auf das Gottesverhältnis. Dargestellt am theologischen Denken Martin Luthers und dessen hermeneutischer Interpretation durch Gerhard Ebeling, Gütersloh 1973

Lorenzmeier, Th., Exegese und Hermeneutik. Eine vergleichende Darstellung der Theologie Rudolf Bultmanns, Herbert Brauns und Gerhard Ebelings, Hamburg 1968

Loretz, O., Die hermeneutischen Grundsätze des Zweiten Vatikanischen Konzils, in: ders./Strolz, Walter (Hrsg.), Die hermeneutische Frage in der Theologie, Freiburg u.a. 1968 (= Schriften zum Weltgespräch 3) 467–500

ders., Kirche und Bibelwissenschaft, in: Concilium 7 (1971) 709–715

ders./Strolz, W. (Hrsg.), Die hermeneutische Frage in der Theologie, Freiburg u.a. 1968 (= Schriften zum Weltgespräch 3)

Luhmann, N., Soziologische Aufklärung. Aufsätze zur Theorie sozialer Systeme, Opladen ²1971

ders., Soziologische Aufklärung 2. Aufsätze zur Theorie der Gesellschaft, Opladen 1975

Maciejewski, F., Sinn, Reflexion und System. Über die vergessene Dialektik bei Niklas Luhmann, in: ZfS 1 (1972) 139–155

Maraldo, J. C., Der hermeneutische Zirkel. Untersuchungen zu Schleiermacher, Dilthey und Heidegger, Freiburg/München 1974 (= Symposion 48)

Marcuse, H., Kultur und Gesellschaft 2, Frankfurt/Main ⁶1968

ders., Der eindimensionale Mensch. Studien zur fortgeschrittenen Industriegesellschaft, Neuwied/Berlin ²1967 (= Soziologische Texte Bd. 40)

Marlé, R., Das theologische Problem der Hermeneutik, Mainz 1965

Marquard, O., Skeptische Methode im Blick auf Kant, Freiburg-München 1958 (= Symposion 4)

ders., Schwierigkeiten mit der Geschichtsphilosophie, Frankfurt/Main 1973

Marx, K., Das Kapital. Kritik der politischen Ökonomie. Erster Band Buch I: Der Produktionsprozeß des Kapitals, Berlin 1972 (= MEW Bd. 23)

ders., Das Kapital. Kritik der politischen Ökonomie. Dritter Band Buch III: Der Gesamtprozeß der kapitalistischen Produktion, Berlin 1964 (= MEW Bd. 25)

Mayer, H., Außenseiter, Frankfurt/Main 1977

Maurer, R., Revolution und «Kehre». Studien zum Problem der gesellschaftlichen Naturbeherrschung, Frankfurt/Main 1975

Meggle, G./Beetz, M., Interpretationstheorie und Interpretationspraxis, Kronberg/Taunus 1976 (= Wissenschaftstheorie und Grundlagenforschung 3)

Misch, G., Lebensphilosophie und Phänomenologie. Eine Auseinandersetzung der Diltheyschen Richtung mit Heidegger und Husserl, Darmstadt ³1967 (mit einem Nachwort)

Möller, J., Hermeneutisches Denken als Problem und Aufgabe, in: ThQ 149 (1969) 392–398

Moltmann, J. (Hrsg.), Anfänge der dialekti-

269

schen Theologie, Teil I: Karl Barth – Heinrich Barth – Emil Brunner, München erw. ²1966 (= Theologische Bücherei Bd. 17)

ders., (Hrsg.), Anfänge der dialektischen Theologie, Teil II: Rudolf Bultmann – Friedrich Gogarten – Eduard Thurneysen, München ²1967 (= Theologische Bücherei Bd. 17)

Moser, S., Kritik der traditionellen Technikphilosophie, in: Lenk H./Moser S. (Hrsg.), Techne-Technik-Technologie. Philosophische Perspektiven, Pullach/München 1973, 11–81

ders., Technologie und Technokratie. Zur Wissenschaftstheorie der Technikwissenschaften, in: Lenk, H. (Hrsg.), Technokratie als Ideologie. Sozialphilosophische Beiträge zu einem politischen Dilemma, Stuttgart u.a. 1973, 125–136

Müller, O., Zum Begriff der Tradition in der Theologie der letzten hundert Jahre, in: MTZ 4 (1953) 164–186

Müller-Solger, H., Zum Problem der Frage in der Textauslegung, in: Zeitschrift für Literaturwissenschaft und Linguistik 5 (1975) Heft 17: Phänomenologie und Hermeneutik, 117–135

Mußner, Fr., Aufgaben und Ziele der biblischen Hermeneutik, in: W. Joest u.a., Was heißt Auslegung der Heiligen Schrift? Regensburg 1966, 7–28

ders., Die Geschichte der Hermeneutik von Schleiermacher bis zur Gegenwart, Freiburg/Breisgau u.a. 1970 (= Handbuch der Dogmengeschichte Bd. I/3c, 2. Teil)

ders., Praesentia salutis. Gesammelte Studien zu Fragen und Themen des Neuen Testaments, Düsseldorf 1967 (= Kommentare und Beiträge zum Alten und Neuen Testament o.Bd.nr.)

ders., Die johanneische Sehweise und die Frage nach dem historischen Jesus, Freiburg u.a. 1965 (= Quaestiones disputatae 28)

Nassen, U. (Hrsg.), Studien zur Entwicklung einer materialen Hermeneutik, München 1979

Neske, G. (Hrsg.), Martin Heidegger zum siebzigsten Geburtstag, Pfullingen 1959

Neumann, U., Der «mögliche Wortsinn» als Auslegungsgrenze in der Rechtsprechung der Strafsenate des BGH, in: U. Neumann/J. Rahlf/E. von Savigny, Juristische Dogma-tik und Wissenschaftstheorie, München 1976, 42–59

Neumann, U./Rahlf,, J./Savigny, E. von, Juristische Dogmatik und Wissenschaftstheorie, München 1976

Nietzsche, F., Unzeitgemäße Betrachtungen, Stuttgart 1964 (= Kröners Taschenbuchausgabe Bd. 71)

ders., Die fröhliche Wissenschaft («La gaya scienza»), Stuttgart 1965 (= Kröners Taschenbuchausgabe Bd. 74)

Oeser, E., Wissenschaft und Information. Systematische Grundlagen einer Theorie der Wissenschaftsentwicklung, Bd. 3: Struktur und Dynamik erfahrungswissenschaftlicher Systeme, Wien-München 1976

Oelmüller, W., Was ist heute Aufklärung? Düsseldorf 1972

Pannenberg, W., Grundfragen systematischer Theologie. Gesammelte Aufsätze, Göttingen 1967

Pasternak, G., Theoriebildung in der Literaturwissenschaft. Einführung in Grundfragen des Interpretationspluralismus, München 1975 (= Information und Synthese Bd. 2)

Perelmann, Ch., Philosophie, Rhetorik, Gemeinplätze, in: Borbé, T. (Hrsg.), Der Mensch – Subjekt und Objekt. Festschrift für Adam Schaff, Wien 1973, 237–246

Peschken, B., Versuch einer germanistischen Ideologiekritik. Goethe, Lessing, Novalis, Tieck, Hölderlin, Heine in Wilhelm Diltheys und Julian Schmidts Vorstellungen, Stuttgart 1972 (= Texte Metzler 23)

Platzer, F., Geschichte – Heilsgeschichte – Hermeneutik. Gotteserfahrung in geschichtsloser Zeit, Frankfurt/Main-Bern 1976 (= Regensburger Studien zur Theologie Bd. 4)

Piaget, J., Biologie und Erkenntnis. Über die Beziehungen zwischen organischen Regulationen und kognitiven Prozessen, Frankfurt/Main 1974

Picht, G., Wahrheit – Vernunft – Verantwortung. Philosophische Studien, Stuttgart 1969

Pöggeler, O., Die ethisch-politische Dimension der hermeneutischen Philosophie, in: G.-G. Grau (Hrsg.), Probleme der Ethik – zur Diskussion gestellt auf der Wissenschaftlichen Tagung 1971 des Engeren Kreises der Allgemeinen Gesellschaft für Philosophie in

Deutschland e.V., Freiburg-München 1972, 45–81

ders., (Hrsg.), Heidegger. Perspektiven zur Deutung seines Werks, Köln-Berlin 1969 (= Neue Wissenschaftliche Bibliothek Philosophie Bd. 34)

Pöltner, G., Zu einer Phänomenologie des Fragens. Ein fragend-fraglicher Versuch, Freiburg-München 1972 (= Symposion 37)

Pongratz, L. P. (Hrsg.), Philosophie in Selbstdarstellungen, Bd. III, Hamburg 1975

Popper, K. R., Objektive Erkenntnis. Ein evolutionärer Entwurf, Hamburg 1973

ders., Die Zielsetzung der Erfahrungswissenschaft, in: Albert, H. (Hrsg.), Theorie und Realität. Ausgewählte Aufsätze zur Wissenschaftslehre der Sozialwissenschaften, Tübingen ²1972 (= Die Einheit der Gesellschaftswissenschaften. Studien in den Grenzbereichen der Wirtschafts- und Sozialwissenschaften Bd. 2) 29–41

ders., Die offene Gesellschaft und ihre Feinde I: Der Zauber Platons, München ⁵1977

Pottmeyer, H.-J., Der Glaube vor dem Anspruch der Wissenschaft. Die Konstitution über den katholischen Glauben «Dei Filius» des Ersten Vatikanischen Konzils und die unveröffentlichten theologischen Voten der vorbereitenden Kommission, Freiburg u.a. 1968 (= Freiburger Theologische Studien, 87. Heft)

ders., Die historisch-kritische Methode und die Erklärung zur Schriftauslegung in der dogmatischen Konstitution Dei filius des I. Vatikanums, in: Annuarium historiae conciliorum 2 (1970) 87–111

Prauß, G., Erscheinung bei Kant. Ein Problem der «Kritik der reinen Vernunft», Berlin 1971 (= Quellen und Studien zur Philosophie Bd. 1)

ders., (Hrsg.), Kant. Zur Deutung seiner Theorie von Erkennen und Handeln, Köln 1973 (= Neue Wissenschaftliche Bibliothek, Philosophie Bd. 63)

ders., Kant und das Problem der Dinge an sich, Bonn 1974 (= Abhandlungen zur Philosophie, Psychologie und Pädagogik Bd. 90)

ders., Zum Wahrheitsproblem bei Kant, in: ders., (Hrsg.), Kant. Zur Deutung seiner Theorie von Erkennen und Handeln, Köln 1973 (= Neue Wissenschaftliche Bibliothek, Philosophie Bd. 63) 73–89

Puntel, L., Transzendentalität und Logik, in: neue hefte für philosophie, Heft 14: Zur Zukunft der Transzendentalphilosophie, 76–114

Quine, W. van O., Bedeutung und Übersetzung, in: M. Sukale (Hrsg.), Moderne Sprachphilosophie, Hamburg 1976, 83–103

Radermacher, H., Zum Problem des Begriffs «Voraussetzung» in Hegels Logik, in: H.-G. Gadamer (Hrsg.), Hegel-Tage in Urbino 1965. Vorträge, Bonn 1969 (= Hegel-Studien Beiheft 4) 115–128

Rahlf, J., Die Rangfolge der klassischen juristischen Interpretationsmittel in der strafrechtlichen Auslegungslehre, in: U. Neumann/J. Rahlf/E.v. Savigny, Juristische Dogmatik und Wissenschaftstheorie, München 1976, 14–26

ders., Die Rolle der historischen Auslegungsmethode in der Rechtsprechung des BGH, in: U. Neumann/J. Rahlf/E.v. Savigny, Juristische Dogmatik und Wissenschaftstheorie, München 1976, 27–41

Reichenbach, H., Der Aufstieg der wissenschaftlichen Philosophie, Braunschweig ²1968 (= Wissenschaftstheorie, Wissenschaft und Philosophie Bd. 1)

Ricoeur, P., Die Interpretation. Ein Versuch über Freud, Frankfurt/Main 1969

Riedel, M., Verstehen oder Erklären? Zur Theorie und Geschichte der hermeneutischen Wissenschaften, Stuttgart 1978

Ritter, J., Subjektivität. Sechs Aufsätze, Frankfurt/Main 1974

ders. (Hrsg.), Historisches Wörterbuch der Philosophie, Band 3: G–H, Darmstadt 1974

Robinson, J. M., Die Hermeneutik seit Karl Barth, in: ders./J. B. Cobb (Hrsg.), Die Neue Hermeneutik, Zürich-Stuttgart 1965 (= Neuland in der Theologie Bd. II) 13–108

ders./Cobb, J. B. Jr. (Hrsg.), Die Neue Hermeneutik, Zürich-Stuttgart 1965 (= Neuland in der Theologie Bd. II)

Rogge, J., Zur Frage katholischer und evangelischer Dogmenhermeneutik. Ein paraphrasierender Literaturbericht, in: ThLZ 98 (1973) 641–655

Sammelband: Hermeneutik und Ideologiekritik. Mit Beiträgen von K.-O. Apel, C.v. Bormann, R. Bubner, H.-G. Gadamer,

H. J. Giegel, J. Habermas, Frankfurt/Main 1971
Sammelband: Evangelisch-Katholischer Kommentar zum Neuen Testament, Vorarbeiten Heft 4, Zürich u.a. 1972
Sammelband: Kritik und Interpretation der Kritischen Theorie. Über Adorno, Horkheimer, Marcuse, Benjamin, Habermas, Cuba-Lichtenstein 1970 (= T.W.A. Reprint Edition)
Sammelband: Dem Wort Gottes den Weg bereiten. Referate, Untersuchungen, Berichte, vorgelegt aus Anlaß der Einweihung des Hauses des Katholischen Bibelwerkes am Fest des hl. Hieronymus 1967 in Stuttgart, Stuttgart o.J.
Sandkühler, H.-J., Die Geschichte besser verstehen – die Wirklichkeit besser gestalten, in: M. Gerhardt (Hrsg.), Die Zukunft der Philosophie, München 1975, 63–84
ders., Studie zur materialistischen Dialektik, Erkenntnistheorie und Hermeneutik, Frankfurt/Main 1973
Sartre, J.-P., Bewußtsein und Selbsterkenntnis. Die Seinsdimension des Subjekts, Reinbek/Hamburg 1973
ders., Die Transzendenz des Ego. Drei Essays, Reinbek/Hamburg 1964
Scalia, G., Der Sinn des Wahnsinns, in: F. Basaglia/F. B. Ongaro, Die abweichende Mehrheit. Die Ideologie der totalen sozialen Kontrolle, Frankfurt/Main 1972, 138–179
Schäfer, R., Die hermeneutische Frage in der gegenwärtigen evangelischen Theologie, in: O. Loretz/W. Strolz (Hrsg.), Die hermeneutische Frage in der Theologie, Freiburg u.a. 1968 (= Schriften zum Weltgespräch 3) 426–466
Schaeffler, R., Frömmigkeit des Denkens? Martin Heidegger und die katholische Theologie, Darmstadt 1978
Schecker, M., Einleitung, zu: ders. (Hrsg.), Methodologie der Sprachwissenschaft, Hamburg 1976, 7–21
ders., (Hrsg.), Methodologie der Sprachwissenschaft, Hamburg 1976
Scheffczyk, L., Dogma der Kirche – heute noch verstehbar? Grundzüge einer dogmatischen Hermeneutik, Berlin 1973
Scheier, C.-A., Die Selbstentfaltung der methodischen Reflexion als Prinzip der Neueren Philosophie von Descartes zu Hegel, Freiburg-München 1973 (= Symposion 42)

Scherer, G., Verlust des Subjektes – Transzendentalphilosophie – Sinnbegriff, in: W. Czapiewski (Hrsg.), Verlust des Subjekts? Zur Kritik neopositivistischer Theorien, Kevelaer 1975, 177–231
Schillebeeckx, E., Gott – Die Zukunft des Menschen, Mainz 1969
ders., Glaubensinterpretation. Beiträge zu einer hermeneutischen und kritischen Theologie, Mainz 1971
Schlaffer, H., Die Entstehung des hermeneutischen Bewußtseins. Eine historische Kritik von Gadamers «Wahrheit und Methode», in: Zeitschrift für Literaturwissenschaft und Linguistik 5 (1975) Heft 17: Phänomenologie und Hermeneutik, 62–73
Schleichert, H. (Hrsg.), Logischer Empirismus – Der Wiener Kreis, München 1975 (= Kritische Information Bd. 21)
Schleiermacher, F., Hermeneutik und Kritik. Mit einem Anhang sprachphilosophischer Texte Schleiermachers (hrsg. u. eingel. von M. Frank) Frankfurt/Main 1979
Schmalzriedt, E., Inhumane Klassik. Vorlesung wider ein Bildungsklischee, München 1971
Schmaus, M. (Hrsg.), Die mündliche Überlieferung. Beiträge zum Begriff der Tradition, München 1957
Schmidt, S. J., Ästhetische Prozesse. Beiträge zu einer Theorie der nicht-mimetischen Kunst und Literatur, Köln-Berlin 1971
ders., Elemente einer Textpoetik. Theorie und Anwendung, München 1974 (= Grundfragen der Literaturwissenschaft 10)
Schnackenburg, R., Moderne Evangelienforschung und christlicher Glaube, in: Dem Wort Gottes den Weg bereiten. Referate, Untersuchungen, Berichte, vorgelegt aus Anlaß der Einweihung des Hauses des Katholischen Bibelwerkes am Fest des hl. Hieronymus 1967 in Stuttgart, Stuttgart o.J. 72–88
ders., Schriften zum Neuen Testament. Exegese in Fortschritt und Wandel, München 1971
Schneider, P. K., Die wissenschaftsbegründende Funktion der Transzendentalphilosophie, Freiburg-München 1965 (= Symposion 17)
Siemek, M. J., Marxismus und hermeneutische Tradition, in: Phänomenologie und Marxismus, Bd. 1: Konzepte und Methoden (hrsg. von B. Waldenfels/J.M. Broekmann/

A. Pazanin) Frankfurt/Main 1977, 45–70

Simon, J., Philosophische und linguistische Theorie, Berlin-New York 1971

ders., Sprache und Raum. Philosophische Untersuchungen zum Verhältnis von Wahrheit und Bestimmtheit von Sätzen, Berlin 1969

Simon-Schaefer, R./Zimmerli, Ch., (Hrsg.), Wissenschaftstheorie der Geisteswissenschaften. Konzeptionen, Vorschläge, Entwürfe, Hamburg 1975

Simonis, W., Der verständige Umgang mit der Welt. Differenz und Vermittlung von Theorie und Erfahrung in Erkenntnis und Wissenschaft. Propädeutische Analysen, Amsterdam 1974

Simons, E., Die Bedeutung der Hermeneutik für die katholische Theologie, in: Ch. Hörgl/F. Rauh (Hrsg.), Grenzfragen des Glaubens. Theologische Grundfragen als Grenzprobleme, Einsiedeln u.a. 1967, 277–302

Schnädelbach, H., Geschichtsphilosophie nach Hegel. Die Probleme des Historismus, München 1974

Schneider, H. J., Pragmatik als Basis für Semantik und Syntax, Frankfurt/Main 1975

Schneiders, W., Die wahre Aufklärung. Zum Selbstverständnis der deutschen Aufklärung, Freiburg-München 1974

Schoonenberg, P., (Hrsg.), Die Interpretation des Dogmas, Düsseldorf 1969

Schrader-Klebert, K., Der Begriff des Transzendentalen bei Jürgen Habermas, in: Kritik und Interpretation der Kritischen Theorie. Über Adorno, Horkheimer, Marcuse, Benjamin, Habermas, Cuba-Lichtenstein 1970 (= T.W.A. Reprint Edition)

Schrey, H.-H., Existenz und Offenbarung. Ein Beitrag zum christlichen Verständnis der Existenz, Tübingen 1947

Schütz, A., Das Problem der Relevanz, Frankfurt/Main 1971

ders./Luckmann, Th., Strukturen der Lebenswelt, Neuwied-Berlin 1975

Schulz, W., Anmerkungen zur Hermeneutik Gadamers, in: R. Bubner u.a. (Hrsg.), Hermeneutik und Dialektik. Aufsätze I: Methode und Wissenschaft, Lebenswelt und Geschichte, Tübingen 1970, 305–316

Skinner, B. F., Jenseits von Freiheit und Würde, Reinbek/Hamburg 1973

Sommer, M., Die Selbsterhaltung der Vernunft, Stuttgart-Bad Cannstatt 1977

Spinner, H., Pluralismus als Erkenntnismodell, Frankfurt/Main 1974

Stachel, G., Die neue Hermeneutik. Ein Überblick, München 1967 (= Kleine Schriften zur Theologie)

Stegmüller, W., Hauptströmungen der Gegenwartsphilosophie. Eine kritische Einführung, Bd. II, Stuttgart 1975

ders., Der sogenannte Zirkel des Verstehens, in: K. Hübner/A. Menne (Hrsg.), Natur und Geschichte. X. Deutscher Kongreß für Philosophie, Kiel 8.–12. Oktober 1972, Hamburg 1973, 21–46

Stein, A. von der, System als Wissenschaftskriterium, in: A. Diemer (Hrsg.), Der Wissenschaftsbegriff. Historische und systematische Untersuchungen. Vorträge und Diskussionen im April 1968 in Düsseldorf und im Oktober 1968 in Fulda, Meisenheim/Glan 1970 (= Studien zur Wissenschaftstheorie Bd. 4) 99–107

Stobbe, H.-G., Rez. zu «J. B. Hilberath, Theologie zwischen Tradition und Kritik» in: TheolRev 75 (1979) Sp. 46–49

Ströker, E., Geschichte als Herausforderung, in: neue hefte für philosophie, Heft 6/7: Tendenzen der Wissenschaftstheorie, 27–66

Stuhlmacher, P., Zur Methoden- und Sachproblematik einer interkonfessionellen Auslegung des NT, in: Evangelisch-Katholischer Kommentar zum Neuen Testament, Vorarbeiten Heft 4, Zürich u.a. 1972, 11–55

ders., Schriftauslegung auf dem Wege zur biblischen Theologie, Göttingen 1975

ders., Vom Verstehen des Neuen Testaments. Eine Hermeneutik, Göttingen 1979 (= Grundrisse zum Neuen Testament Bd. 6)

Stuhlmann-Laeiz, R., Kants Logik. Eine Interpretation auf der Grundlage von Vorlesungen, veröffentlichten Werken und Nachlaß, Berlin-New York 1976 (= Quellen und Studien zur Philosophie Bd. 9)

Sukale, M. (Hrsg.), Moderne Sprachphilosophie, Hamburg 1976

Thiel, Ch., Grundlagenkrise und Grundlagenstreit. Studie über das normative Fundament der Wissenschaften am Beispiel von Mathematik und Sozialwissenschaft, Meisenheim/Glan 1972

Tugendhat, E., Heideggers Idee von Wahrheit, in: O. Pöggeler (Hrsg.), Heidegger. Perspektiven zur Deutung seines Werks,

Köln-Berlin 1969 (= Neue Wissenschaftliche Bibliothek, Philosophie 34) 286–297

ders., Selbstbewußtsein und Selbstbestimmung. Sprachanalytische Interpretationen, Frankfurt/Main 1979

Ulmer, K., Philosophie der modernen Lebenswelt, Tübingen 1972

Vollmer, G., Evolutionäre Erkenntnistheorie. Angeborene Erkenntnisstrukturen im Kontext von Biologie, Psychologie, Linguistik, Philosophie und Wissenschaftstheorie, Stuttgart 1975

Vonessen, F., Vom Ernst des Spiels, in: Bayrische Akademie der Schönen Künste (Hrsg.), Der Mensch und das Spiel in der verplanten Welt, München 1976, 9–47

Wach, J., Das Verstehen. Grundzüge einer Geschichte der hermeneutischen Theorie im 19. Jahrhundert, Band I: Die großen Systeme, Tübingen 1926

Warnach, V., (Hrsg.), Hermeneutik als Weg heutiger Wissenschaft. Ein Forschungsgespräch, Salzburg-München 1971 (= Salzburger Studien zur Philosophie Bd. 9)

Warning, R., Rezeptionsästhetik als literaturwissenschaftliche Pragmatik, in: ders. (Hrsg.), Rezeptionsästhetik. Theorie und Praxis, München 1975

ders., (Hrsg.), Rezeptionsästhetik. Theorie und Praxis, München 1975

Weimar, K., Historische Einleitung zur literaturwissenschaftlichen Hermeneutik, Tübingen 1975

Weinmann, R., Gegenwart und Vergangenheit in der Literaturgeschichte, in: P. U. Hohendahl (Hrsg.), Sozialgeschichte und Wirkungsästhetik. Dokumente zur empirischen und marxistischen Rezeptionsforschung, Frankfurt/Main 1974

Wellmer, A., Kritische Gesellschaftstheorie und Positivismus, Frankfurt/Main ²1969

Wetzel, M., Erkenntnistheorie. Die Gegenstandsbeziehung und Tätigkeit des erkennenden Subjekts als Gegenstand der Erkenntnistheorie, München 1978

Wittgenstein, L., Tractatus logico-philosophicus. Logisch-philosophische Abhandlung, Frankfurt/Main ⁶1969

Zetlinger, F., Neue Hermeneutik, in: Theologisch-praktische Quartalschrift 118 (1970) 130–140

Zimmermann, B., Der Leser als Produzent: Zur Problematik der rezeptionsästhetischen Methode, in: Zeitschrift für Literaturwissenschaft und Linguistik 4 (1974) Heft 15: Rezeptionsforschung, 12–26

Zimmermann, J., Wittgensteins sprachphilosophische Hermeneutik, Frankfurt/Main 1975 (= Philosophische Abhandlungen Bd. 46)

Zöckler, Ch., Dilthey und die Hermeneutik. Diltheys Begründung der Hermeneutik als «Praxiswissenschaft» und die Geschichte ihrer Rezeption, Stuttgart 1975

Nachtrag zum Literaturverzeichnis

Baumgartner, H. M., Kontinuität und Geschichte. Zur Kritik und Metakritik der historischen Vernunft, Frankfurt/Main 1972.

Benjamin, W., Illuminationen. Ausgewählte Schriften, Frankfurt/Main 1969

Frey, G., Sprache – Ausdruck des Bewußtseins, Stuttgart 1965

Guardini, R., Das Ende der Neuzeit. Ein Versuch der Orientierung, Würzburg 1965

Hirsch, E. D. Jr., Prinzipien der Interpretation, München 1972

Kamlah, W./Lorenzen, P., Logische Propädeutik. Vorschule des vernünftigen Redens, Mannheim 1967

Kilian, H., Das enteignete Bewußtsein. Zur dialektischen Sozialphilosophie, Neuwied/Berlin 1971 (= Soziologische Texte Bd. 74)

Lengsfeld, P., Tradition innerhalb der konstitutiven Zeit der Offenbarung, in: Feiner, J./Löhrer, M. (Hrsg.), Mysterium Salutis. Grundriß heilsgeschichtlicher Dogmatik. Band 1: Die Grundlagen heilsgeschichtlicher Dogmatik, Zürich ⁴1978, 239–287

Mandelkow, K. R., Probleme der Wirkungsgeschichte, in: Jahrbuch für Internationale Germanistik II/1, 71–84

Rosenstock-Huessy, E., Des Christen Zukunft oder Wir überholen die Moderne, München-Hamburg 1965

Simons, E./Hecker, K., Theologisches Verstehen. Philosophische Prolegomena zu einer theologischen Hermeneutik, Düsseldorf 1969

Topitsch, E., Die Voraussetzungen der Transzendentalphilosophie. Kant in weltanschauungsanalytischer Beleuchtung, Hamburg 1975

PERSONENREGISTER

Da der Name Hans-Georg Gadamers auf den meisten Seiten dieses Buches genannt wird, wurde darauf verzichtet, ihn in das Personenregister aufzunehmen.
Die Kennzeichnung (N) hinter einigen Stellenangaben verweist auf den Nachtrag zum Literaturverzeichnis.

Acham, K. 233, 263
Adorno, Th.W. 4, 86, 226, 227, 228, 263
Albert, H. 246, 247, 250, 263
Althusser, L. 218
Apel, K.-O. 51, 227, 263
Aristoteles 91
Arnaszus, H. 227, 263
Asendorf, M. 226, 263
Augustinus 150, 233

Bacon, F. 12, 247
Barth, K. 15, 16, 17, 229
Bastian, H.-D. 239, 263
Baumgartner, H.-M. 243, 245, 247, 249, 250, 274 (N)
Baur, F. Ch. 252
Beck, L.W. 246, 263
Becker, W. 247, 263
Beetz, M. 230, 269
Benjamin, W. 6, 274 (N)
Betti, E. 188, 211/212, 252
Birkner, H.-J. 252, 263
Biser, E. 229, 254, 263
Bismarck, K. von 263
Bloch, E. 143, 251, 263
Blumenberg, H. 228, 263
Boeckh 251
Boehm, G. 225, 243, 266
Bollnow, O. F. 239, 250, 263
Bormann, C. von 251, 263
Bornkamm, G. 255, 264
Bornscheuer, L. 240, 264
Bubner, R. 1, 225, 231, 243, 264
Bühler, K. 5, 225, 264
Bultmann, R. 15, 16, 17, 183, 204, 229, 253, 264
Burmeister, B. 227

Carnap, R. 7, 226, 227, 264
Carr, E. H. 233, 264
Casalis, G. 229, 264
Chomsky, N. 234, 264
Collingwood, R. G. 232/233, 252, 264

Congar, Y. M. J. 251, 252, 264
Coreth, E. 243, 264

Descartes, R. 12, 94, 100, 130, 234, 241, 244
Diederich, W. 237, 264
Diemer, A. 226, 264
Dilthey, W. 5, 47/48, 61, 64, 65, 77–79, 88–90, 92, 131, 132, 133, 139, 155, 157–161, 164/165, 226, 230, 232, 237, 238, 247, 249, 251, 252, 253, 264/265
Dirks, W. 263/264
Dockhorn, K. 240, 265
Droysen, J. G. 6, 226, 251, 265

Ebeling, G. 17, 183, 219/220, 229, 251, 255, 265
Erasmus 252
Ernst, J. 251, 265

Feil, E. 14, 228, 265
Feiner, J. 265
Feyerabend, P. 246, 247, 265
Fichte, J. G. 75, 80
Fleischer, H. 249, 265
Foucault, M. 227, 265
Francke, A. H. 254
Frank, M. 225, 235, 236, 249, 265
Franzellin, J. B. 152
Freud, S. 61, 91
Frey, G. 236
Fuchs, E. 15, 16, 17, 183
Fulda, H. F. 238

Galilei, G. 241, 247
Geiselmann, J. R. 251, 254, 266
Geißer, G. 256, 266
Gerber, U. 229, 266
Gerhardt, M. 266
Gethmann, C. F. 235, 266
Geyer, C.-F. 238, 266
Gibbon 233
Gogarten, F. 16, 225
Göttner, H. 230, 266

Grau, G.-G. 266
Grimm, W. G. 245, 266
Großner, C. 239, 240, 266
Guardini, R. 4, 11, 225
Günther, G. 236, 266

Habermas, J. 9, 13, 51, 227, 233, 239, 242,
    243, 244, 245, 250, 266
Hager, A. 226, 266
Hahn, F. 221, 255, 266
Harnack, A. von 17
Hase, K. von 252
Hecker, K. 229, 250
Hegel, G. F.W. 6, 54, 75, 76, 77, 79, 80, 100,
    118, 154, 234, 239, 249, 252
Heidegger, M. 4, 15, 16, 17, 25, 28, 43, 65, 73,
    83, 95, 183, 188, 227, 229, 230, 235, 237,
    238, 242, 244, 247, 250, 267
Hellebrand, W. 235, 267
Helmholtz, 241, 249
Henrich, D. 236, 267
Henrichs, N. 1, 225, 267
Hentig, H. von 4, 225, 267
Herzberg, G. 238, 267
Hilberath, B. J. 19, 225, 229, 234, 245, 267
Hinske, N. 227, 267
Hirsch, E. D. 49, 232, 243, 251
Homer 150
Horkheimer, M. 4, 104, 227, 228
Hörmann, H. 235
Hörgl, Ch. 267
Holenstein, E. 244, 267
Hübner, K. 267
Hufnagel, E. 234, 250
Humboldt, A. von 236, 251
Hünermann, P. 230, 267
Husserl, E. 5, 54, 64, 71, 80, 225, 240, 244, 267
Huygens 241

Iggers, G. G. 226, 267
Ineichen, H. 226, 230, 238, 267
Jankowski, W. G. 229, 231, 267
Janssen, P. 248, 267
Japp, U. 49, 225, 232, 267
Jauß, H. R. 245, 249, 268
Johach, H. 230, 268
Johannes, 178–180, 181, 183, 184, 185
Juhl, P. D. 218, 268

Kamlah, W. 239, 240, 274 (N)
Kant, I. 10, 36, 37/38, 53, 71, 126, 143, 231,
    235, 238, 246, 247, 250, 268
Käsemann, E. 255, 268

Kasper, W. 220, 229, 257, 268
Keller, A. 228, 268
Kempski, J. von 230, 268
Kern, W. 14, 225, 228, 268
Kierkegaard, S. 7, 215, 226, 242
Kilian, H. 238, 274 (N)
Kimmerle, H. 234, 254, 268
Kopperschmidt, J. 240, 268
Krausser, P. 230, 238, 268
Krings, H. 231, 268
Kuhlmann, W. 240, 268
Kuhn, Th. 5, 225, 237, 268
Kümmeringer, H. 252, 268
Kuss, O. 251, 252, 268

Lacan, J. 235/236
Lakatos, I. 237, 268
Landmann, M. 4, 228, 268
Lang, E. 239, 268
Lang, H. 236, 268
Lauth, R. 227, 269
Lefebvre, H. 225, 269
Lehmann, K. 15, 228, 269
Lell, J. 269
Lengsfeld, P. 254, 274 (N)
Lenk, H. 269
Lerin, V. von 150
Lessing, G. E. 245
Liebing, H. 252
Link, Ch. 227, 269
Link, H. 251, 269
Loeser, F. 239, 269
Lorenz, H. 226, 269
Lorenz, R. 269
Lorenzen, P. 239, 240, 274 (N)
Lorenzmeier, Th. 228, 269
Loretz, O. 252, 269
Löser, W. 228, 269
Löwith, K. 7, 226, 244, 252, 269
Luckmann, Th. 240, 273
Luhmann, N. 236, 269
Luther, M. 14, 155, 158, 195, 252, 255

Maciejeski, F. 236, 269
Mandelkow, K. R. 244, 274 (N)
Maraldo, J. C. 229, 269
Marcuse, H. 238, 269
Marle, R. 15, 16, 251, 269
Marquard, O. 13, 227, 237, 250, 269
Marx, K. 61, 91, 139, 234, 246, 247, 249, 269
Maurer, R. 225, 269
Mayer, H. 228, 269
Meggle, G. 230, 269

276

Misch, G. 230, 269
Möller, J. 14, 228, 269
Moltmann, J. 228, 229, 269/270
Mommsen, Th. 233
Moser, S. 238, 270
Müller, O. 254, 270
Müller-Solger, H. 239, 270
Musgrave, A. 237, 268
Mußner, F. 204, 228, 229, 256, 259, 270

Nassen, U. 225, 270
Neske, G. 270
Neumann, U. 244, 270
Nietzsche, F. 6, 61, 226, 234, 244, 270

Oelmüller, W. 227, 270
Oeser, E. 270
Origines 150
Orman Quine, W. van 49, 232, 272

Pannenberg, W. 8, 235, 246, 270
Pasternak, G. 247, 270
Pecci, G. 152
Perelmann, Ch. 241, 270
Peschken, B. 238, 270
Philon von Alexandrien 150
Piaget, J. 238, 270
Picht, G. 227, 270
Pius IX. 152
Plato 91, 239
Platzer, F. 225, 249, 270
Pöggeler, O. 250, 270
Pöltner, G. 239, 271
Pongratz, L. J. 228, 271
Popper, Sir, K. R. 9, 227, 229, 233, 239, 271
Pottmeyer, H.-J. 252, 271
Prauß, G. 231, 232, 246, 271
Puntel, L. B. 231, 271

Radermacher, H. 271
Rahlf, J. 244, 271
Rambach, J. J. 254
Rauh, F. 273
Reichenbach, H. 226, 227, 271
Richter, E. 227
Ricoeur, P. 234, 271
Riedel, M. 225, 230, 271
Ritter, J. 227, 271
Robinson, J. M. 15, 228, 271
Rogge, J. 256, 271
Rosenstock-Huessy, E. 225, 274 (N)
Rotacker, E. 252

Sandkühler, H. J. 2, 3, 225, 272
Sartre, J.-P. 236, 244, 272
Scalia, G. 13, 228, 272
Schaeffler, R. 229, 272
Schäfer, R. 228, 272
Schecker, M. 231, 272
Scheffczyk. L. 257, 258, 259–261, 272
Scheier, C.-A. 272
Schelling 54
Scherer, G. 227, 272
Schillebeeckx, E. 228, 272
Schlaffer, H. 251, 272
Schleichert, H. 272
Schleiermacher, F. D. 17, 61, 158, 161–164,
   225, 251, 252, 253, 254, 272
Schmalzriedt, E. 245, 272
Schmaus, M. 272
Schmidt, S. J. 218, 272
Schnackenburg, R. 255, 256, 272
Schnädelbach, H. 226, 273
Schneider, H. J. 234, 273
Schneider, P. K. 236, 272
Schneiders, W. 227, 273
Scholder, K. 252
Schoonenberg, P. 256, 273
Schopenhauer, A. 234
Schrey, H.-H. 226, 273
Schulz, W. 225, 234, 245, 249, 250, 273
Schulze, D. 239
Schütz, A. 240, 273
Siemek, M. J. 2, 225, 272
Simmel, G. 251
Simon, J. 231, 245, 250
Simon-Schäfer, R. 225, 273
Simons, E. 228, 229, 250, 251, 273, 274 (N)
Simonis, W. 250, 273
Skinner, B. F. 246, 273
Sokrates 91, 239
Sommer, M. 228, 273
Spengler, O. 4
Spinner, H. 227
Splett, J. 14, 225, 228
Stachel, G. 18, 229, 254, 273
Stegmüller, W. 230, 273
Stein, A. von der 226, 273
Steinthal, 251
Stobbe, H.-G. 273
Strauss, L. 252
Ströker, E. 225, 273
Stroßmayer, 154
Stuhlmacher, P. 219, 220/221, 273
Stuhlmann-Laeiz, R. 231, 273
Sukale, M. 273

277

Tertullian 150, 251
Thiel, Ch. 226, 273
Tillemont 233
Topitsch, E. 238
Troeltsch, E. 154
Tugendhat, E. 236, 237, 273/274

Ulmer, K. 238, 274

Valery, P. 244
Vico 139
Vollmer, G. 233, 274
Vonessen, F. 274

Wach, J. 252, 255, 274
Warnach, V. 229, 274
Warning, R. 232, 249, 274
Wartenburg, Graf York von 226
Weimar, K. 225, 274
Weinmann, R. 245, 274
Wellmer, A. 251, 274
Welte, B. 14
Wetzel, M. 236, 274
Wittgenstein, L. 7, 227, 234, 274

Zetlinger, F. 228, 274
Zimmerli, W. Ch. 225
Zimmermann, B. 245, 274
Zimmermann, J. 225, 274
Zöckler, Ch. 238, 274